# 聆聽

西南联大访谈录

张曼菱 著

商務印書館
创于1897 The Commercial Press

**图书在版编目(CIP)数据**

聆听:西南联大访谈录/张曼菱著.—北京:商务印书馆,2024(2025.3重印)
ISBN 978-7-100-24013-0

Ⅰ.①聆… Ⅱ.①张… Ⅲ.①西南联合大学—人物—访问记 Ⅳ.①K820.7

中国国家版本馆CIP数据核字(2024)第103246号



**聆　听**

**西南联大访谈录**

张曼菱　著

商　务　印　书　馆　出　版
(北京王府井大街36号　邮政编码100710)
商　务　印　书　馆　发　行
北京新华印刷有限公司印刷
ISBN 978-7-100-24013-0

2024年7月第1版　　开本880×1230　1/32
2025年3月北京第2次印刷　　印张22¾

定价:98.00元

此书献予——

在抗日战争中

坚守气节与使命的那一代学人

和我的故土云南。

张曼菱

癸卯　处暑　昆明

# 目 录

# 序 “口述”与文脉的传承

西南联大校歌里说：“绝徼移栽桢干质”。绝徼，是边远之地。

北大、清华、南开三所著名大学“辞却了五朝宫阙”南下，弦诵“山城”，历时九年，成为那个时代的盛事，昆明亦因之成为一代学子向往之胜地。

而出生于“山城”的我，在懵懵懂懂中长大，关于那时的一切，学校、老师、书本和城市都没有告诉过我更多。这片土地似乎失去记忆，重回“绝徼”之境。

但口述无处不在，人们总是抚今追昔。我的父母，他们的青春与云南的抗战高潮叠合。对于我，他们成为最早的口述者。

从童年时起，父母就总在我耳边讲述一些他们深切怀念的小故事，只言片语中透露出小城在岁月掩藏下的无限霞光。在那些触景生情的言语背后，涌动着巨大的历史能量。

母亲爱唱的一首歌是《教我如何不想她》，她的老师教的。老师说，这个“她”，也可以是“他”或“它”；可以是一个人，也可以是一件事、一个地方。

母亲的老师是西南联大学生，东北流亡青年，到昆明市女中代课，“勤工俭学”。一讲到故乡，老师就声泪俱下，女生们也跟着哭。

很多年后，我采访李曦沐学长，他说：“西南联大的学生爱国民主运动在全市全省都有很大的影响。其中很重要的一条，就是很多中学的老师是联大学生。”

听到这里，我心领神会。母亲讲过，“一二·一”大游行那天，市女中的女生们就紧跟在闻一多先生的后面。

父亲每遇到气愤的事情，总会说：“鸟兽不可与同群，吾非斯人之徒与而谁与？”这是孔子的话，闻一多先生写在门楣上，父亲亲眼所见。

从学校教育中，我知道闻一多是“革命烈士”，每年清明，学校都会组织少先队去扫墓，但我不知道他还是一个有趣的人。

父亲带着我在昆明城逛，讲着那些故事，让我对家乡有“蓬荜生辉”之感。

翠湖春水荡漾，我和小伙伴们时常去划船。多少大家和著名学子曾在这里流连。在那些早晨与黄昏，他们来来往往。

起初，昆明人看不惯北方都市男女散步时挽臂而行，曾经发生过在暗处扔小石子的事情。而昆明最豪华的南屏大戏院放映好莱坞电影，现场口译粗劣，也招致南下的知识阶层观众的嘘声和嘲笑。

一切又像昆明的天气，雨过总会天晴。昆明的青年学会了手挽手到翠湖去谈恋爱，而南屏大戏院请吴宓教授做文字翻译，诗意的文本立刻传遍大后方影院。

三校学人与质朴边民相处如鱼得水，构成了那段无可取代、异彩纷呈的历史。那所影响了父母青春乃至一生的大学，它存在于昆明，不是一个幻影。

繁华的武成路，一条街都是上下门板的店铺。有时老板和店员会提早上门板，他们要去听大学教授的演讲。很多著名教授经常对昆明市民演讲。在云南大学和昆师礼堂，父亲听过潘光旦的优生学、梁思成的建筑学，还有刘文典讲的《红楼梦》。

翠湖畔几条小巷，凤翥街、珠玑巷、文林街，住的多是平头百姓。那里面曾经布满小茶馆，供联大学生读书。

父亲说：“这里也可以称作‘集贤馆’了，这些街巷的美名不是白来的。”“斜阳草树，寻常巷陌，人道寄奴曾住”，昆明这些地方是可以“入史”的。

《郑天挺西南联大日记》（中华书局，2018 年）记载，担任西南联大总务长的郑天挺时常要去富滇银行办理钱款事宜。我不禁想到，父亲对这位联大负责人一定面熟——父亲曾以银行学校第一名的成绩毕业进入富滇银行。

一个家庭，应该有些家传之物。飞虎队撤离时，父亲买下一些物资，军用水壶、望远镜等，以资纪念。

大衣柜里珍藏着一本纸质发黄的《荣哀录》。封面是火炬和拳头，有两行竖排的字：“吾爱吾师，吾尤爱真理。”幼小的我记住了“亚里士多德”这个名字。

在父母的相册里有“一二・一”游行的一组照片，很小的那种，135 相机拍的。

父亲对我说：“在游行队伍中，凡是扛大旗的，走在前面带头呼口号的，都是地下党。发生冲突时，救女生的，掩护大家撤离的，也是地下党。”

那些日子，每到夜里，就会听见警车的尖哨。哨声一停，就停车抓人。第二天就会听说，某个熟人朋友被抓了。即便是那样，斗争也没有停止。

“一二·一”惨案后，母亲和几个女生应地下党的安排，涂脂抹粉，穿上艳丽的旗袍，装扮成“不正经”女人，拎着手袋在夜间散发传单。

我家在翠湖边一幢法式洋楼里，时常掩护朋友。母亲的闺蜜王孃孃先在我家隐蔽，然后跑到“山那边”去了。

很多父母对往事缄口不言，使子女对那些历史浑浑噩噩。而我父母把一生最珍贵的经历告诉了我，这是最深的感情与传承。

后来我考进了北大，隔壁是清华，假期回去，父亲总要问起，某位教授状况如何？是否见到并亲聆指教？我心里觉得父母“执拗”，大学里的名师岂是随便可以见到的？

诚然，当年他们的印象就是这样。他们有理由认为，我进入的就是他们当年的那座校园。

大学二年级时，我熟悉的邻居韩天石忽然从云南调入北大任书记。童年印象中谦和的韩伯伯，曾参与组织“一二·九”运动。我们在北大校园共度了风云跌宕的80年代。那些逝去的校园历史似乎又重新回来，叠加在一起，深沉厚重，终于迸发出了“振兴中华”的强大呼唤。个人的蹇困似乎被忘却了，我们都沉浸在宏伟的蓝图中。

80年代的北大，给我一种力量与智慧的滋养。

1986年访美，我考察好莱坞与南加利福尼亚大学的电影学院，归国后去海南，投入影视实践。

1998年秋，我毅然回乡，策划启动西南联大纪录片项目。

在勺园会议厅，季羡林的“米寿”庆典上，北大校友会副会长郝斌将我引荐给时任西南联大北京校友会副会长的沈克琦先生。在场的老领导张学书、王学珍都记得我这个调皮的学生，他们说：“你不是已经有过《青春祭》了吗？”言下之意：你可以的。

那个冬天异常寒冷，风像冰一样渗透了勺园的墙壁。我开着电视，裹着棉被，看北大学生在天安门欢庆澳门回归，《七子之歌》的稚嫩童声穿越神州大地，唤醒久远的历史。

在我房间的桌上，摊着散乱的名单、资料和文件。我将寻觅与聆听历史的主人公们，那些壮丽史诗的书写者们将在我的摄像机前一一登场。

西南联大北京校友会当时设在北大内，是一个负有历史责任的严肃群体。在经费十分困难的情况下，他们坚持办《西南联大北京校友会简讯》，积攒了众多校友的回忆。这种内部出版物上的文字非常朴实，由于处在共历者的人群中，它几乎不可能失真。

校友会提供的名单，让我极大地节省了精力和时间，以最快的速度抵达了一个个标杆性的人物。我先后与四位会长合作。他们中的每一位都在这段历史中扮演过不凡的角色。他们的人品业绩，为一众校友所认可。

郝诒纯会长，联大最美丽的女性，校友们称赞她的多才多艺与坚韧的事业心。一个女生在西南联大这样顶尖的高校连任两届学生会主席，可知她深孚众望。

她青春时的照片，像旧日的影星，但她们没有她那种书卷气。我们拍摄的她的晚年视频，气度雍容，又无一丝珠宝气。她不是那种活在人们茶余酒后的谈资里的女性，没有那种市井喜爱的娱乐性。她根本就无视“流行”这个词。

为救中国之贫弱，她选择地质学，献身于荒野与实验室。郝学长病逝时，我敬献挽联：“女儿贵有山河气，丽质天赋日月魂。”她曾对我叹道：现在地质专业招不到好学生，家长和考生都不愿意报地质学，嫌艰苦。

梅祖彦会长，在很长时间里，他的父亲梅贻琦是被时代遗忘的人。初见梅祖彦是在北大办公楼的一次会上，我非常惊愕，恍若梅贻琦校长从岁月里走出来。在校友中，他不给人矜持感，言行温婉有度。

他说起少年时期撤出北平，辗转到昆明：“日本人侵占了我们的领土，我们逃了出来。到天津的时候，我们住在天津租界，看到外国兵；坐船到上海，在上海租界看到印度的巡捕；又到了香港，香港也有外国兵，那个时候它受英国的殖民统治；后来到了海防，海防也有法国军队。所以，外国人侵占了中国的领土，我们有很具体的印象。”

在避难的租界中获得这种可怜的安全，令他有耻辱感。

这段叙述里有一个少年对祖国的爱与痛，令我印象深刻。后来他自愿报名从军到前线去，抛下没有完成的学业——校长的儿子，却没有得到西南联大的毕业文凭。

他曾在随机飞越驼峰航线时遭遇过日机的追击。50年代，他选择从美国归来，“无护照登机”。梅家的独子，走上了与家人不同的路。

而在承受了时代的磨难后，他笑着对我说：“我也有我的那一份。”

“两弹一星”功勋奖章获得者中有八位西南联大人，这是梅祖彦最早发现的。他特意写挂号信告诉我，连剪报也寄来了。其时我正在琢磨，当年的两个校长后来都在台湾，这部纪录片要怎样“出山”，才能让社会、让这个时代了解和接受西南联大？这个信息，如犀角烛照，为正在徘徊的片子找到了立足点。

在人民大会堂举行的授勋仪式的镜头，拉开了《西南联大启示录》纪录片的序幕。“千秋耻，终当雪；中兴业，须人杰。”联大校歌的歌词，唱出了这个民族的心声。

北京大学出版社 2006 年出版的《国立西南联合大学校史》，在扉页上也用了这八位“两弹一星”功臣的照片。这是一个最有深度的共识点，它成为整个社会认同西南联大的价值指针。

梅祖彦病重时，我去北京医院看望。他眼中噙泪，手里握着《西南联大启示录》的光盘。他说，欧美同学会的负责人来电话，盛赞这部片子。

梅祖彦之后是沈克琦担任会长。沈先生原是北大副校长。《国立西南联合大学校史》是他主持编写的。对于大学历史，他情有独钟。他是我的史料顾问，一直到他过世，我跟他合作前后有 20 年。

每当做好一集样片，送给沈先生审看，我都暗自希望听到嘉奖，但每次都是被他“无情”挑剔。他指出的都是错失，全不给留一点面子。看他的脸色，似乎一无是处。那一段漫长的日子，我战战兢兢，但求无过，消除了夸饰之心。直到纪录片在央视播放时，沈先生才展露了笑容。我明白了：这就是西南联大的学风。

后来沈先生知道自己患病，为了做完北大物理系的系史，他放弃了手术。校友会的工作也交给了李曦沐。

李曦沐，我很熟悉，他是《国是宣言》的起草者。当年为了表示期盼黎明，他曾更名“李晓”。他一直没有放弃对现实的思考，仿佛还是当年那个热血的东北流亡青年。

追随着这四位学长，在那个大时代急剧转换的风雨中，我们完成各自该做的事。

任继愈是校友会的名誉会长，我三次采访他，从此也成为先生的“入室弟子”。在对历史的总体把握上，先生是引领我登高望远的导师。

从 1937 年的暑假奔赴长沙，到步行湘黔滇，再到 1946 年随校北归，先生的经历贯穿了西南联大始终。在众多南迁学人的往事回顾中，任继愈是唯一能够讲述“长沙大辩论”的亲历者。

当时学生们激烈争辩着：是上前线，还是继续读书？钱穆先生做了总结，说要“用上前线的激情来读书”，因为战后的中国需要人才。这使得战时大学与前方将士的目标一致，那就是打败日本侵略者，建设一个强盛的新中国。

任继愈以穿越时空的哲学史家的感知，铭记了这场“长沙大辩论”，并将它讲述出来。一个人的记忆，与他的洞察力相关。而能够记住那些深刻事件的，必须是巨人的大脑。

任继愈在采访中再三说到“民气”。他说，这些衣不遮体食不果腹的底层人民，不愿意当亡国奴，是他们在支撑着中国的抗战，抗战的力量与信心都来自他们。

中国的“民气”始终不衰。中国的文化在民间。

先生有一句动情的话：“谁领着走现代化道路，大家就拥护谁，老百姓就跟着谁走。”

2007 年 11 月，在南沙沟寓所，先生将两枚西南联大校徽赠予我。

一枚是他当学生时候的，一枚是留校任教后的。

从 1998 年始至 2003 年春，我采访的联大人物计 200 多位。其中 110 多位是一对一单独采访，其余为集体采访和会议实录，包括对家属的采访。

为了进入当年的时代氛围，我大量阅读了那些没有经过磨蚀和粉饰的文字资料，如《吴宓日记》、《梅贻琦日记》、闻一多的书信、蒋梦麟的《西潮》、杨振宁的《读书教学四十年》等。我称之为第一手史料，比之后来人在种种思虑下的回忆文字，原生史料才是完整的，无论篇幅长短，都能反映出一个真实的可触摸的环境和心境。它是纯粹的、无杂质的。它本身就是历史，具有独特的个性和尊严。

进入被访问角色的小环境前，对每一位被访者我都要做认真的准备。采访提纲不是简单的提问，它必须架起跨越时空的交流之桥。这些提问与交流也尽量保存下来，形成文本。它们也是口述的一部分，决定了访谈的深度。

联大的学子也像他们的老师一样，是多元的，各具个性的。如果我的问题风马牛不相及，老人们会因失望而变得冷漠，关上那座记忆之闸。把握每个人在这段经历中的重要细节和故事，是打开他们的心与史的钥匙。

我要获得的是一种从容之下的心灵倾诉，一份具历史深度的回顾和沉思式的总结，而非时下媒体所流行的节目式的、即兴的、炒作卖点的采访。这很大程度取决于我前期的准备。在与他们接触的过程中，老学长们会以特有的智慧以及对我的观察，来确定我是不是一个可以对话和有资格“聆听”的人。

我一直在担心，对杨振宁、李政道二位的采访能否实现，能否尽兴。在那个落后中国被人看不起的年代里，他们是率先为中华增光的双子星座，西南联大这个话题离不开他们。

当时二位都住在美国，回来的日程又总是安排得很满。在沈克琦先生的鼎力玉成下，我们终于对这双子星座进行了圆满的采访。

李政道博士回国，我是在半夜从电子邮箱里收到的消息。沈先生将我们的采访安排进李政道紧张的日程里，我即率摄制组赴京。

在中关村见到李政道，刚从北戴河国家领导人会见活动中赶回来的他毫无倦色，谈起母校来兴致勃勃。接下来，他要去无锡老家安葬妻子入墓园。

李政道看完采访提纲，拿起笔来，划掉了开场白式的内容，说："前面两个问题没有必要，否则你的时间会不够的。"后来，我才明白，他是要留下时间，带我观摩一个文理合璧的艺术展。

一年后，我在清华园的别墅里采访了杨振宁博士。杨振宁在看了我的提纲后说："很好，就按照这个来吧。你读了很多书。"

如此，开启了一位经历成功巅峰之后的科学家面对故国、故园以及故友的深情回顾。杨振宁那博闻强记的头脑和巨人式的襟怀，那深厚的人文底蕴和缜密的科学思维，凸现出强烈的个人魅力。他侃侃而谈达四小时，采访超时，仍意犹未尽，便中打了个电话，请夫人杜致礼先行用餐。

我获得了一个珍贵的历史情节：当杨振宁在上海的宴席间收到邓稼先写来的信，告诉他中国的原子弹制造，除了最早有苏联的极少帮助外，"没有任何外国人参加"时，杨振宁不由得热泪滚下，起身去洗手间“整理仪容”。

这件事我是先从许鹿希那里知道的，而后在杨振宁这里得到验证。

这个情节在纪录片《西南联大启示录》中播出后，被多方报道传播，震动着中国人与海外华人的心。它是这个民族从落后中走出的一个关键点。

对于大多数我无法获得更多材料的被采访者，我采取了包容性大的提纲。

例如董树屏先生，我知道他当年是西南联大工学院的教员，学生中有“两弹一星”元勋。

他从东北的贫困家庭讲到流亡，讲到他受命转移清华工学院的教学物资，历尽艰险抵达昆明——这在我当时接触到的那些纸本资料中根本没有记载，我闻所未闻。这是一支孤军。

我只知道施嘉炀院长率队外出测量时，梅贻琦要他带走大批器材。原来，这两方面物资转移的成功，使得日后西南联大工学院成为一支劲旅。

道别的时候，董先生指指放在过道上的一个纸箱说，“那是我在美国的同学送我的一台电脑，我要用它来写回忆录”。两个多月后，摄制组在北大拍摄时，听到了董先生猝然去世的消息。

他仿佛是在等我前来。类似的事情，发生过几次。

拍一部片子，资金成本有限，采访是有提纲和时间限定的。但学长们往往不这样认为，他们希望倾诉平生，时常怪我“风风火火”。我意识到，这是一个历史的出口，隐含一个民族“生于忧患”的历史，必须尽可能让它流出。这些珍贵的倾诉，是无可取代和不可再生的资源库。

这批人都从民族的世纪苦难中过来，具有全面的良好的学养，无论是直接的还是含蓄的，他们的讲述都会切中现实。而无论是谈社会理想、民族复兴，还是个人追求，最后又都集中在对教育的思考与忧虑上：

李政道在肯定了当下教育的普及时，提出大学的“精”的问题，讲了要以人为“种子”的教育理念。

杨振宁谈到他切身感受到的中美教育的差异：中国教育重视基础知识，而美国教授们的“着眼点不一样”，“过了些时候，我渐渐了解到，这是使你知道‘什么地方有问题’最重要的一个方法。我也吸取了他们这个精神”。

哲学系郑敏把西南联大教授的讲课喻为“几百年的陈酒”，在学生眼中，“老师本身就像教科书一样”。

朱乔森回忆，他的父亲朱自清说过，“要给学生一滴水，自己首先要有一桶水”。

沈克琦说，物理系上课，老师喜欢用“开窗户”的方式，对那些定律公式往往只提一个头，然后开列书单，并指定去读哪一章哪一节。这样就让学生从教科书走进名家经典，游向广袤的知识海洋。

任继愈说，大学“文理不要那么分割”，尤其是“要看到世界”。

梅祖彦指出大学行政管理过于臃赘、人事浮于教学之上等弊端。

朝鲜归侨郑林庆后来成为中国摩擦学的开拓者。他回忆一个课堂细节，说明教育需要“空间”，让学生启动思考：“有一道题应该怎么做，先不给学生讲，让你们想，老师也在那里想。看了半天，画了一条线，这条线一画下来，问题立刻就清楚了。你就跟着他想，虽然他不告诉你怎么想，他想出那条线，你立刻就觉悟到：我就没想到画这根线，他为什么能想到？几分钟的时间，那是几堂课都教不出来的东西。”“现在教学也赶时间，一天限定你必须教多少。一个钟头，塞满了，很快地讲。”这样难以培养学生的思路。

抗战期间，季羡林在德国留学，但他在学脉与精神上仍属于清华、北大这一系统。在他的访谈中有若干重要史实和观点，如王国维“为文化而死”；讲到陈寅恪一家“三世爱国”的事迹，他用了“遗传”这个词，把文化精神与血统联系起来。

任继愈先生的访谈中谈到气节、统一、民气、现代化等，可与之类比，都是一些终极性问题。我与二位先生都有深度交往，他们的阅历、专业、个性差异很大，然而他们关注的问题却是如此相似与相近。

对当年的一些历史真相，杨业治既是当事人，又是最后的见证者。他讲述个人阅历很简短，却提出了有争议的西南联大校歌词作者的问题。他直言不讳地说“词还是罗庸的”。杨业治是仅存的参加了校歌委员会讨论的人。

老先生是“坐观天下事”的睿智之人。那时《吴宓日记》刚问世，正在争论不休中。而杨老先生以一个过来人的身份——吴宓的同人——表示，《日记》是可信的。

夕阳西下，在那间布满回忆的书斋里，杨业治朗读了歌德的《奉献》：

你们带来了欢乐的日子的景色

好一些可爱的人影在那里升起
像一个古老的半已湮没的传说
初恋和初次的友谊随着来到
唤醒了旧日的痛苦的怨诉
复述着生命的迷宫似曲折的道路
又说起那些被命运夺走了美好的时光

《聆听：西南联大访谈录》这本书终于问世，包含了陈省身、吴征镒、费孝通、任继愈、杨振宁、李政道、朱光亚、王希季等各界大师级人物。他们中有的现在已经辞世，而在世者也已入衰年，不能再做重量级的谈话了。这些内容成为珍贵的绝版资料。

众多著名的科学家、政治家、社会学家、哲学史家、艺术家、诗人围绕着西南联大这个主题，展现出他们的人生追求和思想境界，是留给后人的瑰宝。它带给人们的那种厚重的积淀和深沉的思考，是不言而喻的。

# 前言　九年流程的亲历者

自 1998 年起，以西南联大这所战时大学诞生和坚守的历史路径为叙述中心，我前后采访了海峡两岸的 200 余名人物。

本书挑选出联大师生约 30 人、教员家属 8 组、特殊人群 1 组、特别追忆 1 人、相关学者（及家属）2 组，整理成文。

全书分为八个部分，表现了西南联大学人南渡、驻湘、来昆、教学与生活、学潮与从军到西南联大宣告结束的过程；每一个环节都有亲历者的讲述，构成了一个完整的历史框架，形成了一部关于西南联大的口述史。

用这个思路梳理，可凸显这所战时大学的情状与历程，使每一个阶段各有侧重。他们的访谈，各据一点，支撑起一片苍穹，打开了西南联大的历史空间。

我所采访过的人们，尤其是第一、二部分的，大都离世了。今日推出他们的谈话，意义尤为深远，随着时日的推移，也将更显珍贵。

# 第一部分

# 各具来路的教员

在我开始寻访这段历史的时候，当年主持西南联大的常委、教务长、总务长、各系领军人物、学科著名教授，皆已逝黄泉，能追踪的只是他们遗留下来的文献记录。

寻找“当年教员”也成为难事。

所采访到的这六位教员，不同的来路，不同的学科：数学、外语、机械、生物、社会学、法学。

陈省身听从学校召唤从法国回国，辗转于战火中，表现出海外学人对祖国安危的责任感。后来他再度出国，曾任美国数学科学研究所（MSRI）所长，晚年回到南开大学。

杨业治随校从北平转移，通过境外道路来到昆明，在蒙自办学。抗战胜利后他随校北归，一直任教终生。

董树屏是东北流亡大学生，入关后进入清华大学。七七事变前即奉校长命，以坚忍的意志承当转移学校部分物资之重任，终生执教于清华。

吴征镒从江苏老家来到长沙，参加湘黔滇旅行团，一路走到昆明。他履行了“用脚步丈量祖国大地”的实践，后来又返回云南，完成世界性的“植物大典”。

费孝通在云南大学任教，从事社会学调研，在西南联大一度属于兼职。“一二・一”运动中，费孝通代表民盟知识分子发表演讲，后来到西柏坡。新中国成立后，他经历了社会学的取消与重建。

芮沐原为重庆中央大学教授，因为逃避特务统治，希望减轻生活负担，转至昆明西南联大。他饱尝战时中国社会法治匮缺的黑暗。直至晚年，他在法学上依然深怀抱负。

他们显示出当年大学里教师组成的多种色彩和不同学科的学者类型。也许在当时他们并不都是顶尖级的学科领军人物，但他们身上都凸显出战时学者们无可置疑的“以学报国”的特色。

在遭遇生存危机的关头，在几无科研条件的战乱中，大批主流知识分子愿意与国家同生死、共患难，坚守着最后的底线。

这种担当，也与中国社会虽然贫弱却敬重知识界的传统相互映照。

陈省身（1911—2004）

数学家。浙江嘉兴人。1934年清华大学算学研究所研究生毕业。1938—1943年任西南联大算学系教授。1994年当选为中国科学院外籍院士。

访谈时间：2001年6月

访谈地点：天津，南开大学，陈寓

**访谈人**：陈先生，我看您精神特别好。您给我们先讲讲，您本来是南开的学生，怎么到了西南联大？

**陈省身**：我是南开的学生，然后进清华大学研究院，1934 年毕业。毕业之后，学校就送我出国。一般的清华学生都是留美，我愿意到德国去，到德国的汉堡大学。学校批准了，所以我就去了。

我是 1934 年去的汉堡大学，1936 年获得学位。1936 年又去了巴黎，到巴黎大学。1937 年，（全面）抗战开始那一年，清华要我回来，在数学系做教授，所以我从巴黎离开，先到了美国——我愿意到美国走一趟—— 1937 年 8 月中，到了上海。

那个时候抗日战争已经开始了，上海是八一三事变。我坐的加拿大船停在上海外面，旁边都是日本兵船。船没法靠上海，结果是靠了香港。到了香港，学校跟我讲，去长沙临时大学——西南联大的前身是长沙临时大学——所以我又到了那里。在长沙没待几个月，长沙的局面也不能支持了，学校决定搬到昆明。

陈省身毕业照

我是从长沙到昆明的。那时候从长沙到昆明大概最短的一条路是经过香港，到海防，从海防到河内，河内有一个车是火车，滇越铁路的火车，到昆明。那是1938年初，我们这个车还有些别的人，包括蒋梦麟校长。我跟他同一个车，从香港经过滇越铁路到昆明。他有学校的行政责任，我只是一个教授，所以我的工作不多。

到了昆明之后，我们一点关系都没有，可怜得很。刚巧熊庆来先生是云南大学校长，他是我的老师，很熟的了。熊先生就让我们有些教授住在他楼下。他有一个校长的住宅，是一个两层的楼房。他住在楼上，办公也在这个楼里，楼下就变为我们八个教授的宿舍。我们在楼下搭了八个床，我就在那儿住了一阵子。所以刚到昆明的时候，最初住的就是熊庆来校长住宅的楼下，住了一阵子，后来慢慢发展了。

**访谈人：**这一段熊秉明也讲过，他们家的客厅让给你们住了。

**陈省身：**他家的客厅变成了我们的宿舍。

**访谈人：**陈先生，那时候你们听说已经全面开战了，都8月了，还一路回来，学校都打散了，又跟着往下走。您当时怎么想的呢？

**陈省身：**我们那时候都痛心于国家的弱！恨日本，因为日本是侵略者。但是我是一个念书的学生，也没有什么具体的办法，所以先回来再说了。

**访谈人：**回来以后，一连串的艰苦开始了。那时候是怎样的心情？

**陈省身：**最初并不艰苦，慢慢继续下去，越来越苦。主要是通货膨胀，经济情形不好，所以苦起来了。不过，大家用不同的方法来适应就是了。

**访谈人：** 那时候整个学校所有的老师、同学都往安全的地方撤，这种安排就是为了在这种紧要关头保护文化和教育的种子，像联大的校歌里唱的“绝徼移栽桢干质”。这种思想在国际上是少有的。

**陈省身：** 中国有个优点，就是地方大，所以还有地方可以退。那时候在西南一带，像昆明，也是很安稳的，所以大家可以在昆明住，可以过普通的、一般的生活，还照样上课、照样念书。

**访谈人：** 你们是怎样把到后方教书、念书和抗战连在一起的，觉得这也是一种抗战吗？

**陈省身：** 当然，也是在抗战。我想它有一个作用，就是大家继续工作的精神，使得抗战的精神可以延续。因为那时候不但很多别的官僚，就连汪精卫都要跟日本合作了，所以这群人——西南联大等教育方面的人，教授、学生——坚持抗战的决心，对中国抗战的胜利有很大的帮助。那时候不灰心，觉得前途有希望。

等到 1941 年，珍珠港事件发生之后，中国有了一个强大的同盟国——美国。那时候我们在昆明就觉得，这场战争要胜利了。在那以前，实在是很渺茫了。但是 1941 年以后，大家的信心是特别高涨的，战局也一下子对同盟国有利了。

**访谈人：** 您好像跟吴宓先生住过同一个房间？

**陈省身：** 对。那时候地方小，挤得很，所以连教授都是好几个人一个房间。我有一段时间就跟吴宓同一个房间。房间里有两个床，他一个床我一个床，两个书桌。我们很谈得来，因为我对文学的东西也

陈省身与本书作者张曼菱

还有些兴趣。

**访谈人：**《吴宓日记》您看了吗？

**陈省身：** 我没看。

**访谈人：** 看上去非常真实。

**陈省身：** 他一定写得很真实。这位老先生可靠极了，规规矩矩，不说一句谎话。

**访谈人：** 您跟他住的时候，看到他写日记了吗？

**陈省身：** 我想他在写。我们两个书桌是对面的，我跟他对着面看书、写东西。他当时就在那写日记，我不能要看他的日记——

**访谈人：** 您知道他在写日记？

**陈省身：** 我知道他每天写日记。我们也谈的，很谈得来的。

**访谈人：** 很知心的。我看他恋爱的事都跟您谈了。他记在上面，他说您懂得心理学。那时候吴宓先生是不是备课很认真？

**陈省身：** 很认真地备课，恋爱也很认真。

**访谈人：**您对昆明的艰苦生活和跑警报之类的有什么回忆吗？

**陈省身：**当时也不觉得怎么艰苦，有点艰苦。比方说，你拿到薪水——每个月发一次薪水——饭费就赶快交掉了，至少这个月吃饭没有问题了。饭费交了之后，剩下的钱很少了。正好通货膨胀过后也不需要用钱，也可以过，照样上课。有许多同事有共同的兴趣，谈天也很有意思。

**访谈人：**看过南屏电影院的电影？

**陈省身：**是。电影比较难看到，我有时候看，不过比较少。因为电影院很挤，买票并不是很简单的事情。我们在西北角，南屏电影院在市中心区，也是有段距离的。

**访谈人：**吴宓当时给南屏电影院翻译电影，您有印象吗？

**陈省身：**我不知道。这种事情我们没谈到。

**访谈人：**您刚才说不感觉到艰苦，和昆明的老百姓是不是也有些关系？对昆明的老百姓有什么印象？

**陈省身：**老百姓大概比我们的情况好一点。我们去的时候很舒服的，因为当时国币跟滇币的比例是1∶10。国币兑了滇币的话，很值钱，可以随便吃饭。后来就越来越吃不起了，越来越苦了。还好，像我这样子一个人在那里——当然，我是在昆明结婚的。不过，跟老百姓直接的接触并不太多。

**访谈人：**您在昆明是怎么找对象、怎么结婚的？

**陈省身：**我和我的对象本来就认识的，她到昆明来，我们就结婚了，不（是在昆明）找的。

**访谈人：**当时在西南联大，因为父母不在身边，逃难嘛，好

陈省身与夫人郑士宁

多人结婚都是请老师主婚的，是不是？您的主婚人是谁？

**陈省身：**主婚人当然很简单，梅贻琦了——校长，请校长主婚了。

**访谈人：**像家长一样。

**陈省身：**对，像家长一样。

**访谈人：**当时好像就是学生请老师来主婚，老师请校长来主婚。

**陈省身：**老师结婚就请校长来主婚。

**访谈人：**西南联大在艰苦中办教育，也形成了跟现在或者过去的名牌大学都不同的特点。您对国内外的很多大学都很了解，您觉得西南联大在教育上有哪些特点？

**陈省身：**我想，西南联大在中国的高等教育方面跟其他大学主要的不同，就是从教授方面讲、从学生方面讲都稍微高了一点。这种情况跟其他学校有一个基本的不同。

西南联大能够合作，就是因为它有很多好的教授，许多教授互相很佩服的。大学在一起合作，如果对对方的朋友、同事没有一点敬重的心理，就很难稳固起来。一个小问题一下子就可以吵起来，就不能再合作了。西南联大能够有这样的成绩，就是教授和教授之间互相有尊敬的心理。大家觉得，不管对政治的意见、对社会的意见相同不相同，对对方的学问很多情况下都是有相当的尊敬的，所以学校就能维持下去。

因为教授高级了，就吸收了当时一些最好的学生，所以西南联大的学生水平也比较高。你刚才讲到跟吴宓同住，我同屋的人还有华罗庚，他是一个名人，我们也同住了一年多。那时候我们是三个人同住，还有一个是王信忠，日本史的专家。我们三个人三个床，清早没起来的时候就开玩笑，也挺有意思的。

**访谈人：**理科的、文科的合在一起住，也没什么。

**陈省身：**没有关系，完全没关系。

**访谈人：**您说得很重要。除了您说的这个基本条件，就是学生和老师的素质都很高以外，还有一些不同于其他学校的学风、特点，比如说既严格又灵活，或者很开放的兼容并包式的讲课，有各家之说的讲课，还有像您这样的先生，也爱好文学方面的东西……这些都是现在的大学很少见的，您能说说吗？

**陈省身：**我们在西南联大不分教授与学生，有的学生程度很好，跟教授一样。我们见面都随便谈天，平起平坐的。

国内一般的情况，学生就是学，教授就是教，教授讲什么，学生就听、学这些东西。大学不应该这样的。学生发展了，他自己有自己的方向。我们现在最大的希望，是学生比老师好，而不是说老师教学生。学生最好能够在新的方向发展，他的成就比老师大，他可以回来教老师。

访谈人：是不是师生经常在一起谈话、交流？

陈省身：经常互相来往的。

访谈人：在生活上、在感情上没有等级的分别。

陈省身：没有等级。

访谈人：是不是有一些教学的启发也通过谈天、谈话的方式？

陈省身：当然，这是交流最简单的一个方式。

访谈人：您是否记得什么事，可以说明这个特点？

陈省身：举个例子，比如王宪钟，他是一个很好的数学家。可惜我这个学生，他比我去世得早，几年以前就去世了。当时我是教授，他有时来看我，我们谈谈，我告诉他一些东西。学生当然知道的东西比较少了，他需要从老师方面得到这些材料。但是他有自己的想法，我鼓励他的想法。

我尊敬学生。我希望学生有一天比我好，而不是摆什么架子，说学生不用功，骂学生，批评学生。所以，我有很好的学生，比方说最近得奖的吴文俊，就是我的学生。

主要是你要做一种学问，这种学问是一种活的学问，一直在变化，一直在扩充。像数学，扩充的、包括的科学越多越好。学问一直在扩充，一直在往各方面发展。你的目的、新的发展方向，最好跟老的不一样，你能够发现新的方面的主要原则、主要方法。老的东西也不见得一直就好，有的东西需要改善，你能够有想法把老的理论改善，尤其是新的、老的要混起来——这学问大得很，问题不知多少。你能够抓住要紧的，有些地方可以发展的，能够做一点推进，这个进展可能是你的贡献，也可能就是了解，就是知道的、懂得的深刻一些。

这也不分老师跟学生，什么都不分的了，任何人都可以做老师。这样搞学问，学问就有意思了。不是说只有这一段，我把它背下来，讲的时候，年年就讲这个东西，这是不对的。学问是永远在变化的。

**访谈人：**西南联大就像您说的，不仅仅局限于一个学科里，而是融会贯通的。

**陈省身：**西南联大也就是稍微高一点，也不见得了不得的高。好了的话，还有更好。也就是说，大家都是矮子的时候，它比较高一点，没什么了不得。

**访谈人：**您认为西南联大，无论是你们逃难、住在一起还是教学，这样一个特殊的存在，对中华民族、对我们这个社会、对今天的文化教育和年轻人，有什么意义？

**陈省身：**我想有很重要的意义。西南联大出了一群在国外念过书的留学生，他们一般的贡献不一定挺大，但是在主要的观点方面，觉

陈省身

得中国可以成为一个伟大的国家、独立的国家，这是非常要紧的。

我们刚才讲，卢沟桥事变，日本侵略中国，中国有些当政的人，像王克敏、梁鸿志，就做了汉奸了。甚至汪精卫，汪精卫倒是相当有学问的一个人，他也要跟日本合作了。因为他们对中国的前途没有信心了，完全丢掉信心了，觉得中国的发展只能靠日本人的支持。

这一群西南联大的学生，觉得中国可以站起来，这是很不得了的，是最主要的、最基础的贡献。这些人之中，有工程师，有银行家，也有政治家。这些人在具体方面也有贡献。不过，在精神上，觉得“中国可以站起来”，觉得中国可以成为一个独立而强大的国家，我认为这是西南联大很重要的一个贡献。

**访谈人：**在其他方面呢，比如教育界和知识界的同舟共济、兼容并包，还有开放式教育。

**陈省身：**开放式教育很要紧。西南联大一向不教学生该怎么想，而是让他们自己发展。因为许多人共同地合作、讨论，他们自然而然就走上了一个正确的方向。也许最初有的走了斜路，但是可以纠正，最终的结果是走上了比较正确的方向。

现在我们国家在进步，中国很明显是站得起来的国家，能够走到这一步，信仰很要紧。西南联大的师生，我想一般都有这个信仰，觉得中国是有希望的，是可以组织起来、站起来的。这是西南联大很大的一个贡献。

**访谈人：**陈先生，刚才咱们见面的时候，您说您对昆明有很亲切的感情。

**陈省身：**昆明对我最大的影响是我是在昆明结婚的。我在昆明跟我的爱人永久地结合。

很不幸，她一年多前去世了。我们一起过了 60 多年。去年她去世之前，我们举行了一个仪式，约了许多朋友。我不知道 60 周年是什么婚，钻石婚了大概，不只是金婚。她对我的工作有很大的影响，主要就是她把我们的家庭打理得很简单，我可以专心地做我的数学。

这是昆明让我很怀念的一点。这个城市当然非常漂亮，我很多时间就住在翠湖旁边。我常在那里走，那是我差不多每天都去的一个地方。昆明环境也很好，吃得也很好。

**访谈人**：还记得什么好吃的吗？

**陈省身**：我想最多的是过桥米线。昆明有几个饭馆，我们结婚就在“共和春”，是昆明的大旅馆，在正义路上，现在已经没有了。昆明的许多菜，当然云南火腿很好吃了，云南有很多很好的菜。

**访谈人**：我们云南人与西南联大的老师和学生们相处得很融洽吧？

**陈省身**：很融洽。我的情况不同，因为我到昆明之前就认识熊庆来先生。

**访谈人**：更亲切了。

**陈省身**：不只是认识，他做系主任，我是他的助教。那个房间里头有两个办公桌，他的办公桌对着一个窗，我的办公桌对着另外一个窗。我们同用那个办公室用了一年，他当然对我很好了。

## 访谈手记

2001年6月，我率摄制组走进南开校园。远远就看见，明朗的晨色中，陈省身先生坐在轮椅上，正向着南湖凝望。

他气色很好，神情愉快。人坐在轮椅上，依然有绅士的风度。旁边有一位年轻的助理。相互介绍后，大家簇拥着他的轮椅回到小楼。

这幢小楼临湖而建，是南开大学为迎接陈先生的归来专门所造。

小楼的底层是餐厅。在餐桌的正墙上悬挂着一位贤淑女士的肖像。

我走过去仰视。陈先生道，那是他太太，本来商定好一同归来，不料在行前突然去世了。

陈先生话语很平和。他说："我们是在昆明结婚的，在昆明的'共和春'举办婚礼。当时战火蔓延，我从国外直接来到了昆明。安定在西南联大后，我就写信让她从她的老家过来。我们的婚事是早就定下的。"

"我感谢我太太。她把生活安排得很简单，很有条理，使我能够一生专心地从事数学的研究。"

一年前，南开大学就告诉我，陈先生定于2001年春回到南开，届时可安排面晤。后来我再落实"时间表"，南开大学的联系人便说："我们与陈先生打交道多年了，他从来都是准确的。"

在发生了太太猝然去世的变故后，陈先生依然如约而至。

能感觉出，这是一个不会轻易改变自己人生方向的人。

也许，这就是一种精神的真粹。

**访谈人：** 杨老先生，请您先大概讲一讲您在西南联大的经历。

**杨业治：** 我是清华大学外国语文学系毕业的。毕业以后，就到哈佛大学继续学习，在哈佛大学获得硕士学位。后来我对德语、德国文学特别感兴趣，就到德国去了。1935年以后，回到清华当教师。在清华两年后，就（全面）抗战了，我就到上海去。我有篇文章讲我从上海到南岳——我仔细地讲了我抗战的时候走过什么路，走过长江、衡阳，后来就是很多山地，回不到北平去了——我就从南岳到越南，经过河内到蒙自，再到昆明。听说文法学院要在蒙自办学，我就到那里去了。一路上关于蒙自的情况，我在这篇文章里面谈了。这篇文章是一位在西南联大念过书、现在在蒙自工作的人让我写的，里面有很多蒙自的旧事。

**访谈人：** 您现在给我们稍微谈一下。

**杨业治：** 我在文章里描写了从老街（越南地名）到昆明的一路上的情况。第一是铁路。铁路是法国人建的，他们有人字桥，像一个"人"字撑起了那座桥。但是蒙自从老街进去都是秃山，没有森林。我在德国看见遍地都是森林，而中国到处都是荒山，这个情况不知道现在改良了没有。当时中国的森林、树木、植被极少。其实蒙自可以种很多树。

后来我在蒙自住了大概三四个月。那个时候在蒙自可以看到很多少数民族，那些少数民族大概都是农民。我们放假了都去，很多同事、老师也去，可以看到很多民族风俗。个旧没有去，锡矿那个地方没去。

昆明滇池旁边就是少数民族。云南的少数民族的确很多，有很多人到那里研究民族问题。我对蒙自也有很深的感情，我写的东西里面都说了年轻时候的感情。

**访谈人**：您对蒙自的感情主要是什么？

**杨业治**：自然和人物都很好。到了昆明以后，要创作西南联大校歌。我参与了西南联大校歌的工作，因为我在德国很久，对音乐有很大兴趣。那个时候抗战了，我的家属从上海迁到昆明去了。我们都是疏散到昆明的，疏散到龙院村，旁边就是龙云的公馆。我们开始在龙院村本村，后来到公馆旁边住。那里面很多的事情，我就不详细谈了。

**访谈人**：当时生活得很艰苦。

**杨业治**：那个时候物价慢慢上涨了。物价上涨以后，到了1940年，有些人就“跑单帮”，就是跑到缅甸去买东西来卖。我们是不会的，所以我们的生活越来越艰苦。那个时候美军来了，我爱人做那种绣花的东西卖给美国人，比如一块丝巾一美元，反正是能够过下去就可以了。

**访谈人**：很多教授夫人都做这种活了。

**杨业治**：很多。

**访谈人**：还有哪些做过这种活？

**杨业治**：比如闻一多，就刻印、卖印。后来，闻一多跟我都在译员训练班当教员。我们教英文，因为那个时候没有德语专业，所以主要教英文。教文学史，中古文学史，都是英文的。我喜欢语言，还教拉丁文、希腊文。

那个时候，我还有几个同事在那，冯至在那。还有我其他的朋友，像吴达元、邵循正，很多人都在那，一直到抗战结束。抗战结束后，清华有一个主任叫陈福田，先回来，把清华的事情安排好，我们才回来。我们是1946年回来的。

在昆明，还有我岳父的一个朋友，叫张瑞之（音），他是洋行的。他在那建了一个别墅。那个地方叫车家壁，你认识？

**访谈人：**认识，在西山。

**杨业治：**西山可以望见的。他有别墅，请我暑假住在那。滇池非常漂亮，旁边有很多不知道的少数民族。那个时候我们没研究。我们在龙院村的房东是农院的老师。那个地方有好几个老师，赵忠尧也在那，杨武之——杨振宁的父亲——也住在那。还有一个叫江什么，南开数学系的一个教授……

**访谈人：**江泽涵？

**杨业治：**江泽涵当时是北大的。反正这个事情，我会回忆起来。我希望把能回忆起来的东西写下来，可以供给昆明的研究者参考。我在昆明还发表了一些东西，现在都不见了。我恳请你们在昆明的图书馆替我找找，当时昆明的文艺报、文艺刊物上有我翻译的东西、我写的诗，我自己没保留。

**访谈人：**您有没有稍微记得一两句的诗？

**杨业治：**白话体的，记不起来了。我写的旧体诗，登载在吴宓的日记里面，他替我记录。反正我那个时候喜欢文学，一直到现在，我有很多稿件还没有完成，希望我的身体能够坚持下去，能够完成。我很多年没有机会再去昆明。潘乃穆他们都去过。我希望将来能够再去一趟昆明。

**访谈人：**杨老先生讲一讲校歌的情况好吗？

杨业治与张曼菱

**杨业治**：1938 年和 1939 年校委会决定，同时教育部也要西南联大拟一首校歌。拟校歌的时候，开始我没有参加，1939 年我在教中古文学史，没时间。那个时候有两三个人写了校歌[①]：一个叫马约翰；一个叫沈有鼎，是我的朋友；后来还有一个叫张清常。这三个人是各自不同的。词是叫谁写的呢？罗庸。罗庸是中文系的，罗庸也是校歌作词的。

写了以后，大家都觉得不太满意，歌词也不太满意。朱自清先生就写信到广西，给他的学生（张清常），西南联大的，他会音乐——请张清常写谱。最后，我参加决定哪一个谱最好。结果我赞成张清常的那个谱。但是，词还是罗庸的，罗庸的《满江红》。经过是这样的。

但是后来冯友兰先生觉得这个歌词是他作的，不是罗庸作的。其实他（冯友兰）也曾经作过一个校歌歌词，他作的词跟清华的校歌歌

① 这里应该指的是西南联大校歌的曲谱。——编者注。本书脚注部分如无特别说明，均为编者注。

北京大学、西南联大教授罗庸

词类似，是很“文明”的那种，不是古典的。他可能搞错了，认为是他作的。后来他坚持，宗璞也坚持是他作的。结果后来在晚报上登了[①]，张清常也否定（他们这个说法），不是他（冯友兰）。据我的观点，印的时候都是罗庸作的。

这个事情现在不去提它了，因为冯先生可能是老了，记不清了。那无所谓了，反正都是清华人写的。

**访谈人**：您还记得校歌是怎么唱的吗？万里长征，辞却了五朝宫阙……

**杨业治**：我现在不大练唱了。

**访谈人**：我看这里有歌德的《浮士德》篇首，是您奉献给蒙自联大的，我想请您给我们念一段。

---

① 张清常1980年11月1日在《北京晚报》上发表《西南联大校歌的作者》一文，指出：“这些说法都有一定原因，实际上是罗庸作词。”

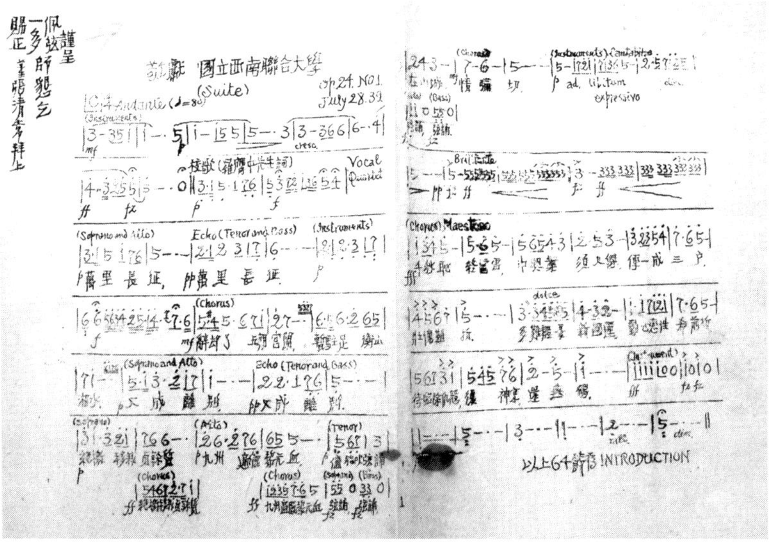


张清常写给朱自清和闻一多的校歌词谱，上书“罗膺中先生词”

**杨业治：** 不是奉献给蒙自，《奉献》是歌德诗本来的名字。他奉献给他过去的朋友。

**访谈人：** 但恰合您的情意。

**杨业治：** 因为他讲的话跟我写这个东西的时候的感情是很像的。他写《浮士德》写了一生，从年轻一直到年老。他写到一半的时候，很多老朋友都去世了。我写这个《回忆录》的时候，很多老朋友也已经不在人世了。这跟我的这种感情很近，所以，我选用他这首诗来表达我自己的情感。

他讲的跟我的情感是一样的。他是讲《浮士德》还没有完成，中间他又想起过去的那种幻影。这里面的浮士德，还有魔鬼靡菲斯特、玛格丽特等，都是他的感情。他说：现在我已经快50岁了，过去的人都已经是面目全非。他一直到 80 多岁才写完《浮士德》第二部。

**访谈人**：您也会长寿的。您给我们念几句，好吗？念您觉得最能表达您怀念西南联大的感情的。

**杨业治**：这是《奉献》，是歌德奉献给他的朋友的。

你们又走近了，摇晃不定的影子
你们早先曾出现在我模糊的眼前
这一次，我能把握你们的形象？
我的心是否还是爱那个奇想？
你们迫近着我，好吧，随你们的意愿
正在我周围的云雾中升起的人群
我的胸怀又感到年轻时的震惊
被你们行列的魔幻气氛所吸引

你们带来了欢乐的日子的景色
好一些可爱的人影在那里升起
像一个古老的半已湮没的传说
初恋和初次的友谊随着来到
唤醒了的旧日的痛苦的怨诉
复述着生命的迷宫似曲折的道路
又说起那些被命运夺走了美好的时光

先我而逝去的好人

你们听不到我后来的歌声

……

很多事情，如果当时没有诗写下来，可能就忘掉了。浦江清写的诗里面提到了我们跟谁一起去玩，我想不起来了。所以当时就应该先写下来，回忆常常是模糊的。

我希望还能够回忆起一些东西。车家壁以前是一片平原，湖边能看到西山。还有一个叫黄土坡，我们以前在龙院村，进城必须经过这条路。那个时候我们住的地方，楼上两家人，楼下两家人。我跟吴达元住在楼下，一人一间半房子。楼上是任之恭、赵访熊两位。任之恭在大普吉（昆明地名），有研究所的。赵访熊后来在清华教书，教数学的。任之恭后来去美国，在美国哈佛大学教书，在微波研究所。现在西南联大在北京的教师可能不多了。

## 访谈手记

杨业治先生当是我“师祖”一辈，现年 80 岁的联大学生都蒙他教过德语。

老爷子的房间简洁、陈旧，带着一个时代的痕迹。他坐着挺潇洒，但站起来为我取一本相册时，双脚却只能缓慢地擦地移动了。

他很明白这一次采访的意义，他必须“留言”。他主动提及一些历史的真相——他是当事人，最后的见证者。其中就包括西南联大那首著名的校歌的由来。

杨业治是当年参与校歌评定和修改的人员中的最后一位存世者。他用缓慢有序的叙述，说明校歌产生的前前后后，以及歌词作者就是罗庸，而非冯友兰。这是最权威的发言和界定。在西南联大长期的活泼生活中，师生们经常唱起这首校歌，学校印出无数的校歌传单上写有“罗庸词”。杨业治先生说：“冯先生可能是老了，记不清了。”

冯友兰先生在他著名的西南联合大学纪念碑碑文中引进了师生们熟悉的校歌歌词，几乎纳入了罗庸先生所作《满江红》的全文，这也更加激发了联大学人的认同感，可谓智也。校歌与碑文，这是两相辉映的文字。

杨先生谈到的另一个细节，则涉及《吴宓日记》的价值。说起当年在昆明、蒙自曾写过一些诗，现在都不记得了，他就讲：“我写的旧体诗，登载在吴宓的日记里面，他替我记录。”

我后来问他：“当年的那些事情，可以《吴宓日记》为准？”

他连连点头，说：“是的。那时候写的日记都是很真实的事情。不真实就没意思了。吴宓的性格非常认真。”

《吴宓日记》的出版当年引起了轩然大波，有文章把《吴宓日记》当作一个“隐私大暴露”的靶子。

我曾在《文学自由谈》撰文《日记与灵魂的失落》。我认为，《吴宓日记》是一部文人关系与活动的历史记录，是文化史；它的价值是吴宓学术著作中最高的，是无可取代的。

杨业治先生是西南联大外文系教授，对那个圈子，对吴宓其人，是最有发言权的。他已经将《吴宓日记》当作一部记录当时教员生活状况的历史。

像杨业治这样的老人，我本该更早更多地采访、聆听。像《吴宓日记》这样的作品，应该更早问世。一切都为时太晚，但一切都阻挡不住。

采访的最后，杨业治先生坐在旧式圈椅中，给我们念他翻译的歌德的诗歌。90 多岁的人，声调抑扬，感情细腻。

在墙上和一架风琴上，陈列着的旧照片已经发黄。正像老人所诵的诗：

> 你们又走近了，摇晃不定的影子
> 你们早先曾出现在我模糊的眼前
> 这一次，我能把握你们的形象？
> 我的心是否还是爱那个奇想？

他就像一棵智慧的老树，日渐收敛、枯萎，却更加凝练、清晰。他说，他还希望再活几年，因为有些手稿还没有写完。

历史的身影和落日的余晖一同笼罩着这间屋子，令我眷恋，不忍离去。

董树屏（1909—2000）

热力学家。辽宁沈阳人。1934年毕业于中央大学机械系。1938—1946年在西南联大机械工程学系任教。

访谈时间：2000年3月

访谈地点：北京，清华大学，董寓

**访谈人：**董先生，请您谈谈您的求学生涯，以及在西南联大的经历。

**董树屏：**我1934年从南京中央大学毕业，然后就到清华，开始我的小生活。

我是东北人，读过中学、大学。中学是初中、高中都念，而且念过私塾。我原先住在乡下，家里是贫农，七八岁的时候才到城里。父亲是做小买卖的。我念书的时候，家里都是文盲。我是长子。家里想改换一下门庭，做农民太苦了。七八岁的时候，我就在农田里劳动，收割完了以后还要捡东西，所以我对劳动的概念基本上是有的。

念完了私塾一看，不合时代。只是念《论语》、念经传什么的，都没讲，光念，死背书，没用，就是看学生，那不行。所以，我就上了小学。

要念什么样的中学、大学，我没有概念，家里也没有概念。我从东北大学的附中开始念，三年后毕业，1929年考上东北大学。1931年九一八事变时，我上大学二年级，被迫沿铁路徒步到天津——没有回到家里去。

日本帝国主义的恶行，我是终生难忘的。我说这个话，很重要。日本帝国主义在东北横行霸道，历史上讲过，但细节很少。我们有一次春游的时候，到一个游览的地方去，自己带一个小手包，装着漱口洗脸的。日本人要收我们的行李费。没道理啊！他们就把校长打了，非让校长认错不可，但还照样收费。宪兵队把我也抓进去了。没打死，那个时候叫“浇洋油”，就是煤油。校长说：“我们有理，我们告状去。”上哪儿说理啊？回来不了了之。

1931年九一八事变，我在大学。那个炮弹打的，就在我们身边。（日本军人）可以骑着马到学校里面横冲直撞，不管你上不上课，他们不讲道理的。九一八事变我就出来了，戴着东北流亡学生的帽子。家门口的东北几天就全被占领了，我就到了天津。我那年念的大学有好几个学校。到北洋大学后，我就跟着北洋大学到南京、上海一带宣传抗日。

后来我到了北平，那个时候我们的校长是张学良。学校本身人就不太多，几千人，我们才来了几十个人。我们说：我们要抗日！还要念书，还要抗日。张学良说：好，可以。我自己也武装了，穿着灰棉袄。然后，我们说：光空手练没用。他们就发给我们步枪，意大利的步枪。每天上午我们都是军训……东北大学一片纸都没拿出来。张学良说：你们要上哪个学校念书，我可以让你们去借读。当时我就想上清华。清华没有工学院，后来我就在北京大学工学院，下午上课。

我今年91岁，体格还好，跟当年的军训很有关系。张学良就说：我需要武人，我也需要文人，你们是文武双全的。那个时代，学生走的是两条路。一条路是到东北抗日。我的同班同学都牺牲了。有的参加了空军，跟日本打过仗，也牺牲了。我那时候走的路是“读书不忘救国，救国不忘读书”。所以，我军训完了——步枪打靶、机关枪打靶，我都得过奖，还得过第二奖——后来入了中央大学。因为我是北方人，不懂南方话，南方话还是我宣传“联合救国”的时候学的，所以毕业后我到了清华大学。

清华大学当时有六个级别。助教四年以后，你能够讲课了，给你一个教员。教员再有成绩，就当讲师。助教、教员、讲师、专任讲师、副教授、教授，六个级别。在我这一生里，每个级别我都干过。这是我很大的特点，当时很少有像我这样的。当然，我也到国外去过。我从助教到教授，一直到系主任，都干过，所以我的教学经验也是相当有实践的。

下面就讲到西南联大了。1937 年七七事变，就是卢沟桥事变。清华这个学校有个特点，它是利用庚款办的。八国联军攻入北京，我们算打败了，赔钱议和。他们拿很少一部分利息（退款），让我们办清华大学，不准干别的用。培养的学生，都是全国招来的很好的学生。念一两年外文，不念专业课，然后送到美国去。我当时没有赶上这个时间。你看清华大学校内有个“清华学堂”，那是清华大学的前身。也就是说抗日战争的时候，这个学校有钱。

1937 年以前，清华就把一部分轻便的设备、图书馆的图书运到武汉。那个时候我是工学院的教员，我把轻便设备整理好，还有图书馆的图书，还有别的系的东西，运到武汉。从 1935 年起，一直到 1937 年。1937 年，北大、清华、南开先到了长沙，组成长沙临时大学。不到一年的时间，长沙已经很危险了。临大从 1938 年开始主要分三路到昆明。有的人是从长沙、贵州、云南这么过来，徒步走的，还有一少部分人走香港、海防，由滇越铁路，到昆明。

我那个时候已经是个教员了，帮我安排的，有图书馆的一个高级职员，还有土木系的一个教员。两位和我把武汉存的东西，坐船进川，运往昆明。这一路困难得不得了了。当年那个船晚上是不能走的。三千多里，船只能到宜昌。所以，从武汉、宜昌、万县等到重庆，包括三峡，来回走了很多趟，才把这些东西运到重庆。

国民党那个时候什么东西都没有运到。南京没运什么其他东西，运的都是武器。他们说：清华工学院的东西有用，我们要修武器，步枪、炮什么的，它有机械设备！就让我们把这些东西留下，留在重庆，还把我们临时调过来，给他们选厂。我自己也不愿干这个事。后来他们一看，这些设备太简单了，不可用，得了。他们还要办学校，表面上他们有军队，他们要抵抗、打仗，也点缀点缀北大、清华。所以就到了昆明，北大、清华、南开组成西南联大，这是 1938 年。

我的家眷，我的朋友，他们是最后一批走的，不是跟我走的。我是自己走的。我到山东、上海、南京——当时南京还没有失守——武汉、昆明，这么走的。所以，我到昆明晚了些。我是 1938 年底到的昆明，住在北门街。这个地方是西南联大老总校，大概你也熟悉了。

**访谈人：**我插一句话，您从山东是不是跟施嘉炀老先生一道走的？

**董树屏：**施嘉炀先生比我走得早一点，因为施先生是土木系系主任，后来又兼工学院院长。

我的家眷是 1938 年春天到的昆明，住在北门街，因为总校在那里，总校在那儿临时盖的房子。

我是 1938 年底把这些设备——国民党也不要了——从重庆用公共汽车，就是载运车，慢慢运到昆明的。这些设备，包括一部分图书，就是西南联大的物质基础。

这些设备从 1935 年开始运，一直运到 1937 年，这是我亲自实践的。我在重庆待了一年多，非常熟悉，“地无三尺平”，天天下雨，敌机天天轰炸。设备在嘉陵江边、长江边上，来回这么折腾。飞机还

董树屏夫妇

炸，我们还要保护这些东西！给我的责任并不是这样。我要代表学校跟运输单位联系分批运，那确实是玩命，跟学校也失去了联系。学校正在分批走，还没有在昆明落脚。

直到1938年春天，我才把主要设备运到昆明。那个时候，四川、贵州、云南三省公路联合起来了。原来三个省是各运各的，各用各的公路。而且路况非常危险，从重庆往昆明走，路上翻车的太多了，都是白天走，晚上不能走，都是汽车运输。这种情况历史上也写过，但不是这么详细。

所以，西南联大，从工学院的角度来说，包括施老先生在内，物质基础连人基本是这样组建的。

一部分人，年轻一点的，什么助教、教员，都没有跟着走。我那个时候已经是教员了，已经干了五年了——我是1934年去的清华——

年纪还轻，体力还不错，东西拆装的时候都是我们自己负责。清华实际上是1937年底至1938年陆陆续续到了昆明，我们到得最晚，因为我在重庆还搞了一年的设备。

那时候工学院就在滇缅铁路车站，那个地方有江西会馆、迤西会馆等三大会馆。从我的生活、工作来说，我印象很深。那个时候，我们是一年一聘的。1934年我当助教的时候，我的工资是一个月60块现洋，可以买30袋洋面。到昆明第一年，现洋可以换“老滇票”，十块钱可以换一块钱的法币——我们叫“老滇币”。

刚到昆明的时候，觉得完全是一个陌生的地方。当年有个印象，说人犯错误了，就把你发配到边疆去。昆明在我的印象中，在地图上才这么一点，我说我能到这个地方去，说明清华园没把我淘汰，还让我去。后来我把我这个道路叫“工业救国”。那时候我们的工业太落后了，国家需要工业，我说我一定要在工业方面做教育工作，培养、发展我们的工业，特别是机械工业。这是我们的主导思想。我没有学文，也没有学法，我过去念的书也都是工学的。

到了昆明，中心工作就是要把这个学校办好，但是很困难。一个是物质条件，一个是人员条件。我个人的主导思想是理论联系实际。我教的课程有理论内容，也有实践，这两个我是尽可能配合，特别是从实验的角度做了很多。这些设备我都很爱护，我要用它们来教学生。所以，有时候我觉得我没什么了不起的水平，但是在实验室的设备、理论联系实际方面，我花了不少心血。

到了昆明后，我就正式讲课。但是我的重点是建设实验室。施老先生也这么说，机械系、电机系这两个系的物质基础、实验设备——

主要是轻便的东西，像锅炉这些比较重的东西都没运来——这方面我花了不少心血，这是我教课很重要的一部分。我去蒙自买锅炉，买矿井不要的锅炉，上开远去奔走，因为我机器有了，但动不了。

刚才讲了，在昆明第一年，挺好，经济上也不错，那时过桥米线我真能吃。第二年就不行了。第二年是“新滇币”两块钱换一块法币，整个垮下来了。然后是日本飞机大量轰炸，叫“疲劳轰炸”，美军那个时候还没援助我们。早上6点钟轰炸就来了，一波一波的，这一波还没走，下一波又来了。我们带着学生跑警报，带的书散在地上，我们都忘了捡。我们不能停下来。

西南联大有个很大的特点，不光我这样，很多教授都这样，没把课扔下。虽然不可能都把书带上，但是可以给他们讲，学生们听，然后晚上回来。西南联大战时的特点，我们都是亲自实践的。学生们也很感动。他们也都很困难的，但学得比较扎实。文法学院刚开始在蒙自，然后到昆明。我倒没到蒙自去。

我们的生活困难到哪种程度？一句话，工资只够一个礼拜的。剩下三个礼拜都没有着落。发了工资，赶紧去买米买面。我们的老教授闻一多刻图章，梅贻琦的妻子卖包子（糕点）。这些大家都看见了。这是的的确确的。

我向工人师傅学习了很多东西。我在中学念的就是职业学校，工人很愿意教我。工人让我干什么，我撸起袖子就干。车工、钳工我都会，他们对我印象也非常好。昆明那时候实在是落后一点。虽然他们叫我们“下江佬”，但是他们说这些人会修机器。我就给人修修机器，有点收入，补偿那三个礼拜的生活费。

我还担任过昆明自来水厂供应科的科长，兼职的。这个我得跟你们讲一下，这都不上经传的。在翠湖前面有一座高山，自来水厂的水泵站就在那儿。逃警报的时候，别人跑，我不能跑，我得看着那个水泵。那时候昆明的自来水没有多少，有几个地方有，而且都像是半官半私的。我记得厂长也是抽鸦片烟的。他把我选上了，他一看这个人还可以，又年轻。我就从拓东路每天骑车到他那儿上几个钟头班。到逃警报的时候，他说：供应科长可不能走，你一走等于断了昆明的水，你可要犯大错误了！那不得了了你！

经济困难，当然教学就受影响。我家那个时候已经疏散到飞机场旁边，因为他们说那里比较安全。我得每个礼拜从那边到昆明的江西会馆上课，住几天。那个自来水厂，我也得去上班。后来美国飞机来了，我们也算是解脱了。

这种情况影不影响教学？影响教学。但是，我的工作还是跟我的教学有联系的。水泵怎么设计，怎么运行，我知道。我可以把这个水泵的问题给学生讲，这就是我的教学方法。我不光画一个图，这个门那个门，我还得讲是什么道理，而且要讲锅炉的特点是什么，危险在什么地方。老实说，不是批评，他们的技术人员不懂。

在昆明，我还当过家庭教师。云南省第一批公费去美国的学生，我都教过。有的学生不错，挺好。现在有时候他们还有人说：董老师教过我们。云南省教育厅是派清华的学生，派的都是学工的。那一批去了大概二十几个人，到美国学工。我们天天上那儿兼课，做家庭教师。这些东西我都得监督，给他们配备，包括语文，包括他们到外国怎么学，我都要给他们讲。有很多人，有钱的，已经走了，我是一直顶到底。这是什么精神？我自己体会，就是我这个人比较朴实。我觉得可以了，我算是在这里做过，在这里尽职，尽了义务，教了学生。

1945年抗战胜利了。三个学校解散了，清华回到北京。我留在这里一年。为什么留在这里一年？学校派我留下的，说美军陈纳德的飞机留下点东西——因为美国也用不着了，或者也用过了——国民党想接收，他们就认识武器、枪炮这些东西。我们学校领导也很明智，说咱们也帮助他们整理整理，看看有没有学校可用的东西。接收胜利物资嘛，军队可以接收，咱们清华不可以接收吗？所以就派我们两个人去。

1946年没让我走，别人基本上都走了。闻一多老先生没走，本来他早就应该走了，但那个时候要求民主，要求停止内战，好几个知识分子都被杀害了。他上午讲话，我还去参加了。下午就有人告诉我，他已经被害了。

我到那儿一看，美国的那些东西，有些箱子还没拆开。拆开一看，里边都是新的东西，什么发电设备、柴油机。这东西好，都是军用的，非常轻便。我就糊弄他们，我说这些都是废铁，你们要没用处的。他们说要是没用处，就给你们联大——那时候不叫联大了——清华拿回去吧。

我干了几个月，争取到了柴油机三台、汽油机两台。这五台机器，飞机就可以运回去了。我还没有到清华，清华就用这些机器发电了。这五台机器运回去，可发挥作用了，连电影我都能给放起来。我还押运了一些过去用过的设备。我在那里待了一年，是干这个的。那时候没教书，因为地位已经高了，已经是副教授了。

我给昆明做过两件事情，也是很重要的。昆明没有汽油，打仗嘛，哪有汽油？我们给他们做酒精代汽油，昆明还有酒精，酒精是粮食做的嘛。后来酒精也没有了。市面上根本没有跑车的，没有油嘛。后来就用木炭，昆明好多地方有木炭。我给他们设计炉子，木炭出了煤气，拿煤气代汽油。所以有一段时间，西南联大的车的后面都是煤气炉，都是我们带着学生给学校设计的。在北京，我们 60 年代的时候也没有汽油，一些汽车上面有一个大袋子，那都是煤气的。不到一年，大庆有油了。

我讲这段历史，一方面解释一下当时的情况，一方面讲一讲当时我们这些留下的知识分子是什么心情。当然，这些工作都不是我单独干的，都是我组织人干的，都是和学生一起干的。学生不光是听课了。做酒精代油，先跟学生讲道理，然后让学生也参加。这也是很大的变化。过去在学校都是实验室里瓶瓶罐罐的，在昆明的时候，学生跟着我们在工厂里，都是做实在的东西。

还有一个特殊的例子。我那个实验室有一套很简陋的从德国进口的设备，光一套主机，做什么的？就是现在做冰棒的。那时什么也做不了，只能给学生讲讲结构什么的。昆明，人人都知道，不下雨，不下雪，更不知道冰是什么东西了。我们跟学生把这个机器凑合起来，做成冰箱状，做出冰了，一块冰 20 磅。昆明人来参观的很多：这就是冰啊！冰就是这个样子，你们怎么弄出来的？一听，是清华大学——我们叫热工实验室，我那时是热工室主任——做出来的。

昆明一些需要冰的医药部门就把它买了。过去药水都要用冰箱保存，冰箱那个时候还做不好，就拿冰块。后来没有多久，美国来援助中国，它也需要冰，治病的药都要冷藏。它也有制冷的设备，但是来不及啊。美军需要，甚至病人也需要。美国就跟清华签订了合同——那时候我们叫“清华服务社”，施老先生是我们的头，他是土木部的，我是机械部的——把冰卖给美国，是外汇，不是滇币，也不是法币。

从1944年春天开始到1945年，我们给学校赚了一些外汇。后来学校用这些外汇干什么呢？去外国买了一些电化教学设备。现在的名词叫“创收”，我们那个时候理解为教我们工科的学生理论联系实际，解决实际问题。

在昆明那么多年，生活上、教学上都很苦，学生也很苦。我教过的学生当教授的不少，其中还有一两位是制造“两弹一星”的人……

**访谈人：**有没有叫王希季的？

**董树屏：**王希季，对。他是昆明的，而且是白族。他是我亲自教过的。还有一个是航空学院的，名字想不起来了。那时候他们是我亲自教的。当时我都不知道，因为他们参加的这个工作是保密的。等到他们的工作做完以后，“文化大革命”以后，我们见着面了，他说：老师还在清华？我说：你到哪儿去了，我怎么不知道？这时候他说：我参加国防建设去了。那时说得还不是很具体。还有一位，一共是三个人，都是我亲自教过的，都是跟我念过书的。

当然，我不是说我教得好，是这些人在西南联大受过锻炼。他们当然也不错，尤其是王希季，他是少数民族，很不容易。他还是院士。老院士还有好几个。杨振宁、李政道，都是西南联大的。杨振宁在学校的时候，我刚到清华工作，他还是小学生，我们这儿的清华小学。[①]

## 访谈手记

山河之痛，我是从董树屏前辈身上有切实感受的。

那天，在清华园的教师楼里，他的女儿正在为他收拾房间。他刚从美国探望老友回来，带回一台电脑，说准备自己来写回忆录。

时光的流逝对他的影响不大，这位高龄老者至今仍然保持着虎虎生威的东北气质。而他这一生最重要的内容、最重要的变化，都是和日本人、和日本入侵中国那一场战争紧紧联系在一起的。

在悲愤的叙述中，往事清晰凸现。他又变回那个东北学生，那个贫苦农民家的孩子。他跟着老师旅行，却受到日本兵盘查，被关押，往鼻孔里浇洋油。被惩罚的原因，是老师带着学生们在自己的土地上春游——这就是亡国奴的滋味。

他曾是东北大学的学生，沿着铁路，冒着风雪，走出了沦陷区。我好像看见他瞪着仇恨的眼睛，站在张学良的面前，要求“给一支枪，打回东北去”。

正是这股血气，支撑着他担当起千里转移清华物资的重任。

通过董树屏的叙述可知，梅贻琦在九一八事变之后已经根据形势进行深远决策，开始转移物资，做撤离后继续办学的准备。因为国民

① 董树屏 1934 年于中央大学毕业后到清华大学，杨振宁于 1933 年考入崇德学校，该校现已改名北京市第三十一中学。

政府始终没有下达相关命令，梅校长的一切举措都是以办分校和实习的名义进行的。

正是这批经过千辛万苦运往昆明的物资，还有施嘉炀院长此前带出的一批器材，使西南联大工学院拥有了当时国内最完备的教学设施。后来很多考生都因西南联大工科设备强大而选择或者改为工科了。

获得“两弹一星”功勋奖章的云南白族青年王希季，曾是董树屏的学生。摩擦学家郑林庆，当时也是因此而从物理专业转到机械系的。

离我拍完董树屏先生还不到三个月，清华就传出他去世的消息。摄制组的人都不能相信，这位健壮的老人竟然就这样走了？我有一种感觉，他好像是在等我，采访完毕，老先生心一松，走也！

这种感觉在我已经不是第一次。这使得我对那些珍贵的录像带视若至宝，又如芒在背，日夜不宁，不敢疏忽。

董先生的血气、经历、见地，在现在的大学里已经淡薄了。这是支撑了中国教育大厦的那种气节与力量，值得作传。

吴征镒（1916—2013）

植物学家。江苏扬州人。1937年毕业于清华大学生物系。1938—1946年在西南联大生物学系任教。1955年被选聘为中国科学院学部委员（院士）。

访谈时间：2000年9月

访谈地点：昆明，中国科学院昆明植物研究所，吴寓

**访谈人：**请谈谈您在西南联大的情况。

**吴征镒：**抗战一开始，我就像杜甫诗里讲的那样，“支离东北风尘际，漂泊西南天地间”。我跟西南联大差不多是“同命运”“共呼吸”的。我毕业以后，虽然是教师，但是没有在北平做过事，而是一直在西南联大。（全面）抗战八年，我也就在西南联大八年。

我本来是七七事变的头一天到西北考察的，就是现在的陕甘宁、内蒙古这一块。到了 8 月 23 日，我在宁夏的贺兰山后面，就不能再前进了，北平已经沦陷了。我就从宁夏、包头一直回到老家。在老家教了几天书，忽然接到学校的通知，清华、北大、南开三个学校要在长沙成立长沙临时大学。我就从扬州赶到长沙，在长沙待了两三个月。后来因为长沙也开始轰炸了，南京失陷，我继续向西南方漂泊。

我当时是最年轻的助教，参加了长沙临时大学的湘黔滇旅行团[①]，从湖南、贵州一直走到昆明，号称 3000 多里。走到昆明时，正好是清华大学校庆的那一天。清华大学校庆一般是 4 月二十几号。梅贻琦作为西南联大的常委之一来欢迎我们。从此，我就在昆明定居了，一直到抗战胜利以后。1946 年闻一多老师被刺之后，我和几位朋友作为西南联大老师、学生里的最后一批，撤离昆明。在闻一多老师被刺以后，我们还在昆明开了一个小小的追悼会，因为那个时候不敢声张，局势很紧。

---

① 湘黔滇旅行团，为长沙临时大学 1938 年初转移昆明时组建。当时迁校主要分三路入滇，其中陆路入滇的 200 多名师生组成湘黔滇步行团（后改名湘黔滇旅行团），从长沙出发，经益阳、常德、桃源、沅陵、芷江、晃县（今新晃）、玉屏、镇远、贵阳、镇宁、平彝（今富源）等地，到达昆明，历时 68 天，全程 1600 多公里，成为中国教育史上的一次壮举。

吴征镒参加了湘黔滇旅行团，并在船上留影纪念

我可以说是一个真正的西南联大人。在此之前，我虽然是清华毕业，留校做助教，但是没一天在清华教过书，而是到联大才帮助老师做助教，后来教书的。

八年在昆明，我印象很深。特别是因为我是学植物的，我感觉到云南是研究植物的一个最好的地方——全世界恐怕都很有数的。1958年之后，我又回到昆明，一直到现在。所以，我的大半生，除去在北京，还有家乡扬州之外，其他时间都是在昆明度过的。

**访谈人：**讲讲湘黔滇旅行团的事吧，讲讲李继侗先生和闻一多先生。

**吴征镒：**湘黔滇旅行团有200多学生，还有13个老师，我记得是这样的。老师里面有有名的闻一多教授、李继侗教授、曾昭抡教授、袁复礼教授，还有黄子坚教授，大概有五六个，其他都是助

吴征镒与张曼菱

教、讲师。其中，中国文学系和生物系各有 3 个助教级的参加这个旅行团。[1]

我们一路上特别看到闻一多老师，他一路走一路写生，就是画风景，画看到的少数民族。我们跟李先生在一起，一路采一些标本。当然，这些标本后来基本上都没有存留。因为贵州这一路是“天无三日晴”，我们一站赶一站，在路上也没有机会做标本，大部分都烂掉了，采又不能采很多。

但是，这一路看到中国的西南，特别是贵州，当时很穷困，文化程度很低，很多县里面基本上连小学都没有，最好的也只有小学。同时，生活条件很差，卫生条件很差，有的地方还有麻风病等种种。

一路看到的，使我们从清华当时的“象牙之塔”中突然第一次了解到中国的实际情况，对我们以后的思想进步有很大的影响。我想，

① 据《国立西南联合大学校史》（北京大学出版社，2006 年）记载，参加湘黔滇旅行团的有 11 位老师，他们是闻一多、曾昭抡、黄钰生、李继侗、袁复礼、许维遹、李嘉言、王钟山、毛应斗、郭海峰、吴征镒。

参加湘黔滇旅行团的教师合影（缺 1 人）

包括老师们，像闻一多先生、曾昭抡先生、李继侗先生，他们过去也同样很少到西南边疆，真正深入农村里面。

我们是赶马帮的栈投宿，有时候也不能住在马帮歇的地方，而是直接住在老百姓家里面。因为人很多，200 多人，西南边疆的小县、小镇来了这么多人，真是没有地方住，只好住在农民家里，临时铺上草，十几个人就住在一间房子里。

虽然说是行军，但是我们这些知识分子也不习惯像军队一样排好队走，而是一路稀稀拉拉地拉得很长。有的同学，搞社会学的或者搞文学的，还深入民间去访问少数民族的歌舞、语言、风俗习惯等。有三（两）个多月时间，到后来，我们常常跟闻老师、李老师等坐在公路边上休息的时候议论国事，谈学问，谈所见所闻，所以虽然走了很长的路，也不觉得怎么样就到了。

**访谈人：**是不是闻一多先生说过“去认识我们的祖国”？您把这件事情讲一讲。

**吴征镒：**闻先生是在这次旅行中才开始真正接触到民间的痛苦、疾苦。后来在昆明又看到国民党“拉夫”的惨状，就是拉贫下中农去当兵。这些兵受到军官的虐待，满街都有倒毙的。他们没有饭吃，骨瘦如柴，有的生病，一边拉痢，一边被鞭子抽着往前走。所以，闻先生的思想转变跟这些所见所闻有很大的关系。

西南联大的校风继承了三个学校的优良传统，北大的民主精神、清华的科学精神，还有南开的脚踏实地的活泼的精神。在抗战期间生活困难的条件下，这个学风是很正的，大家都去钻研，都去自由思想，专心做学问。

这个学问学来干什么？为将来国家复兴做准备。每个人都是抱着这种思想去做工作的。所以，当时环境条件虽然非常艰苦，但居然能够产生杨振宁、李政道这样的诺贝尔奖金获得者。国内的一些老师，包括文学院的、理学院的，还有其他学院的，在条件允许的情况之下，有的工作也可以达到当时的世界水平。这个精神，一个是集中，一个是自由的学术空气，大家都是为了救国救亡而工作的。

当时，我的老师，像李继侗先生，到了昆明以后，头一两年带着我们或者让我们自己到昆明附近，大理、宾川、鸡足山，一直到滇西南，就是现在滇缅公路这些地方，去考察荒地，预备难民到那里去开荒，等等。这些是头几年，以后他就热衷于校务了。他管的事情很多，包括大一学生——因为地方太窄，大一学生没办法在昆明读书，他还一度跑到叙永去办分校。这些都是我的老师李继侗先生去奔走的。

我不是国文系的，差不多在闻一多先生思想转变以后，我的思想也转变了。在 1945 年 1946 年这两年，我跟闻一多先生接触多一些。他也经历了一个过程，起先是搞中国的古典文学，《楚辞》《诗经》这些，考据工作做得很多，后来转而搞一些启蒙运动的工作，指导“新诗社”“剧艺社”，这些工作都直接向群众宣传进步的思想，战斗性很强。这些学生社团他都直接参加，或者是领导一些思想进步的同学向马列主义靠拢。他后来的生活，我们也几乎都是在一起的。我 1945 年参加民盟，1946 年参加共产党，都可以说是在那个环境之下互相影响的结果。

在西南联大八年，影响我思想变化的，先是分类学的老师吴韫珍先生。他是江苏青浦（今属上海）人。他到了昆明以后，有很多工作做不了。这个时候他怎么办？清代有一个学者叫吴其濬，写了一本书叫《植物名实图考》，里面画的很多植物非常像，而且都是昆明附近的。吴韫珍到了昆明以后，经常到近日楼去买花。当时卖的都是野花，他把这些野花一个一个画下来，来考证《植物名实图考》里面的中国本土植物。我也帮助他做这些工作，得到了很多切身的教育。可是后来因为环境太差了，家务也重，孩子也多，他得了很严重的胃病。得了病以后，他就想把他年轻的子女都送回老家，这样他的生活负担就轻一些。所以，吴师母就带着孩子都回江苏青浦去了，他一个人在昆明。

吴韫珍看到我的一位老朋友，叫周家炽，胃病开刀好了，他（吴韫珍）急于恢复身体来做研究工作，所以也就试着去开刀。当时开刀的条件，按说在昆明也是不易多得的。给他开刀的是云大医院的院长，是我另一位老师戴芳澜先生的哥哥，法国留学的，开刀的技术也很好。可是，当时没有先进的抗细菌的药——像青霉素这样的，那时候还没有出来——有些老的消炎药，因为抗战的环境，药源很少，也找不到。虽然他的手术过程蛮好的，可是因为他身体的关系，伤口老愈合不好。到后来伤口裂开了，消炎药又跟不上，转成了腹膜炎，四十几岁就过世了。

他的过世对我的思想影响很大。过去我们一直以为“读书救国”，在西南联大大后方，在昆明这个地方，还可以继续工作下去。他这一死，我深深感觉到，这条路看样子走不下去了。这是一个很大的打击，是我思想转变的一个很重要的契机。

第二个大的刺激就是闻一多先生的死。闻一多先生因为敢说话、敢反抗，国民党对他下了毒手，可以说他是被乱枪打死的，身中十几枪，当场就没有办法挽救，也是四十几岁就英年早逝了。这两个刺激，使得我后来坚持跟着党走。

闻一多当时因为生活所逼，没有办法，子女很多，所以除去大学教课之外，他还和朱自清一样，在中学里兼课。当时包括我这么一个单身的助教，也都在中学里面兼课，这样才能把我这一张嘴糊住。后来大家又给他想办法，让他卖图章，他刻图章卖钱。

当时国文、英文、历史、生物，都是一些最好的老师讲课。我是旧家庭出身，从小就念过四书五经，考大学的时候，我是专门考的清华，预备进生物系。我的数学、理化并不一定很出色，但是我的国文根底、旧学根底比较好。考国文的时候，朱自清先生出的题目是写一篇游记。我就模仿在中学里面还有私塾里面学的古人写游记的佳作，像王维《山中与裴秀才迪书》里面的风景、思想的写法，写了一篇文章，结果得的分数比较高。我就被清华录取了，录取的名次也不太低，大概二十几名吧。

大一国文是朱自清先生教的。因为他看卷子知道我的名字了，而且我也是扬州人，跟他是老乡，我们中学也念语文，就有朱自清先生的《桨声灯影里的秦淮河》，所以他就跟我有些来往了。以后在昆明的时候，来往就更多了。在昆明时，他也有家累的问题，续弦是一个成都人，就是陈竹隐师母。他们分居两地，他有时候到成都去。他和李继侗老师住在北门街的一个楼上，都是“单身”。我去找李继侗老师，有时候也跟朱自清老师交谈、请教。

当时，像清华、西南联大的学生，一般学理科的对文学的涉猎、爱好也比较多。我就是比较爱好文学的。我写过新诗，也写过旧诗词，还唱昆曲。我虽然是生物系的，但是我的很多朋友都是国文系的，和这个很有关系。

这图章是我的一个（同学的），他是清华国文系毕业的，在西南联大和云大当过老师，叫陶光。他昆曲唱得很好。这个圆的图章就是在藤子上面刻的，藤杖的藤，是闻一多先生给他刻的。闻一多先生也给我刻了一个，“白兼”两个字。我从北平转回昆明的路上丢了一个箱子，这个图章也没有了，很可惜。

## 访谈手记

在昆明北郊的山野中，有一座植物园，那是我们孩童时代就熟悉的地方。

吴征镒的家小小的，藏在自然的野趣中。院子里种着蔬菜，还有随意生长的花草树木。蛐蛐在石头下叫着，水缸里有雨水的积存。

客厅很小，刚够主宾坐下，中间有一张大案。我进去的时候，吴征镒正伏案在一大堆稿纸上，批注蝇头小字，眼睛几乎贴在纸面上。

我翻了一下案上的大部头书，里面有植物的叶、茎、根、果、花、蕊插图。助理说，吴老正在为其中一幅插图进行甄别。

吴征镒出身旧式大家庭，从小就念四书五经，出口便引经据典："抗战一开始，我就像杜甫诗里讲的那样，'支离东北风尘际，漂泊西南天地间'。我跟西南联大差不多是'同命运''共呼吸'的。我毕业以后，虽然是教师，但是没有在北平做过事，而是一直在西南联大。"

作为中国植物学界的泰斗级人物，他一生的事业是从战争中的云南边地开始的。在导师的启发下，吴征镒走上了植物学的"名实求证"之路。

"在西南联大八年，影响我思想变化的，先是分类学的老师吴韫珍先生。他是江苏青浦人。他到了昆明以后，有很多工作做不了。这个时候他怎么办？清代有一个学者叫吴其濬，写了一本书叫《植物名实图考》，里面画的很多植物非常像，而且都是昆明附近的。吴韫珍到了昆明以后，经常到近日楼去买花。当时卖的都是野花，他把这些野花一个一个画下来，来考证《植物名实图考》里面的中国本土植物。我也帮助他做这些工作，得到了很多切身的教育。"

至今，昆明的菜市场上，还能见到山民背下来的野山茶、含笑、火把果。山花烂漫茁壮，带来山里清新的风、泉、石的韵致。

我们走出院门时，看见吴先生的夫人提着鸡蛋回来。当年为了爱情，她来到云南，一直就住在这荒郊野外。他们的后代，包括儿媳，都在这里生活。

人们都知道吴征镒是一位植物学家，他选择了远离城市的生活。很少有人知道，其实吴征镒在西南联大时期爱好文学，写过新诗，也写过旧诗词，还爱唱昆曲，与闻一多、朱自清关系亲密。教过汪曾祺作文的陶光曾送给吴征镒一幅字，“每从朴实见风流”下的图章就是闻一多刻给他的。在新中国成立初期，吴征镒还进入领导层，主持重要的调研工作。

1958 年，他毅然辞去所有职务，要求带领全家迁往昆明，专心从事植物学研究。“因为我是学植物的，我感觉到云南是研究植物的一个最好的地方——全世界恐怕都很有数的。1958 年之后，我又回到昆明，一直到现在。”

2006 年，90 岁高龄的吴征镒率领弟子着手整理研究中国清代著名植物学专著《植物名实图考》及其《长编》，开启了中国植物考据学研究的新篇。

我忽然想起敦煌的常书鸿先生，那一代知识分子是将山河事业当作一生归宿的。

与吴征镒对坐而谈时，我为其完整有序的回忆、思绪所折服。他是一个思想的巨人。外形儒雅的他，参加并领导中国植物资源考察，发表和参与发表的植物新分类群 1766 个，是中国植物学家中发现和命名植物最多的一位，改变了中国植物主要由外国学者命名的历史。

费孝通（1910—2005）

社会学家、人类学家。江苏吴江人。1935年清华大学文科研究所研究生毕业。1944—1946年在西南联大社会学系任教。

访谈时间：2000年3月；2000年8月

访谈地点：北京，费寓；昆明，震庄

## 第一次访谈

**访谈人**：费老好，您在云南一共住了多少年？

**费孝通**：七年。从 1938 年一直到 1946 年。[1] 1946 年就出来了。

**访谈人**：我看了一些史料，您写了很多关于云南的文章。

**费孝通**：我做普通教师做了七年。

**访谈人**：当时您也在西南联大任教。在抗战的背景下，您作为一名社会学家，在云南待了那么长时间。请您讲讲西南联大，讲讲云南，讲讲您的想法。

**费孝通**：这一段对于我个人来讲很重要，是很值得留恋的历史。

费孝通与张曼菱

---

① 费孝通 1938 年任教于云南大学，1946 年 7 月 15 日闻一多惨遭暗杀后，遂离开昆明至南京等地，11 月飞赴英国。其间，费孝通于 1943 年至 1944 年访美一年。

我从英国回来后就到了昆明，先进入云南大学，后来接近抗战胜利的时候转到西南联大，之后就回清华，在北京了。

我觉得值得纪念的是，在这段历史里面，我认识了一个主要问题。我在研究农村，写了一部书，英文的，叫 *Earthbound China*，翻译出来是：被旧的传统经济束缚住的中国。那时还没有发展，还是在旧的传统经济之下的云南农村。这本书一直到 1987 年才有了中文本，不是翻译，叫作《云南三村》。

我学术上的主要成就，在云南这一段，以这本书为代表。云南的三个村子，在滇池旁边，我们自己去跑的。前几年我也去了一趟，去看一看旧地方。云南风景美丽，气候很好，是值得我留恋的地方。同时我接触了云南的很多乡亲，在生活方面了解他们，觉得很亲热。我常常想念他们。

在理论方面，那些工作是表示我们当时的知识分子不怕困难，我们有一个奔头，有一个希望，有一个志向，就是要通过云南具体的社会情况，把中国早年的一般情况表现出来。当时那里没有发展，没有受到工业影响，或者影响很小，刚刚开始有几个兵工厂。我们一调查，有纺织厂，是清华的一个老同学办的，名字我忘记了。新的现代工业刚刚开始。

我们还到现在云南比较发达的地方玉溪去调查了。玉溪现在有云南最大的卷烟厂，也成名了，那时还没开始。那里当时是马帮集中的地方，是做交易的，边区经济的交易中心。

**访谈人：** 费老，经历了这么多社会实践的调查活动，你们也很艰苦吧？是不是生活跟马帮也差不多？

**费孝通：** 我是思想上的马帮，到处跑。认识旧的中国，人们生活得怎么样，这是我的一个主要课题。

我的目的，是了解工业没有发达的时候，中国农民的生活是怎样的。这是我的研究主题，云南给了我一个很好的条件，因为比较偏僻。

**访谈人：** 费老当时多大岁数？就是作为思想上的马帮到处跑的时候。

**费孝通：** 我是 1910 年出生的，1930 年之后是二十几岁，1949 年的时候我也不到 40 岁，才 39 岁，人很年轻。当时，我们用两条腿走着去调查。

**访谈人：** 走遍了云南的山山水水。

**费孝通：** 也不能说是走遍，滇池附近我都去走了，就住在庙里面。破庙里面搭个床，睁开眼睛看见一个大的佛，我在他底下。

**访谈人：** 上面是什么？

**费孝通：** 佛，大的菩萨。在菩萨身边睡觉，这很有意思，我到现

费孝通

在还记得。

**访谈人**：费老在二三十岁的时候，在云南，在抗战的环境里，进行了一些社会学的调查和实践。这种学风创立了我们国家社会学的一个新期望，也为云南做了很多贡献。这种研究现实问题的社会学学风，是不是跟西南联大时期的环境有关？

**费孝通**：这是西南联大的一个特点。我创立了新的社会调查方法，引起了国际上的注意，也给我了很好的奖励。现在我还是搞这些东西，我已经90岁了，还在跑！现在不是两条腿在跑，是车子在跑了，载来载去的。

**访谈人**：思想上还是马帮。

**费孝通**：从马帮看起，看到现在的高速公路、飞机。

**访谈人**：当年形成的那种社会学的调查研究方法现在还在做吗？

**费孝通**：现在还在做。我一共做了几十年，从我的家乡江苏开

费孝通在云南

始，后来抗战，我在云南做了七年。

**访谈人：**费老对抗战时期的西南联大和抗战时期的昆明有怎样的印象？

**费孝通：**当时的农民生活比较苦，吃不饱、穿不暖，这些我都看到了。看他们背盐巴，从产盐的地方背到昆明。是人背着，不是马驮——马帮还是马，普通人是背，在山里走。我们都看到了。我去背就背不起，背了站都站不起来，重得很。和现在一比，两个世界了。

为了研究少数民族，我后来到云南去过一趟，是1957年。不是到西双版纳，是到德宏。德宏这一带，景颇族、傣族我都去调查过。

**访谈人：**您作为一个社会学家，对云南人民的性格、民风有什么感觉？

**费孝通：**民风嘛，这个地方是多民族的地区，丰富多彩。性格呢，像山茶花一样美好。我还记得，在云南大学旁边有一个圆通寺，圆通寺很好的，那里有很大的山茶花——茶花这么大啊，红红的。我记得最后一次离开昆明的时候，很多朋友送我很多茶花，我坐飞机带到北京。我还要去看看那里的茶花什么时候开。我也很愿意再去看看这些学校怎么变的，云南人怎么从早期困苦的状态到现在生活好起来的，我去祝贺他们！

## 第二次访谈

**访谈人：**请您谈一谈西南联大，这么一个当年北大、清华、南开三校经过千辛万苦到昆明，然后办学，办得轰轰烈烈的学校。

**费孝通：**人家总说中国人是“一盘散沙”，可是我们证明，西南联大的精神与之完全相反。我们知识分子同样能够团结起来，为一个目标努力。这是忘我的精神、团结的精神。

我的学术生涯、学术生命，可以说是从云南开始的。1938年之前，我主要是在学校里学习，是学生嘛。1938年毕业了，完成了学业，从英国回来，我开始创造我自己的学术生命。从云南开始，具体是魁阁，我组织了一个研究中心。

魁阁是呈贡的一个小地方。日本人轰炸，我们就疏散到乡下去。我们当时的精神，就是“忘我”，为自己的使命而贡献出力量，这种西南联大的精神在魁阁具体表现了出来。我属于云南大学，魁阁研究属于云南大学，是吴文藻先生开始支持我们的。

我们重视、注重实地调查，这些人家还不大懂，我就带回来，开始实际地同人民接触，从实际生活里出理论，从实际里得到知识，从知识里提炼出理论，来帮助人民改变自己的生活。

我到昆明后，只待了两个星期——从英国回来，直接到昆明。两星期后，我就到禄丰去了。我的一个老同学，是禄丰人，帮助我找到农村里的一家农户。我住在他们家里，他完全地帮助我。我问什么，他就说什么。我们相处在一起，像一家人一样。同他谈谈，等于请教了一个老师！谈的我就记下来，带回去看对不对。我出题目给他，他回答我，这样持续了一两年。

**访谈人：**就是说给您做向导？

**费孝通：**不单是向导了，他是老师，他把他的生活讲给我听。他不用准备，自己怎么生活的就怎么讲给我听。怎么种田的，田怎么

费孝通在魁阁

种、怎么收，我就跟他学，学了就记录下来。它的意义我看出来了。他们为什么这样生活，为什么形成一个制度——经济制度他是讲不出来的，我就把它整理出来，撰写成一本书，叫《禄村农田》。

后来我从这里开始，到了易村，易门，根据我的实践发展，逐步逐步地，一直到玉溪。我看到中国原来的传统经济怎么发展到当时最先进的工业化时期，看到这个构成是怎么变的。这里的三个村子，是同我的学生一起找的，（写成的著作）叫《云南三村》。

**访谈人：**这是在云大期间完成的，也是在云南人民的帮助下完成的。

**费孝通：**对！他们教我，可以说是我的老师。云南农民是我的老师。从老师口里，我把听到的和我的体会写下来。

**访谈人：**明白了。不只是向导，还是老师。

**费孝通：**因为我没有经过这个生活，他是经过这个生活的，实际靠这个生活的。他如实地讲给我听，我是“从实求知”，从实际得到知识，从知识得到学问。

**访谈人：**费老，您当时不仅是西南联大的老师，也是云南大学的老师，我想您的这种精神也是承接了这两个学校的精神。您能不能谈一谈西南联大的治学精神？

**费孝通：**我写过一篇文章，给一个叫汤佩松的，我上一辈感情很好的一个老师。我写的文章叫《清华人的一代风骚》。他自己叫自己清华人，他代表着清华的精神，清华是西南联大的一部分。

我在呈贡搞社会学，他在大普吉。我在昆明南面，他在昆明北面。他们这一批生物学家集中起来，研究培养人才，研究问题，也是根据实际情形研究。他取得了很多成就，解决了很多科学上的问题。不是为了自己，是为了人民的需要而进行科学研究。这个精神就叫清华精神，是一代风骚，一代的精神风骚！

**访谈人：**好像可以总结成团队精神，团队精神是您的总结吧？

**费孝通：**团队精神，讲起来很有意思。清华的一个老师，叫马约翰，大家挺喜欢他的，是一个体育家。他就提出来，体育需要讲一些“体育精神”。体育精神有两个：一个是 sportsmanship ——做事情不要为自己，要有团结精神，为团体做事情，忘我，不要把自己放在中心，要把事情放在中心，这个事情是对国家、对人民有好处的事情；另一个是 teamwork ——团结一致。我们需要的清华人要有 sportsmanship，要有 teamwork，要团结起来，为了一个目标，拿出忘我的精神！

这篇文章（《清华人的一代风骚》）是我写的，给他看了，他也很高兴。这代表了他当时的一种精神面貌。说到西南联大的精神，也可以说就是这么个精神。

**访谈人：**请您以您的老师潘光旦先生为例，谈一谈在西南联大时期一些教师的作风、教育精神和教育方法。

**费孝通：**潘先生是我的直接老师了。他的一条腿，在清华他体育跳高的时候摔坏了，受了伤。当时医疗条件不够，就把它锯掉了。他仍然很努力。他不服气，还跟人家两条腿的比，虽然比输了。

在这么困难的生活条件之下，他仍然不断为学生服务，想各种办法。同时，他提出重要的看法，指导我们做人——"怎么样做人"是他主要的教育内容之一。现在的教育里面，这方面缺乏一点，都是讲"怎么做得到钱"，不是讲"怎么做人"，应当怎么对待人。"做人"

1945 年，潘光旦（后排右三）等在昆明西仓坡西南联大教职员宿舍前

这方面讲得少了一点，应当多讲一点。

后来我们一同搞民族工作，他的一个问题就是：土家族是不是一个民族？大家争论得很厉害。他就自己到土家族里面去。土家族在湘西，在山里面，他自己去看，去调查研究，把它的历史搞清楚，说明这个民族是从哪里来的。

当时我没有时间陪他去，他一个人带着一个学生，两个人下去。马又不能骑，他只有一条腿嘛，等于伏在马背上，到深山里面去，解决这个问题。后来他把这个问题解决了，土家族的来源弄清楚了。

他自己身体力行，要做的事情一定做出来，无论遇到什么困难都不要紧。个人的困难他不计较，他要解决一个国家的问题、一个民族的问题。

**访谈人：**问您一个轻松的问题，您的女儿就出生在魁阁吗？

**费孝通：**在魁阁附近的村子里面，在古城。

**访谈人：**那个时候的生活是很艰苦的。

**费孝通：**我们那时候的苦，现在讲起来人家不相信。我女儿出生之后，我的夫人奶不够，吃得不够。我们没地方买牛奶，奶粉又买不起。后来我写文章赚钱，用稿费买了一罐奶粉，可是当时的人诚信不好，奶粉是坏的，不是真的奶粉。这个我印象很深。后来小孩子哭了，奶都没有。在这样的情况下，我们坚持下去了。（住的地方）下面是猪，楼上是我们这家人。

**访谈人：**三个大学的师生，很困难地带着孩子、家属和机器设备南渡，离开日本人占领的地区，来到昆明。刚才您也说了，知识分子不是散沙一盘，是团结的。

**费孝通：**我们当时不觉得难，觉得难就不做了[①]，应当做的就做了，当时没有第二个选择。

我为什么从国外回来了？我在国外可以做教师做下去，不是问题。但中国人就应当为中国效力。自己家里面苦了，受累了，我们不回去怎么办？

**访谈人：**现在我们再回头来评价一下“南渡”，它包含了什么意味？

**费孝通：**就是要忘记自己，不把自己的利益放在第一位，而是把国家的利益放在前面。这是我们老的传统。要忘我，不要只看自己，要完成一个共同的目的。这种精神还是缺乏，要培养起来。这是好的精神，我们仍然认为这是好的精神。

**访谈人：**另外，我想，是不是还要为国家保存一些知识的力量，所以要老师、学生到后方去，保留这些知识分子的力量，将来为民族所用。有这样的想法吗？

**费孝通：**其实效果是这样的，是保持了中国知识分子的一个传统。当时我们没有想到，是觉得应当这么做的。

**访谈人：**费老，您曾说您的政治生涯也是从昆明开始的。

**费孝通：**因为我加入了民盟。潘光旦老师、闻一多老师，特别是曾昭抡，我们常常在一起，觉得我们应当为国家做点事情，觉得国民党的办法不对，我们应当出来说说话。这么开始，就成立了中国民主同盟，这是我政治生命的开始。一直到现在，我还是名誉主席。

---

① 此处，费老将“南渡”误听为“难度”。——作者注

**访谈人：**参加政治的行为和当时的“一二·一”运动有没有联系？

**费孝通：**因为当时我们要保护学生，反对国民党的反动行为。我们要保护进步学生，潘大逵等，这一批都出来了。

**访谈人：**就是在那个学潮的推动之下。

**费孝通：**对，产生了一个激化了的“一二·一”运动，学生死了，逼着我走了。当时要打死我们这一批人，闻一多被打死了，第二批就是我们这一批人了，名单都有了，大字报也贴出来了，要杀我们——罗隆基、潘光旦、费孝通、潘大逵，因为我们是出名的民主教授。其实，我们就是爱护学生、爱护青年，因为没有青年人的力量，中国没法兴盛起来。

## 访谈手记

2000年3月，我从潘光旦先生的女儿潘乃穆处得到了费老的电话。

在北京家中，费老笑语朗朗，对我们这群云南来客非常亲切。我们的到来，使他想起了在云南度过的年轻时光。

费孝通走过云南的马帮路，“用膝盖亲吻着云南土地”。由于这些不可取代的胼手胝足之行，和在抗战时期更显其魅力的命题“乡土中国”，费孝通确立了他在战时学界的地位。

青年费孝通曾因为开创中国社会学调查，在广西的深山中失去了新婚妻子。“从此我再没有快乐……”这是费孝通在回忆这段伤感往事时所说的话，平淡而悲哀到极致。关于这段惨痛的往事，我在两次面对鲐背之年的费老时，始终不敢开口提及。

费老对我说过一些特别的话：“我是思想上的马帮”，云南人的性格“像山茶花一样美好”。

《费孝通传》的作者大卫·阿古什说：“就是这种关心中国社会的民族情绪和企图减轻中国人民痛苦的愿望，促使费孝通学习社会学。”

在20世纪40年代，费孝通挣稿费负担家庭，写通俗文章向大众普及社会学。他说：“我认识到我有义务经常把我的观点让广大群众知道，使他们受到教益。”

2000年8月，云南省召开“建设云南民族文化大省”大会，让我邀请费老来云南。

在震庄，我第二次采访他。九十高龄来到高原的老人，是冒着生命的风险的。采访中，费老曾两次进屋吸氧。

在昆明佳华酒店召开的大会上，费孝通情绪十分激动，回忆起他被打成“右派”的经历，一连讲了一个多小时，都没有停住话头。这段打击使他受到的精神创伤太重了，故地重游，他情绪有些失控。和我两次与之面对面谈话的那个乐呵呵的费老相比，仿佛换了一个人。他那悲愤的难懂的江苏口音，我难以忘记。

在燕子的呢喃声中，费孝通重返呈贡魁阁，那是他在昆明时期的旧居。他的女儿就在那里出生，而他那时用稿费买来的奶粉全是变质的。住所的楼下还养着一窝猪。费老提起来没有嫌弃之情，反有亲切之意。

他是一个豁达而乐观的人。也许跟他的学科有关，可以比较客观地接受世界；也许跟他青年时代的磨难有关，没有过不去的坎，必须坚强生活下去，坚持到柳暗花明。

在魁阁，他为我们题写了“西南联大启示录”片名。他是此片顾问，是当时少数健在的西南联大的师辈人文学者。

会后，依照费老的心愿，安排他去了大理、丽江，并拍摄下一些镜头。

在崇山峻岭中，费孝通笑得那么开心。他坐着轮椅穿越乡间阡陌，高兴得像个孩子。在那些少数民族的民宅里，他和老幼一道吃饭、观歌舞。

费老在生命最后的时光带着氧气瓶重游云南高原。他终此一生没有放弃过解读“乡土中国”的理想。

他人生道路的坎坷艰辛，在学术上的拓荒气魄与不朽贡献，以及当年他勇于承载国家和时代苦难的精神，和西南联大是一脉相承的。

芮沐（1908—2011）

法学家。浙江吴兴人。1930 年毕业于震旦大学。1941—1945 年在西南联大法律学系任教。

访谈时间：2000 年 3 月

访谈地点：北京，北京大学，芮寓

**访谈人**：芮沐先生，请谈谈您在西南联大任教的情况。

**芮　沐**：我是1940年到北京大学的。我原来是重庆中央大学的教授，后来在重庆待不下去了，又生了病——我跟我的老伴在重庆结的婚，结婚以后就待不下去了，因为生活太苦，而且我曾经的病很多，中央大学又因为党派问题把我解聘，我1940年暑假就到昆明去了。我一去，我原来的一些同学也想去。

昆明连着越南，经济来往比较多，生活比较活跃，民主空气也浓一些。我到昆明去，主要是解决生活问题。重庆中央大学在沙坪坝，那地方生活很困难。而且我结了婚，房子没法解决。国民党统治下又通货膨胀，你拿的钱都不值钱了，实际上是很困难的。

就我个人讲，在昆明生活稍好了一些。可是西南联大的许多同事、朋友，实际上他们在昆明的生活是一样的，仍然很困难。闻一多刻图章，好几个同事另外找点事情做。

**访谈人**：您跟闻一多先生有过交往，我看见他给您刻过一个章？

**芮　沐**：是的，我跟他有交往，因为我们曾经住在同一条街上。我最近到昆明，那条街已经改掉了。

闻一多是进步人士、民主人士。1946年不是发生了惨案吗？李公朴、闻一多都被国民党害死了。我那个时候已经不在昆明了。我1945年从昆明到外国去了，飞到印度，到加拿大，再登船到美国。所以，闻一多被枪杀我没有经历。

（全面）抗战不是八年吗？我前四年是在重庆待的，后四年是在昆明待的。那个时候只有北京大学有法律系，清华大学开始想搞法律系，没搞成。所以，我到西南联大，实际上是到北京大学的法律系。

从 1940 年算起，到现在，已经有 60 年了。我跟北京大学的关系比较深，因为有 60 年。

**访谈人**：芮沐老师在昆明的时候有没有跑过警报？

**芮　沐**：我跑过警报。那时实际上飞机轰炸的威势已经差一些了，因为距离远。到了昆明以后，轰炸实际上已经没有多大力量了。当时我在昆明碰到飞机来轰炸恐怕只有一次还是两次，而且云南这个地区宽。

**访谈人**：芮先生对昆明以及在昆明的生活还有什么印象吗？

**芮　沐**：那当然。在昆明四年，印象很深的。我到昆明的时候是 1940 年，可以说是抗战后昆明比较繁荣的时期。昆明的地理位置很好，又通南亚地区，而且我也有个亲戚已经去那里了，他是国民党政府资源委员会的，所以就我个人来讲，在昆明没受到太大的影响，我有亲戚可以依靠。而且我们学法律的人在昆明没别的事情可做，只能当律师，主要跟法院打交道。

年轻时的芮沐

**访谈人：**芮先生在昆明也当律师吗？

**芮　沐：**那当然。我为了解决生活问题就去当律师。云南大学、北京大学每一个法律系的教员，都是去当律师。我当律师已经到抗战后期了。我是后来到昆明的，等到拿到律师证书，能够挂牌当律师，已经是1944年1945年了。

**访谈人：**芮先生替龙云政府当过律师吗？跟他们打过交道吗？

**芮　沐：**龙云政府，我们这些知识分子攀不上它的门。我到美国去以后，也碰到过龙云的子孙在美国开饭店。他们已经出国去了。

我在昆明没动龙云的官方的一些力量，我动的都是法院。法院里面，那我是闹得很凶的。那些法官没有一个不贪污的，没有一个不拿钱的。我就生气了，学法律的总有一些正义感，他们害怕了。我跑到法庭上，当面骂他们。昆明的法官们、法院的院长看到我们这些教授当律师都很害怕的。害怕就相安无事吗？我是要闹的。我跑到他们房间里，我说：你们怎么搞的？你们拿了钱把人家搞成这样，能行吗？！后来法院整我，当地要拘捕我，要把我押起来。那我就大闹了。后来朋友们打圆场，请客吃饭，才结束了。所以，我在昆明的历史声誉，第一是没有积案子，第二呢，老是到法院找麻烦。

我很清楚的，那个院长是龙云底下的人。龙云这个人，因为昆明这个地方和外面还有一些相通，他不像一般的国民党地方官僚，他的势力范围是很大的，他的权力是很大的。我们作为学校的教授，不敢碰他们，也没有要去见他们。

**访谈人：**您住过哪些地方？

**芮　沐：**我住在华山西路。我住了好些地方。开始住在钱局街，后来搬到……那个地方我叫不出来名字了，很大的一个院子。最后搬到了华山西路。华山西路是住得比较合适的。那房子都已经要倒塌了，都不成样了。我这次去，专门去找华山西路，还是找到了，进去拍了一些照片。那些房子已经很旧了，正预备拆了，恐怕现在已经拆掉了。

**访谈人：**芮先生还记得当时讲课的条件吗？教室是什么条件？

**芮　沐：**没什么教室，就是茅棚。一片荒地，荒地上盖几个茅屋子，我们就在里面讲课。讲课的条件就更差了。我也不知道图书馆了，有没有图书馆不知道。从北平搬到昆明，那些图书设备根本看不到了。

**访谈人：**那你们怎样备课？怎样教书？

**芮　沐：**就是在家里备课，然后上课去。

**访谈人：**资料是怎么准备的？

**芮　沐：**实在是没有什么资料，真的没什么资料。

西南联大教室

在昆明四年，我也有一些成就，就是教书以外，把我的一本书梳理出来了。我要离开中国、离开昆明的时候，没办法，总得给它出版，就委托给了一个朋友。我说我出国几年，你想办法把我这本书出版了。直到 1947 年，我回到北平的时候，还是没有出版。1947 年（1948 年）在北平的一个监狱印刷厂里面，通过关系，给印出来了。我在昆明有些什么表现，有些什么成绩，就在这本书里面。这本书后来我复制了一本。因为我写的都是国民党时期的一些东西，出版了也没什么用处，所以只能作为我在昆明四年的个人的一个成就。

**访谈人：**这本书的名字……

**芮　沐：**叫《民事法律行为理论与实践》(《民法法律行为理论之全部》)，大概是这样一个题目。民事法律，我当时是教民法的。

芮沐陪同张志让（时任中国最高人民法院副院长）在欧洲考察

（以下采访芮沐夫人周佩仪）

**访谈人：**阿姨，请介绍一下您。

**周佩仪：**我叫周佩仪。周就是周吴郑王的周，佩服的佩，仪表的仪。

**访谈人：**您是哪一年怎么随着芮老师到昆明的？到了昆明以后，为了维持教授们的生活，听说许多教授夫人都做了很多努力，也克服了很多困难，请您讲一讲。

**周佩仪：**我们是 1940 年在重庆结婚的。结婚以后，我们就到了昆明，在西南联大。开始我们住在翠湖南路，因为房东要收回那个房子，所以我们就赶快搬到武成路了。武成路那里，不知道为什么，那里面的人老吵架，我们就赶快又搬了，搬到华山西路了。那以后就一直住在华山西路。

1941 年我们住在华山西路，直到 1945 年美国请芮沐去做访问学者，我们就出去了。他是法学院的教授，一直与国内保持联系。后来，（北平）解放之前，学校就要他回来。他说为了迎接解放，所以在解放前夕，我们就回到北平来了。

芮沐夫人周佩仪

那个时候在美国差不多坐的是最后一班船，一定要赶在北平解放前回来，迎接解放。我们回来的时候，火车遭到伏击，在塘沽那边。那时还挺吓人的。后来我们就到了北平，在北京大学，一直到现在。

前两年我们还到昆明去了，去看那个房子。那个房子还在，我们还拍了照片。不过，我们是 1995 年冬天去的，当时那个房子要拆迁，里面没有多少人。1999 年我弟弟去昆明，他也是西南联大的，我让他再去看看。他说，别的地方都拆掉了，武成路什么都没有了，可是这个地方没有拆，那个房子还在。他还跑里面去瞧了瞧。

在昆明的时候，大家都挺穷的。就是你刚才讲的，有好多教授的家人都在做一些事情。也没得可赚钱的事情，那个时候就是做刺绣，绣花。我记得那个时候施嘉炀先生的夫人——她可能年纪比我们还要大一点——在美军招待所，好像就听别人讲，你们都要做刺绣。我们也没有去，别的同事的夫人有去的。

我们都做那些，就交给……那个时候我交的是吴泽霖先生的夫人，她叫马时芳，现在已经去世了。那个时候我们做手工，主要是绣手绢，绣一条龙，绣一个小孩，绣一个山水，随便什么绣一点。绣的都是小孩的衣服，大红缎子的小孩的衣裤，美军买一些当作纪念品寄回去。

那时候隔一阵就会开什么展览会，所以，我就把绣品交给马时芳，还有别的人的，在那个会场上集中卖——不是每个人都到那个会场上卖，反正就是你给人家，人家拿去卖。那个地方很远，要坐很远的汽车才能到。大家就说想想办法，能够找一点外快，贴补家用，所以就有同事的夫人，你做一点她做一点，做完后交给她们，一起去卖掉，换一点钱。

反正我是有工作的，我是业余做这些的。开始我进西南联大，实际上是借读的，因为我考的不是西南联大，而是金陵女子大学，是个教会学校，在成都。要不然我怎么会认得芮沐？他在重庆中央大学，我们是在那里认识的。我们 1940 年结婚，结婚以前我就转学了，从金陵女子大学转到复旦大学，所以我拿的文凭是复旦大学的，我算复旦大学毕业的。

1940 年我还没有毕业，芮沐已经要到昆明去了。因为那个时候毕业论文可以到别的地方写，选一个题目就行，我就到昆明在联大找的毕业论文题目。我写完再寄到复旦大学，系主任看了以后就通过了。

到了昆明以后，我就在云南大学工作。在云南大学也不是教书，就是在搞会计工作。那个时候只要能够挣钱，也不管什么工作了。云南大学要一些会计人员，我就去做这个工作。同时，我业余搞一点手工、刺绣什么的，她们拿去卖。反正生活是相当苦的。主要就是那个米，好像一下子就涨价了。最要紧的就是米，所以大家都跑着去买米，天天都很紧张的。

那时我们身体还都挺好，没有什么毛病。到 1944 年，快到冬天的时候，我有了一个小孩，生了我那个大孩子。1945 年我们就出去了，因为生活实在太不行了，又有了一个小孩，身体也变得不太好。芮沐生了很重的病，斑疹伤寒，也没有钱治。他有外国朋友请他去教书，我们就去了。我们总是想着祖国的，同时期在那里的人有的到现在还在，后来他们就没有回来。芮沐我们就回来了。

**访谈人：**在昆明带孩子那段时间，肯定很艰苦了。

**周佩仪：** 就是，而且芮沐还得了病。

**访谈人：** 在昆明带着孩子照顾着爱人，你是最累的了。

**周佩仪：** 我最累，因为我还要工作。

**访谈人：** 对，你还要工作。跟我们讲讲你自己的感觉。

**周佩仪：** 芮沐生了斑疹伤寒，住到医院里面。他着急得不得了。我们孩子很小，我还要去上课，所以我就找了一个孩子，他是农村到城里来打工的，我找他来看我这个小娃娃。我到云南大学去上班，那个孩子就替我看小孩。那时候我还要喂奶，又要到医院去看芮沐。

本来医院是住不进去的。我记不得叫什么医院了，那个医院里面有个医生，是他的法国同学——芮沐是在法国和德国留学的，他从上海震旦大学毕业以后，就到法国留学去了，他的学位是在法国和德国拿的。这个人很好的，挺有名的，叫戴滇简（音）。我们非常感谢他。开始我们也不知道是什么病，他一看就说，要赶快住院，危险了。这才住了医院，要不医院也不会收。芮沐就很着急：这怎么办，这个朋友收我进来，我又没有钱。

我从老家出来的时候，因为考上了金陵女子大学——父母都是这样，见孩子能上学，都让你到外面去——我父母就给了我一点首饰，金戒指之类。那个时候日本人要火烧长沙，我是湖南长沙人，我们家就把所有值钱的东西都带着到湘西去逃难。因为我哥哥在那里工作，所以全家都到那里去了。可是我要去念书，很艰苦的，有什么车就搭什么车，到四川去上学，父母就给了我一点手镯之类的金器，就是说实在必要的时候换点钱。到四川以后，学校那个时候还是挺不错的，都给一点贷金。我记得那时候贷金也就是正好够吃饭，而且还躲警报，也是挺苦的。每天就吃一点点蚕豆，就拿一包煮的蚕豆逃警报。

父母给我的这些东西，我没有换光。芮沐讲的时候，我说正好还有点金器，我把它换了。这样，他心里就安慰一点。他不能让朋友为难，所以挺着急的。我想他已经有了这样重的病了，如果思想上负担还很重的话，那真是有生命危险。戴医生说了，他病得很重。我也不懂的，那时候看他的舌头都是白的。他（戴医生）说不要着急，反正赶快住院。

后来，我们就把金器卖掉了。另外，我也做手工，我还有工作，就勉勉强强，很苦。要不然，他也不会出去。我们孩子又小，他又生病刚好，也不知道抗战要到什么时候，因此有外国朋友让他出去做访问学者，我们就出去了。他并不想出去。

我们 1945 年出去，到 1947 年，两年多，就赶快回来了。当时人家都不让他回来，很多人都留在了那里。

## 访谈手记

芮沐教授像一幅让人难以忘却的图画，清寒孤傲，谈话中很少喜乐之色。

进燕南园的小院，上楼时，我看见芮沐夫人坐在楼梯口小窗前择菜。院子显得有些荒凉，身材高大的芮先生出现在楼梯口迎接我们，我感觉他身体很虚弱。

当年，因为重庆高官云集，物价高涨：“中央大学又因为党派问题把我解聘，我 1940 年暑假就到昆明去了。”到了昆明，处境好了一些，但是芮沐生病住院，交不起费用。夫人周佩仪在一旁插话，说起她典当自己娘家给的金器为丈夫治病的事情。

贫困，是当时联大教师家庭面临的普遍危机。教授夫人们出去打工维持家用也很普遍。“我为了解决生活问题就去当律师。云南大学、北京大学每一个法律系的教员，都是去当律师。”这样他与云南地方势力时常发生冲突。

“那些法官没有一个不贪污的，没有一个不拿钱的。我就生气了，学法律的总有一些正义感，他们害怕了。我跑到法庭上，当面骂他们。昆明的法官们、法院的院长看到我们这些教授当律师都很害怕的。害怕就相安无事吗？我是要闹的。我跑到他们房间里，我说：你们怎么搞的？你们拿了钱把人家搞成这样，能行吗？！后来法院整我，当地要拘捕我，要把我押起来。那我就大闹了。后来朋友们打圆场，请客吃饭，才结束了。”

年轻时的芮沐，血气方刚，仗义执言，敢于抨击当地的黑暗统治和贪污腐败，这使反动势力又怕又恨，一度要拘捕他。

芮沐是联大师生中对云南状况毫不隐晦的最耿直的人，他是少有的不用“明亮调子”谈那段战时生活的人。由于职业关系，他接触的黑暗面最多。

1945 年芮沐一家来到美国，1947 年他又执意要回到战火纷飞的中国，迎接北平的解放。他一路辗转，甚至靠打工维持生活，在美国滞留数月才终于坐上了开往上海的客轮。

我看到芮沐年轻时的一张照片，英姿勃勃，而晚年的他，那深深的眼窝里有一种难以化解的郁愤，令我想起著名的悲剧人物哈姆雷特。

芮沐曾说，“不受虚言，不听浮术，不采华名，不兴伪事”（荀悦语），这是做人的金玉良言，也是做学问的朴实道理。

告辞时，先生拿出一本泛黄的粗糙的书给我们拍摄。他说，这就是他抗战期间完成的那本法律著述。就是这部书，被称为“1949年之前中国民法学的绝响”，至今仍被学界和业界所推崇。

# 第二部分　三校原有学生

原有学生，指北大、清华、南开从北平和天津随迁下来的学生。这些学生入学皆在七七事变之前，是由各校自己招收的。

他们经历了北平、天津的沦陷，战火中的撤离，有人还亲眼看到日本飞机的轰炸。他们来到了长沙，成为临时大学的成员。有人参军上前线，多数人在战争的追击下又西迁昆明。

他们的访谈，主要就是战时大学开创之初的这段经历。其内容恰生动地反映了西南联大校歌的前半部分：

万里长征，辞却了五朝宫阙。
暂驻足衡山湘水，又成离别。
绝徼移栽桢干质，九州遍洒黎元血……

他们是经历抗战洗礼、深入中国社会的一代学子。这批人的前途和后来的事业，都与这段经历紧密相关。这是用信仰进行选择的一代青年。民族命运的严峻使他们更加纯粹。

这批学生在昆明完成他们的学业后，领取的依然是北大、清华、南开的文凭。

任继愈曾经描述过当年的状况，三校的学生，不用校徽，看其衣冠、言行就知道是哪个学校的。不拘小节，高谈阔论，行为洒脱，大处着眼的，是北大人；清华学生有严谨的理工科风格；南开学生则比较务实。

而阅读长沙临时大学和湘黔滇旅行团的生活记录，发现当时三校的学生之间是有着相当界限的。

我在采访过程中发现一个奇怪的事情。那些参加了旅行团的成员们，相互之间并不熟悉。在旅行团里，师生 200 多人，一起走了 68 天，是一个相对封闭的团体，但他们依然不熟悉。师生之间也不是那么随意交流的。教员始终与教员一起走路、休息。

这就是原来在北平、天津的学人之间的人际关系，是知识分子的矜持与严格的级别观念，也是学校之间存在的风格差异与特色。

到了蒙自、昆明之后，导师大量指导学生社团，同餐、同活动，可谓“打成一片”，情感与学业、生活融为水乳。这是后来才有的景象。

其中，余树声在长沙临时大学是借读生，后经考试转为正式，也随学校迁至昆明，经历了湘黔滇旅行团的步行，所以暂归入该部分。

任继愈（1916—2009）

哲学家。山东平原人。1938 年毕业于西南联大哲学心理学系，1941 年西南联大（北京大学研究院）哲学部研究生毕业。1942—1946 年在西南联大哲学心理学系任教。

冯钟芸（1919—2005）

任继愈夫人。河南唐河人。1941 年毕业于西南联大中国文学系。

1943—1946 年在西南联大中国文学系任教。

访谈时间：2000 年 4 月；2000 年 6 月；2003 年 4 月

访谈地点：北京，南沙沟，任寓；北京，南沙沟，任寓；北京，国家图书馆

## 第一次访谈

**访谈人：**任先生今年高寿几何？

**任继愈：**84岁，我是1916年出生的。

**访谈人：**我们这些人文科学领域的后辈都久仰任先生大名，也看过您哲学方面的著作。我看见过一个材料上面有一张照片，任先生当年是西南联大湘黔滇旅行团的中队长？

**任继愈：**是成员，不是中队长。

**访谈人：**您当时在西南联大是几年级？

**任继愈：**那年应该是四年级。1937年到1938年，暑假不是跨年度的嘛。

**访谈人：**那您经历了从北平的转移？

**任继愈：**在北平念了三年，第四年就走了。

**访谈人：**然后到临大，再从临大到昆明。

**任继愈：**临大是半年，昆明又半年。

**访谈人：**念的是什么系？

**任继愈：**哲学系，一直是哲学系。

**访谈人：**在清华还是北大？

**任继愈：**北大。

**访谈人：**任先生，当时你们是怎么离开北平，怎么到达昆明的？

**任继愈：**七七事变的时候是暑假，7月7号，我们7月1号就放暑假了。我家在山东，回不来了。报纸上有个广告，说是北大、清华的大学生到长沙去集合，这样我们就到南边去了。我没回得来。

**访谈人**：在假期里看见广告，您从家里……

**任继愈**：就从北边去了，交通也不通了。

**访谈人**：同学们也都是这样，就往南去了，从各地陆陆续续投奔学校去了。

**任继愈**：对。

**访谈人**：作为一位哲学家——我认为哲学家也都是思想家——和一个旅行团成员，请您从这两个角度跟我们谈一谈，这次步行对整个西南联大、这届师生或者说在教育史上所留下来的影响和意义，尤其您是参与者。

**任继愈**：这是一个终生难忘的教育。因为我一直念书，在城市里长大和学习，真正的农村基层没有接触过。（全面）抗战一开始，我们从湖南长沙到常德，到湘西，这么过去，到现在的张家界，一直到贵州。到了贵阳，再往西走，有一段路跟长征的路线是重合的。古代

任继愈在北京大学时的照片

的《徐霞客游记》也提到过一些路线，就是这么一个路线。这次步行对我的教育很大，真正看见了最基层的农民是怎么生活的，感触还是很大的。

**访谈人：**能不能举个例子？

**任继愈：**比如鸦片烟的盛行，到处开着罂粟，有点像荷兰的郁金香。贵州到处都有，老乡不种都不行，种要抽税，不种也抽税，抽的是"懒税"——懒惰，就抽这么个税，逼着他种。

**访谈人：**中国大地上还有很多贫瘠的现象，还很落后，甚至愚昧。

**任继愈：**很落后，愚昧落后。可就是这些人支持我们的抗战，出人、出钱的就是他们。

湘黔滇旅行团在步行途中

**访谈人：** 他们这么愚昧、这么落后，怎么支持你们抗战的？

**任继愈：** 我们中国有一个很好的传统，就是从上到下都不愿当亡国奴。老乡们也是这样，非把小日本打跑不行。当时的生活很困难，也很痛苦，但是日本人来侵略，我们就不能忍受。

**访谈人：** 就是说，即使是那些很贫苦的乡下人……

**任继愈：** 其实打日本，他们是很积极的。

**访谈人：** 您也感受到他们贫寒、贫困，但是他们又有……

**任继愈：** 有志气，民族志气。

**访谈人：** 民族志气。所以，就觉得我们这个民族还是有希望的，虽然穷。

**任继愈：** 有希望的。困难是困难。

**访谈人：** 在这个时候，旅行团也可以说加强了联大师生的爱国心。

**任继愈：** 那时候，我就感觉中华民族的文化是渗透在穷乡僻壤的，不光是上层。所以，从那以后我就专攻中国哲学史。过去我在大学学外国哲学多一点，西方的课本都是用原版教材，过去从古希腊开始我知道得比较多。中国的也学了，不是特别重视。但是走了那一趟以后，我就感觉非要学习中国哲学不可。

**访谈人：** 任先生这个感触，我觉得非常深刻。中国，我们这个五千年的民族，看起来很穷，好像很容易被征服，才会有那么多列强来欺侮。但是，它们不明白一点，我们的民族魂是浸透了五千年的文明的，哪怕在最贫困的地方。

**任继愈：** 对。

**访谈人**：当时西南联大的师生是不是通过步行也真正地深入民间，打破了校园大门的界限？这应该也是一个很大的进步。当时奉命转移，从政治方面来说，还有保护人才的意识，不能让国家未来的希望之才被日本人劫持或者轰炸。您说文化渗透在民间，是不是感到老百姓或者基层人士也有这种意识，就是在危难关头要保护我们国家的文化种子和命脉？

**任继愈**：中国文化是一个民族共同体，一个整体，提倡的是，是中国人就聚在一起。后来学历史这些年来，我就反复地考虑，这个东西很得益于秦汉的统一。

咱们念历史都知道，春秋战国，百家争鸣，学术繁荣。百家争鸣争什么？都是争如何统一。孔子讲要以周为统一的核心；孟子讲用王道统一天下；韩非、荀子主张用武力统一天下；老庄，你看他不主张统一，其实也是主张统一的，他说圣人治天下，他的原则是无为，不要扰民。无为，还是要统一天下，不是永远分散的。“小国寡民”是

任继愈与张曼菱

说基层单位要小，不是国家要小，我是这么一个看法。

各家都对统一提出了方案，这个方案到汉朝就实现了，真正捏在一块了。当然，经验不足，有时候有些分裂。秦汉统一以后，没有怎么再分过，分过几次也都时间很短，比如南北朝最长的300年——2000多年历史，300年不长。

**访谈人：**即使“分”，我觉得也是一种政治上的分裂，而在观念文化上还是统一的。

**任继愈：**分裂，被认为是不正常的。南方为什么要北伐？桓温北伐就是要统一。苻坚为什么要进行淝水之战？他也要统一。他说分裂是不正常的，应该统一。不过条件不具备，没有做到。三国也是要统一，曹操打赤壁之战，就是要统一，但没有完成任务。

**访谈人：**而且也明白，只有统一才能长久。

**任继愈：**他们都是看到这一点，就是分裂者也认为分裂是不正常的。

**访谈人：**杨振宁的《读书教学四十年》也说，长城就是中国才能打造。他也说，中华民族只有统一才有出路。

**任继愈：**这是长期形成的一个意识，秦汉以后认为分裂是不正常的，统一是正常的。统一有什么好处？实际上有几种好处。统一以后没有内战，有统一的政府，内战打不起来。战国是年年打——历史上太多了，不得休息。

**访谈人：**军阀混战也是年年打，也不统一了，表面上都挂一个旗帜，其实谁也不服谁。

**任继愈：**统一还有一个好处，就是中国地方这么大，总是有灾荒，统一国家可以统一调拨、救济，以丰补歉。这边丰收救救那边，可以互补。

**访谈人：**还是民族的整体意识。

**任继愈：**整体意识。国家统一调配。几个大的建设也是如此，比如长城、运河。长城并不是河北人在修，它是江南、江北到处的人来修。孟姜女哭长城，她丈夫就是从南方调来这儿修长城的。

**访谈人：**这种信念，这种纯粹中国式的信念，和那段接近民间的步行经历，和西南联大的那段历史，和青年时代的这种影响，是不是也很有关系？

**任继愈：**有关系。中国的这种民气始终不衰，穷困是穷困，但人穷志不穷。

**访谈人：**一听说小日本要来了，就不干了，即使是土匪也不干，土匪都要打日本。

**任继愈：**所以骂人“当汉奸”是骂得最重的一个词，比骂他祖宗什么的都还重。

**访谈人：**当时你们徒步的过程中就看到了民气。民气，是您作为哲学家，也作为旅行团的参与者，对那段的看法。您后来在联大，在昆明，又待了一年多？

**任继愈：**我八年都在昆明。后来我在西南联大教书，我是联大的教员。前后九年，日本投降以后，我没有立刻搬回来，第二年才搬回来。

**访谈人：**请讲一讲当时的情况。

**任继愈：**我研究生念了三年，然后就当教师了。当时的导师有两位：一位是汤用彤，一位是贺麟。一个正的，一个副的。正导师是汤用彤，指导论文；副导师是辅导性质的。

**访谈人**：汤用彤先生名望很高，他给您最深的印象是什么？作为哲学家，在国家危难时，他留给后人的值得我们追忆的是什么？

**任继愈**：这是中国的时代精神，不仅是他一个人。当时就是要放眼世界。研究中国要了解世界，研究古代要了解当前。这是一般的看法。我觉得这个看法也是正确的。了解局部，非得从全部着眼，很小的题目做得很深。如果这以外知道得很少，就上不去。对国外很茫然、很无知，也没有发展前景，前景受限制。

**访谈人**：西南联大的这种教育模式，我采访了很多学者，都

西南联大北京大学研究院文科研究所第一批研究生（左六为任继愈）

谈到注重一个人广博的文化基础。

任继愈：要看到世界，对文理不要那么分割。

访谈人：而且在本科里面还有国内外的结合。

任继愈：国内与国外。古与今，中与外。

访谈人：打造了一个比较好的平台，然后单科再往前进，而不是从一点出发，走很远很远，那实际上就钻了牛角尖，也没有什么真正的发展。

任继愈：因为文化本身是个综合体。为了教学方便，分了这个系那个系，讲起来方便，但对真正接受的具体的人、培养的对象来说，是各方面凑合到一个人的脑子里面，凑成这么一个整体。

访谈人：这可能是我们今后高校改革的一个启示。任先生，我觉得您的思想和学术有与众不同的地方，所以我想问您几个特别的问题。在联大时期，有各种各样的学者。曾经有一段时间按照左派、右派把他们给划分了，不管哪个派别，他们的学术和他们的教育功绩是不是都不能抹杀？他们对民族的贡献，特别在危难关头的贡献，也是应该被认识和肯定的。

任继愈：那当然。我看有一点是共同的，共同的语言、共同的趋向，就是爱国主义。民族危机的时候，这是个大界限，这个界限划清之后都好说。爱国不爱国，抗日战争就是你投降不投降，你是抗日还是反对抗日，这个界限很清楚。在这个界限之内，什么左、右都可以共通的，国共都是可以合作的。

访谈人：像冯友兰先生，您跟我们谈一谈，您对他的评价。

任继愈：冯友兰先生这一辈，就是我们老师这一辈，和我们的岁数大的学生这一辈，都感受过旧中国的屈辱，现在我们站起来了。1949年新中国成立以后，工人、农民也有翻身的感觉了。过去在最底层，现在一下子起来了。

教书的人也有这个感觉，也有翻身的感觉。这个翻身不是说生活待遇怎么样，生活待遇对教授来说是逐年下降，不是提高。我记得冯至先生就说，每一次调整工资就等于减了一次。因为别人动，他不动，相对就减了一次。但是，我们心气顺，为什么？国家站起来了，民族站起来了。我当学生就希望国家富强，不要受帝国主义欺负。真正做到这一点，就非常兴高采烈，非常高兴。

**访谈人：**这是中国知识分子可贵的情怀。

**任继愈：**爱国主义，这是一个老传统，从古到今都这样。举个例子，秦桧这个人，大家都知道他是卖国贼，害死岳飞。但秦桧考过状元，状元当然是第一名，拔尖的。秦桧字写得很好，求他写字的也不少。可是我们国家这么大，没有发现秦桧留下来的字迹，没有一幅。我很注意收集，没有。人们不愿意保存，就是因为爱国主义思想。大是大非他站错了，站那边去了，所以不齿于人类。

20世纪80年代，外国人有一个“寻根热”。秦桧有一个后裔在加拿大，是个驻北京的记者，后来在香港。这个人是无锡人，寻根就寻到老家了，查来查去，原来他是秦桧的后裔。他不敢承认，他只说：我是秦少游的后裔——秦观之后，也姓秦。其实他是秦桧的后裔。

**访谈人：**“我到坟前愧姓秦”。

**任继愈：**他的子孙都不承认有他这么一个祖先。这说明汉奸是不齿于人类的。爱国主义从古到今都是这样。文天祥，大家看重他有气节，不当汉奸。

**访谈人：**文化界以及整个中华民族首先都是注重气节。没气节，才也就没了。字再好也不要、不留了。

**任继愈：**文天祥也不是战功多么好，多么能打仗。治国、平天下他都没有施展，他就气节这点站住了，有正气，保持着他的正气。他当丞相的时候，半壁山河已经沦陷，国家快完了。

**访谈人：**也没见文天祥有多么大的功绩。但是这个气节很重要，他能令整个民族佩服。任先生不愧是哲学家，一语点破。事实上，西南联大的灵魂，西南联大的学魂，我想就是秉承了民族的传统和志气。西南联大不仅有像文天祥这样的正气，而且还出成果。

**任继愈：**出成果。有这个"气"鼓着就肯钻研，再困难我也去钻。这也跟历史的使命有关。比如说，鸦片战争以后，五四运动以后，中国的共同目标就是走现代化的道路——回过来看就很清楚，当时也不一定那么清楚。回头看，就是走现代化的道路，谁领着走现代化道路，大家就拥护谁，老百姓就跟着谁走。

**访谈人：**谁能给中国找条路，让中国摆脱那种老被人欺侮的境地，找条出路，带领中国……

**任继愈：**从"中世纪"走出来。

**访谈人：**那天我跟那几位老学者谈到这点，我觉得他们提得很好。对西南联大历史的认识，过去有过偏颇。它不属于某一个派别，应该说它是中华民族的发展史，也是中华民族现代化的历史。西南联大是在炮火中追求现代化的，像您说的哲学，还有科技，都是要跟国外接轨的。在困难的时候，还要看着外国，还不甘心。我们这个民族就是在这么艰难困苦和充满危机的时候，还在不停地走向现代化。西南联大的历史，应该是这样一种历史。

**任继愈：**像我们这代人，当年我们这个年龄段的人出去，回来的时候，新中国刚成立，很困难。他并不是回来享福了，他是回来做奉献了，尽一点力来的。不是条件很好我回来，不是待遇很好我回来，都不是冲这个的。

**访谈人：**任先生这么一说，我就明白了。有人说，西南联大是世界教育史上的一个奇迹。当然，这话也说对了，但是我觉得还不完全对。其实西南联大这种成就在中国应该是个自然的结果，顺理成章的结果，这么说的话，它又不是奇迹了。

**任继愈：**只有在中国有。在外国不可想象，这么困难怎么还顶着不走。

**访谈人：**它延续了很多先人的传统。它是一个必然的结果，不是突然出现的奇迹。好像这个民族从来不重视这些东西，然后突然出现了。而是我们一直就有这份精神财富，只是到了那种条件下，很多学者聚集在一起，就特别闪光。所以，实际上，也可以说，它不是一个奇迹。

**任继愈：**我觉得做学问也是战斗。那时候我们念书，也想着前方的将士，并不是打仗的归打仗，念书的归念书。我们做研究也要对得起前方打仗的。

**访谈人：**在西南联大师生里，不是说我做学问，好像我就有成就。

任继愈：不是这个意思。不会想我发了多少文章，不是想这些。

访谈人：而是想到沿途的老百姓，想到群情激愤的抗日心情。可能沿途还看见士兵、伤兵，人家在流血，还有炸弹丢下来，心里就装着这种愤怒和仇恨。联大师生的胸襟里装了这么多民族感情，也是他们能够勤奋治学、联大能够人才辈出的原因。

任继愈：就是比起战斗在第一线的人，不觉得惭愧，你要有这种力量。

访谈人：把它作为另外一条战线。就是您说的，只有现代化了，才能永远不受欺负。战士们一枪一弹是为民族，我们在这儿做实验也是为民族，这就是西南联大的本质。

任继愈：是本质。

访谈人：所以，后来联大成为堡垒。它也是一个抗战堡垒。它是中华民族能够长远抵御外敌的一个实力准备。任老，您在云南那么长时间，您对云南这块地方和联大的关系，您对云南人民、云南的山山水水有什么要说的？

任继愈：我很喜欢云南的民风，人民的风情，非常朴实。过去在上海，有些事情出了些问题，拿些钱就能够摆平了，解决了。云南不行，给了钱也不行。

访谈人：它有脾气。

任继愈：对，这是非常可贵的。

访谈人：它论感情。这个看法对我们云南民族是一针见血。它讲义气，它认理，它不是油滑的。

任继愈：云南的学者都很踏实，出了几个都是不错的。音乐家

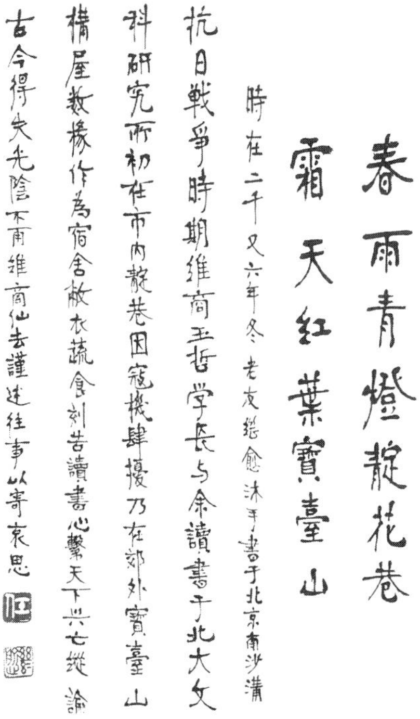


春雨青灯靛花巷　霜天红叶宝台山
2006 年冬，任继愈手书于北京南沙沟[①]

聂耳，这个不说了，聂耳没见过。哲学家艾思奇我是很熟的，非常朴素，非常平易近人，说话慢吞吞的，性情很厚道。还有纳西族的方国瑜，历史学家，也是很不错的，我的老朋友。还有搞敦煌研究的姜亮夫，现在病死在浙江，那是很不错的一个人，很聪明的学者。

**访谈人：**广大的联大师生在云南那么长时间，好像还没有谁

① 任继愈先生写道："抗日战争时期维商玉哲（王玉哲，字维商）学长与余读书于北大文科研究所，初在市内靛（花）巷，因寇机肆扰，乃在郊外宝台山构屋数椽作为宿舍，敝衣蔬食，刻苦读书，心系天下兴亡，纵论古今得失。光阴不再，维商仙去，谨述往事以寄哀思。"王玉哲为任继愈研究生班同学。

回忆起云南会觉得不愉快，都觉得自然啊，民风啊，好像是到了一个世外桃源一样。云南为联大提供了一个很好的生态。

**任继愈：**我好多有才华的学生在云南被招了“驸马”，跟云南人结婚。王瑶的爱人就是你们云南人。你是中文系的学生，知道王瑶吗？

**访谈人：**知道王瑶。他当时就是我的系主任，我是他学生。

**任继愈：**那时候家长不同意，说这么一个小勤务人员，你怎么能嫁给他？她私自跑出来的。原来约好在一个汽车场见面，她从家里走，他从学校走，两人会面以后就走了。

**访谈人：**这是我们云南姑娘。我们云南姑娘还是挺有眼力的。

**任继愈：**识人才。

**访谈人：**说明云南青年对西南联大很向往，这批人对她来说是全新的。

**任继愈：**青年人没有成见，有出息就很好。

**访谈人：**向往进步、知识，也向往爱情。下面您能不能跟我们谈谈西南联大纪念碑的情况？

**任继愈：**西南联大的纪念碑，我觉得主要讲了两点中心意思，比较重要。一点是讲到西南联大的学风。一开始讲经过，那是一般碑文都有的，再就是联大的学风。它没有用“百家争鸣”这个词，实际上就是很多学科的人互相争辩、互相促进，促进学生的进步。这个思想很明确，把西南联大的学风说对了。就是这么个学风，就是自由争辩、自由讨论的学风，允许少数人讲话的学风。

还有一点说得很好，就是民族必胜的信念，不屈服。毛泽东讲到当时有“亡国论”“速胜论”，一直有这样的说法。联大的纪念碑上就提到，我们坚信能够打回去，能够取得胜利。过去历史讲的，北方战乱以后叫作“南渡”，南渡以后没有回来的。晋人南渡其例一也，宋人南渡其例二也——宋人就是赵构他们了，明人南渡其例三也——明朝在北方打过来以后在南京成立了小朝廷，没过多久就失败了。这是三个例子。只有抗战，我们胜利了，南渡又回来了。

**访谈人：**翻了历史的案。

**任继愈：**我们回来了，这点说得很对，也符合咱们的实际情况。过去的历史是中国自己内部的问题，自从鸦片战争以后，中国变成世界的一部分，中国的发展是世界的总形势决定的。打败日本，既有中国的力量，也有外国的力量。中外加起来才把德国、日本打败。所以，放到大的环境里头，我们总的是占优势的。

新时代跟旧时代看历史就不一样。当时历史系有一个教授，留在北平没走。有人就劝他，那个人也是学历史的，他说：你看看这些历史，南渡以后，谁打回来过？你就别在那儿苦守了，你到这个伪政权、伪大学教教书去，别过这苦日子了。这个人说什么也不干，这人叫刘盼遂。刘盼遂是个历史学家，北师大的一位教授。当时很苦的，卖点书、卖点东西维持生活，苦熬了几年，没干伪政府的事，没做伪政府的教员。刘盼遂是研究王充很好的一个专家，是老清华大学国学院的学生。

**访谈人：**他不愿意跟日本政权合作。联大的碑文当年是冯友兰先生写的。

**任继愈：**是冯友兰写的。这是个传世之作。冯先生的著作里面，这是很不错的。

**访谈人**：最精彩的，所有的联大师生都很感谢冯友兰先生做这件事。

**任继愈**：那时候把碑文油印稿发给大家讨论。西南联大文史方面的专家很多，没挑出问题，一致通过了。

**访谈人**：冯友兰先生这篇文章之所以成功，在于它不是那种无为之作，不是那种书本文章。

**任继愈**：它是切身的感受，讲发自内心的东西。

**访谈人**：这个事实，再加上他的文采，就成了一篇千古之作。罗常培做媒的事能不能跟我们谈一谈。

**任继愈**：他有“百梅馆主”的称号。“百梅”，就是百媒，做100次媒。

**访谈人**：他有没有做过100次媒？

**任继愈**：100，当然说得多了一点。不过，实际上也做了不少。

“百梅馆主”罗常培

**访谈人**：在西南联大那个环境里，不仅学术自由，人的个性、性情也非常自由、坦然，而且老师们也充满着人性的关怀。

**冯钟芸**：一般来说，师生关系都比较好。

**访谈人**：有这个好馆主，于是成就了你们二位。那再请冯钟芸老师谈一谈，在西南联大念书的时候，你们女同学的追求一般是怎么样的？她们的个性、爱好、打扮，包括对男同学的要求，是怎么样的？

**冯钟芸**：那个时候多数女同学，与一般的同学没有不同。多数同学还是比较认真读书的，外边的社交活动参加的不是很多。这里面读书的人，也包括像参加“一二·一”运动这样的学生运动的人，还很多。但是也有一小部分人，比较喜欢外边的社交活动，像在舞厅里跳舞。这样的情况，对西南联大的女同学来讲，是少数。再有就是参加音乐抗战的一些爱国活动，比如群艺社之类的，这些活动比较多。

**访谈人**：我听来听去，好像西南联大的女同学和男同学也没什么分别。男同学那边有什么人，女同学这边也有什么人。

**冯钟芸**：那当然。

**访谈人**：就是说她们很平等、很自然，她们的发展也是跟男同学一样的。个性各有不同，可能男女已经很平等了。所以，我要单独问你“女同学怎么样”，好像都问不出来。

**冯钟芸**：恐怕是这样。

**任继愈**：比方说话剧，男同学、女同学都有演话剧的，也出了些人才。昆曲也是男女同学都有，定期演唱。

**冯钟芸**：那时候闻一多先生还导演话剧。

任继愈与冯钟芸

访谈人：就是说，女同学在联大一点都不怯。对于女同学来说，西南联大也是个自由的环境，没有“我是一个女的”这种感觉。

冯钟芸：没有。

任继愈：做学问都很认真的。比如郝诒纯，她是院士。西南联大出来的好几个院士都是女的。

访谈人：她是献身地质好多年。她跟男同学一起去野外，住帐篷。

任继愈：不光她，还有个已经去世的，也是个院士，是她的好朋友。

冯钟芸：池际尚。池际尚也是学地质的，比郝诒纯的班级高。

访谈人：还有傅冬菊，傅作义的女儿，好像也是西南联大的。

冯钟芸：对。我是1938年从北平乘海船走香港绕海防到昆明去的。当时陆地上的交通已经不通了。我1937年没有走，因为我父亲走了，我母亲生病了。我有个哥哥，在外地实习，事变的时候没能回北平，直接就到长沙了。家里我的弟弟妹妹一共四个，带我母亲，就交给我了。所以，我一直等到我母亲好了，有伴了，第二年才到昆明去的。

到昆明去以后，我就进了西南联大中文系。当时三校合并，比如说罗先生——北大有两个罗先生，一个大罗先生，一个小罗先生——我说的罗先生，就是罗莘田先生，做系主任。这边就是闻一多先生、朱自清先生等。西南联大的系主任是三校轮换的，大部分都是清华和北大交替的。所以，我刚去的时候是朱先生做系主任，后来就是罗先生做系主任。

我是1941年毕业的。毕业后在附中教书，最早教了一班小孩。那时候还有附小。教小孩是因为我有一个同学在请产假，找不着人代课，我去给她代课。后来在附中教书的时候，他（任继愈）的一个同事生病，当时他们想要他（任继愈）去代那个同事上附中的课。在当时的生活条件下，有工资跟没工资很不同。另外，同事突然生病，学生也丢不下，所以要他去代课。

他在附中代课。我们俩教的是同一个年级，初中二年级，我教的甲班，他教的乙班，这样有时候就有接触。到了1943年，我就回中文系了，系主任当时是罗莘田先生。罗先生跟他住在一个宿舍里，我们有时候到罗先生这里，罗先生非常喜欢年轻人去，所以我们就认识了。

**访谈人：**又是联大的夫妻。联大校歌还会唱吗？我想请你们一起唱一唱开头几句。

**任继愈：**校歌也是讨论过一次，试唱过一次，让大家听一听。我去听过，张清常指挥，大家觉得满意，就通过了。就听过一次，那是罗常培先生约我们去听的。

**访谈人**：词是罗庸作的。

**任继愈**：罗常培，就是罗莘田。

**访谈人**：我是说这个校歌是罗庸作词。

**任继愈**：罗庸作的。

**访谈人**：大概像冯友兰先生的碑文一样，大家一看，就觉得特别满意。

**冯钟芸**：因为在昆明的时候，我们家在楼下，我伯父冯友兰住在楼上。那个校歌，最早少数人讨论的时候，是在他家里。那时候还叫我们姊妹几个去唱这个歌，唱这个调。

**访谈人**：来看看效果。

**冯钟芸**：对，还有这么一档事。

**访谈人**：那你应该能记得，因为你曾经唱过，现在能不能唱一下？

**冯钟芸**：唱是唱不了。我很久不唱了。当时还弄了一个简单的乐器。

**访谈人**：什么乐器？

**冯钟芸**：就是我们家里的一个曼陀林。实际上就是我们姊妹几个，没有别人。

**访谈人**：然后让老先生听听味道怎么样。

**冯钟芸**：对。

## 第二次访谈

**访谈人：**请您讲讲碑文体现的西南联大校史。

**任继愈：**西南联大的校史，讲的是一个学校八年的经过，实际上反映了我们祖国（全面）抗战的概貌。先是困难，慢慢经过艰苦的奋斗，最后达到了胜利，取得了圆满的结果，跟预期的情况基本上是一致的。不但我们学校是如此，我们的政治大局、军事斗争也是这么过来的，只不过校史是专门讲西南联大的罢了。

冯友兰先生总结的四点，我觉得还是很扼要，也很全面的。他写了以后，征求全校老师的意见。西南联大专家很多，学者云集，大家对这个校史的底稿一致赞成，没有觉得这个缺了，那个不对了，没有意见，一致通过。这是他个人的创作，也代表我们西南联大全体师生的一种看法。我看这个校史会永远传下去。

我想对西南联大的学风、培养的人才这方面说一说。我在西南联大感受很深。开始我是在那学习，后来我又在那当老师，所以在受教方面、教人方面，我都有所体会。我觉得这是一个培育人才的摇篮，我深受其益。它特别讲到学术与民主这个问题。

“我国家以世界之古国，居东亚之天府，本应绍汉唐之遗烈，作并世之先进”，这个话真是概括得很好。接下来，“今日之胜利，于我国家有旋乾转坤之功，而联合大学之使命，与抗战相终始”，这就是学校的命运跟国家的命运结合起来了，“此其可纪念者一也”。

第二点讲得也很重要，西南联大的感受很深，“文人相轻，自古

西南联合大学纪念碑拓片

而然，昔人所言，今有同慨”。这三校各有各的传统，各有各的长处，却没有发现“文人相轻”这个问题，而是得到了切磋受益、互相促进这么一个好处。他说：“各异之学风，八年之久，合作无间。同无妨异，异不害同；五色交辉，相得益彰；八音合奏，终和且平。此其可纪念者二也。”这个说得很好，就是西南联大的学术民主的风气。

再就是学校政治的民主，碑文里面讲得也很好，“转移社会一时之风气，内树学术自由之规模，外来民主堡垒之称号”，这个称号是名不虚传的，是符合实际的。“违千夫之诺诺，作一士之谔谔。此其可纪念者三也”，这是第三点。一千人都唱一个调子，未必反映的就是实际情况，有不同的声音倒能促进学术的进步，这非常重要。后来经过这一段的体验，我们感到这个话是很对的，西南联大做到这一点很不容易，人才辈出也跟风气有关系。

最后一段，就是第四点。过去南渡都是过了长江以后就萎缩、衰退，回不来了。冯友兰说：“晋人南渡，其例一也；宋人南渡，其例二也；明人南渡，其例三也。”可是我们抗战的南渡又回来了，而且是胜利地回来了，这是很不容易的。“乃能于不十年间，收恢复之全功”，底下那句话我觉得很好，“庾信不哀江南，杜甫喜收蓟北。此其可纪念者四也”，讲得非常好，非常透。

这个校碑出来以后，我们读了都觉得很受鼓舞。“合作无间。同无妨异，异不害同”，我觉得这个“同”，是共同为了学术的繁荣，为了国家的昌盛。这方面师生是一致的，没有区别。但是从各种学科各个角度来看，“异”又是自然的，从不同的角度、不同的方面来看问题，有不同的意见。西南联大的壁报是五光十色、非常丰富的，各个学派都有，中心一点都是爱国的，支持抗战的，相信抗战胜利的。这一点各个学派都没有什么大的差别。正因为这样，我们国家才在统一的战线之下完成了抗战。我们西南联大也是在这个统一的战线之下完成了八年教学的成绩，这很得人心，也很符合实际情况。这是“同异”的关系。

晋人南渡、宋人南渡、明人南渡，这三个南渡，一是外来的力量入侵，再一个就是当时政府内部不团结、不振作、腐败造成了这个结果。但是我们的抗战不是这样，敌人打进来了，全国人民奋起抗战，得到这么一个结果。所以，庾信的《哀江南赋》，是怀念江南，思念江南，他回不去了。庾信是很凄凉的结局，不是悲壮、胜利的结局。岳飞的“还我河山”更是宋人之虚愿，愿望是这样，但不仅不能收复失地，而且岳飞自己的命都搭上了，这也是一个很悲惨的结局。明朝逐渐萎缩，永历帝一直跑到缅甸，后来当了战俘，敌方把他交回来，又被吴三桂杀死在昆明，这都是政府的政治力量滑坡的结果。往下滑，不是一个昌盛的局面。

可是，西南联大跟我们的国运是一样的。抗战胜利以后，中国成为联合国的常任理事国，从那个被迫抗战的弱小国家变成世界上几个大国之一，取得了战胜国的地位。战胜国就是很理直气壮、很自豪的感觉。而且，我们受降日本这一点是很扬眉吐气的。

世界文明古国，古希腊、古罗马、古埃及、古巴比伦，那些很悠久的国家，它们是“有古无今”。古代有了辉煌，中间衰落了，接不上了。而后来的这几个强国，实际上就连英国在内，特别是美国，它们都是“有今无古”。因为美国的历史，200 年以上就讲到欧洲去了，那不是它的历史了；再讲讲本地历史，就讲到印第安人了，也不是它的历史。

只有中国的历史从古到今连绵不断，中国的历史学家和学术界的人都是这么个看法。黄河流域和长江流域的大片土地就是我们中华民族的舞台，是政治舞台，也是文化舞台。我们就是在这里创造了华夏文明。统治者可以是汉族、非汉族，但历史是继续的，是没有中断的。我们的二十四史，朝代是相连续的，并不是这个成了以后否认那个，它是连续不断的，二十四史一脉相传。这在世界上也是很特异的，很值得自豪。

**访谈人：**任先生讲得非常好。更新易旧，唯我中华。

**任继愈：**有一个典故。秦始皇焚书坑儒，谁要讲诗书，谁就是有罪。书都毁得差不多了，这时候有个讲《尚书》的，就是伏生。伏生那个时候年轻，念的书多，焚书坑儒以后，他就隐藏起来——不许他活动了。汉朝复兴以后，征求佚书。伏生已经老了，牙都掉了，口齿不清。他就用背诵的方法，让他的女儿给他记述解说，《尚书》口述就是这么下来的。这个典故就是“诗书丧，犹有舌”。西南联大的图书资料也不足，好多老师就是靠记忆来讲的。我们的老师们、教授们都是饱学之士，靠记忆来讲述，像伏生那样。

**访谈人：**我记得燕卜荪（W. Empson）背莎士比亚。

**任继愈：**他是英国人。

**访谈人：**他也是西南联大的。

**任继愈：**那是我们请来的一个讲师。那是个浪漫诗人，很可爱的。

从西南联大，我有个感受，人才的培养不是马上就见效的。不像我们买一个新设备，订货以后，半年或者多久就到货了。人才的培养是一个长期积累的过程，不是想要就要的。有时候快也是三五年，慢的十年八年，甚至更长。“百年树人”就是这个道理。不是一定要100年，就是要长期投入，才能慢慢培养出人才。而且知识型人才，又不像一般的技术方面的人才，100个里成就的也许是少数，也许就一两个，有一个淘汰的过程。这个过程也不是短期就有的。不是我们毕业 100 个，就成才 100 个，人才培养不是这样子。所以，懂教育、办教育要知道这个道理的话，会大力地投入、支持，人才才会兴旺发达起来。

**访谈人：**我还想请您再跟我讲一讲在蒙自的一些情况。

**任继愈：**那时候我们在蒙自待了半年。一个学期分两段，暑假以后在长沙待了半年，寒假以后就步行走到昆明。那时候我参加了步行的，到了昆明，就住在蒙自。文学院、法学院在蒙自。蒙自这个县城也很小，我们课余买点东西，买点日用品，也要到城里去。

那里有一个老头，姓雷。他卖稀粥，糖稀饭，有枣有豆的这种稀饭。常吃这个稀饭的有吴宓老师，他常去，别的老师也常常去。那个主人很不俗气，有点文化，不是一般的小业主，只知道赚点钱。他不，他谈论国家大事，有时候谈点历史掌故，很有文学修养的这么一个老者。我印象中大概有五六十岁的样子，比我老师看着年纪还大。那时候吴宓老师也就 40 多岁，他可能还大一点。这么一个老头，卖甜饼、卖稀粥。

**访谈人：**当时吴宓先生给他题了一副对联，您听说过吗？

**任继愈：**我知道。我看见过这对联，当时就用纸贴在那，也没有什么装裱，叫作“无名安市隐，有业利群生”。“市隐”，一般人隐居在山林里，他是在都市里隐居。“无名”，不求名，安于在都市里过隐居的生活。“有业”，是有职业，对群众有好处。卖了粥他很高兴，大家吃了粥也很满意。这个老头是四川人，不知什么时候来到昆明的。

**访谈人：**您也老去吃吗？

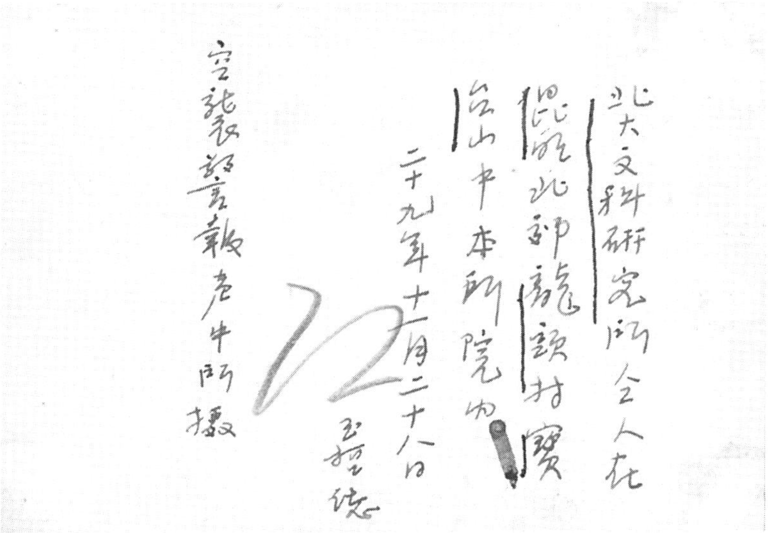


1940 年 11 月，北大文科研究所同人在空袭警报声中合影，摄于昆明北郊龙头村宝台山中本所院内（左一为任继愈，左六为王玉哲）

**任继愈：**我也去吃过，稀粥，熬得像八宝粥的样子。

**访谈人：**西南联大的学生都爱去吗？

**任继愈：**也不是很多，兴趣不一样。一般归国的华侨愿意喝点咖啡、牛奶，那是另外一种小店。还有越南人在那开了个小铺子，卖些东西。它是秘密活动的一个点，出一些反对法国殖民统治的刊物。

**访谈人：**蒙自的海关挺兴旺，我去拍过录像。

**任继愈：**那个海关原来的生意不好，要赔了，开不下去了。土匪抢了他一次，他就报账，说我损失了什么什么。账开得很大，结果把损失都拿回来了，还赚了点钱。政府赔了，老板却没有吃亏，被抢了以后，又被救了。那是濒于破产的一个洋行，我们就住在那个洋行的楼上。

**访谈人：**就是歌胪士吗？

**任继愈：**歌胪士。

**访谈人：**歌胪士洋行，就在南湖边，我这次去就拍了。还有

年轻时的任继愈

女生宿舍什么的，就是找不着稀饭了。

**任继愈**：那早就没有了。

## 第三次访谈

**访谈人**：据说，在长沙临大的时候，师生中就爆发了一场又一场的激烈辩论。

**任继愈**：同学们在长沙很不稳定，因为前方打仗打得吃紧。长沙离上海很近，离南京也很近。战况节节败退，同学们急于上前线，这个心情大家都有。同学们中间，与老师之间，经常发生辩论。仗怎么打？国难当头，咱们是不是还应该念书？

钱穆也在那些争论的人群当中，他就说：同学们，我有一个意见。大家抗日，上前线，这个心情是可以理解的，也是正当的。咱们这个抗战不是短期就完得了的。念书，可不可以中断？行不行？如果咱们在后方念书，没有上前线的勇气，那就不要在这儿念了。不能苟安！不管上前线的，还是留下来的，都是满怀激情的。学习也是救国。

**访谈人**：这个辩论，把“读书”与“从军”从个人选择提升到了一个大的格局，就是民族生存的历史格局。一方面进行血与火的抵抗，一方面有一些人要留下来，打造国家的未来。

## 访谈手记

首访任先生，在南沙沟一楼家中客厅。

那遮蔽了整整一面墙壁的古色古香的书柜，摄影师用作了背景。倜傥的任先生坐在那里侃侃而谈。

任继愈是那一代“生于忧患”的学人之代表。在西南联大，他前半段是学生，后半段是教员，与这所大学相始终、共命运。

七七事变时，任继愈在山东老家看到报纸登了启事，就去长沙报到。

开学后，前方吃紧，一批学子投笔从戎。长沙临大爆发了“是上前线，还是继续读书”的激烈争论。一些学生上了前线。任继愈回忆，钱穆教授说：“如果咱们在后方念书，没有上前线的勇气，那就不要在这儿念了。不能苟安！不管上前线的，还是留下来的，都是满怀激情的。学习也是救国。”

为国家保住读书的种子，用上前线的激情来读书。这场辩论奠定了师生们日后到昆明西南联大的读书境界。

当时，任继愈寄宿于南岳的古寺中，夜间听见虎啸，早晨起来，发现寺院的树枝上挂着虎毛。青年人毫无畏惧，他游遍南岳名山，惊讶于中国的儒道释可以在同一座山上相安。

那时他离毕业还有一年，正在考虑自己在哲学中的研究方向。

学校再迁昆明，一部分师生组成湘黔滇旅行团，步行到云南去。

学校也有苦衷，人们认为：如果全体人员都从海外转移，将是一种耻辱，必须有一支人马代表学校，从还没有失去的国土上走过去。这就是湘黔滇旅行团产生的惨淡背景，也反映了当时人们的不屈意志。

任继愈说，学生们看到，底层的老百姓生活非常苦，但是，当亡国奴，他们是不干的。

“我们中国有一个很好的传统，就是从上到下都不愿当亡国奴。老乡们也是这样，非把小日本打跑不行。当时的生活很困难，也很痛苦，但是日本人来侵略，我们就不能忍受。”“打日本，他们是很积极的……有志气，民族志气。”“那时候，我就感觉中华民族的文化是渗透在穷乡僻壤的，不光是上层。所以，从那以后我就专攻中国哲学史。”

任继愈说：“中国的这种民气始终不衰，穷困是穷困，但人穷志不穷。”这个民气，是当时鼓舞和支撑师生们的一个精神源泉。

昆明校舍不足时，三个学院在云南蒙自栖身。师生们常去一个小铺喝粥。吴宓教授为小铺主人写过一副对联：“无名安市隐，有业利群生”。

任先生说，那位熬粥的雷氏非一般市井之辈，他常与联大的师生们交谈，从时事到历史。

以鸿儒硕学自居的这些学者教授，能够与民间布衣进行文化的沟通，这样的襟怀，才称得上是“兼容并包”吧。

第二次采访任老，请他讲解那篇由冯友兰先生撰写的西南联大纪念碑碑文。这是宗璞提出来的，她给她的堂姐冯钟芸打了电话。

因为我选择了“追求史实”而“文采次之”的风格，这一段讲释没有用进纪录片《西南联大启示录》中。任先生讲到唯中国“有古有今”的一段，是为整个碑文之重点。

第三次采访任继愈，出于“求援”。

那时《西南联大启示录》这部片子已定在央视10频道的《探索·发现》栏目播出，为配合栏目时间长度，正在进行一次大的剪裁，并决定增加当年师生们南下的细节。学生方面，数去竟唯有任继愈，任老是当年从老家山东看到通知后便赶赴长沙的学生。

他从电话中听出我的哀告之声，慨然允应，地点就在国图楼上，他的办公室。

在任先生办公室里，他为我们找出一本珍稀画册，由日军和同盟国友军在中国拍摄的战争照片组成。北平沦陷时期的几张照片，如城门口的日本士兵，出入的人民被迫卑躬屈膝等，我都用在片子里了。

三次采访任继愈，他提纲挈领的哲思、洞彻历史的见地、谈笑风生的潇洒，使我在最初关于《西南联大启示录》的构思、定位、风格、角度等诸方面获得了最直接的营养，最终形成了一部文学的、细节的、故事的、寓理的、淡泊而言简意赅的专题片。

先生是性情中人，他曾说："我很喜欢云南的民风，人民的风情，非常朴实。过去在上海，有些事情出了些问题，拿些钱就能够摆平了，解决了。云南不行，给了钱也不行。……这是非常可贵的。"那个时代的鸿学大儒，对边地和民间具有深刻的理解与尊重。

任继愈多次说过，三校北归以后，条件好多了，可是很多好的思想、风气却没有了。

我想，也包括这种"到民间去"的学风吧。像任先生这样"接地气"的学者，现在难寻了。好日子过久了，学界满足于书斋与会议，对社会往往一知半解。

先生称我为"入室弟子"，故我得以随时到南沙沟府上去请教，与先生闲聊。

他有一个观点：足不离寺庙的惠能被称为禅宗六祖，而玄奘远行西域，却只是一个佛教经典的翻译者与传播者，因为惠能是突破的，有创新。“佛在我心”，解决了广大民众的信仰问题。

这对我启发很大，于今日的学界和文人，也是一个值得思考的问题。

# 附　文
# 《西南联大启示录》观后感[①]

任继愈

看过这一套光盘，印象很深刻。它记载的这段历史，都是自己亲身经历过的，事情的前因后果，我是见证人。当年亲历者多已逝世，少数健在者也都进入耄耋之年，而且住地分散，有的行动不便。张曼菱以她锲而不舍的精神，克服种种困难，使这一工程得以完成，令人感动。她是靠着西南联大的精神制作这部作品的。

西南联大与我国抗日战争相始终。这所大学在颠沛流离中创建，在日寇飞机轰炸的间隙中上课，以极简陋的仪器设备从事研究工作，不但办了下来，而且办得有声有色。这个大学在短短八九年中为中国革命锻炼了大批革命骨干，为新中国的建设造就了大量的优秀人才。西南联大的成就，在国内外各学科前沿开拓了新领域，在国际上也处

① 此文任先生当年说过，只是写给我看，不发表，故未敢轻易推出。但其中讲到我未采集到的西南联大文科情况，应该作为重要的资料留下，故将文章列于此。——作者注

在世界前沿地位。联大师生们的成绩是在半饥半饱的状态下完成的。

这五集纪录光盘，没有堆砌的辞藻，没有大话空话，而是以真实取胜。半个世纪前的生活画面重现在人们的眼前时，依然那么活泼有力、激动人心。西南联大群体的成员都是一些普通人，干的是一些平凡的事，在这些人身上体现了中华民族的伟大品格。他们不等待有了条件才工作，而是创造条件来开展事业。艰难的八九年间，他们出色地完成了一个高等学校承担的任务。以昆明当时的条件，做出那样的成绩来，并有所发明创造，称为举世无双并不过分。生活中的一鳞半爪，连缀起来，集腋成裘，蔚为大观。当年师生的言行片段构成一串耀眼的明珠。

这部纪录片，没有中心人物，不借助宏大外景，只是聚集了当年师生艰苦日常生活的某些片段，使人看了目眩神摇、惊心动魄，有时义愤填膺。它的效果已经说明这套纪录片的成功。

办学的目的是培养建国人才。建设国家，首先要爱这个国家，必须是关心民族命运的爱国者。联大师生有不同的政治立场，有左的，也有右的，中间群众也占了很大的比例。他们政治立场虽有分歧，但共同的信念是爱国、保卫国家、抵抗外来侵略者、争取民族独立。这种情况与当时抗战时期的总形势和中华民族的历史使命是一致的。国民党军队台儿庄大捷，联大师生奔走相告，欢呼庆祝。

第一流的大学，教学与科研并重，两者相辅相成互相促进。西南联大不但做到了，而且这两方面都处于各个学术领域的前沿。当时选送出国的留学生，到了国外也是尖子。这说明西南联大早已与国外一流大学接轨。

西南联大理工科的成就，早已引起广泛的注意，很多人耳熟能详。像我国“两弹一星”的研制开发群体，联大人占了相当比例，“原子弹之父”也出在联大。诺贝尔奖的获得者杨振宁、李政道，当年青年数学明星陈省身、许宝騄、华罗庚，物理学方面的周培源、吴大猷、赵忠尧，化学方面的曾昭抡、杨石先等，已人所共知，不必一一列举。人文科学、社会科学方面，西南联大教师们的成就在全国也是领先的。这一点似乎人们注意得不多，现在补充说一说。比如闻一多研究《诗经》《楚辞》，功力深厚，他利用西南地区民族民俗的活化石，使他的学术造诣开了新生面。语言学大师罗常培利用云南少数民族地区的特殊条件，开辟了少数民族语言研究新领域，为我国培养了新一代的民族语言研究人才，如马学良、傅懋勣等人都成为国际知名的专家。新中国成立了民族语言研究所，基本队伍是这一时期培养成长起来的。后来为少数民族创制新文字，这批专家成了主力军。熊十力的《新唯识论》（语体文本）是这一时期完成的，洪谦是介绍维也纳学派的第一人。贺麟系统组织西洋哲学名著编译，为新中国造就了西方哲学翻译人才，商务印书馆的西洋哲学名著系列丛书主要是这一批力量完成的，系统介绍黑格尔哲学，贺麟有开山功劳。金岳霖的《知识论》是他在联大的讲稿，他的哲学著作《论道》是他跑警报时在山坡上构思完成的代表作。汤用彤的《汉魏两晋南北朝佛教史》出版半个多世纪以来，国内外还没有一部著作可以取代它的权威地位。钱穆的《国史大纲》出版的扉页上写着“谨以此书献给抗战的百万将士”，这部中国通史成为各大学首先选用的教材。历史系雷海宗讲授中国通史，结合他丰富的世界史知识，把中国古代史放在世界历史的大范围内来观察。他上课只带几支粉笔，不带讲义书本，能将历史事件、年代讲授得准确无误。陈寅恪带了一包袱书，从不翻看，娓娓讲来，令人忘倦。西南联大不采用当时教育部规定的《党义》教材，以《伦理学》取代国民党的“党义”课，全国只有西南联大一家。化工系的教授陈国符是造纸专家，他在西南联大百家争鸣的气氛中研读《道藏》，他公开讲演过《道藏源流考》，后来成了道教研究专家，他的造纸专长反倒被掩盖了。百家争鸣的学风在西南联大盛行。罗庸讲“唐诗”，第二年闻一多也开“唐诗”。闻一多讲《楚辞》，第二年罗庸也开《楚辞》。两人的风格、内容各异，学生受益很多。沈有鼎为哲学系开《周易》课，只有三五个学生来听讲，闻一多也坐在学生中听讲。郑昕开“康德哲学”课，数学系教授程毓淮也来听课。陈寅恪讲“佛典翻译文学”，中文系、历史系、哲学系的助教、讲师多来听课，本科生不多，遂有“教授的教授”的称号。联大工学院的学生有的走好几里路到校本部听文科的课。学生中跨系听课现象蔚成风气。一年级国文课，全校共同必修。共十来个班，讲课的教师中有李广田、沈从文、余冠英等十来位教师，讲授各有特色。这种气氛也只有西南联大才能做到。百家争鸣，学术民主，不但在同辈中盛行，师生之间也不乏这种宽容求是的事例。王玉哲在北大历史系二年级时，对傅斯年研究《齐物论》的文章提出不同意见。傅斯年在西南联大担任北大文科研究所所长，招研究生，王玉哲想报考，又怕傅老师对他有芥蒂，后来报考了，也被录取了，师生相处得好。杨振声指导研究生写论文，学生迟迟写不出，杨约他谈话。原来他的观点与杨先生观点不尽一致，怕导师通不过。杨振声告诉他，只要言之成理，持之有故，尽可写成论文。师生完全相同，学术怎能发展？学术面前，只重证据，不论资格。当时青年研究生杨志玖看到欧洲一位著名汉学家著文说，“马可·波罗没有到过中国”。杨志玖用过硬的原始材料驳斥了这位汉学家。迄今为止，关于马可·波罗在中国的活动，杨志玖的观点已成为定论。

抗战后半阶段，日本发动太平洋战争，美国派来志愿空军驻昆明，日寇飞机不大敢来空袭，上课时间比较正常。中缅公路修通后，昆明成了对外交通的通道。联大有时邀请归国过路的名人讲演，我记得的有顾维钧、焦菊隐、徐悲鸿，出国作战、在缅甸密支那全歼日本侵略军的杜聿明，等等。不同社团组织的歌咏、诗歌朗诵、话剧等也很活跃。师生们生活艰苦，精神生活却十分活跃丰富。

抗战胜利后，日本投降，西南联大解散。三校各回原址办学，生活条件、教学条件都有了显著改善。三校分开后，各立门户，日子过得还不错，总感到似乎还缺少点什么。西南联大的形象长期留在人们的记忆里，历久弥新。

看《西南联大启示录》感到不足和遗憾的是，这一工程启动迟了几年。陈岱孙、周培源等老一辈先生先后谢世。今天能够提供信息的见证人，都属于西南联大第二代。这个损失已无法弥补。如果再迟几年，第二代见证人越来越少，即使有像张曼菱同志这样的热心人，怕也难以拍摄了。

申泮文（1916—2017）

无机化学家。广东从化人。1940 年毕业于西南联大化学系。1980 年当选为中国科学院学部委员（院士）。

访谈时间：2000 年 6 月

访谈地点：天津，南开大学，申寓

**访谈人：**我知道，您对南开被日本人炮击这件事特别义愤。我还听说，您老每年都要纪念校耻。请您讲讲当时的情况，以及为什么它会这么长久地留在您老的心里。

**申泮文：**南开从中学到大学，学生们对日本人都非常愤恨。当时日本人在天津做尽了坏事。它在天津有一个租界地，有一个兵营——它在天津是驻军的。在华北的抗日运动里，天津的学生是走在前面的。而在天津的学生里，首先是南开学校的学生。南开大学、南开中学的校长张伯苓是天津市各界抗日救亡联合会的会长，他坚决主张反抗日本人，支持学生的抗日活动。当然，他也要维护学校，要继续办学，所以有许多地方，他又有容忍，又有反抗。

日本人在他们的领事馆里专门有一个特科，这个特科是专门调查南开中学、南开大学的抗日活动的。他们进到南开大学来搞军事演习。日本兵营离南开大学二里路，就在六里台那个地方。六里台还有一个日本侵华的文化基地，叫中日中学——最先叫同文书院，同文是指它跟我们中国同文同种——也是它的一个特务机构，专门调查中国人民的抗日活动。

卢沟桥事变发生以后，南开大学就感觉到情况不好，日本人要动手了。所以，黄钰生跟杨石先就早早地准备了，卢沟桥事变一开始，就马上疏散南开的人。因为那时候开始放暑假了，每年暑假都有许多学生住在学校，所以要赶快疏散学生，有困难的学生，给他路费让他回家。同时，把一些教材、重要的图书和仪器运到租界地——那时候天津有英租界、法租界、意租界——运到英租界金城银行的仓库里面去。可是没有来得及全部运走，因为形势紧张了，大家都要运输，运输也紧张了，汽车也不容易雇到。南开大学自己没有汽车，雇到汽车不容易，所以只运输了一部分，家属部分得到疏散。

七七事变以后，28日晚上，日本人就在中日中学的楼顶上架了迫击炮。29日凌晨，天还不亮，就开炮了。这炮瞄准了南开大学的图书馆，图书馆有个大圆顶，就瞄准这个大圆顶。第一炮没有打中，再重新瞄准，第二炮打中了。大圆顶很重，压下来以后，就把书库压倒了。

这个时候家属基本已经疏散走了，就杨先生跟黄先生和一部分职员留守。我在28日前一天，27日，离开了。那个暑假我在南开大学的应用化学研究所勤工俭学，在那里做实验。因为我在宿舍里住，看见当时情况不好，就回家了。回家路途中，看见中日中学门口已经把上日本兵了，我就感觉不好，就再没回去。第二天，就炮轰了。炮轰以后的情况，我有一本书上有详细记载，就不详细说了。

卢沟桥事变以后，日本侵占华北，首先要把南开大学轰炸掉。28日（29日）轰炸了南开大学，下午就进来放火烧。29日轰炸南开中学，是飞机轰炸的——我看见飞机了，那时候还比较落后，飞机上挂

南开大学木斋图书馆原貌

了日本旗子，翅膀上挂着炸弹。它飞得很低，所以看得清清楚楚。它跟现在的飞机不一样。那个时候看见它飞过来，旋转以后一倾斜，翅膀上的炸弹就掉下来，爆炸就起来了。

29 日上午，日本轰炸了南开中学的校舍，轰炸了天津市的（河北）省政府。日本针对的目标，一个是河北省政府，因为政府是在东北军的管辖下，是跟它斗争的对象；再一个就是南开大学，在日本人的心目中，天津以至华北的学生抗日的根据地是在南开大学跟南开中学，所以它非把南开学校从地图上抹掉。

这件事是我们永远忘不掉的。我讲的这一段历史是我们南开的一个珍贵的历史，是向我们后人传授爱国主义精神的历史，同时也给了我们一个教训：自己不自强，自己不强大，永远是被人欺负的。

**访谈人：**黄钰生他们冒着火海，抢救学校的东西。当时咱们的图书、钟都被抢了，您简单讲一下这个情况。

**申泮文：**日本人在南开抢走我们一部分图书，这个也没办法统计。我们有记录的是我们自己早已运出来的一部分图书，运到租界的

被炸后的南开大学秀山堂残迹

国营仓库里面。我们搬到云南以后，就把在天津的图书、仪器由海路运输到昆明。经过的海路，就是从天津坐轮船一直运到越南的海防港，由海防港经滇越路运到昆明。可是那个时候已经晚了，运到海防港的时候，日本人占领了越南，所以我们这些书就到了日本人手里。我们主要的图书是在这个时候到了日本的。

抗日战争胜利以后，我们派人到日本去接收我们的书，从日本东京图书馆接收回来几百本外文图书。回来的这些书，我们都盖了图章纪念，某年某月某日从日本收回的图书。可是，我们木斋图书馆有很多天津士绅捐的很多很好的元明善本，大概有 300 部，这是文化级别很高的古籍，始终没有找回来。

再有一件东西，就是大钟。我们有一个大钟，800 公斤重。这是原来的海光寺留下的。海光寺在英法联军入侵的时候被烧毁了，剩下一个大钟。这个大钟是德国人送给李鸿章的。当时为了庆祝李鸿章的生日，德国人铸造了一个钟，整个钟上面刻了全部的《金刚经》。因为清朝战败，英法联军烧掉了海光寺，这个钟没处放，后来天津市就把它放在了南开大学，作为南开大学的一个景点。南开大学专门设了一个钟台，把这个钟架起来。每到执行毕业典礼的时候，有多少毕业生就撞多少下钟。比如今年有 100 个学生毕业，这个钟就撞 100 声。这个钟声音很大，好几里地以外都能听见。抗日战争结束以后，这个钟没有了。我们到日本去找，找了很多地方，都没有。也可能是日本人把它熔化了，铸造炮弹了，也许是他们把它藏起来了，咱们现在就不知道了。

所以，我们很多的元明善本，还有我们的一个大钟——这是我们的一个纪念物——都找不回来了。我们现在在学校里仿造了一个小的钟，作为永远的景象，它的声音永远地警告我们：记住国耻。

**访谈人：** 南开有几位人物做出了不可磨灭的贡献，像黄钰生老先生，他发挥了南开的务实、负责的精神。据我所知，很多老人对黄先生负责湘黔滇旅行团的工作是非常称赞的。

**申泮文：** 黄先生参加了组织旅行团的工作。他实际上代表了张伯苓，因为在长沙组织长沙临时大学的时候，他就是张伯苓的代表。所以，在三个常委里面，张伯苓并不来参加工作，张伯苓的工作都是黄钰生担任的。

南开的精神传统，很重要的一点，就是要懂得团结。要做一番事

南开大学学生在大钟前合影

业，得团结大家，共同合作，才能把事情做好。南开人知道，在这三个大学里边，南开是最弱的。它不是名牌国立大学，而是一个私立大学，还是个小学校。能参加到联大这个学校里面，要想合作得好，必须跟清华、北大的领导人和学生团结好。在团结的过程中，自己应该勇于承担任务。如果三个学校谁都不肯勇挑重担，把任务推给别人，事情就不好办了。张伯苓的精神就是实干，我们参加进去了，就要去勇挑重担。

黄钰生在长沙临时大学、在西南联大就是代表了张伯苓去承担重担的。因为只有自己承担重担，把事情做好，这三个学校才能真正团结，融为一体。这是南开在三个大学里所表现出来的合作精神。

日本人的军队占领南京以后，继续向华中地区进攻。进攻到武汉时，长沙临时大学已经濒临战场了。所以，国民党教育部指令长沙临时大学迁入昆明。迁入昆明的时候分几条路走，主要是两条路。一条是师生从长沙坐火车到广州，再到香港，然后坐轮船到越南的海防，从海防坐火车到蒙自，到昆明。另外一条路，是个艰巨的任务，就是领导一批身体健康的学生，从长沙先坐船到常德，然后步行到昆明。这个艰巨的任务，就交给黄钰生来承担了。

黄钰生后来有一句话，“行年四十，步行三千”，就是 39 岁 40 岁的年龄承担了这个重要的任务，担任起全团的行政管理职务。这是非常艰巨的任务，因为他带的不是军队，要是带一个军队，命令下来，你就得走，他带的是大学生和老师。老师是没得说的，都是坚强的爱国者，有理想、有抱负，像曾昭抡、闻一多、李继侗，都是很了不起的人。对于学生，黄钰生就以身作则，告诉南开的学生：不许在同学之间闹矛盾，谁闹矛盾，我首先打南开学生的板子，南开的学生不许跟人吵架。

他自己也没有任何领导的特权，优先让自己条件好一点，从来没有。他跟大家完全一样，也是跟大家一步步走。而且他总是走在最后，一个原因是他身负重担——这个是有名的，他把钱围在身上，自己带着——他还要殿后，怕有人落在后边，他要收容。我那本书里特别讲了这一点，他总是走在最后，最慢。到了地方以后，他还要照顾大家，把生活安排好。他还要算账，计划明天怎么走。时间很晚了，他还点个油灯，在灯下工作。第二天早上起来，他又跟大家一样，起来一起步行。

西南联大负责人与湘黔滇旅行团辅导团合影

那时候是张治中在湖南省做主席，他派了一个中将做团长，也姓黄，叫黄师岳，他是军事带队。实际上，“政委”“后勤部长”的工作全是黄钰生一个人干的。大家都是很支持他的。他也是一个教育学家，教育心理学的教授。他从张伯苓那里学到的工作精神，是踏踏实实、一心一意，为做好这件事奉献自己的力量。

这样，他们才能在68天完成3000多里路的步行任务，在五一前夕到达昆明，顺利会师。这个事情的功绩是了不起的，而黄钰生的功绩就表现了我们南开大学、南开人合作共事的精神、一心奉献的精神。这在西南联大起了巨大的作用。

我们南开人，像黄钰生、杨石先都很了不起。杨先生不但做了化学系系主任，还担任了教务长——学校里最大的工作，一个是建设、总务，再一个就是教务。黄钰生是建设长，负责建设校舍这样的大的事情；杨石先是教务长。大的事情，南开在联大帮助主管上去了。当然，梅贻琦校长也很有能力，运筹帷幄。

**访谈人：**梅贻琦也非常依靠他们。

**申泮文：**依靠他们。而且，梅贻琦也是南开的学生，南开第一班的学生，张伯苓的亲弟子。他们有这样一个密切的关系。所以，南开这样的关系，在西南联大里起了很大作用。

再有一点，就是南开的学生在西南联大里也起了作用。中科院一位姓周的学者，写的文章谈到西南联大为什么这么有成绩，讲到几点，一个是名师如云，一个是学校管理的现代化，一个是南开的学生起了作用。

南开大学那一年（1937）本校没有招生。清华大学招了一部分学生，南方招了部分学生，北方没有招。北大也招了一部分学生。南开大学定了一条规则，凡是 1937 年南开中学毕业的学生，都可以到学校入学。这样，一年级就有一批南开的学生。

南开学生的特色就是善于团结、善于合作，而且思想先进。他们自己有家破校破这么一个切肤之痛，就把他们的爱国情感也带到了西南联大。南开的学生在学生里面起了很好的团结作用，起了民主先锋的作用。再过两年，重庆南开中学有毕业生了，他们 1939 年 1940 年考入西南联大，这一批学生又把南开的精神带到联大来。

**访谈人：**申先生，您当时在旅行团是几分队，还记得吗？谁是您的队长？

**申泮文：**我们队长是杨启元。杨启元是有色金属研究院的一位科技人员，他大概是总工这一级的。他是杨石先的侄子。

**访谈人：**您当时几岁？

**申泮文：**那时候是 1938 年了，我 22 岁。

**访谈人：**您还记得渡过盘江急流的事吗？

**申泮文：**盘江桥断了，我们是坐小船过去的。水很急，很惊险。

**访谈人：**害怕吗？

**申泮文：**那倒不怕，那是年轻的时候。

**访谈人：**您在走的路上有没有遇见过黄钰生先生、闻一多先生？

**申泮文：**会遇见。闻一多闻先生，走路休息的时候就拿出纸来，拿出一个小本来，画东西。我们的刊物上有他画的东西。

**访谈人：**您还记得，快要到云南的时候，农民的汽车去接你们的行李吗？

**申泮文：**我们到了云南以后，云南的人民夹道欢迎，有女孩子给我们献花篮，还开了一个欢迎仪式。梅贻琦在会上讲话，对大家表示欢迎，告诉大家，五一要正式开学了。黄师岳和黄钰生跟梅贻琦做了交接仪式，后来黄师岳团长在大观楼宴请全体旅行团的人员。大家都非常高兴，喝的酒是云南当地的名酒，大家都喝醉了。

南开的学生是喜欢演话剧的，有这么一个传统。到了1939年的时候，重庆南开中学高中有毕业生了，有一批学生就考入西南联大。这里面有我熟识的人，那时候我是四年级学生，他们找到我，让我带着他们玩。我们就组织了一个剧团，这个剧团的名字我现在一下想不起来了，许多爱好话剧的学生跟我们一起组织了剧团。我给他们管总务，演出了许多话剧。

这时候，在西南联大，话剧发展到一个高潮。联大有一个剧团；联大里面有国民党三青团，它也有个剧团；还有民间的剧团，没有任

梅贻琦先生亲自迎接湘黔滇旅行团成员并亲切握手

何依靠的剧团。三青团的剧团在1940年要演个话剧。可是联大当时因为是“民主堡垒”，大家都反对三青团，所以许多人准备在他们演出的时候闹事。他们也送给我们这个剧团很多戏票。我们是民间的，是中间派的立场，我想如有闹事的话，我们就不参与。我就把我这个剧团拉出去了，拉到抚仙湖去，我们玩去了。我还宣布，我说他们给我们这么多票，我们大家都不要去，就把票都散掉了。

那天晚上果然发生事情了。三青团也做了一件很巧的事情，他们把张伯苓请来——正好张伯苓在昆明——请他在会上说几句话。下面的学生就鼓噪起来了，有人去把电闸拉掉了，一下子就乱了。后来修复了电闸以后，张伯苓就发脾气了，生气了，批评了几句。实际上，张伯苓被三青团利用了，当枪使了。

这在联大的校史上也是有一段故事的。我们没有参加，可是也有个别学生去看了，回来把情况讲给我们。我们那个时候不参与这种事情。这些是我们自己的业余爱好。我们跟大家都搞团结，哪方面也不参加。

**访谈人：**你们那时演的是什么戏？

**申泮文：**演的都是曹禺编的剧本，剧本名字我都记不得了。

**访谈人：**《雷雨》？《北京人》？

**申泮文：**都不是，还不是大的剧本，是小的剧本。

## 访谈手记

1937年7月29日，是南开大学的“黑色星期四”，从这一天起，日本军队用飞机、大炮、马队，对南开大、中、小学整个体系进行轰炸、焚烧、抢劫。

在南开，至今尚保留着一片当年被日本飞机轰炸过的废墟。它与景色宜人的校园完全不协调。

人们给我讲到这样一个人：每逢7月29日那一天，他都会一身黑衣，在校园里行走。他就是申泮文，当年的南开学子，后来留校任教。

申泮文亲眼看到日本飞机投弹，炸毁了他的学校。这种景象，即使到了晚年，他提起来也历历在目。学校被毁后，他只身去了上海，参与淞沪会战，可谓勇矣。后来他来到长沙，重归校园。

我采访了他，将他的镜头编入《西南联大启示录》。他对我讲："西南联大在昆明结束的记号，是我画上的。"我闻之万分惊讶，原来是他把最后一张桌子搬走了。南开是做"殿后"工作的。

余树声（1916— ）

教师。云南红河人。1941年毕业于西南联大经济学系。

访谈时间：2000年7月

访谈地点：个旧，余寓

**余树声：**清华跟北大、南开三个学校在长沙搞了个临时大学，当然主要收容这三所学校的学生，也兼收一些战区的大学生，比如北平、上海的大学生，他们撤退到长沙也可以到那里借读。

我当时是一年级。一年级的学生来源比较复杂。因为打仗，只有清华和北大在武汉招了一点生，北平、上海都没有招生，两个学校招的大概不到100个人，剩下的就是一些战区的学生。战区的学生到了长沙以后，就到临时大学借读。后来又过了一段时间，我们经过一次甄别考试，就算正式学生了。

我就是借读的一个。我原来考取的是金陵大学，因为打仗就没有能够进校，我们就退到长沙来了。11月1日，才开始上课。11月24日，长沙就被炸了。我们借的是韭菜园的圣经学校上课。圣经学校本来不是很大，一下子来了大概1000多个学生。我们男生就住在一个叫49标的营房里面，住的条件就差多了。

1937年11月24日，京广线上现在的长沙车站被炸，我们的圣

圣经学校

经学校就在这个车站附近。炸站的时候，我正好在学校，很危险了。如果稍微偏一点，就把我们这个圣经学校炸掉了。圣经学校就是我们临大的本部，情况相当危急。

后来学校就打算迁校。究竟迁哪儿？我看校史里大家有一些不同意见。在 80 年代的时候，我在昆明见到秦瓒先生。秦瓒先生说，当时他极力建议迁到昆明，因为他的父亲清末民初在曲靖做过府尹，相当于现在的专员，秦先生就在曲靖长大，当时是北大经济系教授。他跟我讲，他极力赞成迁到昆明。秦先生认为，他是起决定性作用的。是不是这样的情况，内幕我们就不知道了。

这样学校就迁到昆明了。我们走的时候是 1938 年 2 月 19 日，开始是坐船，小木船。从长沙湘江经过洞庭湖到益阳，从益阳开始就完全走路了——时间太久了，60 多年前了——大概从常德到桃源这一段，路线不长，是坐的船；从桃源到沅陵，是走路；从沅陵到晃县这一段，是坐的汽车。

湘西当时有土匪。湘西土匪不是一天两天的了，有人说有几百年的历史了。从沅陵到晃县，再往西，像凤凰、郴州这一带，土匪最厉害。我们走路的时候已然经过了一段。我是知道湘西土匪一向厉害的，走到那些地方，看到农村里倒不见得有土匪，房子里面是空的，没有什么人。当时土匪掌握着农民，你非加入他的组织，要不然你没法生活。土匪控制着农民，你不加入我这个点，你就没法在我这里种田。所以，土匪跟农民根本分不清楚。当时的情况很恶劣。

当时我们的旅行团团长，是张治中——当时是湖南省政府主席——派的一个中将，叫黄师岳。很多人的回忆里都不约而同地写到

湘黔滇旅行团团长黄师岳

这个人，我也写了他。我们对这位黄团长印象很好。我们大概有 280 多人，分成大队、中队、小队，按军队编制。我们都打着绑腿，张治中给了我们两套黄制服，就是军队的制服，军衣，还给了一件黑色的棉大衣——现在来讲都是棉制品了，都很高级了，没有化纤。我们完全是军队打扮。

走路，我们只是空身，带着一把雨伞、一个水壶。行李有辆卡车运，卡车天天从驻营地运到当地的宿营地。所以，我觉得不怎么艰苦，跟过去长征的时候那就不能比了。事实上，当时各地方尤其贵州、湖南、云南这三省的当地政府，对我们还是相当支持的。所以，我觉得走路不算怎么艰苦，因为我们不带行李，也没有辎重。一天也走不了太多路，大概走 30 公里。云南、贵州这一带过去没有铁路，也没有公路，大概每 60 里都会遇到一个县城，不是县城也有镇，所以一般按照这条路走，一天不算走得太多，不算太辛苦。

一方面，从前就有一条公路，从南京一直到打洛，就是所谓的京滇公路——那时候南京还叫“京”——我们是沿着这条公路走的。有公路，就是没有汽车，那时候汽车比较困难，太少了。我们一般走公路，但是有的时候要抄小路。抄小路怎么抄？又没有向导。

这里我要插一句，我们跟军队的情况不一样，我们事实上是松散的队伍。本来按军队的要求，要排着队走，黄团长最初是让这么走的。走来走去，学生有的体力好，有的体力不好，没有办法这么走——学生也许就是散漫。后来，他干脆把这个规定放宽，只要到了以后点名，住下以后第二天早晨排队点名都在，就可以自己三三五五

湘黔滇旅行团在行进途中

的，找自己比较近一点的同学或者同乡，三五个人、五六个人一起走。

我们走到那些小路，也没有人给我们做向导。我们就看电线杆子。这个玩意很好玩，一般是根据小路的走向安装电线杆子。我们就跟着电线杆子，沿着小路走。走着走着，又碰上大路了；走着走着，又看见电线杆子，又走小路；走着走着，又碰上大路了。这一段是很好的，始终没有迷路。我们一直走得很安全，没有发生什么大的事故。

我们这个团长黄师岳很好，本来给他配了一辆自行车，还配了一个勤务兵，他根本没用。他殿后，怕学生掉队。一天走30公里，大概平均一小时可以走5公里，也就走上五六个钟头。早晨，有一个人先坐汽车去打前战，弄点稻草铺起来，行李由卡车运来。我们到了以后，就把行李打开，算是宿营了。

早晨吃一顿饭，当时我们带着炊事人员，中午还打一次尖——打尖就是中间吃一顿，不是午餐。然后再走，走到晚上，到那里再吃一

旅行团途中
开饭点名

顿饭。就是这样，早晨起来吃一顿饭，中午打尖吃一顿饭，晚上再吃一顿饭。好在我们年轻，那时候二十一二岁，身体一般比较好。

那个时候物价很低，西南的物价尤其低。政府大概一天给我们四毛钱，伙食钱完全够了，衣服是张治中发的。中午还是不错的，还可以吃点点心。我觉得吃饭的质量还是很不错的，比以后联大好多了。以后到联大的情况就差了。

**访谈人：**我记得以前在资料上还看见过在湘西遇到土匪，还有一些残剩的军官，您有印象吗？

**余树声：**我有这个印象。当时只是看这些人的话，你分不清是土匪还是农民。听说中央军校的军官带着枪——中央军校撤退也是到四川，他们从湘西往四川那条路上走，在我们前面——听说土匪缴过他们的械，我们心里更着急了。但是当时我们听见这个传言，就想是真的还是假的。

我们这个团长黄师岳，是中将衔，当时是湖南省政府派来的。有人说，他跟土匪打了招呼。当时土匪的头头，好像叫陈渠珍。湖南省政府还给了他个名义，他在湘西说起来是半官半匪。有人说，黄团长跟他们打了招呼，说学生又没枪又没钱，你们抢也抢不到什么东西，请你们高抬贵手。据说有这个情况。所以，我们安然度过了湘西这个关口。

但是，沅陵到晃县这一段，更是走入湘西的腹地了。当时有人劝说还是坐车好，所以这一段我们是坐的汽车。过了晃县，就是贵州境内。贵州境内当时还算是平静的，但我们最艰苦的就是在贵州。湘西一带是一个山包一个山包的，我们可以在山包里转，不用爬上爬下

旅行团过盘江，急流险滩，非常危险

的。而云贵高原是梯地，从湖南往云南高原走的时候，贵州是要上山下山的，你一点办法没有。你想怎么样，都没有办法。所以，最艰苦的是到贵州这一段。我记得，只有贵阳到安顺，大概不到100公里，比较好走。剩下的都是山，而且是大山。我们是横穿贵州，非常难走。

到了盘江的时候，盘江那个铁桥，好像还不是日本人炸的，当时是垮掉了，水很急很急。我们这个队伍，连老师，差不多有300人。过的时候，这个船很窄很长。划船的是当地的少数民族。我们坐在船里，两个手只能扒着船帮。船要先往上划，划到一定程度，啪一下抛过来——四川叫“抛江”——总是这样子划，要不然没法直接过来。那相当危险，但总算是安全渡过了。盘江比较险要，一进云南就好了。

进入云南，就是胜境关。这个关现在公路不走了，所以你们大概都没有到那去过。这个胜境关，公路比较宽，路也比较平。天又很奇怪，不是阴天就是下雨。我们大概4月初到的云南，天马上就不一样了，又是一重天了。从胜境关进来就是平彝，现在叫富源，从平彝到昆明，几乎没有什么山，要好走得多。

**访谈人：** 贵州玉屏当地政府贴了一个告示，您有印象吗？

**余树声：** 还有点印象。玉屏当时是这样，吴鼎昌做贵州省主席，他对我们还是非常照顾的。进入贵州玉屏以后，各县对我们都还不错。到了贵阳，吴鼎昌特别招待了我们一次，给我们讲演了一次，说是我们贵州矿产很丰富，现在穷，以后总会富裕起来——还蛮有信心的。

但我印象最深的还是进到云南。云南的平彝，现在的富源，富源县县长招待我们，好像还吃了一顿饭，就在富源县政府前面那个大院里面。两边是监狱，可以看得见里面的犯人。县长讲的话我都忘了，反正是欢迎我们。

平彝（今富源）县县长亲自欢迎旅行团师生

从富源过来，沾益、曲靖都挂着国旗。这一点我们想起来实在有点惭愧，他们挂国旗来欢迎我们这些逃难到云南的。曲靖当时的房子矮得不得了，街道也相当窄，还挂起国旗来欢迎我们，我们感到很惭愧。我们到云南来，一方面来读书，一方面是逃难来了，还这样对待我们，我们非常感谢。

最后一站是大板桥，大板桥就快到昆明了。其实我们当天走到昆明是可以的，但是因为要休整一下，整理一下，第二天走的公里数不多，就到了昆明。正好可能上午 10 点左右进的城。我们从当时的拓东路状元楼进来，进来以后，从近日楼、正义路、华山西路到圆通公园。在圆通公园，我记得是当时云南省教育厅厅长龚自知来讲话。当然，我们一进东站，两位校长蒋梦麟、梅贻琦以及他们的夫人和其他老师，还有从海路来的老师、学生，都来欢迎我们。我记得还给我们

西南联大领导、师生欢迎旅行团到达昆明

一个很大的花篮，我们前面的人抬着这个花篮，抬着旗子，从拓东路绕这么一路到圆通公园，在圆通公园举行了一个隆重的、盛大的欢迎会。

**访谈人：**说说对教授的印象。

**余树声：**教授好像是另外有一个组织，不是跟我们一起走的，所以我们跟他们联系不太多。但是有几位教授，比如袁复礼教授，他是地质系的，他就跟着地质系的学生一起走；还有李继侗教授，他是生物系教授，可能还是系主任，这都是很出名的教授，他是跟着生物系的高年级学生一起走的。我们当时是一年级。

大家比较注意的，像曾昭抡先生，从前也是北大化学系系主任，有人说他走路不走小路，专走公路。他穿着长衫，踢踢趿趿的，身上泥啊土啊，但是他每天晚上必然写日记。这位先生是很有意思的，是曾国藩的后代。他是很著名的化学学者。

其他还有助教，像吴征镒当时是助教，还有几个讲师，有后来我们中文系的几个讲师。

教授，就是刚才我讲的这几位比较出名的，比如袁复礼、李继侗、闻一多。他们的精神还是可佩的，都四五十岁了。现在我们看四五十岁这个年龄好像还年轻，但是究竟体力不如我们，当时我们才二十一二岁。

**访谈人：**你们到了贵州的时候，和当地的苗民有一次联欢，还记得吗？

**余树声：**我们真正见到苗民是在贵州境内。湘西就有苗民。但事实上贵州境内的黄平这几个县，苗民是占大多数的。他们跟我们联欢，吹芦笙，还敬酒。我们这个团长很能喝酒，跟他们还是不错的。苗民跟我们的真正接触倒很少，就是联欢的时候有一些接触。因为我们是从内地去的，没有见过少数民族，所以看到他们穿的服装，感到非常惊讶，也很好奇。

比如黄平，我们看到，中午赶集那个山上，那些苗民背着东西，好多好多人聚拢起来，赶场。中国说“日中为市”，那没有办法，交通很不方便，大家早上起来走很多路，中午在这里交易以后，还有很远的路要回去。我们看见不少少数民族，多半是在赶场的时候。还有一次，我记得比较清楚，在贵州境内的关索岭，有几个人，是苗民还是其他民族，卖甘蔗。当时我们跟他们直接来往很少，联欢倒有过几次，在云南，在湖南，在贵州，都很好。

我们这个团长黄师岳，是个旧军官，他就跟大家（当地人）说，

旅行团受到当地苗族同胞的热烈欢迎，他们还跳起了芦笙舞

这些学生将来都是国家的栋梁之才。他跟各地方或者当地老百姓都宣传我们这些学生将来会很有出息，将来会为国家做一点贡献。所以，我觉得，各地方的人对我们都非常好，好像确实认为我们将来很有希望的样子。

当时考了清华跟北大这两个学校的学生，就到了临时大学。南开被日本人炸了，炸掉以后南开没有招生，结果南开中学1937年的所有高中毕业生不必考试，一律进联大。所以我们一年级南开学籍的，都是没有考就进来的。还有扬州中学，扬州中学也很出名，扬州中学毕业生可以不经考试直接进入联大。所以，我们一年级还有扬中的，跟南开的，扬中毕业的学生也算南开的学生。

## 访谈手记

《西南联大北京校友会简讯》，上面皆是校友们的亲笔文章，回忆的往事都确凿有据。因为都是圈内人在读，所以学风依旧、语气质朴，是非常珍贵的历史资料。

我就是在这份刊物上发现余树声先生的文章，从而找到他的。

在个旧市采访余树声，他神清气爽，非常健谈。在所有对湘黔滇旅行团的访谈中，他的回忆是最有格局的。对旅行团总体的描述，组队方式、食宿状况、沿途所遇、领队作用，还有教授的个人风格，都有翔实的记忆，有利于后人把握这段历史。

余树声学长还有一段回忆，也是颇可令人回味的。他说起，南开中学当年的高中毕业生不必考试可以直升临大，令原来在北平考入北大、清华的学子们甚感不快，这也形象地描绘出了长沙临时大学仓促组成后的状况。这是三所风格不一、构成有别的大学，今后如何联合，问题已经出现。

到昆明后，这种临时状况有了长远的规划，问题妥善地处理了。从北平过来的北大、清华学生，依然领取北大、清华的文凭；在西南联大统考后入学的学生，统一发放西南联大文凭；令余树声他们不快的那些南开直升生，领取的则是南开大学的文凭——大家不过是混合课堂，一起上课而已。

这就是当年的名校做派，值得今天借鉴。

郑林庆（1917—2012）

摩擦学家。归国华侨，祖籍广东。1941 年毕业于西南联大机械工程学系。

张履芳（1925—　）

郑林庆夫人。湖北黄陂人。1943 年入西南联大化学系，1948 年毕业于清华大学化学系。

访谈时间：2000 年 9 月

访谈地点：北京，清华大学校园

**访谈人：**郑老师，您是我们国家的机械摩擦学方面的专家。

**郑林庆：**算不上。

**访谈人：**您是西南联大哪一级哪个系的？

**郑林庆：**我是 1936 年在这儿（北平）考上清华的，一年级在这儿（北平）学的。1937 年抗战，我还在北平耽误了一年，1938 年 6 月到的昆明。我们那个班从 1937 年抗战以后就到了长沙，到长沙不久，日本就打到长沙了，一把大火就把长沙给烧了。烧了之后，同学们就从长沙步行到昆明。

**访谈人：**您是怎么去的昆明？

**郑林庆：**他们到了昆明之后，我从北平到天津坐船到香港，从越南海防坐小铁路车到昆明。

**访谈人：**追着去了。

**郑林庆：**对，追着去了。到了以后，他们正在大考。同学说：你就直接考，准及格，准能跟班。我说：不行，什么都不学，那是瞎捣乱。我就没有跟着那个班，就"蹲"了一年，1941 年毕业。

**访谈人：**您现在从事这个行业，有这么大成就，您觉得和联大时期的教育有关系吗？

**郑林庆：**那当然，跟教育当然有关系。跟清华教育有关系，跟西南联大也有关系。

**访谈人：**它是一脉相承的。后来您也从事教学了，也开始育人，您能不能结合谈一谈，您自己在联大得益最多的教学的特点。

**郑林庆：**各方面受教育，真是很多教益。特别是老师的身教言教，很有感触，包括治学，老师随便在黑板上板书的时候，他不说话，对你都有影响。

比如，有一道题应该怎么做，先不给学生讲，让你们想，老师也在那里想。看了半天，画了一条线，这条线一画下来，问题立刻就清楚了。你就跟着他想，虽然他不告诉你怎么想，他想出那条线，你立刻就觉悟到：我就没想到画这根线，他为什么能想到？几分钟的时间，那是几堂课都教不出来的东西。好多这类的事情，很能使你深思。

**访谈人：**就是他先让学生自己进入一种思考。

**郑林庆：**现在教学也赶时间，一天限定你必须教多少。一个钟头，塞满了，很快地讲，当然也把它讲明白了，可是，你的想法没有讲清楚。

**访谈人：**没有给学生一种空间，让他独立思考。老师应该给学生时间，培养他的思路。

**郑林庆：**对。培养思路，不是你写多少字能够教得出来的。

**访谈人：**先停下来，让学生自己想。咱们现在的教学不讲停下来，总是没完没了地灌输知识。还有其他的吗？

**郑林庆：**很多的。我们学机械的，有个老师叫刘仙洲，从前是清华大学的第一副校长，也是我们那时候机械系的老师。他这一生为人清白，而且治学很严格。他不仅在学问方面，在德育方面对我们的影响也很大。

1990 年，他过 100 岁生日的时候，我们同学碰一起，大家开玩笑说：刘先生那么好，有没有缺点？我们想了半天，说刘老有一个缺点。什么缺点？没有教过我们走后门，我们不会走。就是说，我们的老师都很正直，绝不会教你邪门歪道的东西。

刘仙洲先生

所以，我们这一生做什么事也都很认真。也许现在的人看你，觉得你太傻了，可是我们觉得，这是很重要的教学内容。现在所谓的素质教育，是不是指这方面？我估计应当包括这方面的内容。

别的系的老师，对你也有影响。演讲可以随便听，听也可以，不听也可以。你经过了去听两句，对你也有影响。

**访谈人：**听过些什么演讲？您还记得的。

**郑林庆：**听过闻一多、李公朴他们的演讲。有几次听课，他（闻一多）在课程里面随便讲一点对时局的感触——那时候教课不是那么严格，他讲课讲到一定的时候，就想起来最近发生的事情——他说一两句话，对你的影响就很大。

**访谈人：**当年从清华到联大都有这个教学传统。

**郑林庆：**即使不是必修的，很多东西互相之间影响还是很多的，会渗透。

**访谈人：**您选的什么课？

**郑林庆：**我那时候“强迫”选的经济学。不过，经济学还是有很多好处的。有一件事，我到现在记得还很清楚，它说“劣币驱逐良币”。就是说，在经济市场上坏钱用得多，好钱反倒不用了。好票子到你那里，你看挺好的收起来了，坏票子死乞白赖花，结果市面上传的都是坏票子，好票子都在兜里揣着。良票不流通，坏票、劣票反倒流通。这个我印象很深，经常看到那些破票太多了。这是不知不觉的。很多事情也属于这类，坏事往往反倒流通，好事不碍事。

**访谈人：**那时候是“强迫”学的。

**郑林庆：**要你必修你就修。即便是那样，你也受益不小。经济学还是有用的。

我们学的机械，实际是个应用课程。我们机械应用课，实际是造机器的。机器就有市场，设计的时候不考虑市场问题，设计也是白设计，卖不出去也不行，所以这些东西都是有联系的。

我们教学生往往会点到这种情况，让他注意到这一点。我随便举一点例子就行了，一点他就懂了。

**访谈人：**您是学机械的，当时联大有什么设备？你们是不是很困难？

**郑林庆：**我原来学的是物理，到了昆明之后，就转到机械系。为什么我要转机械系？因为物理系的设备全没带出来，丢的丢，剩下的都放在北平了。而机械系很多设备都运来了，先运到四川，后运到昆明。

我这个人，学物理，当初也没有选对就是了，我还是喜欢它应用那部分。所以，我选了机械系，我觉得我倒是选对了。我学物理肯定不见得能参与什么“两弹一星”——“一星”我能碰得上，“两弹”我“弹”不了。

**访谈人：**当年清华，能够把这些器材弄出来，比较有预见性。不仅保护了器材，而且保护了你们这批人才，你们在那个专业里才有那些器材可以用，这很了不起。

**郑林庆：**后来我在教学的时候也遇到过类似的问题。我是学机械制造的，就是做机械了。我 1941 年毕业，1947 年从美国回来，1948 年回学校，我的老师把我叫回来了。正巧我那个系主任，叫我回来的那位李老师，他病了，所以他把他自己的课交给我教，就是后来我教的机械设计。

我教机械设计很认真，学校把我们培养得就是很认真。我觉得机械设计，要是做不出来，那不就是废纸一张吗？所以我教机械设计的时候注意两个问题：一个问题就是学生画图纸的时候，一定让他想着这个零件怎么做出来。上车床，截材料……你想过这个过程的话，在注尺寸的时候，就从头到尾顺着这个过程注。这些材料用多大，你把尺寸注下来，然后上车床打“顶尖眼”（车工术语），一步一步，用什么样的刀子，用多快的速度，用什么“进给”（车工术语）完成这个工序，然后怎么倒头完成另外一个工序。

注尺寸不是随便注，都要按照操作的过程来做。你要做一个箱体，它的铸件要考虑怎么做模子，怎么翻砂，到最后倒出来零件，这个箱体又怎么上车床加工，一个一个，一步一步，把你所需要的尺寸，按顺序注完。

**访谈人：**您的这个教学方法和这种思路是否跟西南联大当时的教学有关系？

**郑林庆：**比那时有进步，那时候教得没有那么详细。你画个图，把尺寸注全就行了。可是注全尺寸，注的不一定都是你所要的尺寸。不然，师傅做到一定的时候得加加减减得出那个尺寸，还不如你直接注在图纸上，他一看图就知道怎么做了。哪个更实用？当然后者更实用了。

**访谈人：**当时您在联大学机械的时候，自然有一些器材用起来，但是我想还是有很多困难，毕竟是抗战时代。您能跟我们说说，当时在联大是怎样艰苦学习的吗？老师是怎样教你们的？

**郑林庆：**艰苦，大家说的都一样，一天到晚飞机炸。西南联大我念了三年，大概两年是逃警报。最厉害的时候，早晨4点起来，7点半就逃警报了。好容易逃出去，飞机就来了。跑的时候，每个人发两个馒头，一个云南的大头菜——现在的大头菜挺好吃，有玫瑰香。那时候啃着馒头，嚼着咸菜，没事就玩桥牌。所以，我们桥牌都挺熟的，那也是一个“选课”。

**访谈人：**老跑的话，课程不是耽误了很多？

**郑林庆：**晚上上学。四五点钟太阳该落了，飞机又走了，回学校就开始上课了。吃一顿晚饭半个钟头，剩下的时间上课，一直上到开灯，八九点钟。

**访谈人：**就是说当天的课不能误。

**郑林庆：**都没误，一个也没误。我们拿着算纸，跑到郊外。算题的话，就趴在那儿，自己的棉大衣铺在地下，就写再算。

**访谈人：**跑着跑着散了，老师也不见了，谁来教？

**郑林庆：**做习题还要老师教，那还行吗？这些题老师已经在课堂上说过了，你怎么做，那是八仙过海，看你的本事，你就做你的好了。

**访谈人：**逃警报的时候就是自己做做作业、自习，或者打打牌。

**郑林庆：**这些都是挺罗曼蒂克的，挺有意思的。现在大家回忆起来，不是苦而是乐。

至于我怎么搞摩擦学的——刚才讲了机械设计课，要注意的一个问题是能做得出来；第二个，光能做出来还不行，它得有一种性能的要求。一个零件做出来，得用得好。怎么叫用得好？我举个例子。任何零件接触之后都可能有相对运动，像一根轴在一个轴套里面，轴一转就跟轴套摩擦了。这个相对摩擦，就有不同的要求。如果希望摩擦越小越好，用什么办法？浇油进去，它就滑了，摩擦就小了。可是有的零件要求相反，它要求大摩擦。有没有这种零件？刹车不就是吗？自行车刹车，你希望它摩擦很大，能把车停住。要是刹不住，那完了，撞人了，撞汽车了。不同的配合，不同的要求，类似这样的性能要求很多。

**访谈人：**您选择机械摩擦学是从什么时候开始的？

**郑林庆：**机械摩擦学早就有，教学以前就知道有摩擦，不过知道得不深。我们做老师总是要问个为什么，比较认真。有的是利用摩擦，或者是减少摩擦，为什么是这样，大家理解都不深。所以我就琢磨，这个东西有学问，应当想法去解决这个问题。

作为一个研究，其实不是从我开始，国外早就有。回国之后，我就琢磨这个东西，就是加点油减摩擦，或者是用点什么添加剂让它摩擦大一点，这都是经验的说法，道理讲得不深。

**访谈人：**郑老师是哪一年去国外的？

**郑林庆：**1945 年。我到了美国，正好抗战胜利。去美国的路上挺辛苦的，从昆明飞到印度，从印度洋、红海到地中海，从大西洋到美国，正好走的是地球的另外四分之三，那四分之一在太平洋里没走，是那么过去的。

**访谈人：**在哪个大学？

**郑林庆：**我没上大学，就到工厂里。我们做机械制造，当然到工厂里比到大学里更现实一些。

**访谈人：**怪不得您有这样的思路，而且最后找到了您的事业方向。

**郑林庆：**这也是整个历史，它就是这样的过程。

**访谈人：**郑老师，您的籍贯是哪儿？

**郑林庆：**你猜我是哪儿的。

**访谈人：**我看您……

**郑林庆：**你问我祖籍是哪儿，我是广东。问我出生在哪儿，你猜遍这三十几个省、自治区、直辖市都猜不到。我是华侨。我祖父是日本华侨，我父亲是朝鲜华侨，我出生在朝鲜。出生的地方，也很怪，是什么地方？就是当年美军登陆的那个仁川。

**访谈人：**那您哪年回到国内？

**郑林庆：**很快，我父亲从仁川搬到汉城（今韩国首尔）。我不到 4 岁就到了丹东。1927 年，从丹东到沈阳。1931 年，九一八事变。

1937年，日本又打到北平，我又从北平逃到昆明。所以，我接待日本朋友的时候，他问我1941年的时候在什么地方，我说在昆明，我原来在北平。他问：你为什么跑到那去？我说：我躲避侵略。我一说他就傻了，不敢再跟我聊了。我恨他，你知道吗？我不恨他才怪。那是有任务，不敢骂他。但没法不恨他。

**访谈人：** 您和整个家庭也是饱受流亡之苦。

**郑林庆：** 对。我们这一代都是这样。我们从北平跑到昆明上学，还有从北平逃亡之后跑到解放区去参加抗战，都是受日本人的影响。

**访谈人：** 受日本人的压迫。

**郑林庆：** 侵略。压迫咱暂时不说，侵略总是侵略，很现实的问题，躲避不了的。逃警报也是因为日本人侵略。

**访谈人：** 在云南昆明，有什么您觉得比较难忘的事吗？

**郑林庆：** 我老婆是在昆明娶的。她不是云南人，也是同学，联大的。当时我是老师。

**访谈人：** 我发现西南联大夫妻特别多，而且联大时候的朋友、夫妻都特别牢靠。

**郑林庆：** 人总是这样的，总是有共同语言，才能够结为比较牢固的家庭。

**访谈人：** 老伴是哪级的？

**郑林庆：** 她是武汉汉口人，学化学的。她是1948届的，我是1941届的，我比她大7岁（届）。她跟我不是同一个专业。

世界上、宇宙上、社会上实际的问题，往往是跨学科的，很少是单一学科的。吃口饭，不光是物理上吃饭的问题，还包括饭的营养等好多问题。各个方面的问题都有，单纯的问题很少，可是我们学校教学往往是单学科的。

我觉得，搞摩擦学，不容易在学校里被人认识，就是因为它是个跨学科的问题。摩擦学，增加摩擦、减少摩擦，两个相对表面磨损很多还是很少，这些问题的措施，不是单一学科能解决的。

**访谈人：**实际上，边缘学科是世界潮流。只有这种边缘和渗透，才能解决实际的问题。

**郑林庆：**我们摩擦学就是多学科。它是个力学问题，又是个化学问题，什么都有。所以，学校教学这方面最难。我觉得，要真正使工程能解决实际问题，学校应当教会学生单一学科，又要教会他单一学科没教过的东西，自己能够很有效地把它联系起来。而且有时候，跨的那个学科的问题，比你本学科的问题要求得更深入。这时候就看你有没有这个本事，有这个本事我们就受益无穷，出去之后就应付自如。

**访谈人：**事实上，社会上和生产上的问题都是跨着的。如果他不懂得书上的单元是为了研究分开的，而不是事物本身，他就白学了。

**郑林庆：**学校当然必须是按单一学科教，因为时间有限，可是它不能光教单一学科，还要教学生有本事去跨学科。

**访谈人：**所以学校教材是分析性质的，而事情都是综合在一起的。

**郑林庆：**这方面的教育，我们现在还是注意不够，应当注意。

**访谈人：**现在反而以为分开的条目是天经地义的，综合好像是奇怪的。实际上，综合是事物的真相。

（对张履芳）您能给我们介绍一下您的情况吗？

**张履芳**：我姓张。我也是联大的，学化学的。我是1943年重庆南开中学毕业之后考到西南联大的。

**访谈人**：您能跟我说说当时联大的风气吗？你们女同学爱好什么，追求什么？和现在那些大学生有什么差别吗？

**张履芳**：这个我没好好想过。那个时候主要的还是学习，但是一上联大就觉得很特殊。我们在南开中学管得很严，学习也抓得很紧。一个校园，男生是一边，女生是一边，只有星期一全校大会才在一块，其他时间都不许来往。可是一到联大，全放开了，非常自由，没有人管，什么都放松，当时觉得很新鲜。还有就是一些我们在中学时常常没想到的问题，比如说墙报，民主墙，有一些自由的气氛，大家各抒己见，这些在中学都是没有的。所以，考虑问题当然多一些，但还没有很深入。

**访谈人**：那些女同学有没有打扮、修饰？

**张履芳**：大多数女同学都很少修饰，个别的有。大部分都比较朴素，没有工夫打扮。学生都靠贷金来过，交饭费都是贷金。实际上，这个贷金就是政府借给你的，那个时候是白借的。

**访谈人**：您靠什么上学？

**张履芳**：我们就是靠贷金，我们的零花钱都是自己做家教赚来的。我教过比较有钱的人家的孩子。一个星期去一次，教一个小时，或两次，几块钱零花钱就有了。

**访谈人**：那个时候的女性很朴素。她们追求什么？

**张履芳**：那个时候的追求很简单，怎么学习好。在学校里有一些政治斗争，只是了解一些，但是很不深入。

**访谈人**：你们学好了想干什么？

**张履芳**：自己有一个很好的职业。

**访谈人**：成为一个独立的职业女性？

**张履芳**：对，还是这些想得多。

**访谈人**：当时联大一般的女同学，最主要的还是有这种自立意识，都不想去当有钱人的太太。

**张履芳**：那个很少。

**访谈人**：还有一个，就是你们选择对象的标准，比如您怎么看上郑老师的？

**张履芳**：都是同学，同学跟同学就总有来往。

**访谈人**：然后给您介绍？

**张履芳**：不用介绍。大家在一起就熟了。他是很努力很朴实的老师，一心在自己的工作上。

**访谈人**：喜欢这样的人。

**张履芳**：对。我们那个时候还是很拘谨的。十几岁、二十多一点的男女同学，大家在一起谈一谈文学。

**访谈人**：您怎么觉着他要追您的？

**张履芳**：我们老在一起玩，还有别的人，都在一起。周末大家都一起出去玩，慢慢就熟了。

**郑林庆**：1943 年她来，我第一个就认识她。后来我 1947 年回来，她已经从昆明复员。那么多年，她知道我一定就要跟她在一起的。她自己会领会的。

**张履芳：**那时候关系已经比较确定了。我的好朋友的哥哥，是他们老师，他同屋。她说你陪着我去找我哥哥，就一起去了。那个时候看电影，逛翠湖。

**郑林庆：**我是工学院的，在拓东路，很远的。我跑马拉松跑到那里。她也明白：你跑马拉松干什么，不就是追我吗？她自然会明白的。

**访谈人：**你们不断地散步聊天，然后看看电影。

**张履芳：**没有那么长时间老在一起，还要念书的。每个人都忙着上课、考试。

**郑林庆：**我离得很远，拓东路到大西门，走路得走快要一个钟头，半个钟头。

**张履芳：**当时我们化学系都是平房，很简陋的，前面就是土地。系主任就在那里种了很多花，非常漂亮。男女学生走过那里，都很喜欢。结果有一天晚上，那些花就丢了一些。他到哪儿找呢？到女生宿舍找。

女生宿舍的房子很破，门是木头门。拉上之后，拿一个锁锁上，一推这么大一个缝。他看屋里有没有他的花，有就记下来这个号码，然后就找这个女同学问：你的花是从哪儿来的，谁送给你的？

**访谈人：**消息就套出来了。后来呢？

**张履芳：**后来要找男同学，找到得批评。怎么赔？没钱。后来就不知道了。老师也挺聪明的。

**访谈人：**他知道人家是去表达爱情去了。

## 访谈手记

郑林庆出生在一个华侨家庭。

他 1936 年考上清华，一年级在北平上学。1937 年全面抗战，在北平耽误了一年，1938 年 6 月来到昆明。

因为生病，他晚到昆明。本来可以通过考试“跟班”，但郑林庆选择了“蹲班”，留一级。这个华侨学生从一开始，就很珍惜他的学习机会。

“我原来学的是物理，到了昆明之后，就转到机械系。为什么我要转机械系？因为物理系的设备全没带出来，丢的丢，剩下的都放在北平了。而机械系很多设备都运来了，先运到四川，后运到昆明。”

当年同样原因转机械系的学生很多，因此后来清华出了不少工程院院士。

当我们前进的时候，摩擦力是妨碍我们的，但当我们需要停止的时候，或者要控制、降低速度时，摩擦力是我们依靠的帮手。

这就是科学家的思维。世界上没有纯粹反面的东西，每个事物都有它的另一面，令你讨厌的东西也会让你受益。

当科学家谈论他的专业时，常会给人哲学的启示。这是西南联大通才教育理念培养出来的学者的特征。他们具备开放的思维，可以达到一种哲学的高度。

“我们的老师都很正直，绝不会教你邪门歪道的东西。所以，我们这一生做什么事也都很认真。也许现在的人看你，觉得你太傻了，可是我们觉得，这是很重要的教学内容。现在所谓的素质教育……应当包括这方面的内容。”

采访在清华大学的草坪上进行，背景是那块石碑：“西山苍苍，东海茫茫”，引来了许多清华学生围观。

郑林庆说，跑警报时，他们也不都在做作业，没事也打桥牌，所以桥牌水平很高，也成了一种“选课”。

提起来西南联大时期的艰苦，郑林庆讲得不多，他说“大家说的都一样”，回忆起来，反而是“挺罗曼蒂克的，挺有意思的……不是苦而是乐”。

那时老师在黑板上画的一条线，经过别人的课堂时听到的一两句话，哪怕是被迫选的经济学的课上讲的“劣币驱逐良币”的理论，都会对他产生影响，让他记忆犹新。他善于吸收，也善于转化为自己的思考。

他的理论来自实践，来自一张张机械设计、一个个元件制造。他出国学习也不是在高等学府，而是在辛辛那提机床厂、福特汽车厂等地。

正是这种超前的应用意识和跨学科思维，使他在机械设计与摩擦学专业方面做出了卓越的贡献。

李佩（1917—2017）

语言学家。郭永怀夫人。江苏镇江人。1941 年毕业于西南联大经济学系。

访谈时间：2001 年 5 月

访谈地点：北京，中关村，李寓

**访谈人**：郭永怀先生是“两弹一星”的功臣。作为他的妻子，您先给我们讲一讲他过世的过程。

**李　佩**：我们是1956年回国的，从美国回来。在回国之前，他在康奈尔大学教书教了十年。我们1948年结婚，后来我就在那边住家，在那边工作。

我们回来之后，因为钱学森的邀请，他立刻到中国科学院力学研究所工作。他做了没有几年，好像是从1960年起，我记得那个时候，钱三强好几次到我们家，后来老郭就经常出差，问他到哪儿，他从来也不提。他也不要我给他准备什么，说走就走了。他就说：我明天要走了，出差了。他自己收拾一点东西，第二天就走了。所以一直好多年，他出差到哪儿，我根本不知道。

那个时候，有一个车每天早上来接他，以后我才慢慢清楚。跟他

郭永怀与李佩

一块搭车的，有住这个院的王淦昌，可能彭桓武也是一个。后来他们告诉我，好像邓稼先几个人也一块坐这个车子。我知道彭桓武跟王淦昌都住在我们这个院里。那个时候，差不多所有的高级研究员都集中在我们北边宿舍区。邓稼先住在哪儿，我就不太清楚了。不过，我后来听司机说，邓稼先也经常是跟他们一块去上班。

那个时候他担任了两部分工作。一个是新去的，当时叫二机部九院，后来叫核工业部，至于他干些什么，我一点也不清楚。就连二机部九院这个名字，我都是后来才知道的。一直到比较晚了，差不多第一颗原子弹爆炸的前夕，我才大概了解了一点他老出差是去干什么，还是那个司机说给我们的。经常拉他们出门的司机，后来就变成了我们家的朋友。

他飞机失事这个事情，是在“文化大革命”运动当中。我记得确切的日子是 1968 年 12 月 5 日。本来他已经来过一个电话，说他 5 日要回来。但是搭什么飞机，什么时候到，我确实不知道。那天我等了一个晚上，也没见他的影子。到了第二天晚上，一大串人来我们家，告诉我这个不幸的消息。他们当时就准备着怎么安排悼念的活动。这时候，主要到我这里来的，还是那个司机，他经常帮着做一些事务性的事情。那个时候，我的女儿还在吉林白城里插队。后来就把她给叫回来了。事情完了之后，她又回去了。

他（郭永怀）来往一般总是坐飞机，因为他觉得这样可以省时间。他有很多研究工作，常常是他在力学所的那些学生帮他做一些。他在西北的任务，很多都是给了他在这边的学生跟他的助手做。但是，他们（学生、助手）也都不太清楚，他们做的这个课题到底是解决什么问题，解决的这个问题到底用在什么地方。当时他们都不清楚。有很多事情都是等到后来，我们才慢慢地见到。比如说“两弹一星”的研究成果出来之后，宇航界包括卫星的这些科研成果出来之后，大家才比较明白，当初做的那一点工作原来是给用到哪一部分去了。

其实他们经常出差。那时候聂总（聂荣臻）就跟他们说过，叫他们不要坐飞机，坐火车比较稳妥。那时候，像王淦昌他们，多半出差的时候都愿意坐火车，不坐飞机。可是老郭觉得，他自己是研究空气动力学的，他的专业就是航空工程，研究航空工程的人都不提倡坐飞机，那谁还敢坐飞机？

后来我们回忆起这些事的时候，心里都觉得非常惋惜。大家谈到郭永怀就觉得，如果他没有在那次失事中丧生，那么他在宇航界还可以有很多成绩出来。但是，他自己好像一直有这个信念，就觉得他自己是研究航空工业的，他就应该提倡发展我们国家的宇航事业，同时也提倡大家坐飞机，这样的话我们的航空工业才能够发展。

我们在昆明读书的时候就已经认识了。但那个时候只是互相知道，他知道我是谁，我知道他是谁，因为我们的专业距离太远了。他是物理系的，他原来在北大物理系是做饶毓泰的研究生。1938 年的时候，他到昆明去，就在昆明（联大）的物理系做助教。那时候，好像他也在跟周培源先生研究湍流这些方面。后来有些物理系的人还知道他，我想就是因为他在西南联大的那段经历。

到 1939 年，他参加了庚款留英的考试。当年我们国家考公费出国的，比如美国庚款跟英国庚款——庚款，你们应该知道，八国联军打到北京之后，我们又赔款又割地，都是慈禧太后干的这些事情。这些事虽然时隔多年，可是提起来大家都一定还记忆犹新。“美庚款”，我们国家也出去不少人。那个时候“美庚款”除了办清华大学之外，也每年送一批学生到美国去留学，钱学森好像就是“美庚款”出去的。

1939 年，刚好是“英庚款”又在考一批留学生。那个时候他们有三个人，一个是钱伟长，一个是林家翘，他们跟郭永怀三个人同时都考了航空——我不知道当时是不是就叫“航空工程”这个科目。本来每一个科目只取一个人，后来因为他们仨考的成绩都非常好，因此负责国内考试的，我记得有周培源，还有谁我就不太清楚了，他们就决定这三个人都得取上。所以他们仨都是因为“英庚款”到了国外。

1939 年夏天，欧洲的战争已经开始，他们这批人就没能够到英国。那年年底，也许是 1940 年年初，他们这批人，就是当年“英庚款”这批人，好像有二十几个人，就给送到加拿大去了。所以，郭永怀的硕士学位是加拿大多伦多大学的。

到了 1941 年，他们了解到，对于庚款的学生，如果加拿大没有他们所要学的学科，可以转到美国去，这个庚款可以跟着他们一块过去。他跟林家翘两个人，因为他们后来主要的工作是在空气动力学还有流体力学这方面，所以他们就转到了加州理工学院。那个时候钱学森已经拿了学位，在那里帮着他们的导师 Theodore von Kármán ——我们叫他冯·卡门，他们就是跟着冯·卡门进修。他们在读书的时候，钱学森已经在那里做助教了。所以，他们也都听过钱学森的课。他好像是在 1945 年念完博士学位，1945 年到 1946 年的一段时间，他就留在加州理工学院做研究工作。

就在那个时候，冯·卡门的另外一个大弟子，叫 William Sears ——

我们常常翻译成西尔斯，西尔斯就答应了康奈尔大学，在美国东部纽约州为康奈尔大学办一个航空工程研究院，培养研究生的研究生院。他把郭永怀约到那边去教书。所以，1946 年的夏天，他就到美国的东部，到了伊萨卡——康奈尔大学的所在地。

我是 1947 年 2 月到康奈尔大学去读书的。我原来在国内念经济系，后来到那边，在工业与劳工关系学院选的课程，现在看起来就是工业管理这方面。

他在那边一直教书，教了十年。在教了七年的时候，我们本来应该有一个假期——美国大学一般都有这个假期，七年可以休假。一般的学校都是要求你有半年在本校做一些研究工作，另外半年你愿意到哪儿去做研究或者是进修都可以。本来他的英国同行约他到英国去，但是我们没有去成，因为那个时候美国政府已经限制中国人，不许随便离开美国的国境。

你们也许听说过钱学森被美国政府扣押过一段时间，这个事情发

郭永怀与李佩

生在 1950 年。他从 1951 年一直到离开美国的 1955 年，在被用保证金赎回来之后，在家里行动还是很不自由的。我忘记是每年还是每一个月，他都得去跟移民局报道，就是表示我还在这没动。他从被关押的地方回来之后，就恢复了在加州理工学院空气动力推进实验室的职务，他仍旧做这个实验室的主任。现在这个空气动力实验室在加州理工学院基本上做的是国防方面的研究。我记得前几年，我们有些搞宇航事业的学者到美国去访问，想要去参观这个实验室，他们根本就不让去。当然，这几年也许关系好一些了，可能会比较好一点。

总之，因为我们不能去英国，钱学森就说：你干脆到我这来，我们合作一点研究的项目。所以，1954 年的时候，我们就到了加州理工学院，地点就是在洛杉矶。当时我们就谈到了一旦有机会就回国这个事情。当然，钱学森很希望老郭能跟他一块回来。1954 年，周总理跟美国人在日内瓦有一个大使级的会议，这是周总理建议的会议。在一次会上，周总理就点名说你们（美国）得放我们的学者回来。美国政府那次就同意了。我听说是还有什么交换条件，我现在不太清楚了，因为隔的时间太久了。钱学森就是在 1955 年的夏天回到了国内。我说夏天，是因为（美国）每一个学校的学期大概都是从 7 月份结束，跟我们这边也差不多。等他们回到国内的时候，大概也都到 9 月 10 月了。①

在我们回国的那些年，飞机还不那么容易坐，根本没有从美国

① 经过不懈努力，1955 年 8 月 4 日，钱学森接到美国移民局通知，被允许回国。他立即购买了回国的船票。同年 9 月 17 日，钱学森一家坐船离开美国，10 月 8 日回到祖国怀抱。

直接到中国的飞机，就连直接到香港的飞机大概都没有，我们都得坐海船，大概总得有半个月的时间在海上。而且还不能直接到天津、上海或者北京，因为那个时候我们两个国家没有外交关系。所以，像我们回来，包括像钱学森他们回来，都要经过香港，而且香港也不让上岸。我估计他们跟我们差不多是同样的情况，虽然我们比他们晚了一年。

我们回来的时候，美国的海船就把我们放在香港的一个口岸，然后有渡船把我们送到九龙，我们就直接从九龙坐火车到了咱们国家的边境。我们事先都是跟香港与我们这边有关系的中国旅行社联系好的，所以我们一到九龙，他们就把我们接过去了。他们送我们过了边境，然后这边有人接我们。当时，我们来往都是很不方便的，就是这样一个情况。

**访谈人**：您刚才用很平静的语调叙述了这个过程：听了钱先

钱学森夫妇、郭永怀夫妇等

生的建议，很自然地就想要回国。我想您和郭老师肯定也是经过非常周密、周全的思考之后才做的决定。您肯定也知道当时国内的状况，很落后，刚刚打完仗，要重建这些科学的设施，工作待遇、生活待遇等方面肯定跟国外不能相比。何况郭老师已经主持了世界著名的研究室，舍弃这些在学术上恐怕也会有损失。你们是怎样考虑的？

**李　佩**：我一直是念社会科学的，而且我当年离开西南联大之后，也在重庆工作过，所以，对当时国内一般的社会情况，我想我了解得比他要多一些。他出国比我早，而且他们念自然科学的人工作又非常忙，不像我似的，我因为经常钻到图书馆里面看国内外的报纸，所以对国内的情况本来就有所了解。再加上我经常跟踪着国内的情况，我觉得，很自然地，我们想的就是要回国。

我们这一代人，跟现在向往出国学习的年轻人的一个主要不同就是，我们那个时候出国就是为了回国，不管国内的情况怎么样。我们觉得，我们总是要为自己的国家工作，要来建设自己的国家。当然，我们回来的时候，国内的政治情况有了很大的改变，而且这些都是我们一直所向往的。我现在说话的情绪非常平静，因为我觉得很自然，我们就是该回国的。

## 访谈手记

在中关村采访李佩，她家中布置了很多塑料花和流苏。看得出，她很爱美。

她和我们讲了很多在联大演戏的事情，她与梅贻琦的女儿梅祖彤同台。

联大发煤油箱子给女生宿舍使用，并被外媒报道为“煤油箱子大学”的事情，我是从她这儿第一次听说的。

出国留学后，她与郭永怀相逢在去图书馆的路上，后来结合，并携女儿举家归国。

可惜，因视频转录中的技术问题，部分访谈内容没有保存下来。

在采访前一天的电话中，我告知她采访提纲，以郭永怀为主线。然而，关于郭永怀壮烈殉国的前后事，她谈得不多。

有了网络，我才知道，李佩也是非常活跃而且能言的人。她曾于1945年参加第一届国际民主妇女联合会；还曾在李政道的中美联合招考物理研究生项目（CUSPEA）中负责英语考核工作；在我国的外语教学与研究方面，也做出了自己的贡献。

# 第三部分

# 在昆明联合招生的学生

西南联大在昆明挂牌后，进行联合招生。

从这批学生开始，自西南联大毕业的皆领取西南联大的文凭。

这一时期是西南联大教书育人的平稳阶段，校园安定，师生和谐，教学专注，出了不少人才。

这一批人的主流是“学成报国”。试举其中的典型人物：

杨振宁：清华子弟，随父亲任教举家迁往昆明。本科和硕士均毕业于西南联大。抗战胜利后去美国留学。后与西南联大校友李政道合作，获诺贝尔物理学奖。

王希季：云南大理白族人，出身小商人家庭。后成为中国“两弹一星”功臣，被誉为中国的“火箭之父”。

郝诒纯：代表当时从北平南下的一批进步学生，“一二·九”运动的骨干。她自中学时代就参加地下党的活动，是昆明西南联大校园内的活跃人物，篮球队长，群社骨干，还连任学生会主席。师承袁复礼，最终成为卓有贡献的地质学家。

李曦沐（李晓）：东北流亡青年，受共产党影响，起草《国是宣言》。后为国家测绘局局长。

梅祖彦：清华子弟，随家庭南迁到昆明，因参军没有获得西南联大毕业文凭。

杨振宁（1922— ）

理论物理学家。安徽合肥人。1942 年毕业于西南联大物理学系，1944 年西南联大（清华大学研究院）物理学部研究生毕业。1994 年当选为中国科学院外籍院士。2017 年转为中国科学院院士。

访谈时间：2001 年 10 月

访谈地点：北京，清华大学

**访谈人：**请您谈谈西南联大的办学情况。

**杨振宁：**当时学校、老师跟同学都非常希望把学校办好，老师好好教学，学生好好念书。虽然物质条件非常艰苦，但大家的精神，绝对是往第一流的方向努力走。

不过，这不是所有的道理，因为抗战的时候还有很多别的大学，跟西南联大相当像的还有好几个。它们的成绩没有西南联大的成绩这么好，原因其实很简单，因为西南联大集合了三个有名的学校，有非常好的老师——与这个有关系，可是也不完全是这个。当时全国最好的学生都想进西南联大。这几件事加起来，我想是西南联大特别成功的一个道理。

事实上，西南联大的成功不只是在中国大家知道，外国也有人注意到了。有一位弗吉尼亚大学的教授，叫 John Israel（易社强），他花了十几年的工夫，到云南去过好几次，写了一本书，这本书也出版好几年了，名字就叫 *Lianda: A Chinese University in War and Revolution*（《战争与革命中的西南联大》），用英文写的，也许你们看见过这书。

西南联大当时是一个很小的学校，一般的学生不到 1500 人[①]，可是有这么好的成绩，对战后世界学术界、中国学术界、中国后来的建设都有巨大影响。当时的房子是非常简陋的，当时的实验设备也很差，所以这些都不是西南联大成功的要素。成功的要素，一个是精神——所有的人的精神；一个是有很好的师资；一个是有很好的学

---

① 据《国立西南联合大学校史》，长沙临时大学有学生 1500 人；西南联大前后在校学生约 8000 人，毕业的本科生、专科生和硕士研究生共 3800 多人。

生。我想这些是主要的原因。

**访谈人：** 联大对您的人生定向、事业定位、治学态度和方法有什么影响？您可以从学生到学者这个道路，给我们讲一讲。

**杨振宁：** 我在西南联大，前后六年。我先念了四年，得了一个学士学位，又念了两年，得了一个硕士学位。这六年对我后来的学术工作有决定性的影响，我再三谈过这一点。

西南联大老师中有学问的人很多，他们教书的态度也非常认真。一般来讲，当时中国大学的教授，不只是西南联大，浙大、中央大学、华西大学，这些学校的教师对教学的态度都很认真，比起美国今天最好的大学的老师教本科生的态度，平均来讲要好。结果是，一个好的学生可以学到很多东西，学到很瓷实的知识，学到很深入的知

國立西南聯合大學
正式生

杨振宁在西南联大的学生履历片

识，学到很宽广的知识。

一个非常好的例子就是，量子力学（一），我是跟王竹溪教授念的。王先生在院系调整以后成为北大的教授。他1983年去世以前曾经做过好多年北大副校长。他教量子力学，我念了一学期。当时的笔记本我现在还有，用的是一种最粗的纸，现在要找这种纸倒还不太容易，因为它跟抗战的时候厕所用的手纸是一类的。这个笔记本今天对我还非常有用处，因为王先生教得非常详细、非常透彻，很多公式我今天有时候还要翻看。这只是其中的一个例子。这对我有极大的影响。后来我到美国念博士学位，很快我就发现美国同学的量子力学没有我念得那么透彻。这是一方面。

另外一方面，西南联大因为有很多老师，所以有各种方向上的学问。这些学问使我对当时物理学前沿相当广的面都有一些接触。其中，对我有最重要的影响的，一个是王先生指导我做硕士论文——我刚才讲的王先生教的量子力学，当时已经是书本上的知识了，下面我要讲的是，我做什么研究工作、向什么方向发展是受到两位老师决定性的影响：一位就是王先生，我跟着他写了硕士论文，是关于统计力学领域的；另外，我1942年的学士论文，是跟着吴大猷教授做的。吴先生当时研究的是分子物理学，分子物理学里有一个非常重要的观念，叫作“对称”，对称的观念在分子物理学里非常有用处。他指导我做的学士论文，就是关于这方面的。

王先生指导我做了统计力学的工作，吴先生指导我做了对称性的工作，这两件事对我一生都有决定性的影响。我后来的工作，主要就是在这两个领域。这两个领域在今天都是非常大的领域，也可以说，这两个领域在战后整个物理学的发展中占有特别突出、重要的地位。我通过从他们两位那里学到的东西走进了这两个领域。这对我后来的研究工作有决定性的影响，而且这两个领域今天还是物理学的主流，这是我很幸运的地方。

**访谈人：**您以前说过，联大的教育跟当时的国际水平是接轨的，它不因为战争而落后。我还想请您谈谈杨武之先生，您的父亲。他也是西南联大的教授，他的言行也代表了联大的学风。他让您看了一本关于群论的书，使您在物理学上触类旁通。我很崇敬杨武之先生的人品，他对您有什么样的影响？

**杨振宁：**我父亲是芝加哥大学的数学博士，他 1928 年获得博士学位后就立即回国了。他先在厦门大学教了一年书，然后在清华大学做教授。抗战的时候，他是西南联大数学系教授。西南联大八年，多

杨振宁的父亲杨武之，1923 年留学美国，获得芝加哥大学数学博士学位

半的时候，他都是系主任。

我是念物理系，跟我父亲这个专业有相当多的关系，不过我们不是一行，所以我并没有上过我父亲的课，可是从小在家里当然受到我父亲的影响。他有时给我讲一些关于数学的知识，早年基本上是“鸡兔同笼”、四则问题这一类，后来渐渐变成代数跟几何。我进大学的时候，他介绍了一些近代的特别是20世纪数学的精神，这些对我都有非常重要的影响。换句话说，倒不是他非常努力地要灌输数学知识给我，他没有这样做；只是在平常的接触里，我吸收了一些数学的知识。当然，他的书架上有很多关于数学的书，我没事的时候就翻看，随时捡来的一些数学知识对我也有很大的作用。

不过，对我有重大影响的，是与吴先生指导我做学士论文有关系的。吴先生要我研究对称性在分子物理学里的应用，他给了我一本 *Reviews of Modern Physics*（《现代物理评论》）的专业期刊上面的

1982年，杨振宁与吴大猷合影

一篇文章看。我把那篇文章拿回去给我父亲看，我父亲说，这里面用了很多群论。群论是数学中非常重要的一支，对称性跟群论有密切的关系。可以说，对称性最好的数学语言就是群论。我父亲看了以后就说：我这儿有一本书，是我的老师 Dickson（狄克逊）写的，叫作 *Modern Algebraic Theories*（《近代代数理论》），这本小书里面有一章专门讲群论的表示，你看这一章对你有用处。果然，这一章我记得一共只有 20 页——这本小书我现在还有——这 20 页把群论的表示理论用非常简洁又非常深入的语言讲出来了，给了我非常大的启发。我对群论就发生了喜好，这对我后来的工作有决定性的影响。

我后来有两个最重要的工作：一个是规范场，那是 1954 年我跟 Mills（米尔斯）合写的文章；另一个是宇称不守恒，是 1956 年我跟李政道合写的文章，后来得了诺贝尔奖。这两篇文章都跟对称性、跟群论有关系。最早使我对这一方向发生兴趣的，是吴先生和我父亲。

我不太清楚今天各个学校，比如清华、北大或者复旦，对本科生的要求是怎样的。不过，我有一个大概的印象：现在课程非常之多，比起联大的时候，学校要求学生念的必修课更多了，更重了——这个话也许不对，我没有研究过，我的印象是这样。这当然也是很自然的事情，因为这 50 多年、60 多年来，各个学科尤其是科学跟技术的前沿发展得非常之快，所以大学要教学生，不可避免地就希望他们多念一些课。

我们在西南联大的时候，必修课也有，不过没有现在这么重。学生可以自己浏览，这就使我当时对别的东西也发生兴趣。比如说，我当时也念了德文，成绩很好，念得相当深入，不过后来因为不用，现在基本上忘了。虽然忘了，但我知道，假如我今天到德国去，一两个月后，我的德文还会相当好，因为基础在那里。换句话说，比如我看见一句德文，虽然里面的生字会有很多，因为很多都忘了，可是这个结构我懂，因为当初下功夫念过，什么地方是主词，什么地方是动词，什么地方是子句，我一看就知道。这是我向那方面涉猎的一个结果。比如我还旁听了一门英国诗——英诗的课程，这对我后来也很有用处。

另外，当然还有一个道理，是同学之间的切磋，对彼此有很多影响。我在研究院的时候，有一个同屋，叫黄昆，现在是院士，曾经做过半导体所所长。我最近还常常看见他。他的英文非常好，他尤其喜欢看英国大文学家的小说。他给我介绍了很多英国 19 世纪、20 世纪的小说。这些对我的视野或者说对我的知识面的增加有很大的好处。

是不是今天一般大学的学生压力太大，这点我觉得是值得讨论的。我不完全清楚目前是怎么样，我知道 50 年代、60 年代课程是非常重的。因为我记得在中国听到过一个名词，叫作“四大力学”，这个“大”字放在里面就代表这个东西是不得了的，非常之重要，而且有一个倾向，使你觉得泰山压顶一样从上面压下来。“四大力学”这个名词，就代表了学生对这些课的印象。这个观念，我觉得不是最好的。事实上，这个观念不只今天是这样，也不只 50 年代、60 年代是这样。

我从西南联大毕业后——刚才我说我念的东西很扎实——就到美国芝加哥大学念研究院。芝加哥大学当时的物理系在全世界是数一数二的。我觉得，芝加哥大学的教授对物理学的想法或者他们做研究的态度，跟西南联大有一个区别。他们的态度表面上看起来好像不那么严肃，好像是在谈笑之间讨论学问。这里面有很多因素，我想是值得国内的教育家讨论的。

比如说，当时芝加哥大学物理系最重要的两位理论物理学家：一位是 Enrico Fermi（费米），一位是 Edward Teller（特勒）。费米当时是四十几岁，他是 1901 年 9 月 29 日出生的——全世界有六个地方刚庆祝过他 100 周年的生日。我本来答应去罗马参加一个礼拜以前的庆祝，后来因为其他事情没能去，不过我写了一篇文章，托人在罗马宣读。这篇文章，我妹妹给翻译出来了，9 月 29 日的《光明日报》把翻译全文登出来了。费米当时是芝加哥大学物理系最重要的理论物理学家，不单单是这样，他当时是世界上最有名的几位理论物理学家之一。而且大家都知道，1942 年 12 月，由他领导，给人类制造出了第一个核反应堆。这等于是为人类发现了一个方法，一个新的能源。以前的能源，不管是火也好，是燃烧油也好，烧煤也好，都是一种化学能，把化学能解放出来就变成了从前的普通能源。费米的这个工作使人类得到了一个新的、更重要的、更强的能源，就是核能。这个我想是他对人类的巨大的贡献。

另外一位重要的理论物理学家，当时还很年轻，不到 40 岁，叫爱德华·特勒。爱德华·特勒后来非常有名，比当时还要有名，因为他后来是美国最早设计氢弹的主要人物。

我去了芝加哥，就跟他们两位有了很多接触。我发现，他们做学问的态度跟西南联大物理系老师做学问的态度不一样。最容易描述的就是好像不那么严肃，尤其是特勒。你走在走廊里看见特勒，他会抓住你说：我刚刚有一个好主意。于是，他就大讲一通。多半这主意都是错的，可是他不怕讲。到黑板上去讨论几分钟，你说你这个办法恐怕不太对，应该怎样改一改，他立刻就接受，假如你讲的是对的。他很快就会跟你发生讨论。我曾经讲过，特勒一天至少有十个新的主意，其中九个半都是错的。不过，没有关系，假如一个人一天有半个正确的主意，这就不得了了。

这确实就是特勒做研究工作的办法。一个是主意非常之多，兴趣非常之广，随时都在试新的想法；一个是不怕跟人讨论。中国的传统教育，有一点是叫你“不要乱开口”，你还没想清楚的时候不要讲。美国的教育哲学跟中国的教育哲学是两个极端；欧洲是在这两个之间，比较接近美国；日本也是在这两个之间，跟中国很近。

杨振宁与特勒

这两个教育哲学，有好处，也有坏处。美国的教育哲学的好处我刚才已经基本上讲了，它会让人新的主意很多，这里面虽然错的也很多，没关系，你过些时候懂了那个是错的，对自己就是一个新的发现、新的认识。不过，这个办法也有它的坏处。坏处是什么？它有一个启发，让人想跳跃，这对有的学生有坏处——跳得太多以后，他自己有时候就不太清楚了，因为他底下不太瓷实。

比如小孩搭积木，美国的教育哲学是让小孩赶快把积木搭起来，他可以有一个构想，很快就能弄出来，可是底下常常不瓷实。危险的地方就是有时候要大塌下来，那简直就是糟极了。中国就不是这样，中国是一块砖一块砖慢慢砌上去，砌上去以后它不塌，因为它底下是很稳固的。所以，这个事情有好处有坏处。

我非常占便宜的地方，也可以说是我一生非常幸运的地方，是我把两个好处都吸收进去了。我在中国有非常瓷实的基础。我到美国去，跟芝加哥大学的同学一比——这些同学现在有很多都是极为有名的物理学家，有好几位是诺贝尔奖金获得人——我当时跟他们一比，我比他们知道得清楚；一考试，他们不能够跟我比。因为我从前念的东西真是非常瓷实，他们没有念得那么瓷实，所以在这一点上，我占了一个很大的便宜。

到美国去了以后，我发现，原来特勒跟费米他们的着眼点不一样。过了些时候，我渐渐了解到，这是使你知道“什么地方有问题”最重要的一个方法。我也吸取了他们这个精神。所以，我自己常说，我非常幸运，把两种教育体制里好的地方都吸收进来了。

对于一个学生来讲，这与他的经验、与他天生的倾向有很密切的关系。对于有的学生，也许是把两个最坏的地方加在一起，那就很吃亏了。这个事情非常复杂，对于一个学校的老师、学校的校长来讲，得要圆滑运用，得要因人施教，就是不同的学生所需要走的方向，我想不能够完全一样。

在美国，我认识很多现在非常有名的同学，他们当初念书的时候是不瓷实的，可是他们很聪明，后来他们慢慢把底下的那些东西都给弥补起来了。对于一个非常聪明的人，美国的教育制度有特别大的好处，因为它可以使他很快就走到最前线，那些洞他自己慢慢就给弥补起来了。对于不是那么聪明的学生，一般来讲，我觉得中国的制度好，因为它有很瓷实的东西，也可以说心里就很扎实，不怕。我在美国看到过一些同学，他们后来到竞争很厉害的学校去以后，发现他们原来以为懂的东西没懂，后来就发生了惨剧，就是他们心理上觉得原来我自己不行，有的人就退学了。所以，很难讲哪一个制度好哪一个制度不好，这要看是对哪一个学生。我想，要用辩证的方法来讨论这个问题。

**访谈人：**您讲得非常好，给了我很大的启发。下面我想请您谈谈，您对昆明有什么印象？

**杨振宁：**我对昆明的记忆是非常美好的。我们家是 1938 年到昆明的。我们刚去的时候，我是高中二年级的学生，所以还在昆华中学念了一学期的课。那时候昆华中学不是现在所在的地方，现在昆华中学所在的地方是当时的城外。我 1938 年春天上了一学期的昆华中学的课，当时是在钱局街跟文林街交界的东南角，后来那个地方变成了西南联大附中。1944 年到 1945 年我又在那个地方，在西南联大附中，教过一年书。

昆明是个四季如春的地方，我在那边度过了七年。昆明，等于是我的第二故乡。我们刚到昆明的时候，对昆明有个特别好的印象。因为蒋介石跟龙云大概做了一个什么交易，把以前云南的纸币，叫作“老滇票”，跟重庆的法币定成十比一兑换，使得我们忽然变阔了。因为我们拿的是法币，买昆明的东西变得非常便宜。

当时还出了一件大事。那时候有一位作家，叫李长之。李长之是一位很有名的作家，他对鲁迅有很深入的研究。他到了昆明以后，觉得云南民风淳朴，就写了一篇文章，叫《云南人与牛》，引起了大辩论，因为有些云南人不满意，认为这是侮辱云南人。其实我看了那篇文章，我觉得他并没有侮辱的意思。他的意思是说云南人民风淳朴，讲话比较慢，没有外省人那么滑头。其实他是讲好的。假如你们去查1938 年四五月的报纸，你们大概还会发现这一阵子的辩论。

刚去昆明的时候，因为天气很好，因为刚才讲的我们忽然变阔了，又因为云南人非常友善，所以大家对昆明的印象非常之好。后来渐渐地发生了一些困难，不是因为云南，也不是因为昆明，是因为抗战时期的通货膨胀。1943 年到 1945 年的时候，一般的教授的生活都变得很困难了。尤其是 1938 年秋天日本人第一次轰炸，到了 1940 年又来大轰炸，很多人都受到很大的影响。那时候西南联大有好几年天天要跑警报。通常是八九点钟就有警报了，于是大家都跑到西南联大西北边的山上，到下午两三点钟警报解除了再回来。这是当时我们生活的情形。

**访谈人：**我插一句话，跑警报的时候是不是老有卖烧饵块的？我听说您很爱吃，经常惦记着烧饵块。

**杨振宁：**跑警报的时候我倒不记得吃烧饵块，不过烧饵块当时是常常吃的，可以说是平民食品。去年我去昆明，街上已经没有人卖烧饵块了。

我还记得那个时候我们很喜欢吃的，黄昆跟我常常要去吃的，是过桥米线。那个过桥米线，我记得辣得不得了，非常好吃。去年我们去，怎么跟他们说，他们也不肯给我们非常辣的过桥米线。

我想底下这个故事你们会觉得很有意思。在1938年到1939年，西南联大在昆明当时的城墙外头，在西北城的外头，盖了一些房子。当时叫"新校舍"，就是现在云南师范大学所在的地方。盖房子的时候，我是一年级，当时在农业学校——现在农业学校好像还在，在大西门外，快到黄土坡那个地方。不过，那个时候附近的房子很少，现在变得有很多房子了，把农业学校给包围起来了。

到了1939年秋天，新校舍基本盖好了，我们才搬进去。房子是

西南联大校园景象

非常蹩脚的，有的是铁皮顶，有的是茅草房子，都是平房。可是我在那样简陋的校舍、教室、图书馆里学了很多的东西。后来，到了1942年，我得了学士学位。

当时通货膨胀已经相当厉害了，我父亲的收入不够家用，而我自己考进了研究院，研究生的津贴很少，所以我就找了一个中学教师的位置，就是在昆华中学。那时候昆华中学已经搬到现在的地方了。我们跟昆华中学的校长徐继祖商量，他同意我们三个人分一个教师的位置——这三个人一个是黄昆，一个是张守廉，一个是我，我们三个人当时是研究院一年级的学生。而且，昆华中学给了我们一个房子，我们三个人住在里面。那个地方在大西门外，离大西门有一两公里。

我们当时的生活是怎么样的呢？白天我们就在新校舍那里，晚上回去就到昆华中学那间房子睡觉。当时我们吃饭在西南联大的食堂。食堂非常简单，没有椅子也没有板凳，站着吃饭，所以有好多桌子，每个桌子围着八个人。饭是拿一个大桶从厨房挑过来的，因为饭厅很大，很多人吃。很快我们就发现了一个基本的原理，就是第一碗饭盛的时候不能盛得太满，要盛得半满。为什么？因为你要赶快吃，吃完以后再去盛第二碗，就可以盛得很满。假如第一碗盛满了，你吃得比较慢，第二碗去盛的时候就已经没有了。所以，我们是在这样一种生活状态之下努力念书的。

西南联大当时没有烧开水的设备，喝水怎么办？就去坐茶馆。在凤翥街、龙翔街、文林街、青云街，有好多茶馆，很多位置专门是给西南联大的学生的。黄昆、张守廉跟我三个人在食堂里吃饭，吃完饭就坐在茶馆里头，常常坐一个钟头、一个半钟头，高谈阔论。然后到了比如说 8 点钟，我们就向西边走，走到昆华中学去。那时候没有路灯，我们三个人知道要小心有“打闷棍子”的——现在也许不用这个名词了。我们三个人一面走，一面注意着，要是看见有可能做不正当事情的人，我们就离他远一点。

我们讨论些什么问题呢？天南地北什么东西都高谈阔论，当然其中也包括对物理的讨论。当时我们讨论的题目很多，其中我特别记得的一幕是讨论量子力学。量子力学是 20 世纪物理学的大革命，也是人类历史的重大革命之一。我们知道，今天的世界跟计算机是分不开的，计算机之所以能够在几十年之内这么发展，就是因为量子力学。50 年代，科学家用量子力学的理论发明出来一种元件，叫作“半导体”。半导体再经过几十年的发展变成越来越小的元件，才可以有今天的计算机。量子力学虽然是基本原理，但它直接影响了今天整个世界的经济结构。可是量子力学是一个非常复杂的东西，它跟牛顿的经典力学有很重要的不一样的地方。

到底量子力学是怎么一回事？一个重要的贡献，叫作“哥本哈根的解释”，这是 1927 年在丹麦哥本哈根发展出来的。其中最重要的两个人，一个叫 Heisenberg（海森伯），一个叫 Bohr（玻尔）。两个人现在都不在世了。海森伯是 1901 年 12 月 5 日出生的，再过两个月在德国慕尼黑就要庆祝他 100 周年的生日了。

关于量子力学的“哥本哈根的解释”，是一个比较难懂的东西。我记得非常清楚的一件事，就是有一天晚上，我们坐在茶馆里面，三个人辩论到底“哥本哈根的解释”是怎么一回事。具体谁主张什么，谁不主张什么，我今天已经不记得了。我问了黄昆，也问了张守

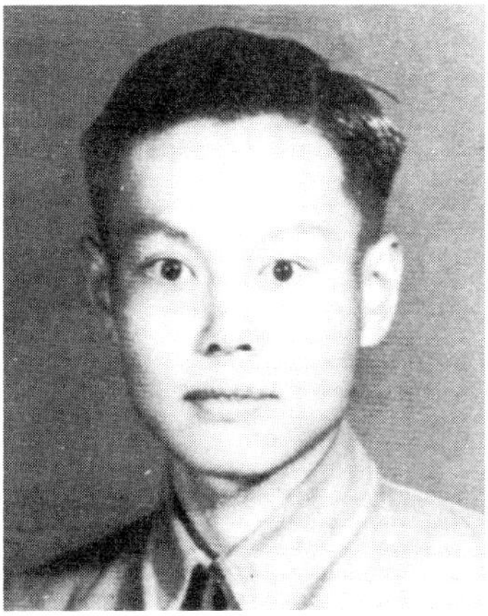

研究生期间的杨振宁

廉——张守廉现在在美国，也退休了——我们都不记得了。不过，我们都记得这件事，就是我们当时讨论得非常热烈。在茶馆没讨论完，我们一路走一路讨论到昆华中学，到我们屋子里，还在继续辩论。然后灭灯了，到10点钟电灯就灭了，我们躺在床上还在辩论。最后起来把蜡烛点了，把一本小书——海森伯写的，叫作《量子力学的意义》——拿出来翻，念其中关键的几段，然后再讨论，看看到底我们懂了没有。

刚才这个故事，我们记得的原因，是量子力学是20世纪所有念物理的人必须了解的。我们那天的辩论，对于我们三个人以后对量子力学的了解有决定性的影响，所以我们都记得。我常常跟研究生说，一个研究生在念书的时候所学到的东西，多半的情形都是从同学那里得到的，不是从课本上也不是从老师那里学到的，因为同学之间接触辩论的时候可以真正地深入。你跟老师不能够接触得时间太久，而跟同学，你可以继续地不断地讨论。就像那天晚上，我们恐怕前后讨论了四五个钟头，所以才可以把细节都辩论得很清楚。这一点，我知道多半物理学家都有同感。

**访谈人：**我记得，好像有人称你们三位“三剑客”，还是“三杰”？

**杨振宁：**有的，因为我们常常一边走路，一边高谈阔论。

**访谈人：**西南联大时期还有些什么事情，是您记忆非常深刻的，请您再谈谈。

**杨振宁：**日本人第一次轰炸昆明是1938年秋天，那以前，昆明没有被轰炸过。那一次轰炸不太厉害，可是因为是第一次，所以对昆明所有人的心理还是造成了很大的打击，大家都纷纷搬到乡下去。我们当时住在文化巷，文化巷现在还有，就在昆明的西北角，在城墙犄角那儿。我们第二天就搬到大塘子，大塘子这个村子现在还在，去年

1992年，黄昆、张守廉、杨振宁“三剑客”合影

2000 年，杨振宁三兄弟重回龙院村

我还经过了那儿，也是在昆明的西北角，在昆明跟龙院村之间。龙院村去年我也去了，大塘子是离城里大概四五公里的样子，再走两公里就到了龙院村。

我还记得，华罗庚先生也是那一次搬到大塘子的。我们就住在两个农民的家里，我们那家人姓朱。那个时候，昆明的农村，人住在二楼，一楼养着猪牛什么的。我们在那儿住了一个月，华先生他们就住在我们旁边。假如今天你去跟华太太谈的话，我相信她还记得。你如果去跟华顺谈，华顺是华先生华太太的大女儿，我相信她也还记得。当然，华顺那时候年纪还小，十二三岁的样子。清华数学系有她的妹妹，叫华苏，不过华苏那时候还没出生。

过了一个月，发现日本人不再来轰炸了，大家又纷纷搬回去了。这是1938年。后来有一年多，日本人没来轰炸。到了1940年的秋天，我还记得那一天，西南联大暑假完了刚刚开学，忽然就有了警报。那时候我们不住在文化巷了，我们搬到小东门城角，现在这些城门都没有了，可是地名还在，还有个小东门所在的地方，那时候是有城墙的。

警报来了，我就带了我的两个小弟弟，他们比我年轻约10岁，疏散到城外去。我母亲跟我的小妹妹，还有我最小的弟弟，还有两个用人，都躲到小东门城墙底下的防空洞里。那时候城墙底下挖了很多防空洞。我父亲那时候到西南联大去了，所以我们一家分成了三块：我父亲一个人在西南联大外边疏散，我跟两个弟弟疏散到小东门外，我妈妈跟家里剩下的人就躲在防空洞里面。

我们眼看着日本飞机来了，轰炸的时候就听见“呜——嘣”一下，我们远远地一看——我跟我两个弟弟当时离小东门也许有两三公里——就觉得那个地方很像是我们家附近。警报解除了以后，我们就往回走。当然大家都往回走，所以很挤。越走近就越觉得炸弹炸的地方就是我们家，到了那儿一看，果然！我们当时租的房子是一个四合院，那个炸弹在四合院正中爆炸了。幸亏我妈妈跟我的小弟弟小妹妹他们都躲在防空洞里，没受伤。我们去了防空洞，第一样先找着了他们，然后到家那个地方，惨极了，家里的一切东西都被埋起来了。

当天晚上，我们住在旁边一个朋友家里，再过一天就疏散到乡下去了，就是刚才讲的龙院村，又叫立言村，我们在那儿住了三年。可是家里的东西都在那个炸弹底下。后来过了几天，我借了一把铁锹跑去挖。轰炸了以后，会有很奇怪的事情。比如说你挖着了一些书，都扭了，不过你挖出来把它们外面弄干净了以后，多半的书还可以用。尤其是洋装书，因为那个皮是硬的，受的影响比较少。可是有些很稀奇的事情，有一篮鸡蛋并没有破。家里的东西各个的遭遇不一样。

幸亏那个炸弹没有炸死任何一个人，也没有炸伤任何一个人，因为我们周围的人都疏散出去了。当时西南联大教授的家属，恐怕至少有一半都疏散到外边去了。比如刚才我讲的吴大猷先生，他们就疏散到岗头村，岗头村我看现在还有，就是离金殿不远的那个地方。他是往另外一个方向，东北方向。当时大概是北大的教师有个倾向，疏散到东北方向去；清华的教师有个倾向，疏散到西北方向去。

这一次轰炸过了几天，陈纳德的飞虎队来了。他们打下了几架日本飞机，所以日本飞机后来就好久不来了。到了 1943 年，大家又纷纷搬回城里面。1945 年，我考取了清华留美的名额。在日本已经宣称要投降可是还没有签字的时候，我从昆明坐飞机经过印度的加尔各答到美国去了。

**访谈人：**谈谈您抗战中“南迁”的情况。

**杨振宁：**七七事变是 1937 年，在卢沟桥，那个时候觉得卢沟桥非常之远。当时是很远，路不好，又没有交通工具，所以认为那里是郊外。我们住在清华园里，听见枪声，那个时候是宋哲元还有他的军队跟日本有一些枪战。当然，人心惶惶。

不过，那不是北平第一次人心惶惶。在 1931 年九一八事变以后，日本就连续不断地向华北进军。有一次他们打到了古北口，被国民党的军队抵制，所以他们又退了。可是他们始终没有放弃最后的目的，又想跟宋哲元搞“华北特区”这类事情。在古北口那一次，北平当时很多人，包括清华大学的教授，都避难到南方去了。1933 年的时候，因为日本人已经到古北口了，我们家就回到合肥住了几个月。日本人退了，我们又回来了。

七七事变的时候，我们知道这一次日本人已经打到北平的附近了。我们都以为，我想多半北平人都以为，这一次跟前几次又差不多，就是日本人来得很近，可是过几个月他们又会退回去。所以，七七事变以后一两个礼拜，我父亲跟我母亲就在讨论我们要怎么办。那时候我母亲怀孕了，所以他们最后决定，我们这次也回到合肥去。我现在不记得准确的是哪一天了，大概的印象是 7 月 20 日左右。

10 月 11 月，日本飞机来轰炸合肥。轰炸并没有造成很大的房屋或者人身的损失，不过人心惶惶，所以我们家就从合肥搬到乡下一个大镇，也属于合肥，叫作“三河镇”，在巢湖的西边。我们在那儿又住了一个多月。那时候我父亲到长沙去了，因为清华大学跟北京大学、南开大学合着搬到长沙，在长沙开学，叫作“长沙临时大学”。临时大学，就表示当时国民党政府猜想这个战争可能只是暂时的，也许半年又可以搬回北平，这也是当时大家的想法。我父亲把我们留在合肥，他一个人去了临时大学教书。

到 12 月的时候，日本占领了南京，发生了有名的“南京大屠杀”。南京离合肥很近，今天你走高速公路只要两个小时就到了。我们在三河，我父亲在长沙，都非常着急。那个时候没有电话，1937 年 12 月，他跟我母亲只能通过电报联络。他就赶紧从长沙回来，接上我们，经过一个相当困难的旅途，到了汉口，然后从汉口坐火车到九龙，从九龙坐船到越南的海防，从海防坐火车到昆明，最后是在 1938 年 3 月我们到了昆明。

那个时候，三个大学的教师跟学生，大家走了不同的路线，都从平津这个区域最后跑到了昆明。这中间有无数的故事，讲也讲不完。举一个例子，我记得那时候我们一家有好多人，因为不只是我父母，还有我自己，还有我的四个弟弟妹妹，我还有一个堂哥哥、一个堂姐姐，我叔叔托我父亲也带着他们一块去昆明。那时候日本人已经占领了南京，所以当时大家的心境是不清楚前途是什么。宣传当然说是“坚决抗战”，可是在一般老百姓的心里，完全不敢讲会发生什么事情。那个时候我最大的弟弟 7 岁，最小的弟弟几个月，我母亲怕我们在路上被冲散了，就弄了些“袁头”——就是大洋，叫“袁头”，因为袁世凯的头像在上面——她把我弟弟妹妹的棉袄拆开，每一个里面放几个“袁头”，放一张纸，说是这个孩子叫什么名字，是杨武之的儿子，而杨武之将是昆明西南联大的教授，希望好心人看见了，可以把这个孩子送到昆明去。

后来我们到了汉口，坐火车到九龙。火车上挤得不得了，走得非常之慢，还不到长沙又忽然停了，车里的负责人说：赶快疏散，赶快疏散，日本人要来轰炸。我们就都从车上下来，有的从左边下来，有的从右边下来，躲在旁边的丘陵里面。果然日本人来了，没有轰炸，只是扫射了几下，我的记忆里面没有任何人死伤。等到日本人走了，我们就又坐到火车上，又走。这样有好几次，没有一次死伤了人，不过大家都不敢讲下一次是不是还这么幸运。后来从越南到昆明，那个火车简直是挤得一塌糊涂，有很多人坐到火车的顶上。火车过山洞的时候非常危险，他们就得趴在那儿，要不然会被撞死。

不过，我还没有经历最悲惨的。最悲惨的是 1944 年日本的最后一次挣扎。日本人要从越南经过广西到贵州，一直到重庆。国民党的军队不知道他们已经到了贵州。那个时候，昆明人心惶惶，不知道日本人是不是已经到了桂林，是不是已经到了贵阳，而且谣言满天飞。后来我看见报道，说在贵州的那些人抢着到公共汽车上去，想要向北边逃，结果打起来了，因为汽车少，人多。

还有一个悲惨的事情，是我自己看见的。在抗战晚期，西南联大一部分校舍在马路北面，一部分在马路南面，叫作南区跟北区。要从北区到南区，得穿过那条马路，学校的大门就开在那条马路上。有好几次，我走在那条马路上，看见来了新兵——国民党那时候需要征兵，征兵是到乡下去，大概看见了壮丁就把他给逮住——那些壮丁（新兵）是用绳子拴着的，我看见的是一串绳子穿着的。后来蒋梦麟写过一个报告，讲那个时候征兵黑暗的地方，因为管征兵的这些人把

杨振宁与张曼菱

粮饷给吞了，不给士兵吃，所以那些兵根本是快走不动了。这些记忆在我脑子里面都还是很鲜明的。

**访问者：**您跟我们谈谈邓稼先，你们在清华园就是朋友，在联大的时候还互相背唐诗，在学业上共同切磋、来往，后来到美国也在一起。您写的《邓稼先》我也看了，您心里对他的怀念和想法，可以跟我们讲一讲。

**杨振宁：**邓稼先比我小两岁。我是1922年出生的，他是1924年出生的。他父亲跟我父亲都是清华大学的教授。不过，小时候在清华园，我不记得我见过他，他不是清华园成志学校毕业的。他小学在什么地方念的，我不记得了。在1936年到1937年，我在崇德中学——当时的崇德中学现在还在，叫北京市三十一中，在绒线胡同——我在那里念高一的时候，他也来了。他比我低两个年级，他是初二。

他来了以后，我们很快就变得非常熟。当时在崇德中学，他是我最熟的几个朋友之一。我们一起念书。我还记得快要大考的时候，每个人都要找一个安静的地方，能够好好念书。那时候崇德中学有一个地方，一面是围墙，一面是一个楼，中间恐怕只有（一肩）这么宽。这个楼有窗户，窗户对外有窗户台。我们想坐在窗台上，把脚顶着对面的墙看书。可是要做这件事，得要有点本事，因为那个窗台相当高。年轻的男孩子就用脚顶着这面墙，然后向上一来一来的，伸上去，伸到这地方，就坐在这里。邓稼先跟我常常在那儿做这个事情。

有一天，我在向上来的时候，不知道怎么一下子疏忽了，整个人掉下去了，一个屁股墩坐在地上。然后就发生了一个现象，它可能影响了我的神经，我忽然发现我不能吸气，只能吐气。我记得，当时老吐气，恐怕有一两分钟。我想，这下完了。幸亏等到气都已经吐光了，忽然可以吸一点，也许过了五秒钟又可以吸一点，就没有死掉。可是这个事情现在有个后果，今天有个后遗症，我现在这个背有时候出毛病，照 X 光，大夫说你这个脊椎中间有一个软骨，英文叫 disc，椎间盘，他说你看你这个椎间盘比别的薄，他说你受过伤。我说一定就是那回搞出来的。

七七事变以后，我们家搬到昆明去了，我刚才讲了。邓稼先没有立刻去昆明，1941 年他来了，他也进了西南联大。所以，我们在昆明又当了一些时候的同学。我们当然立刻就又非常之熟。然后，我到美国去了。他在 1948 年到美国，到 Purdue（普渡大学）念理论物理的博士。他念得很快，1948 年去的，1950 年就得了博士学位，然后就回国了。回国以后，我的印象是他先在中国科学院，后来在 1958 年的时候，大概是经过钱三强先生的推荐，由他带了一组年轻人，好像有二十几个人，到十三陵水库附近，像开荒一样，自己动手盖了几间房子，在那儿研究怎么造原子弹。他对中国的国防事业有巨大的贡献。

我常常想，假如中国没有这些国防武器，没有“两弹一星”，中国在世界的地位跟今天是完全不一样的。1964 年中国试爆原子弹以后，我立刻在美国的报纸上看见了，有邓稼先的名字——美国的报纸有些报道是不对的，不过这一点很显然是对的。

1971 年我来中国的时候，到了上海的飞机场。那时候，资本主义国家没有飞机到北京，只到上海。我从巴黎到上海，因为那时候外国只有一个飞机公司飞中国，就是法航。法航从巴黎出发，一路停好几次，然后从卡拉奇到上海。那时候，我父亲在医院里面，我母亲跟我弟弟妹妹接了我。在机场贵宾室里面，有一个统战部接待我的人问我：杨教授，你这回来中国探亲访问，想要见什么人？我就开了一个名单，其中当然就有邓稼先。

邓稼先过世了以后，他的夫人许鹿希跟我说，那也是一个非常巧的事情。因为那时候林彪还在，有好几年林彪想把原子武器队伍抓在他的手里，所以就把邓稼先他们这些人不知道搞到什么地方去了——那个名词叫什么？比隔离审查还严重。

**访谈人：** 批斗？

**杨振宁：** 我不知道是不是以前叫“批斗”。

**访谈人：** 学习班？

**杨振宁：** 就是打死了人。邓稼先的夫人告诉我，进行了很久，有人就被打死了。他们那些人的办法是，先从低层上来，瓦解你上面的人，希望你上面的人害怕，于是就投降变成他们的人。所以，当时大家都人心惶惶。他们忽然收到周总理的一个命令，说是有外宾来，要看邓稼先。所以，他们就把邓稼先调过来了。这一调过来，那边批斗

1971 年，邓稼先、王承书、杨振宁、张文裕在北京友谊宾馆

的事情就瓦解掉了。这是许鹿希后来告诉我们的。

我在北京看到他，我当然不好问你在什么地方。我记得大概是这样，我说：你在什么地方工作？他说：外地。于是我知道了，就不再问下去了。那以后，我每次来都看见他。当然，渐渐地，我就知道，他不只是对最早的原子弹的设计，后来对最早的氢弹的设计，也有重大的贡献。而且中国几次试爆原子弹、氢弹，有不止一半，都是他亲自在试爆的地方主持的。

**访谈人：**有一个细节，他给您写过一封信，您在上海的时候看了那封信特别激动。是不是有这件事？

**杨振宁：**是。这个故事是这样的：（当时美国有一个说法）说是有一位叫 Hinton 的女物理学家，她的中国名字叫“寒春”——寒是寒暑的寒，春是春天的春，她现在就在昌平的一个农场——打仗的时候，她在 Los Alamos（洛斯阿拉莫斯），美国原子弹设计的地方，她是费米的助手。我刚才提过费米，就是 1942 年 12 月第一次给人类设计了核反应堆的人。她打仗的时候在洛斯阿拉莫斯，1942 年以后就搬到那里。洛斯阿拉莫斯当时是要设计原子弹的。

造原子弹有一个最基本的数据，叫作“临界质量”，Critical Mass，因为铀达到一个够大的质量以后，就要爆炸，多么大会爆炸，这是个关键的数目。在美国第一次测量这个“临界质量”多么大，就是费米的实验室做的。他当时主要的助手就是寒春，就是 Hinton。所以，很自然，打完仗以后，费米到芝加哥大学做教授，寒春也就到芝加哥大学做了研究生。

我也到芝加哥大学做研究生，所以我就跟寒春很熟，我们在一个实验室里工作。1947 年，有一天，她没告诉我什么缘故，她只说：Frank，你能不能教我中文？我的英文名字叫 Frank，不正式的名字。我说好。我就教了她一些中文，也讲，也写。

1948 年 3 月，她要到中国来。她的男朋友，叫 Engst——他现在也在昌平。Engst 跟寒春的哥哥都是学农的，他们两个人是同学，所以 Engst 就认识了他同学的妹妹，就是寒春，就变成了好朋友。我不知道是 1946 年还是 1947 年，Engst，中文名叫作“阳早”，到中国来了，他到陕北帮共产党养牛。1948 年 3 月，寒春就也要到中国来，跟她的男朋友结婚。我还记得我借了一辆汽车，把寒春送到芝加哥的火车站，然后她坐火车到旧金山，从旧金山坐船到上海，到上海她找了宋庆龄，最后到了陕北，跟她的男朋友结婚了。

寒春是有经验的人，她知道“临界质量”是多么大。所以，美国的报纸上登了中国原子弹爆炸成功的消息以后，就说毛主席派了一架飞机把寒春从陕北接到北京，帮助中国制造原子弹。这个说法我看到了。我 1971 年到北京来，看见邓稼先，起先没跟他谈这件事。我知道这是秘密，不能够随便乱谈的。最后要离开北京的时候，我忍不住了，快上飞机时我回过头来问邓稼先：中国造原子弹，有没有外国人帮忙？他说他的印象里没有。不过，他说，这个组织很大，他不能百分之百地确定。他说，他去了解一下再告诉我。

我就离开了北京，到了上海。在离开上海飞回巴黎的前夕，上海市委领导请我吃饭，吃饭的时候，忽然有人送了一封信来，这封信就是邓稼先写的。他回去研究了一下以后，给我写了封信，这封信我现在怎么找也找不到了。他说，他已经向有关当局问了，说中国的原子弹除了最早有苏联的少数的帮助以外，没有任何外国人参加。我是突然收到这封信的，这给了我一个感情上很大的激动，所以我当时忍不住泪流满面。[①]

这个故事后来我写下来了。邓稼先去世了以后，我写了一篇文章，名字就叫《邓稼先》。美国主持原子弹设计的人叫 Oppenheimer（奥本海默），我跟他很熟，因为从 1949 年到 1966 年，我在 Princeton Instititute for Advanced Study（普林斯顿高等研究所）做研究工作，他是当时的所长，我跟他同事了 17 年。我当然对他这个人了解很深。中国原子弹的主要设计者之一是邓稼先。邓稼先去世了以后，我就想到他们两个人对美国、对中国的国防工作都有巨大的贡献，可是他们两个是完全不同的人，所以我写了这么一篇文章。我觉得这篇文章写得很好。

**访谈人：** 我看过，就是说如果换了一个人不可能造出原子弹，只有邓稼先这样的人，只有他这样的品质，才能成就这件事。

## 访谈手记

一早从北大驱车往清华园。车到楼下，杨博士一身休闲服，足登旅游鞋，用轻快的步伐从楼梯上跑下来迎接我们。

上楼到书房，事先我交代了摄制组，不要随意拍照。大家安静紧张地工作着，布光，选景。

---

① 这封信后来被杨振宁找到后，收在他与翁帆编著的《晨曦集》（增订版）中，2021 年由商务印书馆出版。

杨振宁随和可亲，他和摄像师拉话，问用的是不是数字摄像机。他讲到蒋梦麟的《西潮》，摄像师插话说："我们都读过。"他问："大陆出版了吗？"我说："早已出版。我们摄制组的人都读《吴宓日记》和《西潮》。"

把采访提纲给他过目，我告诉他，邓稼先夫人许鹿希、陈省身、李政道，还有熊秉明等他所熟悉的联大友人，我已采访完。这部片子将成为中国教育史和科技史的宝贵资料。

杨振宁沉吟了。我想，他重新调整了思路。

他把采访提纲还给我，说："很好，就按照这个来吧。你读了很多书。"

采访杨振宁是我计划中一个重要的环节。早在1999年，我就对他进行了追拍，留下了他在西南联大纪念碑前"唱校歌"等镜头。

与李政道一起获诺贝尔物理学奖后，他曾说，"我一生最重要的贡献是帮助改变了中国人自己觉得不如人的心理"。

从西南联大的历史讲，杨振宁参与了全部过程，南迁时是家属，而后是本科生、研究生，还在附中教过书。

他是一个阅历颇丰的人，处事审慎，反应机敏，无论应对现场，还是把握历史，分寸都非常到位。我问他："西南联大的成功原因是不是学术自由？"他说："是第一流的学生和老师。"这个回答与众不同，值得探讨。

杨振宁对昆明怀有深情，称之为"第二故乡"。在云南欢迎他的盛宴上，他提出，要吃"烧饵块夹油条"，那是昆明的平民小吃，当年西南联大学生视为美餐。

他曾带着两个弟弟返回龙院村，去看他们住过的地方，并和乡村的青年人交谈。

杨振宁博闻强记，有着“还原现场”的人文魅力。提到父母亲，他记得他们生活的点点滴滴。提到恩师，他说当年的一个笔记本，现在还时常翻看。

“王（竹溪）先生指导我做了统计力学的工作，吴（大猷）先生指导我做了对称性的工作，这两件事对我一生都有决定性的影响。”后来他的成就主要就在这两个领域里，这也是现代物理学最新最重要的领域。

对同窗好友邓稼先，他流露出难掩的深情。当他在上海的宴席间得到邓稼先的信，知道参加原子弹研究的全是中国人时，“一时热泪满眶，不得不起身去洗手间整理仪容”。

这个情节我最先是从许鹿希女士那儿得到的。而杨振宁面对镜头的叙述相当动情，成为《西南联大启示录》一片中最大的亮点，并一直被媒体传播。

在这位外表骄傲的巨匠心中，存有一座虔诚的祭坛。多少年来，他每回国必访邓稼先。从邓稼先家到医院，到八宝山，杨振宁不断地去探望这位故人。

那天我们工作“超时”了。拍摄进行到12点，他要求“暂停”，说：“我打个电话，让太太不要等我吃饭。”这时杜致礼还在。杨振宁深沉的热情已经爆发，倾诉式的回忆不可遏止。采访从上午9点开始，到中午1点结束，留下了丰富而珍贵的资料。

谈到中美教育时，杨振宁认为，两国文化个性不同，学者与学术风格不同。“我自己常说，我非常幸运，把两种教育体制里好的地方都吸收进来了。对于一个学生来讲，这与他的经验、与他天生的倾向有很密切的关系。对于有的学生，也许是把两个最坏的地方加在一起，那就很吃亏了。”

这是真知灼见，对今天的青年学生们出国留学有很强的指导性。

结束时，我郑重请求杨博士与我们摄制组一起合影。他却说：“一个一个来吧。”

合影时，他把我送他的那本《北大才女》握在手中，令我惶愧不安。

杨博士后来有信致沈克琦先生，说《西南联大启示录》很有意义，并要求将那一次采访视频拷贝给他。

克琦兄：

感谢寄来关于西南联大的电视片，是很好的，有意义的纪录片。会有正面影响。

匆祝

近好

振宁

2003年5月16日

有人问我：你跟诺贝尔奖的两位获得者都谈那么久，他们有什么特点？

我说：他们思想力非常旺盛，喜欢考虑一些终极问题。尤其是，他们对社会的观察与分析，也具有自然科学的条理与逻辑。

王希季（1921— ）

卫星与返回技术专家。云南大理人。1942年毕业于西南联大机械工程学系。1993年当选为中国科学院院士。

访谈时间：2000年5月

访谈地点：北京，中关村，王寓

**访谈人：**请您讲讲西南联大对您影响大的、您最难忘的老师。

**王希季：**刘仙洲先生教我机械学。有一次，他出一个题目考试，题目的最后，要求答案准确到小数点后三位。那时候我们没有计算器、计算机。计算尺是看上面的格格（刻度），不可能准确到小数点后第三位。我并没有注意，我把这个题算了，什么都对，就是没有准确到第三位。结果刘先生给我这个题零分。机械学得零分，是个很大的事，这件事对我的冲击相当大。我认识到，做一件事，必须把它的要求或者目标考虑得非常清楚、非常认真。

教我们热力学的是孟广喆教授，也是非常有名的教授。有一次，他出了一个题目，全班没有人做出来。他指点说：你用微积分的方法积分，这个题目就很容易解出来了。大家一看，都会做了。为什么没有想到用微积分呢？他举了一个例子：这就像跟师父学打拳似的，不要老是照师父的方法做——书上“本本”的章法——要灵活运用。

他说：一个拳师教了一个徒弟，这个徒弟跟着他打，每个路数都非常好，但出去一打，就打了败仗。后来，拳师问他：“你为什么会打败呢？”徒弟说：“他的路数跟我的路数不对。”你们跟我学，不能死啃书本。你要运用全部的知识来解题，不要老是用我书本上教的东西。

这类例子还是比较多的，思维方式的启发、做人的启发。教机械绘图的是董树屏先生。你要很辛苦地把机械绘图的卷子做得很规矩，否则他不收你卷子的。他收都不收，看都不看！

**访谈人：**请谈谈您的学习生活。

**王希季：**那个时候，科学方面，各种科学都有，差不多每天都贴

王希季与张曼菱的摄制组

满了报告，学术风气非常活跃。我开始是家里供给上学。后来家里的生意不行了，就靠贷金券，也打过工。

**访谈人：** 说说“两弹一星”的授勋。

**王希季：** 当时广播了，我也没有听到。后来有人打电话到家里祝贺，又通知去人民大会堂开会。我只是做了自己的本职工作，做了自己该做的工作，从来没有想到会获得这样的荣誉。

西南联大，北大、清华迁到昆明，我这个大理白族青年，才有了深造的机会，那么多名师来教我们。这也是抗战带来的，那个大时局带来的。我很想念云南，有机会会回去看看。

## 访谈手记

2000 年五四前后，我在北大电教大楼前拍摄联大校友聚会。一

1950 年，王希季从美国乘坐“克利夫兰总统号”邮轮返回中国时在船上留影

位朴素的中年妇女操着乡音问我：“想不想见王希季？”

她说她和王家很熟，可以带路。这令我大喜过望，当场就与王希季家联系。王老说欢迎我们，于是我们驱车前往。

王希季个子不高，带着浓厚的云南大理口音和“老乡见老乡”的亲切。他对我说，他没想到他会得奖，直到很多电话打进来“祝贺”，以及正式的通知到来，才知道自己受表彰了。他认为，他所做的都是很日常的工作。

这是一个朴素而沉静的人。

不久，我从报上看到，王希季被称为中国的“火箭之父”。他直接参与和指导了中国第一、二代火箭的发射。要知道，无论是卫星还是宇宙飞船，都是要靠火箭来运送的。

这使我想起了，在王希季那简单的一目了然的家中，挂着一张火箭升空的照片。一个人的一生只是一幅图画，可谓单纯。而这是一幅令世界震惊、令中国欢腾的图画。

当年，西南联大建在昆明，这位大理白族的青年有了求学深造的机会。他对我说的那个因为机械学考试中的微小失误被刘仙洲先生批了零分的故事，已经随着《西南联大启示录》的播出而广为人知。但是另外一个关于打拳的故事，却没有引起人们的注意。其实，后一个故事更能说明教学的创造功能。可见，先贤故事的流传与否，也是看社会选择的。

在《西南联大启示录》播出后，王希季接受云南省邀请，回到故乡探望。

西南联大使一个云南白族青年踏上了一条宏伟之路。

苍山洱海的怀抱里，那个以能歌善舞著称的、出产漂亮姑娘和能工巧匠的大理白族，如今拥有了一位矗立于世、成就卓著的航天专家。

何炳林（1918—2007）

高分子化学家。广东番禺人。1942 年毕业于西南联大化学系。1943—1946 年在西南联大化学系任教。1980 年当选为中国科学院学部委员（院士）。

陈茹玉（1919—2012）

有机化学家。何炳林夫人。福建闽侯人。1942 年毕业于西南联大化学系。1980 年当选为中国科学院学部委员（院士）。

访谈时间：2000 年 6 月

访谈地点：天津，南开大学，何寓

**陈茹玉：**我们在西南联大抗战时期的生活很困难，但我们看到老师们都很勤奋，整天从早到晚又上课又搞科学研究。他们的生活非常困苦，因为那时候日本还在轰炸昆明。飞机刚刚轰炸结束，老师们马上就回去教课。而且，他们的家庭也非常困难。比如黄子卿老师，他有四个孩子，他们每天都吃稀饭。他自己有烟瘾，到实验室以前，到教室以前，最后一点烟都得吸，吸一下赶紧扔掉。

他们的生活非常艰苦，当时我们都很受感动。而且老师们对学生都非常关心。我生病的时候，我们的杨师母，就是杨石先的夫人，还做点心送给我。我们受老师们的身教言教都很深刻。

那时候学生分成两派：一派是比较进步的群社，地下党组织的群社；一个就是三青团，跟国民党有关系。两边的学生，有的晚上互相贴大字报，有的白天唱对台戏。一直都是唱对台戏，一个唱《雷雨》，一个唱《原野》。反正是不一样的，剧情也不一样，互相之间斗争很厉害。

我们两个都没参加他们的组织，但是我们很同情群社。群社是比较民主的，受共产党影响。我们比较同情共产党这边。共产党地下党员组织的这些同学，我们比较同情他们。虽然学校里看着很安静很平静，大家整天都在埋头读书，但是政治上的斗争很厉害。国民党和共产党之间的摩擦很厉害，在学生之间就可以看出来，当时谁也不明说谁是什么党派。我们有时候帮群社的人贴大字报，就觉得生活好像很有意义。我们一边勤奋念书，一边都很关心国家大事。

日本飞机一来炸，大家就特别生气。图书馆的书被烧得飞散各处，所以我们对日本帝国主义特别愤恨。这也加强了我们的爱国心，就觉得日本帝国主义是在侵略我们。美军的叫什么队，到昆明来援助的……

**访谈人：**飞虎队。

**陈茹玉：**当时看到我们国内那么穷苦、腐败，我们决定一定要学成，将来为我们的祖国振兴工业，有这个决心。

**何炳林：**当时在生活上面真是非常苦。我们一个礼拜能够吃上肉的只有一顿饭，其他时间都吃白菜、豆腐等。另外，那个时候东西很紧张，米饭都不够，大家都早到饭厅去，希望早点能多吃一点。所以你也要抢，我也要抢，抢到多少是多少。基本上生活是这样的。

设备方面、图书方面都非常糟糕。图书没有多少，想做实验都很困难。我记得那个时候，黄子卿老师要我做科学研究，但是没有条件，做不了。

年轻时的陈茹玉

即便在那种情况下，西南联大也培养了大批的人。这点很奇怪。很多人都可能问到这个问题，为什么当时生活情况那么困难，仪器设备、图书等都很困难，联大却能够培养那么多人才出来？联大大概开办了八年，这八年里面培养了大概 8000 学生。这 8000 学生里面走出来 100 多位院士，很不简单。为什么这样？不仅是中国人提出这个问题，外国人也问这个问题。我感觉到这是很重要的一个问题。

当时的校长非常正，所作所为都是为了大家，为了学生，为了教师。教师都非常爱国，为我们灌输爱国的思想，我们一生都记住了。像我的老师杨石先教授，他当时是化学系系主任，后来因为他做得比较好，当了学校的教务长，很受大家的敬重。我们的思想都很受他们的影响。当时的校长（常委之一）是梅贻琦梅先生，他完全是一心一意为办学，要办好这个学校。在这样一个情况下，他们把我们的思想都培养得很好。

教授跟校长都非常好。像刚才谈到的化学系系主任杨石先杨先生，他家庭也很困难，他夫人把他的西服摆摊卖了。但是，他过年过节总送东西给我们吃。当时我是助教。不管怎么困难，到了过年过节那样的时间，杨先生都送点心给我们吃。另外一面，老师们是有求必应。虽然他们平时对我们非常严格，但是我们有什么困难，有什么需要，他们都帮我们的忙。我们的思想受到了很大的教育。

在南开大学工作的 40 多年里，行政管理工作我做了 38 年。我这 38 年的行政管理工作很顺利，为什么？因为我受到了过去老师们的教育，我非常敬仰他们。本来我不想到南开大学来的，正是因为当时的校长是杨石先，杨校长让我到南开大学，所以我就来了。原来我已经说好要到中国科学院去，后来就因为他叫我回来，我就回来了。我对他基本上等于对父亲那样，他让我干什么我就干什么。重要的一点就是我很佩服他们，他们讲课非常认真，对学生非常严格。虽然图书、仪器等设备比较差，但是我们感觉没关系。

我们到国外学习，西南联大缺哪些东西，我们就补哪些东西。我本来在国外生活，各方面都非常好，美国不让我回来，但是因为我受了过去的教育，我觉得我是中国人，我一定要回来。这个问题斗争得很厉害，美国移民局以为我是共产党，在我们想搬离的时候就到我家里来搜来看，结果搜不到东西，没有证据。

我认为，在西南联大，不管是校长，还是教师，对我们思想上的培养都很重要，都给我们很大的帮助，让我们懂得应该怎样做人，学习也应该严格认真。后来我对学生也很严格，大家都很怕我。我也想了，西南联大的老师过去对我就是这么严格要求的。我记得，有一次有机化学考试，当时念有机化学的大概有60个学生，及格的只有一

年轻时的何炳林

何炳林与陈茹玉
在工作中

个人，其他的都不及格。在这种情况下，我们不能不努力念书。虽然生活很困难，但是我们受到了老师很好的教育。当时一个月或者两个月左右，就有教授做有关爱国方面的报告，我们受的影响很大。我们当时都很年轻，听到、学习到的东西，一辈子都忘不了。

当时美国不让我回来，我们 20 多人写了信给周总理。我们托印度驻联合国大使梅农把这封信交给尼赫鲁——当时印度的总理——然后再请尼赫鲁把这封信交给周总理。因为抗美援朝，1954 年周总理跟美国谈判，那个时候周总理提出来，美国怎么扣留中国留学生，不让他们回去？当时美国不承认，它说：是中国留学生不愿意回去，不是我们不放他们。结果，周总理就把我们这封信拿了出来，他们一看，没办法了。所以，大概过了一年，美国就让我们回来了。

为什么这么困难，联大都能够培养出这么多的人才？我认为，一方面我们受老师的教育，另外一方面就是他们（老师）对学生们关心、帮助。大概是这样的情况。

**陈茹玉：**我们不像现在的大学生，现在理科都不上语文。我们那时候，理科跟文科一样，一年级都要上语文。所以，有很多文学家上台给我们讲过课，很有意思。所以，我们理科不但有很多有名的教授教课，而且文科的也很多，一年级的时候。

**访谈人：**您记得闻一多先生讲过什么课吗？

**陈茹玉：**讲过《诗经》。

**访谈人：**还记得具体的吗？

**陈茹玉：**不记得了。听的课有很多，历史也是共同课，开的“中国通史”。

**何炳林：**关于黄子卿黄老师，他人特别好。当时所有教授基本上经济都很困难。我们到他家去，他把最好的东西拿出来请我们吃。我跟他搞科学研究，他抓得非常严格，非常严谨。

另外，当时有困难，跟他一说，他就想办法。但是问题是这样，他们经济上也有困难。有些事情说起来很好玩。西南联大当时外面有很多小吃，学生买东西吃，他也买东西吃。有些时候，学生还跟他抢着买。当然了，学生还是让着他的。

**陈茹玉：**饵块、米线……

**何炳林：**饵块、米线、炸糕、鸡蛋等东西。虽然黄老非常严格，但是对学生非常好。我也学到他这一套。对学生严格是对学生有好处，他希望学生将来都能够有成就。他对我们很严格，考试时歪头都不行，别看别人。

杨老跟黄子卿黄先生关系很好。两个在一起互相逗，你逗我，我逗你。黄老抽烟很厉害，杨老就怕抽烟。所以，黄老抽烟的时候故意向杨老身边凑，开玩笑。我们在学校看到也都笑。

杨老严谨的时候很严肃，我们都怕他，在路上碰到他都是躲开。看到他来了，能往别的地方走就往别的地方走，都怕看到他。这是因为我们跟他不熟。等跟他熟了以后，就完全不一样了，他有求必应。

举例来讲，我们毕业的时候找事情也不是很容易，就请他来介绍。他非常热心。有一些学生，像唐敖庆，唐敖庆当时经济很困难，因为是抗战的时候，没钱怎么办？找杨老。杨老就帮他忙，让他去当家庭教师，到中学去教书。申泮文也是一样的情况，他也是杨老的学生。没钱，困难，找到杨先生问怎么办。杨先生说我想办法帮你忙，就到中学去帮他找事情做。

另外一方面，老师们非常爱国，每天早上一来就找报纸看。当时在抗战，所以大家对国家大事是非常注意的。几个老先生都是这样，报纸一来，他们就来看。

杨老呢，我后来也跟他搞科学研究，他对我写的东西修改得很严格。当时对英文很重视，我们做报告都不许写中文，都要写英文。他看到我的英文，不但改字句，连语法都修改。他跟我谈哪个地方不合适，哪个地方不应该是副词，应该是形容词，应该怎么写。他们对我们的教育，跟现在不一样。这么一位老先生来修改我们的东西，还要跟我们讲怎么改。

## 访谈手记

这一对同学夫妇，是在家里一起接受采访的。

他们住在南开给教师盖的宿舍里，居室非常窄小。

进去拍摄时，有点转不开身子。但他们二位却说，学校这样已经很不错了，他们很满意，当年校园被毁，恢复时间很长，资金应该用到更合理的地方。

一看到居室简单的风格和他们安贫乐道的神情，我就明白，这是一对致力于献身科学与教育的夫妇。

谈话中他们非常谦和，不提自己的成果。如此质朴，甚得南开传统。

那一辈中国科学家都非常清贫，有君子之风。

南开是中国第一所私立大学，有一种务实的学风与服务的精神，积累了民间办学的宝贵经验，对当时北大、清华的教育是一种补充。

郝诒纯（1920—2001）

地质学家、古生物学家。湖北咸宁人。1943 年毕业于西南联大地质地理气象学系，1946 年西南联大（清华大学研究院）地学部研究生毕业。1980 年当选为中国科学院学部委员（院士）。

访谈时间：2000 年 3 月

访谈地点：北京，中国地质大学实验室

**访谈人：**郝老师，您是哪里人？听不出来您的口音。

**郝诒纯：**我是湖北人。

**访谈人：**我们知道您是一位杰出的女科学家，这和您的母校西南联大肯定有着密切的关系。您能否跟我们谈一谈，在您成长的道路上，西南联大所给予您的根基、指导，和您所获得的与众不同的东西？

**郝诒纯：**我 1938 年考进西南联大的本科。考学校的时候，是考的历史系。为什么考历史系？因为七七事变以后，我就做党的地下工作，所以没好好上学。那年我才念完高中一年级，后来到天津，念了一个补习学校，是高中二年级。因为高中没有上完，要是考理科，数学、物理我都没有学过，所以我就考文科了。到了 1939 年，我就转到地质系，地质系又上四年。

**访谈人：**是怎么从文又转到理？是您自己愿意？

**郝诒纯：**是我愿意，我没有想学文。

**访谈人：**您为什么选择地质？

**郝诒纯：**我选地质是受几个老师的影响。我中学有一个地理老师，他教学教得特别好，我们学生都非常佩服他、敬仰他。他经常给我们讲，自鸦片战争以后，中国受帝国主义列强的侵略，矿产资源的所有权跟开采权都掌握在外国人手里。因为他讲地理，中国各省、各个地方有些什么矿产资源，全国有哪些矿产资源，都要给我们讲，所以他就鼓励我们：你们将来一定要学地质或者采矿，学成了以后，把矿产资源的开采权掌握在我们自己的手里。

**访谈人：**明白了。您在中学时代就是一个爱国青年，选择地质也是为了维护自己国家的资源。那您在西南联大地质系……

**郝诒纯：** 那时候叫地学系。

**访谈人：** 在地学系的学习中，对您有影响的老师，请您谈谈。

**郝诒纯：** 我在历史系念一年以后决定转到地学系，也是受一位教授的影响。这位教授叫袁复礼。

袁复礼是我们国家跟外国人合作组织的第一届西北考察队（中国西北科学考查团）的成员。而且那时候，他们是经过了一番斗争的。这个西北考察队是瑞典人出钱组织的，那是 20 世纪 20 年代，领导权什么的都掌握在瑞典人手中。那个时候，一般的考察队，一个是为了科学的考察，另外一个目的，就是预备掠夺我们的矿产资源。

袁教授留学刚回来，是一个年轻的地质工作者。他们几个年轻的中国地质工作者联合起来，跟瑞典的组队——他们的组织机构——谈判。谈判的结果，就是袁教授他们争取了在这个队里参加重要工作的地位。

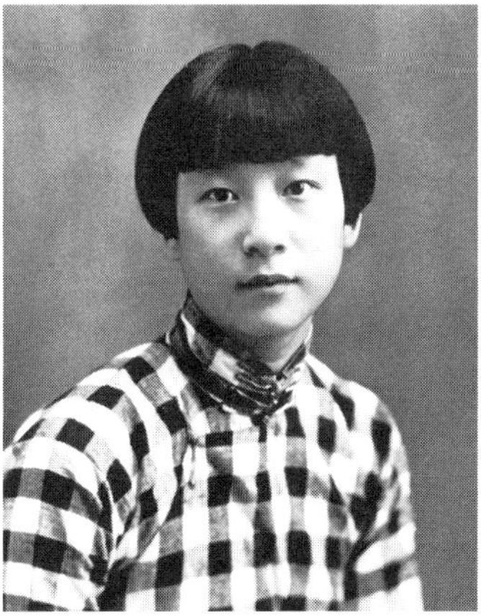

中学时的郝诒纯

**访谈人**：袁教授是怀着保护自己祖国资源的这样一种感情。

**郝诒纯**：他那时候一个是要保护资源，一个是要把我们的地质资料拿在自己手里，不要全落到外国人手里，这是很重要的资源情报。所以，也算是取得了胜利。

但是，那时候还是军阀统治时代、国民党统治时代，虽然他们取得了胜利，争得了一部分参加科考的权利，但是并不能彻底解决问题，主要权利还是在外国人手里。不过，他做了大量的工作。

**访谈人**：在国弱民穷的状况下，一些爱国知识分子用自己的力量去争取权利。

**郝诒纯**：而且，他是我们中国老一代知识分子第一个沿着丝绸之路进入新疆的，在新疆考察。

**访谈人**：他对您的影响很大，以至于您选择了地学系。

**郝诒纯**：对。我到云南以后，我们就组织了一个学生社会活动，访问一些进步教授。在访问的时候，他就鼓励我们学地学，把他的故

西南联大时期的郝诒纯

事和他到新疆去的经历都给我们讲了。

**访谈人：** 也进一步激发了你们的爱国志向。

**郝诒纯：** 他给我很大的鼓励。因为一般女生学地质，地质系也不欢迎，教授们也都不欢迎。

**访谈人：** 就想着女生没什么出息，以后就结婚、生孩子了。

**郝诒纯：** 结婚了以后就不干了。还有就是，你出野外也危险。如果都是男生，危险性还少一点。

**访谈人：** 到今天，中国的女性可以说已经有很大进步了，但是，在女青年选择地质系这个问题上，还是存在着这种看法。女性也觉得那是野外的、非常危险的作业，比较艰辛，好像应该属于男士。所以，您当初选择地质系，对我们后人很有启迪意义。

**郝诒纯：** 那时候，我也问过袁老师，我说：我是一个女生，系里会不会不要我？而且我学起来可能有很多困难。他说：没关系，在科学的领域里，男女是平等的。男的能办得到的，你们女生也应该能够办得到。这给我很大的鼓励。后来我就决定了。

**访谈人：** 您就有了这个准备，即使是当时和一群男同事去野外考察，会面临种种困难，都决心要克服了。

**郝诒纯：** 最后我克服了。我在一年级的时候，班上还有几个女同学，连我大概五个。可是到了二年级下学期，就剩我一个了。

**访谈人：** 就像花木兰一样。

**郝诒纯：** 我出野外也都是跟男生在一起。

**访谈人：** 那怎么办？一个人搭一个帐篷，还是跟他们挤在一块？

**郝诒纯：** 那个时候没有帐篷。不知道农村的小旅店你住过没有，底下是牛马的厩，还有猪圈；上面就是一圈用木头条或者竹子搭的，而且跟底下是通的，排着有间隔的那样的。我们就睡在那上面。我跟男生就拉一个布，拉一个床单，他们在外面，我在里面。

**访谈人：**真不容易！从学生时代起，就一个人在可以说是男性的领域里这样拼搏。直到今天，这个专业还应该说是男性统治的领域。

**郝诒纯：**现在男性也不愿意统治了。男孩子也不愿意学我们这个学科，我们现在生源很困难。家长一听学地质，又要到新疆，又要到西藏，首先就很担心，就不同意了。

**访谈人：**现在学子的心态和当年不一样了，缩小了，都是从自我出发。您当时克服了这么多困难，您可以跟我们讲讲。

**郝诒纯：**我第一次出野外，是在一年级下学期，那时都要到野外去实习。那天，我们坐着一个大卡车，后面弄一个大罐子，是烧柴油的。坐在敞篷车上，这个柴油就熏你，味儿挺大的。

那天早上我要去野外，我同宿舍的那些大姐们怕我出去饿着，就给我煮了好几个鸡蛋吃了。车一摇，烟一熏，结果我就要呕吐。我赶快让他们停车，就呕吐了。这就招来了很多闲话。男生都说：女的学什么——我现在还比较瘦，我年轻的时候比现在更瘦一点，看起来比较秀气——他们就说：你那样的，去外语系最好，学什么地质？反正，整天讽刺我。

另外，我快毕业的时候，要到野外搜集论文资料。我跟两个男同学，我们三个人是一个组，在宜良。那年杜聿明的第五军逼龙云交权，也叫“五华山政变”。国民党第五军，杜聿明手下，进云南了。

他们有一个营驻扎在宜良郊外。我们两个人在野外测量。我们出去都有一个罗盘，罗盘有一个反光镜，加上我穿的是红的毛衣……后来大兵就去了，不让我们作业，把我们抓起来了。因为我的男同学戴了一个白盔，就是那种白帽子，大兵就说：你们是给日本飞机打信号的，又拿了一个反光镜，他戴着白帽子，你穿着红衣服！就把我们抓起来了，抓起来就绑着，背对背，两个人的手就那么捆着，给我们关在一个小黑屋子里。他说：等我们长官来了审你们，落实了你们特务的身份，我今天晚上就枪毙你们。

**访谈人：**那个时候您几岁？

**郝诒纯：**那个时候，我刚刚 20 岁。我们到那里实习，都是在教育厅报到的。那个教育厅厅长很好，他知道我们收工的时候还没回去，还没从山上下来，就来打听。老百姓对我们也很好，因为我们天天出出入入，他们就告诉他了，说：国民党的大兵把他们给抓起来了。教育厅厅长是一个老先生、老学者，就去保我们了。

**访谈人：**如果他不去，是不是就会把你们枪毙了？

**郝诒纯：**不会，他是吓我们。保了我们以后，那位教育厅厅长就问他（大兵）我们犯了什么法。因为他什么证据也没搜到，就不好说我们是特务了，只好说一男一女在外边乱搞——牵扯到女的，你就倒霉了。

**访谈人：**见了一个女的，就给你加罪名。

**郝诒纯：**他说他们在乱搞，有伤风化，就把他们抓起来了。

**访谈人：**反正也算是一个遭遇，作为一个女生。

**郝诒纯：**那时候我们学地质，一定要学怎样下矿坑，在矿坑里怎么作业。当时，民间的风俗是女的不许下矿坑。他们说：女的是祸水，你要下矿坑，矿不是要塌就是要发水。因此，我跟男同学们一起到矿上去学，他们都下去了，这个课他们都能学，可是我到毕业了以后，一直到 1949 年以后，才补上这个课。那个时候，男生毕业就是失业，何况女生？学地质的没地方要，谁都不要你。所以我就考研究生了，又念了三年，研究生是在清华大学念的。

**访谈人：**遇到这么多挫折，没有想过退缩，没有想过换一下专业？

**郝诒纯：**我想我既然学了地质就得把它学到底，半途而废的人没有一个成功的。我小时候父亲就是这么鼓励我的。

**访谈人：**我能想象这个行当的艰辛，所以很钦佩您的勇气。西南联大校友对您也非常尊敬，我想这跟您在地质学上的选择以及您的成就是分不开的。您能够实现您的理想，为我们祖国的地质学做出那么多贡献，去年还获了一个很有名的奖，我想这和您在联大的刻苦学习是分不开的。请您谈谈您的成功与联大教育之间有什么关系。

**郝诒纯：**关系是很密切的。西南联大那个时候拥有各个学科全国最拔尖的、有造诣的学者，他们都在我们那儿教学。

地学系当时的系主任是孙云铸先生。当时从国外回来的博士就有好几位，教地质专业的，都是国内最有名的地质学家，有六位。这些教授不但业务造诣非常深、非常高，而且他们的为人和他们的爱国主义思想，都是值得我们学生佩服的。

**访谈人：**你们跟他们不仅学习地学，而且学习爱国精神。

**郝诒纯：**那时候我们出去实习都是系主任亲自带队，最有名的教授亲自带队。不像现在，最有名的教授不一定出来，底下的副教授、讲师什么的带队。

**访谈人：**最有名的也最实干。

**郝诒纯：**都是亲自带队。而且，他们在野外艰苦的环境下不怕困难、不怕艰辛的教学态度，一直对我们起着潜移默化的作用。

**访谈人：**除了他们人品的作用，当时的课程设置、教育方式有什么作用？您现在也在大学领导教育工作，您觉得联大的教育和现在大学的教育有什么优劣差别？

**郝诒纯：**我也不能说现在就劣，那时候就优。

**访谈人：**那咱们说“区别”。

郝诒纯在山西考察

**郝诒纯：**那时候我们学起来还是很轻松的，不像现在的学生负担那么重。现在的学生有两种，其中一种是干脆不念，也能凑合毕业。可是，你要真想学到东西，是挺困难的，要下死功夫。你可以什么社会活动都不管，就拼命念书，本科毕业以后再考研究生。

**访谈人：**您当年是一个很活跃的学生，好像还有很多社会活动，专业还学得那么好。现在的学生好像光学专业都很累。是不是他们没有联大学生的那种志向？当然，也没有国难当头的那种压力。您怎么看？

**郝诒纯：**我觉得，我们学习的积极性是主要的。就是你说的，那时候国难当头，能够有个学习的机会就很不容易了。假如轻易地错过了、放弃了这个机会，那是很大的损失，我们心里都明白。但是，现

郝诒纯在新疆考察

在的学生是不明白的。他不学习，将来找不到工作，还有父母管着。这是不一样的。

另外，我觉得，与教学质量是有关系的。那时候没有现在这样的图书馆和这么多现成的参考书。我们从华北流亡到昆明，三个学校的书一路上都丢得差不多了。我们要借一本参考书，都是很困难的。那时学习条件很艰苦。

另外，当时教授们讲课能够结合中国的实际和他们的亲身实践，非常吸引人。你可能开始不想听，听听兴趣就来了。他们野外都和我们在一起，讲课的水平都很高。他们在那儿讲，我就记笔记，考试的时候，就把笔记复习复习，回想一下讲课时候的情况，我就可以考得不错。

**访谈人：**请说说您从事地下工作的情况。

**郝诒纯：**七七事变以后，我在天津做了一年半党的地下工作。我到昆明去，接着做党的地下工作。在这当中，接受了党的教育。一件事，我不干则已，要干的话，就一定要保质保量干到底。那个时候，我们做党的地下工作就是这样的。比如去哪里送几份文件，跟什么人接头，你再苦，或者特务就在你背后追着，要不把这个消息送到，要没接上头，就不算完成工作。

**访谈人：**可以说，除了地质的那些风险以外，您做这个工作也一直在担风险。

**郝诒纯：**我在天津的时候，风险是很大的，因为那时候天津在日本人的统治之下。

**访谈人：**当时您 16 岁，怎么那么小就入党了？

**郝诒纯：**我 16 岁入党是这样的："一二·九"运动时，北平成立了学生自发组织的"中华民族解放先锋队"，简称"民先"。很多党的历史资料里都有，毛主席的著作里也有。民先成立以后，学运的积极分子后来都加入了，就是民先队员。

我加入民先以后，很快被选为民先干部，后来就要发展我加入共青团。可是到了 1936 年的秋天，党中央有一个指示，北平、上海、天津这种大城市的共青团取消了。因为共青团太红了，人家都不敢接近，就用民先代替共青团了。

那个时候的华北，日本飞机整天在头上飞。东北失守了，难民不断流入北平。而且东北的大学生、中学生都失学了，就转学到北平。我的高中就有好多东北转学来的。他们说起来就是日本人占领东北以后做了亡国奴的惨状。每天他们都出小字报，给我们这些初中的学生宣传。在这种情况下，我们就有一种危机感，日本人马上就要到华北了。日本人到了华北，我们的命运跟东北的学生是一样的。

一个是忧国，还有一个就是对日本人的仇恨，所以"一二·九"运动大家都积极参加。因为我是积极分子，就要我加入共青团。后来共青团取消了，因为我正式审查都通过了，他们就说：你也算合格的，你就直接入党吧。所以，我 16 岁就入党了。应该说，18 岁才能入党，可是我们那个时候，很多都是不到 18 岁就入党的。

**访谈人：**在西南联大时期，您做了很多进步的学运和民主运动方面的工作，我想听听您记得的有意思的事情。

**郝诒纯：**那时候我是预备到延安去的，可是路上走不通了，就转弯抹角到了云南。到云南以后，我们就找我们认为跟地下党有关系的人。那时候流亡的同学很多，熟的同学也都到昆明去了，就找他们接上党的关系。那个时候，你只要从天津出去，不管你向哪儿转移，介绍信什么的根本就不能带。好比说，我得化装成乡下大姑娘，才能过日本人的那儿道关卡。

我接上关系后，我们就在昆明。昆明那时候也组织了“中华民族解放先锋队”。起先我是在队部里工作，我是党支部的成员，那时候发动青年、教育青年、宣传抗日、团结抗日。对内要反对蒋介石的分裂主义，对外还是要支持抗日。在昆明只能支持前线的抗日。我主要是做青年工作，宣传抗日救亡的大道理。

**访谈人：**那时候您已经是党内的一个干部了。听说您当时还勤工俭学，去医院给伤兵洗过绷带什么的。

**郝诒纯：**不是伤兵，就是病人。我们1938年到的昆明，跟华北的通信只有一年。到了1939年的冬天，日本人切断了从沦陷区到蒋管区的邮政，所以我跟家里的信息都不通了，因此也没法得到经济的接济。我出去当然带了一点钱，也就够花一年的。没有生活费怎么办，只好找工作做。

**访谈人：**干过什么工作？

**郝诒纯：**那时候云南有一个名大夫，叫范秉哲，是惠滇医院的院长，还是哪个科的主任。云大“中华民族解放先锋队”有一位女士是学医的，叫谭惠英，后来成了范秉哲的后妻。她那时候在惠滇医院，我不知道现在惠滇医院还有没有。她就通过范秉哲介绍我到那里去干活。我跟另外一个女同学一起去的，医院就把我们安排在洗衣房。洗衣房就是洗病人做手术的床单什么的，反正挺脏的。

**访谈人：**每次大概能挣多少钱？

**郝诒纯：**我都忘了。

**访谈人：**够不够花？

**郝诒纯：**好像吃饭基本上够了。

**访谈人：**还是节俭一点。听说人家看了都不忍心，说您那么年轻，又长得招人喜欢，觉得太过意不去，就想给您换工作，有这事吗？

**郝诒纯：**那是他们的护士长，护士长是一个法国人，就是范大夫的夫人。后来，这个夫人死了以后，他就跟谭惠英在一起了。谭惠英是他的学生，也是学医的。谭惠英现在好像还健在。法国夫人管后勤，她一看我们两个人在那儿洗，一问我们是大学生，就不让我们洗了，说你们就去烫衣服、熨衣服吧。

熨烫衣服也很辛苦。旧式的熨斗那么大，是生铁打的。云南不是烧木炭吗？炭火就在熨斗里面烧。她让我们俩去烫衣服，说大学生别洗这个，太脏了。我们就去烫了。这个活儿干得很短。我们第一天晚上烫，第二天右手都肿了，都抬不起来了，但还得咬着牙干。反正时间很短。

后来，这位护士长又找我们，她说：这个你们也别干了，你们去给范教授刻蜡版吧——范教授当时很困难，他讲课的讲义是用蜡版油印刻写的——而且干这个工作也不用每天跑，你们拿回学校，三天多少工作量，你们三天一定要刻完，回来给我交卷。我们两个就去刻蜡版了。

**访谈人：**那你们字写得还不错，还练过字吧？

**郝诒纯：**我的小学教育是很严的，大楷、小楷都练过。

**访谈人：**还干过其他什么活儿？除了这个。

**郝诒纯：**这是最早干的活儿，刻蜡版我们刻了相当长一段时间。

**访谈人：**也给其他人刻？

**郝诒纯：**反正都是从范教授那里拿的，都是医学方面的，有没有其他教授的我就不知道了。他给我们多少，我们就刻多少，计量给钱。

**访谈人：**生活是这么艰苦，而且还要躲警报。

**郝诒纯：**我们去的时候，一直被轰炸。那个时候昆明当地的学生、学校都疏散到呈贡乡下去了，所以联大的学生住的都是他们腾出来的空房子。

**访谈人：**人家嫌危险，不住了，你们住。

**郝诒纯：**对，我们住。一直是轰炸的，1939 年、1940 年轰炸得最厉害。早晨天不亮，那个时候叫“拉警报”，拉警报那个声音就跟现在抓囚犯的车的那个声音似的。一放警报，我们就得赶快起来跑。

**访谈人：**有没有亲眼看见炸死人什么的？

**郝诒纯：**当然有了。炸完以后，我们都是从死人堆里爬回来的。有的时候炸掉的胳膊、腿都挂在树上之类的。我们跑得很远，有的老百姓就跑不动了，拖家带口的。我们学校死过几个学生，但是很少，因为我们都没有家累，反正警报来了，赶快就跑。

炸完以后，回来，没电，伙房也做不出饭来，我们就饿着肚子。在我们学校北门外边有一个卖大饼的，后来他就发了财。他做大批的饼，跑警报的人回来以后，他就在那儿卖。我们就第一天买好了饼，放在一个布袋里面，把身上仅有的一点钱、贵重东西什么的都放在这个布袋里，搁在枕头底下。警报一放，赶快起来，把铺盖卷一卷，拿着这个小布袋，就赶快往外跑。我们是双层床，铺盖要放在床底下，不然就把铺盖炸没了。

中饭一般在外面吃。那里有白酒，一小罐一小罐的。没什么东西吃，中午我们常常就买白酒吃，吃上两罐。

**访谈人：**当时很多学生在茶馆里看书，您喜欢在哪里看书呢？

**郝诒纯：**我们也在茶馆里看书，打桥牌。这是我们联大学生生活的一部分。另外还有一些时间是在图书馆看书，还有就是在宿舍里坐在床上看书。

**访谈人：**在那种情况下，联大的学校生活还是很活跃的。您热爱打篮球是吧？

**郝诒纯：**是。我篮球、排球都是校队的。

**访谈人：**在联大，你们到哪儿找球场，怎么打呢？

**郝诒纯：**有球场啊，学校还没有球场？但是球场是很简陋的，底下都是沙子。排球你要救球，一搓，手掌这里全烂了，搓得都流血了。

**访谈人：**当时还有篮球队，说明女同学们还是很爱好运动的。

**郝诒纯：**联大培养通才，德智体全面培养。这一点我觉得学校还是做得不错的。

**访谈人：**您从那个时候就爱好体育，而且学校重视体育，这对您今后的科学工作，特别是地质工作，有很大的作用吧？

**郝诒纯：**最主要的一个是体力，一个是意志，还有机智勇敢。打球你要赢人家，不能退缩，总得拼搏。我从小学、中学就爱好运动。我的小学是北平的师范大学附小，就是现在的师大附小，初中是附中。

**访谈人：** 打篮球您打什么位置？

**郝诒纯：** 我是打后卫的，一直都打后卫。

**访谈人：** 还爱好什么运动？

**郝诒纯：** 反正差不多运动我都参与了。学校有田径之类的，我也参加。

**访谈人：** 就是说，那时候尽管被轰炸，尽管条件恶劣，可是体育方面的训练是没有松懈的。

**郝诒纯：** 轰炸的时候可没办法打球。跑警报也是锻炼，一跑出去十好几里地，然后还要跑回来。

**访谈人：** 当时联大校内的学生社团很活跃，您有没有参与指导工作？

**郝诒纯：** 我一到云南就搞昆明的民先，我是党支部的委员，那时候就没怎么管学校的社团。后来昆明的民先也解散了，我们就回到学校。学校的民先也解散了，据说也是党中央的指示，我不知道是怎么回事，郑伯克可能知道。我们就在联大成立了“群社”，群社就代替了民先。

**访谈人：** 群社做些什么事？

**郝诒纯：** 群社组织学生的各种文娱活动，进行思想教育。好比说那个时候重庆有《新华日报》，我们就跟北门书店联系，订报纸，取回来，给同学传着看。

**访谈人：** 是不是也到工厂和部队去做些工作？

**郝诒纯：** 下乡宣传。云南的部队可不允许我们去做工作。那时候龙云的部队掌握在龙大和龙三的手里。龙大是比较开明的，他是德国留学生，龙三整个是一个地头蛇，所以部队的工作不太好做。主要是下乡宣传，那时候呈贡、宜良、路南什么都去了。

**访谈人**：是不是去给农民唱歌，讲抗日？

**郝诒纯**：对，还唱云南的“花灯”。

**访谈人**：唱过哪些，还记得吗？

**郝诒纯**：就是抗战歌曲，“花灯”也没名字。

**访谈人**：是不是还写歌，《插秧谣》之类的？

**郝诒纯**：对。

**访谈人**：您能不能再讲讲联大的师生关系，比如跟您比较密切的老师的关系。

**郝诒纯**：师生关系有两种。一种是不太过问政治的老师，一般他们比较爱惜学生。反正你是我的学生，我就千方百计地培养你，希望你将来有所成就。他就是一心一意地要把学生培养好。

**访谈人**：不管他过问不过问政治，在育人这方面是很认真的。

**郝诒纯**：很认真，很执着的。那时候，教授的生活也很艰苦。我当研究生的时候，前面提到的那个袁教授，他大概有五个孩子。到了冬天，他的孩子没有冬衣穿。我们几个研究生虽然收入也很微薄，维持生活也很困难，但我们还凑了钱买了毛线给他送去，让他的夫人赶快给孩子织上毛衣。他坚决不要，我们送了三次才送去。

**访谈人**：有没有值得跟我们讲一讲的女性？我总觉得，在共赴国难的那么一个群体当中，那些女性肯定跟社会上一般的女性是不同的。就像您一样，还有您的那些同学、那些女老师和那些教授的夫人们，她们也承受了很多，是不是这样？

郝诒纯：像我们地学系，就没有一个女老师，除了助教导师以外。

访谈人：女学生也就是您，好多人都退了。

郝诒纯：对。还有许冀闽，你认识吗？还有学地理的。学地质的就剩了我跟一个叫竹淑贞的。

访谈人：教授夫人们也承受了很多，原来在北平的生活起码还是高薪，还很优越，但是她们还是承受这一切。

郝诒纯：那是。她们也是很爱国的，为了子女，她们子女都比较多，为了丈夫。

访谈人：您在地学系学习，几乎是一枝独秀了。您当年一定很漂亮，很有魅力，性格又吸引人，有主见，体育方面也好。我想您肯定遇到过情感方面的事，能跟我们讲一讲吗？当时是怎么处理的？

郝诒纯：联大的风气，男女交往是非常自由的，没有谁要逼谁、谁强迫谁这种问题。也可以有一段时间走得比较近，但是觉得不太合适，说开了也就说开了。

访谈人：还是好朋友。要不然，整天和那么多男生在一起都成冤家了。

郝诒纯：还是好朋友。我的情况是这样，我在天津的时候，就跟我现在的爱人黄元镇一起做天津的地下工作。后来，党让我们转移的时候，我们俩又是一起转移到昆明去的，所以我一直跟他的关系比较密切。因为是老同志的关系，所以人家看我们两个人……

访谈人：形影不离的。

郝诒纯：也没有形影不离。他在工学院，我在理学院，人家都知道我们两个人原来就比较好。那个时候的同学，我觉得都还比较理智，一看你们两个人已经好了不短的时间了，干吗去插足啊？再有就是，我到了联大以后，是以进步学生的面貌出现的，还当了两届学生会主席，所以一般家境好的公子哥这样的同学也不敢找我，他怕……

**访谈人：**您是革命的。

**郝诒纯：**对。确实有不少同学跟我谈过这个问题，多半还是经常在一起的、思想上都合得来的进步的同学。进步的同学就无所谓了，合则来，不合则去。说开了就说开了，好像没有什么太多的麻烦。

**访谈人：**很豁达。您能不能总结一下，当时的女性和现在的女性最大的差异是什么？

**郝诒纯：**这我就不好说了。现在的女性也有各种类型的，比我们强的也有很多。但是，可能还是在知识界，那时候我们勇敢、坚定、

西南联大地学系学生野外实习

敢于拼搏、吃苦耐劳，我觉得比现在一般的知识女性要强得多。

**访谈人**：还有奉献。

**郝诒纯**：现在的绝大多数，越是女孩子，越不能吃苦。那时候我们独立自主的意识确实比现在的女孩子要强。

**访谈人**：郝老师，您去年获了一个很有名的地质学奖，能给我们讲讲吗？

**郝诒纯**：我去年获了两个奖。一个是“李四光地质科学奖”。李四光是国内外最杰出的地质学家，他去世的时候把他有生以来全部的稿费都捐出来了。他这么一捐，他的学生也凑了一些钱，大家一起捐，就有了一笔李四光科学技术的奖励基金。

这是我得的一个荣誉奖。为什么是荣誉奖？因为基金花了那么多年，后来银行的利息又很低，老不增值，越花越少，所以，像我就得了荣誉奖。荣誉奖是不给奖金的，就是给你一个荣誉。要是已经是院士了，就可以申请这个奖，一般一定是可以得的，但是得的是不要奖金的奖，就是荣誉奖。

**访谈人**：是奖整个成就，还是某一项研究？

**郝诒纯**：就是地质方面的成就，针对所有地质学科。我是学校推荐的，我从来不去主动申请这些奖。学校推荐我去，介绍我去，我就去了。

**访谈人**：还有一个奖。

**郝诒纯**：那个是香港设的，叫“何梁何利基金科学与技术进步奖”，只要是自然科学的都可以奖。

**访谈人**：郝老师，您能不能用一句话概括一下西南联大的意义？

**郝诒纯**：我想说，西南联大的精神应该永远发扬光大，虽然西南联大的学子已经后继无人了——它就是那八年有人，八年以后已经后继无人了。现在我们的校友，最年轻的至少有 70 岁，而且这里面还包括当时西南联大附中的。

## 访谈手记

采访联大校友，常听到他们对这位女院士的敬重和赞美。

在邹承鲁先生家聊天，我说，刚去了郝诒纯先生那里，邹先生笑道："校花！"

我问："那时候你们也评校花吗？"

邹先生说："没有，但是大家心目中有。她长得漂亮，功课又好，是学生会主席。"

在人才荟萃的西南联大校园，郝诒纯连任两届学生会主席。

任继愈先生说她"漂亮，活泼，多才艺，组织能力强"。

2000 年春，我采访郝诒纯的时候，她是西南联大北京校友会会长。

北京校友会的权威性、号召力相当于一个总会，它联系与引导着欧美、中国大陆和中国港台地区的联大校友会。

人到暮年的郝诒纯，衣着朴素，仪态从容，却令人惊艳。她的头发很黑，她告诉我，没有染过。

趁着在北大电教楼召开会议，她把我引荐到台上，介绍给大家。从此，我们开始了长达 20 年的合作。

翻开她的青春相册，一副秀美的少女相，可让人联想到那些温婉如玉的民国女星，但郝诒纯比她们多了一股书卷气、刚毅气。

她资质不凡，父亲参加过孙中山的同盟会，她上中学时就为地下党工作。

最早，她受到中学地理老师的教育，说中国地广物博，应该对国土资源展开调查。后来，她又受到袁复礼先生的影响——听了前辈们在中国西北科学考查团的情况，中国科学工作者为保护本国资源付出了顽强的努力，郝诒纯深受震动，决心将自己的一生献给中国的地质事业。

“袁复礼先生对我说：在科学的领域里，男女是平等的。”她毅然从历史系转到地学系。

那次采访，郝先生特意安排在地质实验室，背景是矿石和仪器，身后是相伴她一生的中华大地。

她曾对我叹息：现在的年轻人不报地质系，男生都不报，更别说

郝诒纯与张曼菱

女生了。地质系招生很困难。家长也不让孩子学地质，不愿意让他们吃苦。

她没有等到看见我们的片子，就安然辞世了。我特地为郝先生撰写了挽联：

女儿贵有山河气
丽质天赋日月魂

许渊冲（1921—2021）

翻译家。江西南昌人。1943 年毕业于西南联大外国语文学系，1944 年考入西南联大（清华大学研究院）外国语文部研究生。

访谈时间：2000 年 8 月

访谈地点：北京，北京大学，许寓；昆明，西南联大纪念碑前

## 第一次访谈

**访谈人：**许先生，您好！您先给我们讲一讲您是哪一年怎么进入西南联大的？开始学了什么课程？您大概说一下学习过程。

**许渊冲：**我是 1938 年考进西南联大的。西南联大当时不像现在，那时大学一年级不分院系，所以我跟杨振宁是同班同学。我们是同一年考取联大的，他念理学院，我念文学院。本来应该没有交集，但当时不分院系，我就跟他编到了一个组，同一组念英文。英文老师就是后来国民党的外交部部长，叫叶公超，当时是联大外文系主任。我是外文系的，杨振宁先念化学系，后来转到物理系。他比我小一岁，16 岁；我 17 岁，已经是提前一年。他本来是比我低一班（级）的，但他中学没有毕业就考取联大，这样他就跟我同班。

第一堂英文课，他坐在我旁边。因为我是外文系的，我就跟老师讲英文。我也知道要表现一下了。我们 60 年后会面了，他给我写了一篇序言，说他对我的印象很重。什么原因？就是因为我们第一堂课我就跟老师讲英文。

当时联大不分院系，我跟很多人——不管文学院、理学院——都认识了。汪曾祺比我低一班（级），但他是文学院的。我后来在美国志愿空军做了一年翻译，所以有两个班都是我的同班，一个是 1938 年进联大的同班，但我毕业晚，因为做了一年翻译，所以 1943 年才毕业。杨振宁 1942 年就毕业了，他没有做翻译。

1941 年珍珠港事变，日本打中国，美国来中国参战，陈纳德到

1942 年，西南联大同学合影，摄于昆明英国花园（右二为许渊冲）

昆明。那个时候需要大批翻译，但当时没有那么多，就要联大外文系所有男学生都去做翻译。我们大多数人都去了，现在看是不得了了。西南联大纪念碑把我们当年参军的学生的名字都列在上面。碑上是冯友兰写的文章，闻一多篆的额。我的名字在第一排，因为我是第一批做美国空军的翻译的。

我做了一年翻译，回来后就跟汪曾祺一班了。汪曾祺体育不及格，英文也不及格，要晚一年到 1944 年毕业。后来规定，不只是外文系，所有的男生都要去做翻译，因为是真正紧张了，美军来得更多，翻译要得更多，所以 1944 年所有的男学生都要去做翻译。1944 年他没有毕业。1944 年我就考上了清华研究院，1945 年我又在联大兼做助教。

那时候研究生钱很少，我没有做学生时已经在昆明天祥中学教

1944 年，西南联大同学、昆明天祥中学教师合影（左二为许渊冲）

书了。天祥中学是昆明最棒的中学，朱光亚也在那里教过书，还有王浩——他也是我们联大很出名的一个人物，在美国拿了一个数学里程碑奖，等于数学界的诺贝尔奖，他跟我们也是一班的。王浩、朱光亚、我，现在看来在国际上也是最尖端的人物了，那个时候都在天祥中学教书。我有本书说天祥中学是“天下第一中学”，哪里有一个中学，老师里有六个院士，教授不计其数——别说一个中学了，也没有几个大学里面有六个院士。所以，我说昆明的天祥中学是“天下第一中学”，当然，只以某一点而论。

当时我还没有毕业，就做了翻译官。做翻译官，还有点钱。回来之后，就没有钱了，经济断绝了。于是，我就在天祥教书，半工半读。一边读书，一边教书。毕业之后，又在天祥教下去。教学的同时，又考了研究生。但清华研究生不许兼差，不兼差，钱又很少，怎么办？就让我兼了一个助教。所以，1945年我在联大外文系兼任助教，一直到1946年。

我在联大八年，从1938年进联大，到1941年参军，1942年又回联大，1943年毕业，1944年进研究院，1945年做助教，1946年完。从1938年到1946年，整个过程我都在昆明，在联大。

**访谈人：**联大秉承了北大、清华、南开的优秀传统，是兼容并包的通才教育。像您说的一年级不分院系，以及重视体育——汪曾祺体育不行就不得不留级。那么，联大兼容并包的通才教育对您的事业有什么影响？

**许渊冲：**杨振宁在给我写的序言上说了一句，他说他和我有今天这样的成就都得益于联大的教育。他不只是说他，也说我。假设我们没有进联大，恐怕我的历史就要改写。

我写过一篇文章，题目叫《何为世界一流大学》，这个月要登在《群言》杂志上。我总结了联大教育的三大优点。第一个优点，梅贻琦校长说过一句话——联大梅常委，也是清华校长——“所谓大学者，非谓有大楼之谓也，有大师之谓也。”联大第一个优点是大师多。杨振宁说，联大当时已经是世界一流大学。他觉得在联大念的课程已经比美国最好的大学还好。他在联大念了书之后又到美国的芝加哥大学，芝加哥大学当时是物理系最好的，但是芝加哥大学念的层面没有他在联大念得深。联大有新教授，刚回国的王竹溪、华罗庚、陈省身这几个人当时已经是国际一流的了。吴有训是获得诺贝尔奖的康普顿的助手，吴大猷是第一个引进量子力学的。他们一学到，就马上带回中国来，马上教辅学生。所以，最新的物理知识，联大已经讲了。

理学院如此，文学院也一样。现在回想起来，当时中国的文化精英都在联大。文学院院长本来是胡适之，胡适之是新文化运动的主将；后来是冯友兰，哲学史家，他总结了中国 20 世纪儒学的精华。陈寅恪是文史大师，朱自清是散文大师，诗是闻一多，小说是沈从文。比较文学第一人是吴宓，全世界第一个搞比较文学的是吴宓。我说的是中英比较，英法比较、英德比较不算什么，因为英文跟法文很接近，但是，中文跟英文距离就很远了，这两种语言比较的第一人是吴宓。吴宓的学生钱锺书，直到 20 世纪结束，没有一个人在中西贯通方面比得上他，因为没有一个外国人中文能够学得这么好，即使英文再好，中西贯通也做不到这个地步，所以钱锺书是中西贯通的第一人。叶公超，是外交部部长——政治上是另外一回事，但是他的英文不是只会讲，他比外国的大政治家都强，因为他是外交部部长，外国的外交部部长没一个比得上叶公超的英文。我的意思是，一个国家的大师，有文科的，有理科的，都集中在一个大学。我们都是这些人培养起来的。

还有朱光潜。吴冠中说过一句话，我们都是吃了朱先生的奶长大的。吴冠中这句话是跟熊秉明一起讲的。熊秉明也是我们联大的同学，他是熊庆来的儿子。他们两个说他们是吃了朱光潜先生的奶长大的。我想这句话也适用于我跟杨振宁，我们也都是吃了联大这些大师的奶长大的，也包括老师。梅贻琦也是——我现在回想起梅校长，都还是很好的。邓小平讲过一句话，他愿做知识分子的后勤部长。北大兼容并包——其实并不一定要去做什么事，只要让知识分子发挥他的积极性。

现在回想起来，我们现在的这些东西都是当年在联大学到，后来自己努力，再加上自己国外的经历形成的。严格说来，学习都是自学来的，完全靠老师教，那是没出息的。但是，没有老师教也不行——光有老师没有自己也不行，必须两个都有，主要说起来还是要靠自己，加上老师引导。所以，我认为联大的第一功劳是引导，第二功劳是能够让你发挥。

我写了一篇文章，意思是说要怎样到我们当年的程度，第一步就是要选用大师。大师不一样，大师不是一朝一夕形成的，要代代相传。北大成立 100 周年的时候，牛津大学校长代表外国大学校长说了一句话：一个学校的传统是要多少年累积起来的，一旦断了，恢复就很难。

第一个因素是大师，第二个因素是学生，学生的互相影响也很大。比如说杨振宁，我们是同学，彼此是有影响的。什么影响？我举个例子。杨振宁跟我上一班的时候，他就注意到一个问题，英文里面 be 后面加过去分词一般表示被动，但是我们课文里边有一个后面加了个过去分词不表示被动。大家都没有注意，就他一个人注意到了。他提出问题来，老师不回答，反而让他自己想，gone are the days 为什么也用 be？反问他一句，叫他自己想去。我的意思就是，杨振宁很注意不同寻常的事物，这已经显示了他 18 年后得诺贝尔奖的可能。他怎么得诺贝尔奖的？人人都说宇称守恒，他发现宇称不守恒，就得了诺贝尔奖。他对我也有启发的，就是要看到同中之异，不要光看到同，要发现新鲜事物。

我再举个例子。说到同学之间的互相影响，还有一个人，王浩。

王浩跟我同上法文课，当年不分理工，我法文跟他一块念的。当时我跟老师辩论一个词到底是形容词还是副词。这个词英文就是 even，可以做形容词，也可以做副词。争论的时候，他从书的后面找到一个例子证明我说得对——那个书，我们念前面的时候，他已经念到后面去了，说明他的自学能力很强，也说明我们这批人是有自学才能的。

现在，像你们这样，英文系跟英文系一块，中文系跟中文系一块，隔系如隔山。所以现在发展很不容易，想要搞通才教育，出一个全面的人，很不容易。这个机制怎么改，现在说不清楚。牛津大学校长的话，算是很有道理的。一个传统，打断容易，要恢复不是一朝一夕之功。清华现在建了文学院，要我去讲，就是因为传统断了，没人能接。中国诗词翻译成外文，现在只有我一个人能教，没有别人，所以叫我去。我尽管已经 80 岁了，让我去教，我还是去，就是希望把我们的传统恢复过来。第二个因素是学生之间的影响。

第三个因素就是领导，当时不叫领导，叫校风，就是自由民主的校风。联大自由，所以培养出人才，要相信人的智慧，人不会那么愚蠢。我提出三个因素：一个是大师，一个是同学，还有一个是校风。这个自由民主的校风，说起来容易，做起来难。现在要继承过去的传统。

我在清华讲课，清华说他们有很多年轻的老师，但最年轻的是我这个 80 岁的许老师。这都受益于当年在清华、北大、南开的教育。所以，现在清华让我去讲课，我也去讲；南开让我去讲课，我也去讲了一次；北大常去的，就更不用说了。

**访谈人：**您后来从事教育和著译两方面的工作，您现在的风范、您的执着和投入跟您当年接受联大的教育有怎样的关系？在这个过程中，有什么具体难忘的事？

**许渊冲：**对我影响最大的，应该是朱光潜先生的一句话。朱光潜先生说，读书要有兴趣，没有兴趣做不了事。这话后来杨振宁也讲过。我是根据兴趣来做事，没有兴趣的事我不做。

我中学毕业，家里让我学经济，现在叫"下海"，好像说赚钱多。那时候学外文的一个月只赚 30 块钱，做会计的能赚 100 块钱，所以这个事的社会影响就是认为上外文系没什么出息。那时候外文系没有现在发展好，但是我自己对读外文系有兴趣，搞会计、搞数字没兴趣，所以我还是念了外文系。这是受朱光潜、林语堂的影响。

到联大之后，对我们这科影响最大的应该是钱锺书先生。钱先生教我们的并不多，但是钱先生代表了一代学人，他在课外给的影响比在课内给的影响更大。他是以清华才子出名的，大家都知道，这个人在中学、大学里也不怎么上课，但是写出东西来，才华横溢。

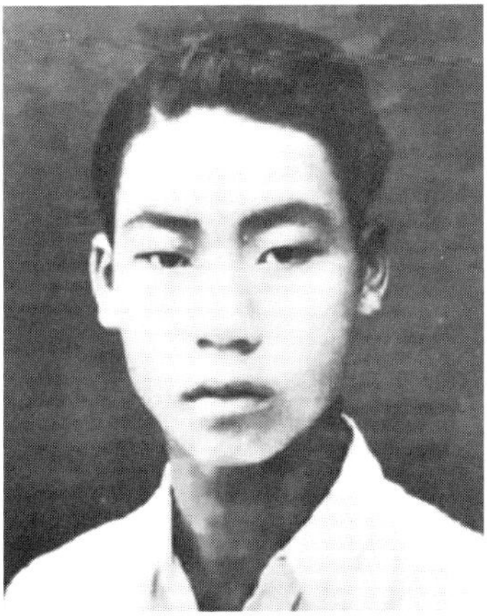

中学时的许渊冲

当时联大有一种风气，就是尊重人才。杨振宁在联大已经很出名了，当时已经是小天才。杨振宁在联大就说了，我将来要拿诺贝尔奖。杨振宁的儿子就叫杨光诺，“诺”就是诺贝尔的诺。那时候他还没有拿诺贝尔奖，那是他的目标——他当时就敢这样狂。联大当时就有很多狂人，我跟你说过的殷福生[①]也很狂。我的意思是要有这样的狂劲，在狂的基础上一定要有兴趣，没有兴趣不行。

钱先生给我的影响是“语不惊人誓不休”。你看他的《围城》，字字珠玑。我在联大的时候，他就写散文，什么“偏见可以说是思想的放假”，还有“自传就是别传”。他的俏皮话还就是真聪明。他上课也讲一些，我现在记得他的两句话，其中一句是“理解就是原谅”。这句话看起来简单，现在看讲了很大的问题。

一直到50年代，提倡“百花齐放”之后，我出了四本书，这不得了了。那四本书能出来已经很厉害了，一本书是中译英，一本中译法，一本法译中，一本英译中。当时为什么这样出，因为有“高教六十条”[②]。当时说在外语领域搞一级教授，应该精通两种语言——一种还不够，要有两种。什么叫精通？我想就是既能把中文搞成外文，又能把外文搞成中文。所以我就照着那个方向搞了，并且出版了。这在当时，不但是在当时，直到现在，还没有第二个人——已经过了40年了，还没有第二个人——能出这种书，又英译中，又法译中，又中

① 即殷海光（1919—1969），逻辑学家、哲学家，曾师从著名逻辑学家、哲学家金岳霖先生。

② “高教六十条”是1961年9月15日中共中央批准试行的《教育部直属高等学校暂行工作条例（草案）》的简称。

译英，又中译法，世界上没有第二个。我50岁做了这件事，因为党号召这样做，我做了。

**访谈人：**我们现在再讲一讲当年那些比较好的东西。

**许渊冲：**这些都是零零碎碎的了。闻一多先生给我们讲《庄子》，我觉得就很特别。他提出，《庄子》错简了。怎么叫错简？《庄子》开始的时候讲大鹏鸟，后来又讲别的，半途又讲大鹏鸟。古代是用竹简做的书，不像现在一页一页的，是一简一简的。简里面放错简了，所以才搞成这样。我觉着闻先生的想法很对，并解决了我的问题——《庄子》是我们中国最出名的书了，说话怎么重来覆去，不连接似的？我觉着闻先生的功夫很厉害。

朱自清先生给我们讲什么呢？讲《狂人日记》。他注重启发，就问大家，如果《狂人日记》用两个字来概括，怎么概括？大家都没说出来，我就说"吃人"。他说，你总结得最好。你要有好处，老师就要表扬，这就让自己增强了信心。虽说都是小事，但是现在想起来，他简单一句话对我就很有影响。当时朱自清很出名的，我小学就读过他的《背影》《匆匆》。这样一位老师能够对你予以肯定，这对我们年轻人就是认可。

**访谈人：**您一直从事教育，能不能客观、中肯地对比一下现在的大学和西南联大的教育？从机制、教师风范、学生追求等方面谈一谈。

**许渊冲：**恐怕我只能谈外语方面，因为其他情况不大好谈，也不太了解。科学方面，我看有些东西超过了当年，因为时代不同了。外语也有超过当年的，以口头而论，现在比当年好。我们当年重笔不重口，有利有弊。我们笔头搞得好，口头一般，不如现在。当然，主要看学生自己。

杨振宁讲了一句话，他最大的成就不是得了诺贝尔奖，而是“帮助改变了中国人自己觉得不如人的心理”。这句话对我们国外留学生是很重要的。

联大校歌里有“千秋耻，终当雪；中兴业，须人杰”，我认为这四句话总结了中国20世纪知识分子的情况。我们那个时候，很多帝国主义国家压迫中国，后来我们打败了日本，解放了全国，这就是“千秋耻，终当雪”了。但是“中兴业，须人杰”，振兴中华需要人杰，人杰需要很多，所以当时联大校歌里就是要做人杰。

1997年，许渊冲与杨振宁久别重逢，合影于清华大学

其实我在国外一看，就文学而论，外国并不比中国强。西方有《荷马史诗》，我们中国有《诗经》《楚辞》。不是我们没有，而是他们不知道。尤其是从1世纪到15世纪文艺复兴之前，西方一直是黑暗时期，是宗教统治时期，那时候新教旧教斗争很激烈，还有十字军东征。

罗素讲过一句话，历史上以文化而论，中国比西方强。因为中国神教统治很少，中国一直是人教。我们现在说“人治”和“法治”，“人治”不如“法治”，但是我们“人治”比“神治”强，就是人权比神权强。我们从1世纪到15世纪是人权世纪，而西方是神权世纪。

以文学而论，我们有李白、杜甫。除了《诗经》《楚辞》，我们第二是汉唐文化，汉唐文化当时是世界最高。宋朝文化，以目前来看，还是当时世界上最高的文化。甚至到元明，西方出现了莎士比亚，我们也有《西厢记》，《西厢记》比莎士比亚早了300年。

中国文化在1500年之内优于西方，但是西方不知道。所以，我认为，我们中国文化一定要让外国人知道。《诗经》、《楚辞》、唐诗、宋词、元曲……一直到毛泽东的作品，我现在已经一本一本翻译成英文，法文也摘要地翻译了300首中国古诗词。诺贝尔文学奖评委来了一封信，她说，我的译著是伟大的中国传统文学的代表——她用的是“样本”。我代表了伟大的中国传统文学的样本。这句话《人民日报》（海外版）还刊登了。

**访谈人：**这是什么意思？

**许渊冲：**这是瑞典文学院院士、诺贝尔文学奖评委来的信。她收到我翻译的法文的《中国古诗词三百首》，她说这是伟大的中国传统文学的样本，令她十分赞赏，十分钦佩。

《诗经》是中国最古老的文化代表。“这是一部伟大的文学经典著作，哺育了历代中国的伟大作家。”这句话说得真好。我们中国历代的伟大作家哪个不受《诗经》哺育？李白、杜甫、苏东坡……中国不管是哪个知识分子，没有一个不受《诗经》影响。所以我有一本书叫《人间春色第一枝》，说把春天带到世界上来，《诗经》是第一本书，是“人间春色第一枝”。我既有中英对照本，也有注音本。有中文注音，是怕有的外国人不懂中文。有英文本，是有的人不要懂中文，他只要懂英文。所以《诗经》我一共做了三种：一种是中英对照，一种是注音本，一种是英文本。《诗经》是第一本。

第二本是《楚辞》。《诗经》是集体创作的，作者不知道是谁。《楚辞》是中国——不仅是中国，可以说全世界——第一个个人创作的作品。《荷马史诗》现在有人怀疑不是个人创作，即使是，西方有荷马，我们东方也有屈原。屈原，不得了，中国第一个浪漫主义诗人。《诗经》是现实主义的，《楚辞》是浪漫主义的；《诗经》代表北方，《楚辞》代表南方。南北结合，中国文化大放光辉。美国一个学者来信说，《楚辞》不但是中国文化的代表，它的英译本也可以算是英美文学的高峰。这个评价是很可以的。

第三本，大家都知道，《唐诗三百首》。最初我翻译了150首，《汉英对照唐诗一百五十首》，钱锺书先生提的书名。后来香港又出了《唐诗三百首新译》，是我主编的，不是我一个人翻译的，是全国的外文教授合译的，我翻译了100首，三分之一。

第四本就是《宋词三百首》。中国文化的精华：诗，到宋朝变为了词。我认为，讲感情的深度，词在诗之上。中国的诗，正经，诗论道，诗言志。外国人总说中国没有谈爱情的诗，其实也有，李商隐就有爱情诗，但是少。谈爱情的，中国的词里最多。到宋朝，由言志变为抒情，而抒情在宋词里。这是我第四本重要的书。

第五本重要的就是《西厢记》。《西厢记》我出版了两种：一种是汉英对照，还有一种是英文本。

## 第二次访谈

**许渊冲：**联大之所以取得这个成绩，很大一个因素跟梅校长的领导有关。梅校长有一句很出名的名言就是："所谓大学者，非谓有大楼之谓也，有大师之谓也。"这是他对老师的要求。他还要求学生读书，不要参与政治活动。这在今天看来可能不太对了。但是，当时梅先生是这样提的。第一要有大师，这是关键性的问题。联大的大师当时不但是全国第一，在全世界算来也是一流的人物。

具体来说，理学院院长是吴有训。吴有训帮助美国的康普顿教授在 1927 年获得了诺贝尔奖。康普顿说，这个应该叫作康普顿-吴定律——他们两个人的定律。但是吴有训很客气地说，因为康普顿是他老师，所以不用两个人的名义，用康普顿一个人的名义。这说明当时的物理系到了什么水平。再举一个，赵忠尧教杨振宁物理。赵忠尧是第一个发现反物质的人。现在看来不得了，但是当时在他发现之后，别人通过研究认为他的发现错了，所以他没得诺贝尔奖。过了几年之后，又有人证明他对了，结果那个人得了诺贝尔奖。这两个例子就说明当时联大物理系强到什么水平。为什么杨振宁说联大的物理系当时比美国最好的物理系都好？因为联大有大师。

我刚才举了两个例子：一个吴有训，一个赵忠尧。另外，还有周培源。联大数学系也很厉害，陈省身现在还是世界级的大师。理学方面，联大有这么些大师。

梅先生的思想在文学方面也有体现。联大的文学大师也很多。刚才提到了，文学院院长原先是胡适之，胡适之是新文化运动的主将。第二个就是冯友兰。冯先生的贡献是总结了儒家的思想。在 20 世纪，中国儒家思想总结得最好的就是冯先生，他是哲学大师。历史大师陈寅恪，散文大师朱自清，小说大师沈从文，诗学大师闻一多。郭沫若说，闻一多的思想"前无古人，后无来者"。这个评价不得了，他是 20 世纪的诗学大师。这是中文系的大师。

我们外文系的也不少。吴宓是中国比较文学第一人。虽然他本身研究成绩并不大，但当时世界上只有西方文学比较，没有中西学问比较，而这就使中国独立于世界。吴宓就比较《红楼梦》跟西方的小说《汤姆·琼斯》。而在当时，西方没有人知道中国还有这么一个小说。我觉得，吴先生提出中国文学跟西方文学比较，就是提出中国人不是不如人。说实话，我就受吴先生这个影响。我后来把中国古典诗词，《诗经》、《楚辞》、唐诗、宋词，还有《西厢记》等，都翻译成英文，又翻译成法文，就是争这口气，说明我们中国人不是不如人，甚至我们还超过你们，因为你们只能把中国的东西翻译成外文，我们不但能够把中国的东西翻译成外文，还能把外国的东西翻译成中文。而后一点没有一个外国人做得到，没有一个外国人能够把一本外文文学名著

1949年，西南联大留法校友会在香榭丽舍大街露天咖啡馆欢迎梅贻琦（左二为梅贻琦，左四为许渊冲）

翻成中文，全世界没有。

我觉得联大的启示是很重要的。为什么联大那么艰苦的环境，可以创造出那么大的成绩来？我认为很重要的一个原因就是大师。大师不只是刚才讲的了，还有钱锺书大师。现在外国也找不到钱锺书这样的人。外国没有人懂中国文学懂得像他这样多，而他不但懂中文，英文、法文、意大利文、德文他都懂。这种人才，世界上没有第二个。我们很多专家说懂多少种文字，但不太能用外文表达，而钱先生能。外国人则只能用外文表达，不能用中文表达。汉语和英语是世界上用得最多的语言，使用汉语的有10多亿人，以英语为母语的有将近4亿人。这两种语言是世界上最重要的语言。不懂这两种语言，就不可能解决世界上最重要的文化问题。所以，中国人天生是解决这个问题的，当仁不让。而这个风气是吴宓先生打开，钱锺书先生继承的。我们现在沿着他们的道路往前走。这是联大所谓大师风气之重要。

吴宓先生对柏拉图的思想也很有研究。闻一多的名字就代表着柏拉图的思想。一多，一代表理想，多代表现象。或者说是理论与实践：一是理论，理论是一；多是实践，实践是多。一种理论有多种不同的表现。当时柏拉图是把一当作理想，把多当作实际。理想要用实际来体现，实际一定要体现一个理想，这是吴先生的哲学思想，也体现了柏拉图的思想。

冯友兰先生体现了中国的“孔孟之道”，这也很重要。中国的哲学，孔子说只有“仁义”二字。“仁者，人也。”“仁”就是做人的道理。“仁”是二人，两个人，怎么处理好人与人的关系，是最重要的做人的道理。“义者，宜也。”“义”就是适宜的宜——它用一个字解释另一个字，使我 50 年后印象还这么深。“义”，就是应该做适宜的事情，而不是唯利是图。西方哲学跟东方哲学的矛盾，一个是“利”，一个是“义”。东方孔子哲学重“义”，西方重“利”——美国人几乎一切都是“利”，不能妨碍它的国家利益，而不是讲“义”。我们中国讲正义，就是“义”。这些大师的思想应该灌输给我们的后代。

这是第一点，梅校长说要有大师。第二点，就是要好好读书。他不带领我们参加政治运动，所以我们联大学生有两批：一批积极参加政治活动，一批不大参加政治活动。我不客气地说，杨振宁在联大也不大参加政治活动。中文系的汪曾祺，也不参加政治活动；他不但不参加政治活动，并且认为闻先生参加的政治活动太多，他说闻先生做学问，不必去参加这么多政治活动。

我们这一代受梅校长思想的影响，认为学生在学校的时候主要是学习，主要是读书，政治活动等将来到社会上再参加。梅校长对联大一部分人很有影响，而这部分人，说实话，现在都是学术出了成就的，比如杨振宁跟汪曾祺，还有王浩。我们有自觉的兴趣，能够自觉去做。杨振宁和王浩，是两个领域的人，两个人都是国际一流的学者，这是他们给我的启示。现在不是这样了，现在文学院跟文学院在一块，理学院跟理学院在一块，甚至隔系如隔山，这些交流没有了，所以造就不出我们这代人了。

杨振宁有一句话，他说你最主要要有兴趣，有兴趣就好办。这话也不是杨振宁一个人说的，我们的老师朱光潜在到联大之前——在北大当老师的时候，也讲过。他说，读书只要有兴趣，甚至讲课只要讲得学生有兴趣就好，有了兴趣，一切都好办。他们在启发自觉。我就在他们的启发之下培养了自己的兴趣。兴趣不能强加于人，有兴趣就有，没有也不能勉强。现在我的兴趣是什么？我的兴趣主要是把中国的古典诗词翻译成外文，跟外国人一比高低。有这个雄心壮志在后面支持你，你就不能够低人一等，你就要表现我们优秀的民族文化怎么样优于西方文化。这样我就可以表示，你们做得到的我们也能做得到，你们会把我们中国的文化搞成外文，我们也会；但我们能把外国的文化搞成中文，你们不能。我们中国人都要有这种雄心壮志。这个基础既有老师的帮助，也有同学的互助，同时还要自己有兴趣，自己钻研。

我现在是 80 岁了，实际上，我可以说我只有 50 岁。因为我 50 年代回国，有 30 年基本上没有搞什么。十一届三中全会以后，邓小

1949 年，摄于法国香榭丽舍大道

平提出来，尊重知识，尊重人才。于是，我就把损失了的 30 年捡回来，所以就一年当两年搞。结果我在 20 年之内搞出了 50 本书，把中国几乎所有的经典文化翻译出来了。

《毛泽东诗词》是我一个人翻译的，原来是全国的精英集中起来翻译，但是一直都有问题。那时候重字意，就是一个字对一个字，翻译出来的不是诗，尽管意思很对，但不是诗。那之后，我就想明白了，我这个道路是对的。我对这个道路有信心，我要走我的道路。毛泽东逝世 100 周年纪念，出版了一本《毛泽东诗词》，没有用百家翻译的作品，用了我一个人的。现在出版的《毛泽东诗词》是我一个人翻译的，全部押韵，跟原来一样，并且体现了毛泽东很多痕迹。比如毛泽东的“而今我谓昆仑：不要这高，不要这多雪。安得倚天抽宝剑，把汝裁为三截？一截遗欧，一截赠美，一截还东国。太平世界，环球同此凉热”。毛泽东笔下是大同世界，环球太平世界，既要太平，还要同此凉热，既有自由，又有平等。所以说，我们的社会主义思想应该是最先进的思想。而这些都是你自己有了兴趣，就可以念出成果来的。

我总结西南联大的治学精神，共有三点：第一，大师、老师的教育教导；第二，同学的互助；第三，自己的兴趣跟钻研。

**访谈人：**您能否讲讲当年联大学子从军的事情？

**许渊冲：**我们参军是第一批，所以名字也排在西南联大纪念碑的第一排。第一排第一名叫黄维，是我的同班同学。这个同学因为在滇缅前线做翻译官，牺牲了，所以他的名字排第一。前五个都是我的同班同学。后面的也是我们的同学，有的死了，有的还在。

当时参军也是梅校长号召的。我们这代人苦难深重。联大挨过日本炸。从前日本来轰炸，中国没办法抵抗，叫谁来？叫美国志愿空军，叫陈纳德。美国又不能正式参战，它有这类制约，就组织志愿军，那时叫中国空军美国志愿大队，那是 1941 年。1941 年，我大学三年级，美国志愿空军在陈纳德领导之下到中国来参战，打日本。他的飞机叫 P-40，每小时飞 400 公里，在当时是世界上最快的飞机。日本的飞机叫零式战斗机，很灵活，但不如 P-40 结实坚固。从前我们都是躲警报，日本飞机来，我们只能逃跑，没有抵抗，因为中国飞机打不过日本飞机。美国志愿空军来了之后，我亲眼看到过滇池上空的空战，一架飞机飞上去，一架打下来，后面冒着黑烟掉到滇池里面。经过那次之后，日本飞机再也不来了。

1941—1942 年，在美国志愿空军任英文翻译，此为许渊冲在空军招待所外公路上

从前我们联大武成路有个大众电影院，被炸得很可怕。晚上出去，一条路上都是火焰，日本人的火焰——我们中国真惨。自从美军来了之后，就把日本飞机打得不行。但是，美国人不会说中文怎么办？需要大批翻译。前面我也说了，那个时候教育不发达，没有那么多翻译。当时教育部就规定，联大（外文系）三、四年级的男同学一率征调做翻译。我们这班人摆在第一排，因为我们是第一批响应梅校长的号召，做美国志愿空军翻译的，为期一年。之后又把第二班人接来。

我做翻译的时候，已经开始打了。我接触过陈纳德。我在志愿空军管情报。日本飞机有多少到了河内、到了海防，我就把这个情报翻译成英文，送给陈纳德。陈纳德就部署飞机截机，或者在空中等待。那时候最精彩的是看着在滇池上打。一般到外面去打，不会到昆明来，所以昆明警报少了。

冯钟璞的哥哥冯钟辽就在这里（西南联大纪念碑上）。梅祖彦也

许渊冲在西南联大纪念碑前

在。我一下找到他们两个的名字。

**访谈人：**我看纪念碑上面有梅祖彤是不是？

**许渊冲：**梅祖彤是梅祖彦的姐姐。大姐叫梅祖彬，跟我同班。梅祖彤是二姐。冯钟辽是冯钟璞的哥哥。当年文理不分，冯钟辽是搞理科的，也做翻译官。梅祖彦也是搞理科的，也是翻译官。

顾毓琇是第一个在美国获得科学博士的中国人，他又和闻一多、梁实秋一块组织了戏剧社，顾毓琇是社长。他写了很多诗，还要我把他那些诗翻成英文。他在1976年世界诗人大会上得到了“桂冠诗人”的称号。这样的文理大师实际上很少有。

我被分配到美国志愿空军的时候，我们同班同学黄维被分配到滇缅前线，他是陆军。在前线转移阵地过怒江的时候，翻船了。他去世之后，联大开了追悼会。当时有人看到他牺牲的经过，在《吴宓日记》里面有详细的记载，一个跟他一块渡江的目击者，看到他的船怎么翻，他怎么掉到水里去。怒江水非常急，就过不了江了。详细情况可以看《吴宓日记》。

## 访谈手记

许渊冲学长从郑州到北大时，我住在北大招待所写作，因此认识了他们夫妇。当时接待他的校方人员与我相熟，就说过："许先生的性格令人钦佩。"

那天到他家采访的时候，摄制组的人甚为惊异。高龄的许渊冲声如洪钟、精力充沛，案头放着很多译著。他的名片令所有人咋舌，上面写了很多个"中国第一"。

许渊冲的狂放不羁，在西南联大校友中是有名的。他写的《联大人九歌》，曾引起校友们的争议。这也就是西南联大之所以为"西南联大"吧。

他曾经从军，有一张戴着船型军帽、骑着自行车的照片，很是潇洒。"那个时候教育不发达，没有那么多翻译。当时教育部就规定，联大（外文系）三、四年级的男同学一率征调做翻译。"

在昆明，许渊冲指着西南联大纪念碑上的名字说："我们是第一批响应梅校长的号召，做美国志愿空军翻译的"，"名字也排在西南联大纪念碑的第一排。……前五个都是我的同班同学"。

他提到的同班同学黄维的牺牲经过，在《吴宓日记》中是这样记载的："蒋铁云言，黄维随军第六军四十九师。退归。六月十五日，在车里渡澜沧江，中流，所携爱马忽跳动，舟覆。维与马俱堕水中。维手握马尾。及马救出，而维已被急流裹去，渺无形迹矣！闻耗，深为痛伤。"

许渊冲从哽咽到泪下不止："我们这代人苦难深重。联大挨过日本炸。"他心中的悲苦，其实并不少于其他同学。许学长的狂放，是冲破了很多重负的，不易。也许，这是他对抗人生压力的一种方式。

他的晚年是"狂译"的晚年。这一点尤其令人钦佩。

许渊冲去香港讲学，曾寄给我一份剪报，上面有他讲学的报道和他的文章。他说，《诗经》上的"杨柳依依"是战争中农民离乡的悲伤。还说，我们不是"伊利亚特"的民族，中国诗歌从来都不歌颂战争。

这令我感受到这位英文翻译家，也像他的导师吴宓、钱锺书一样，骨子里还是国学为本。

郑敏（1920—2022）

诗人。福建闽侯人。1943 年毕业于西南联大哲学心理学系。

访谈时间：2000 年 11 月

访谈地点：北京，清华大学，郑寓

**访谈人**：请您谈谈西南联大的教育。

**郑　敏**：这是我反复想的。我觉得西南联大的教育是百分之百的启发式的。我不能代表理工科，我是说文科，我是念哲学的。我们几乎从来没有过期中考试、月考，只是在学期末才有一个考试。我们没有课本，没有现在这样的教科书——那是抗战的时候。但是，老师本身就像教科书一样。

我接触的所有老师，什么时候你看见他，你都觉得他是在思考问题，他的生活跟思考完全连在一起，并不是说上课的时候是一副教师的样子，回去又变了。你什么时候看见他，他都在想问题。你跟他交流的时候，他总是跟你谈有关的问题。

西南联大汇聚了三个学校的不得了的“星光灿烂”的学者。从他们身上你就会得到一种极强烈的启发：你这一生到底什么是重要的，什么是不重要的。这是一种身教的方式。它的启发，并不是说课堂上

年轻时的郑敏

用一些什么手法、教学法去启发你，不是。它是启发你考虑很多人生的问题。你自然很多时候也沉浸在学术的氛围里面。

这种方式对学生的培养不是表面的，不是给你塞很多知识，不是注重很多具体知识。因为人各有天赋，有的人记性非常好，过目不忘；有的人没有强记的本领，如果老去考试，那精力全放在强记上面了。恰恰我就是一个不善于记忆，可是还比较有兴趣思考问题的学生。

我的老师每次来上课，基本上都带着他一生研究的问题。这就是课本，没有什么成形的课本。他的每一堂课，他讲的时候，都好像在考虑这个问题，不是说“我现在是老师来教你了”。他就是站在那儿或坐在那儿，一个人反复思考，把他想到的讲出来，这是一种很活的教学；或者他的怀疑，他还有什么没有解决的，他也讲。你就跟他一起思考，这是一种非常大的锻炼。学生知道怎样开始思考问题，老师让学生感到他带着你思考。我觉得，这种启发式的教学，只有最高级的老师才能做到，一般老师只能研究怎么提问之类。

我刚才讲的只是教学上的，它是纯粹启发式的。但是，我们的课程设计是非常系统的。譬如，每一个文学院的学生一定要念“中国通史”。这一点，我觉得我们现在都没做到。我们现在没有要求所有的文学院学生都念“中国通史”。丢掉了对历史的理解，文科好像就没有一个站脚的地方。所以，我觉得这种课程设置是非常重要的。我们也念“西洋通史”。我是哲学系的，我就要念“西洋哲学史”和“中国哲学史”，这都是必修的了。这些课念下来，对中外古今都有一个轮廓了。

我觉得，这是过去做学问和今天做学问略有不同之处。过去做学问，一进大学，就给你打下这样一个轮廓，然后在里面填空，你对什么特别有兴趣，你就在里面填。但是，你永远有一个大的框架。现在有时候很“专”，但是大的框架有时候不牢靠，就容易在做学问的过程中让人不觉得你考虑得很周详。

我念的课里面，给我印象非常深的也很多。一个是我念的“西洋哲学史”。“西洋哲学史”是冯文潜教授教的，他是冯至先生的叔叔。冯文潜这位老先生非常有意思。他住在校外，我那时候也住在校外，住在青云街。早晨我跟我同屋跑到学校去，都是很紧张地穿过云大。我们经常在路上看到这位老先生，我们的老师，他在前面跑，我们就在后面跑——抗战的时候也没有什么车。跑到教室，这位老先生气喘吁吁的，就开始教课。

他的课让我对古希腊哲学有了一个轮廓，这对我以后思考问题是一个极大的启发，譬如哲学的历史阶段。“中国哲学史”当然是冯友兰先生教的，那也是很重要的。这两门哲学史都让我以后无论考虑什么问题，都能够在历史的阶段上考虑：它近似哪一个阶段，或者在哪一个阶段已经有过，现在又开始出现。这种历史的延续性，对于做学问是很重要的。

老师们非常注重人的素养，境界的修养。冯友兰先生就教了一门课，叫作“人生哲学”，这门课对我是非常重要的。冯友兰先生可以说把中国哲学里所有关于人的修养、境界的内容都容纳在一起，成为一个自己的体系。最高境界就是“天地境界”，就是人跟天地跟自然融为一体。这么高的境界，当时对于我们这种年轻人——如果我没有上过这门课，我的诗歌里永远不会追求这样一个高度。所以，这个境界对我此生的写作是非常重要的。你不一定能做到，但是总有这么一个目标，有这么一个理想，有这么一个东西，在召唤你。我觉得我的诗歌总是要追求一种超越的精神，跟我念这些东西是有关系的。我写过一篇纪念冯先生的文章，发表后现在收在《进入北大》。

另外一位先生，就是教我康德的郑昕老师。郑昕先生给我留下一个非常深刻的印象，就是他每次上课总是衔着烟斗，讲课就好像自己在思考问题。他思考的一个最大问题，就是所谓"物本身"的问题。这个问题是永远都解决不了的。他就讲康德怎么看这个问题。这个问题是哲学里一个最最根本的问题，就是人到底能不能进入物质里面，知道物的本身。他苦苦地思考，并不断地讲给我们听。

他这个思考的过程，不是给你提一个大纲、答案——现在的老师，有时候一进教室，今天按照教案应该进入第几讲了，就在黑板上写，现场就把答案灌输给学生。老师把课本的东西消化以后喂给你，这就叫灌输。我所有的联大老师没有一个人是这样做的。他们自己一生都已经在他们的思考里面，他们的言行，一切的一切，都带着他们所相信的东西。这样他上课的时候，就好像谈话一样。上课是一种精神的对话，师生之间的精神对话。你不感觉到他是在灌输什么知识。

对于知识的概念——这个很古怪的，可能是不同的时代有不同的想法，他绝对没有想到我这个知识明天是要换来什么样的报酬。至少我们哲学系没有想这样的问题。当时经济系可能比较实际一点，因为当时经济系的学生还跑去仰光（做生意）什么的，他们可能已经开始实践了。我们哲学系的人就是思考，一点都没有知识等于若干报酬的感觉。

当时联大是在抗战时期，昆明是“慈善”的，老天爷很慈悲，冬天只要一件毛衣或者一件薄棉袄就能过了。我们都是很穷的，我记得好像都没有袜子穿，也就这么过来了。我想昆明要是冷一点可是不得了。反正，我们是这么混过来的。

在那种生活里面，当时我们没有感觉到特别穷苦。其实是非常非常苦的。你一到饭堂去吃饭，就可以听见所有人都在敲碗。为什么要敲碗？要把碗里的稗子、石头敲出来——那简直是掺杂得一塌糊涂，必须敲出来，不然没法吃。大家都是站着吃饭，念了四年书，没有坐着吃过饭。可是，好像没有人觉得过不下去。

当然，基本的生活还是有的。有时候家里也给我一点钱，我们就去吃米线。我还记得米线“免红”（不放辣椒），吃不动，太辣了，鳝鱼米线。我们的快乐、我们的享受就到此为止。有时候，我们也会去泡茶馆。但是我们觉得我们的生活特别丰富，没有感觉到苦。

还有一个老天爷特别慈悲的地方，就是云南特别美，美极了简直！到哪儿都觉得好。现在你还要到什么地方什么名胜去旅游，在云南根本不必要。我记得，我们的教室非常小，有时候上大课，像“中国通史”，挤不进去，就在窗户外面听课。有时候，我就不自觉地看天，那天空蓝极了，有鹰在上面慢慢地飞。我写的一首诗就是关于鹰在天上飞的。还有云南的蓝天，云南的蓝天一直跟随着我，一直到我最近写的一首诗，叫作《早晨，我在雨里采花》，还有一句“云南的蓝天一直跟着我”。

我很少参加社团活动，我跟我几个朋友有点独来独往的性格。但是，我觉得我们可思考得太多了。我们的周围特别美，譬如那个时候

年轻时的郑敏

有英国花园，现在我不知道还有没有。我有一首诗，叫作《白苍兰》，就是写那个英国花园。还有文林街，晚上的灯半明半暗的，有那种驮马，就是运货的马，马队，走过去……这些也在我的诗里面。还有街上小孩跑来跑去的情景……反正整个云南的东西，进到我诗里的是非常非常多的。

讲到我们的师生关系，那是非常随便的，因为老师跟学生住得很近。我在诗歌方面受冯至先生的影响非常大。他是我的德文老师。我上德文课的时候，他已经发表了很多诗作，已经是一个有名的诗人了。我是他的学生，我觉得非常幸运。

有一天，下课的时候，我好像不知利害似的，把我用纸订的笔记本上写的诗交给他，差不多小小的一册。我说，请冯先生给我看看，这个诗怎么样。过了大概一两天，再上德文课，课后他就把我叫到外面。他说：我觉得你有诗可以写。这对我是极大的鼓励，以后我就继续写下去，不断地写下去。

我经常上冯先生家去看他。那时候也很不懂事，也不知道人家家里忙不忙，反正有时候就去。有一次我坐到晚上很晚才回来，冯先生跟他的夫人都在。我对歌德最初的接触就是在冯先生的课上。这些老师每天你都可以见到，可以从他们的言谈里吸收很多东西。

昆明这个地方，我们很少进城，就是在郊区。我觉得它像一个学术非常浓厚的大学城。这个教育，它很奇怪，它给你所有的自由，让你自己思考，你此生到底预备走什么路。它也不用考试的方法，好像赶牛赶羊似的把你赶到一条路上去，但是它用一种学术的光辉和一种智慧——非常大的智慧——来吸引你，让你感觉到——如果你有这个苗头在里面，你就会感觉到——你就要走这条路。

我们强调的是悟性，不是记性。我觉得，教育里面最要紧的就是启发教育，就是要启发学生的悟性。他有了悟性，用现在的话说，就有了一种可持续的力量，不是把知识念得很死。有了悟性以后，不管是人生，还是做学问，还是其他方面，就有了一种自己的生命力，不需要老有人在旁边指点。

现在我教学生的时候就感觉我们的考试太多了，形式的东西很多——现在不是在给小学生“减负”吗——把人搞得很紧张。学问完全成为外在的东西，跟你的生命没有连在一起。我们那个时候，好像有一种生命的力量带动你去学习，启发你去爱这个东西。老师从来没有告诉我们应该怎么样，没有人这样说。

西南联大不会培养出低智能的高才生。他是高才生的话，他的东西一定是很扎实的，是从他的智慧里出来的。哲学系有很多非常了不起的学生，逻辑学就出了几个。譬如，当时汪曾祺跟沈从文的关系是非常密切的，汪曾祺好像就是第二个沈从文似的。他一直到现在不是都在传老师的文学嘛。这是一种身教，绝对不是把着手硬给你教出来的。

我觉得，开发一个学生的智慧，不光是教给他具体的知识，而是一种境界的开发、一种悟性的启发。你就像有了自己的能量，不必总是到外面去找。联大不是所有的人都是高才生。高才生当然很好了，其他无名的也未见得后来不会有很大的发展。虽然不见得都是非常好的学生，但是他得了一种力量，这种力量让他以后会很自觉地去发掘很多东西。这也是联大教育里面非常可贵的一点。

我就在想，什么叫“启发式教育”？这恐怕跟我们当时处在抗战时期有关。我们是躲在云南的郊区，但不等于我们脱离了战争。我们在思考问题的时候，很多是接触到人类的道路到底怎么走的问题。我是哲学系的，就会思考人类的问题。

联大跟世界的交流很频繁。清华、北大、南开从20世纪40年代以来跟国际的学术交往一直是非常密切的。以诗歌来讲，我讲英美诗歌，几乎跟英国是同步的。譬如穆旦，他当时对艾略特的感受绝不比一个英国的诗人差。那时候联大是跟世界同步的，因为学术是完全开放交流的。战争时期，我们跟西方一些国家属于一个阵营，各方面的交流是很多的，文史哲的交流很多。这给联大一种宇宙性，它是一所世界性的大学，而不是一个地方性的很小的大学。

我们是有过轰炸的，当然离前线很远，没有接触到敌人，但是在我们的脑子里面，战争有很重要的分量。所以，我的诗有很多是讲到战争的，有很多是思考人类究竟应该怎么看待战争这种问题的。

联大是一种打通古今中外的非常宏观的教育。文学院的每个学生都必须修一门自然科学的课程，我念的是生物——联大也是一种打通文理的教育。杨振宁为什么有哲学的头脑？那跟联大的教育是分不开的。他不是一个狭隘的科技人才而已。事实上，科学家发展到最高的时候往往就是哲学家。联大让我感觉到它有这种潜力，培养出像杨振宁这样的富有哲学思想的科学家。这都是很奇特的。

联大的教育非常有弹性，学科边界很模糊，但是充满了生命力。不是说你念这个就不能念那个。我是念哲学系的，可是那时候我还念了很多文学的东西，因为没有那么多考试的负担，我有充足的时间打通哲学和文学。我最近在研究解构主义。解构主义很有名的理论家德里达就说，他一生都是把哲学和文学连在一起的。我觉得，哲学是文史类的每一门学科都需要的。最近法国就想把哲学当作一个普及的教育，在中学就开始开设哲学课。

事实上，无论是哪一门学科，钻深了以后，都可以碰触到哲学问题。而且有了哲学的角度，宏观的微观的思考都可以增加，会把它们串起来。所以，启发式教育会培养很多联想的能力，这是非常重要的，不是一条死胡同走到底，它是一种非常活的联想的能力。这些老师都是以他们一生的积累来上课的，是带着他们一生的积累走进课堂的，并不是今天教到第几章就第几章，那些死板的教案什么的他们全没有。

我还上过闻一多的课。那时坐得离闻先生很近。闻一多先生那时候讲《楚辞》。他让我非常惊讶。他讲的那些分析、考证，不是很死板的那种，有很多自己的非常丰富的想象力。在讲古典诗词的考证时，他的阐释充满了他的想象力。这让我觉得，我们也能做，每个人念古典诗词的时候都可以打开自己的想象力。我那个时候并不知道现当代的阅读理论，所谓 reading theory，就是说，每个读者可以把自己的东西带进文本里去。事实上，闻一多先生就在做这样的事，他没有搬出很多考证的东西，他讲的充满了丰富的联想。

联大的教授让你感觉像几百年的陈酒一样，不是一朝一夕就可以追求到的。现在比起那个时候，这种陈酒式的学者少了一点。当然，我们现在有大量的信息，也是很好的，流动的东西很多。但是，百年的好酒好像少了一点。在学术界，有这种感觉。

联大的生活是非常奇怪的。宿舍都是一些挺古怪的房子。我们那个时候在戏院住，那房子我不知道原来住的是什么人，一进一进的很多，都是老房子。女生宿舍有一个女服务员，她每天都说，谁来找谁了，谁来找谁了。她总是在那儿很忙。回来的人，进出非常自由。就是晚上很晚回来，也没有人管你。

那时候生活很奇怪，宿舍也不像宿舍，就好像你在外面租的房子似的。也没有什么人管你，反正一切都是非常放松的一种感觉。我有一首诗，叫《寂寞》，就是写有一天黄昏，我从外面回来，坐在我的屋子里，看见外面的一棵棕榈树，小院里的一棵棕榈树。我就写了那首诗，相当长的一首诗。

这倒有点像现在美国研究生的生活，虽然我们那个时候是本科生，但我现在觉得那时候完全是研究生式的待遇，已经是让你自己游泳的那种感觉。你要想上进你就上进，你要想及格也比较容易，没有那么多的关口卡你。要是你还没有醒悟过来，你还不那么严格要求自己，那你也很容易可以毕业。我说的是文科，理工科我不能说。但是我觉得，这些教育日后都会起作用。当时未见得立刻见效，但它会长久地留在你的精神世界里，在一定的时候，在你处理某些问题的时候，这种境界会有很强的影响。总而言之，它让你觉得你是在给自己选择的时候，你可能成长得更快；不是它替你选择，而是你自己选择，你自己总结。

那个时候，我不是一个好学生，确实不是。我在哲学系里是一个爱文学的人，在文学系里又是一个念哲学的人，所以我不可能很“钻”。还有一个分散我的，是我的创作，我非常喜欢创作。我是在“两系”“一个创作”中间走过来的。我大概只有一门康德的课得了很好的分数，其他的都有点马马虎虎，反正不怎么好。

我记得汤用彤先生的课我非常喜欢，魏晋玄学，这个对我影响大极了，也是境界方面、修养方面的影响。汤先生是很严格的。那年学期考试的时候，我得了痢疾，后来去补考，也仅仅考了 60 分，他出的题目我当时没有答好。哲学系的老师，我估计只有郑昕记得我，就是教我们康德的老师，其他老师可能对我根本就没有印象。因为我们哲学系松松散散的，老师讲课，大家坐在犄角里听，互相也没有谈话的习惯，每个人都是独来独往的。我跟一个女同学住在一起。所以，哲学系我估计没有几个人知道有个郑敏。老师们虽然不知道我，可是我这一生，我当时学的人生哲学、中西哲学史等哲学课，对我影响非常深。

我到美国布朗大学念英国文学的时候，我的老师，一个叫 Webster 的教授——当时我的英语并不怎么样，因为我不是英语系的，可是也还可以——我写的报告，他每次都给我 A⁻。我也挺奇怪的，因为我的语言不是很能表达。后来有一天，这个老师找我去，他跟我说他觉得我的脑袋有点奇怪，有东方的东西在里面。我就明白为什么他给我 A⁻，因为我的那一套是他很少见到的，不是美国学生的那一套。我就感觉到，中国的东西念了是给人智慧的，很大的智慧。你带着这些智慧去念西方的东西，你就有中国的角度，有中国的反映，这些是很可贵的。这个老师对我非常好。

1949 年以后，我在美国靠自己半工半读继续学业。那个劳动是非常非常艰苦的。我在一个女青年会宿舍里，宿舍有好几层楼，她们的餐厅有两顿饭，早饭和晚饭全部的碗都归我洗。碟子非常沉，别人拿来塞在窗口里面，我就从那个窗口里送到洗碗机里。还得拖地什么的。在这种情形之下，我的论文进行得极为困难。我在布朗大学念到

年轻时的郑敏

1950 年，本来应该结业了，可是我的劳动占了很多时间，导致论文没有写完。有一天，他们的教务主任就找我过去。他说，你已经满了两年——硕士生应该是两年到三年——你预备怎么样？我听了非常生气，心想，我的经济状况有这么大的变化，我自己半工半读……他就说，你应该离开这里了。我特别生气，我觉得他的态度极为恶劣，就转学到伊利诺伊大学，申请做博士生。我带着论文到那儿去。后来我的论文 1952 年完成，我寄回布朗大学，才得到我的学位。

**访谈人：**请谈一谈您的诗歌创作道路，以及“九叶”诗人的由来。

**郑　敏：**我的许多表兄，还有我家里的长辈，都有吟诗的习惯，在家里经常吟诗，因此我很早就喜欢上了诗歌。在联大的时候，我看了很多二三十年代的新诗，当时还很喜欢陈梦家先生的诗。我念了哲学，听了冯至先生讲的诗学和歌德，我的诗就开始走出了早期诗歌的那种比较清淡、抒情的小品风格。我希望能表达一种比较深的内容，或者比较沉重的东西。而且那时候我看了很多西方的画作，所以我的诗歌里面也有画。特别是音乐，我在联大的时候听了很多很多音乐，差不多大部分古典音乐我都听了，那时候就从文林堂借来唱片听。这样我的诗里就有了哲学，有了艺术，有了音乐，这三个元素在我的诗里是非常重要的。

我在高中以后就读了很多书。那时候有郑振铎他们编的“世界文库”，里面就有好多翻译的小说。当时也有很多哲学的书，比如尼采的、纪德的，还有李健吾翻译的好些法国小说。看了这些以后，我的文字就发生了一种变化，也应该说是受了翻译的影响。早期的中国白话文很口语化，后来才发展成一种文学语言。我诗歌里的语言，一般人认为有点欧化。我现在也觉得是，回头来看，确实比较欧化。到了美国以后，我的论文做的是 17 世纪玄学诗，也是很哲学的。所以，我的诗到现在都有哲学在里面。这是我的路子，基本上就是这样。

后来 70 年代改革开放了，我就看了很多英美特别是美国“二战”以后的诗。在联大的时候，我的诗歌阅读大概发展到艾略特就完了，但是我对里尔克特别喜欢，因为他是德国系统的，是冯至先生的课讲的。事实上，里尔克的，还有歌德的，这些德国比较哲学的东西也进入了我的诗中。当时在整个联大，外文系是艾略特的成分多，我是跟着冯先生这边走的，所以德国的东西比较多。后来到美国我又去念了 17 世纪的玄学诗，那就是艾略特的体系了。

改革开放的时候，西方从 40 年代到 80 年代这个阶段的东西，我已经长时期没有接触了，所以我决定研究美国当代诗。后来，我翻译了一本《美国当代诗选》，那本书出版得太仓促了，一校都没有让我校，里面错误不少，看起来很难受，但是选的东西都是非常好的。那个时候北师大也请了一位美国诗人，叫迈克·丹尼斯·布朗，是我请来的。他教了一个月的课，带来了很多材料，打开了中国这方面的研究。我可以说是最早搞美国当代诗的，这个对我影响很大，进入后现代的一些领域了。我自己走的路基本上就是这样的。

“九叶”诗人的产生，是一个很古怪的事情。改革开放以后，大家忽然发现原来 40 年代还有不少诗，本来好像整个 40 年代都不管了。曹辛之，现在已经过世了，当年在上海办《中国新诗》。上海有曹辛之、唐湜、唐祈，好几个人，他们在 1949 年以前就在一起了。我、查良铮、袁可嘉是联大的。1948 年，曹辛之就跟我说，他觉得上海这一拨和昆明这几个人是一个路子的，就让我们九个人——那时候还没讲九个人，就说我们这些人——都在他的刊物上发表几首诗，显得在中国南北有一个呼应。当然，后来也遭遇了一些批判。改革开放以后，很多年轻诗人到西北去，在唐祈家找到了我们的那些诗，都说不知道原来还有这种诗。

1980 年左右，曹辛之找我们几个人说：我们应该把 40 年代的诗拿出来跟今天的诗歌读者见面，因为他们都没有机会看到。当时找我去开这个会的时候，我心里还想，这个会不知道是怎么回事，说不定还会被人说成“黑会”。后来曹辛之组织大家考虑这个诗集叫什么名字，我们瞎想了一些名字。我们中间年岁最大的王辛笛说：我们九个人肯定不是社会主义的鲜花，我们还不配，我们自己就算是给鲜花衬托的叶子，所以就叫“九叶”吧。“九叶”就是这么来的。我们不敢以鲜花自居，我们算是绿叶衬托鲜花。诗集就叫《九叶集》，后来就出来了。

九叶，就是九片叶子，还不是九朵花。这也反映了我们自己的心态。我们这些人一度被认为是点缀品，是中国新诗的一些“盆景”，不是很重要的，非主流。

> 呵，白杨是你年青的手臂，曾这样
> 向无云的蓝天举起，仿佛对我们允诺
> 一个同样无云的明天，我们每一个都愿
> 参与，每一个都愿为她捐舍。

《九叶集》（江苏人民出版社，1981 年）

过去了，时间冲走一切幻想，
生活是贪饮的酒徒，急于喝干幼稚的欢快。
忍耐在岁月里也不会发现自己过剩，
我们唯有用成熟的勇敢抵抗历史的冷酷。

终于像种子，在成熟时必须脱离母体，
我们被轻轻弹入四周的泥土。
当每一个嫩芽在黑暗中挣扎着生长，
你是那唯一放射在我们记忆里的太阳！[①]

① 郑敏朗读她创作的诗歌《西南联大颂》。

这是我在南京的时候写的。那个时候很混乱，很不清晰，是一次怀念吧。

《诗集（一九四二——一九四七）》是怎么出来的呢？我离开西南联大以后，我的工作允许我每天有半天自己的时间，所以我就继续写诗，写完了就投给天津的《大公报》。当时是冯至、杨振声、袁可嘉他们在那里办副刊，我就寄到副刊去。每一次都登出来了，积累起来就有这么多。

1948 年的时候，巴金先生说，他要把它结成一个集子。1948 年秋天我就要出国了，临走以前，我把这个稿子寄给巴金先生。我真是从心里感谢巴金先生，因为当时我的稿子凌乱不堪，很草率，而巴金先生已经是一位非常有名的作家了，他还能极为耐心地把我的稿子整理出来。而且我再读的时候看到，基本上没有错。我一直没有什么机会向他表达，我对他很深的感谢和敬佩。现在他已经很老了，我也没有什么机会去看他。

这本书，我是在什么时候接到的呢？是我在布朗大学念书的时候。我当时收到一个很破的包裹，里面有 30 来本书。这个书此后就没怎么听说了。后来我接到一个台湾人的信，说他在台湾买到了。那是 40 年代。我回来也没有再提这件事。一直到出版《九叶集》，我又把它找出来。

## 访谈手记

郑敏是我神往的一位联大女性，女诗人。她住清华园内。可是在与她电话约好采访的那天，我有事脱不开身，只能将拟好的提纲交给摄制人员带去了。

他们回来说："你看一下回放吧，非常好。几乎不需要提纲。郑敏老师的谈话自有一种逻辑，又非常感性，气质也好。"

郑敏的这个采访是我喜爱的，温馨，诗人气。看得出，拍摄是一个愉快的过程。

她的讲话不让人感到累，没有压力，而且引人入胜："我们没有课本，没有现在这样的教科书——那是抗战的时候。但是，老师本身就像教科书一样。……我的老师每次来上课，基本上都带着他一生研究的问题。这就是课本，没有什么成形的课本。……郑昕先生给我留下一个非常深刻的印象，就是他每次上课总是衔着烟斗，讲课就好像自己在思考问题。他思考的一个最大问题，就是所谓'物本身'的问题。"

她讲到，听冯友兰先生的课，令人得到一种中国哲学的境界。而冯至先生，读了她的诗篇，认为她"有诗可以写"。

闻一多研究《楚辞》，是与他在云南边地对少数民族祭神活动的考察相结合的，这是一种非常前卫的学术方法。郑敏与之心有灵犀："闻一多先生那时候讲《楚辞》。他让我非常惊讶。他讲的那些分析、考证，不是很死板的那种，有很多自己的非常丰富的想象力。在讲古典诗词的考证时，他的阐释充满了他的想象力。这让我觉得，我们也能做，每个人念古典诗词的时候都可以打开自己的想象力。"至今，我依然觉得闻一多对"姜嫄受孕"的解读是了不起的跨界思维。

郑敏的天空，是我熟悉的云南的天空，"蓝极了，有鹰在上面慢慢地飞”。云南的蓝天，一直跟随她多年。而如果没有智慧的照耀，这里不过是一番晴雨的气象。

听郑敏访谈，愿与她去同游西南联大那诗意的天空、那哲学的殿堂、那大师如林的世界。

“联大的教授让你感觉像几百年的陈酒一样，不是一朝一夕就可以追求到的。”这句话，我以为是她最精彩的总结。

西南联大，用一种学术的光辉和智慧，启发学生去思考这一生要走的路。西南联大老师们的一生，都已经在他们的思考里了。他们的言行，都带着他们所相信的东西。从他们身上，就会得到一种力量，它长久地留在你的精神世界里，让你拥有不竭的自我成长的生命力。

沈克琦（1921—2015）

物理学家。江苏常州人。1943 年毕业于西南联大物理学系。

访谈时间：2000 年 3 月

访谈地点：北京，北京大学，沈寓

**访谈人：**抗日战争全面爆发的时候，有一批知识分子回国，这种现象当时普遍吗？

**沈克琦：**很普遍，学成就归国，为国家服务。这是中华民族的传统，是爱国主义精神。1840 年鸦片战争以来，中国人受外国人压迫、欺负，大家都非常气愤。我们上学的时候，一会儿一个“国耻纪念日”，所以我们深受这方面的教育。那个时候知识分子第一位的是爱国。

陈岱孙先生说，首先是大家本着一个爱国主义的精神，而且坚信抗战必胜，建国需要人才，因此，不管在多么艰苦的条件下，都坚持学习、工作，敬业精神很强。当时有两个原因：一是相信坚持抗战一定能打败日本人；二是打走日本人以后，重建我们被破坏的祖国必须有人才。所以，教师认真教书，学生认真学习。

国家在打仗、抗日，能不能直接为抗战做贡献，这也是学生们想到的。西南联大参军的学生，单是有名字的，记录在案的，有 800 多人。参加抗日牺牲的，有好几位。在长沙的时候，谁愿意参加抗战、参军，就可以报名，学校安排。工学院的人去得很多，学机械的跑到汽车兵那里，或者到飞机场修理飞机，一下去了好几百人。抗战胜利后，再回来念书。

1943 年，中美联合，美国派远征军到滇缅战线，云南成为前线。语言就成了问题，需要大量翻译。1944 年读四年级的男同学，身体好的，都被征调。先参加译员训练班，经过短时间的训练，去给美国远征军当翻译。他们对抗战的贡献也很大。回来后，学校说，你们服务一年，可以发给毕业证书；愿意再学习，可以再学一年，1945 年毕业。

西南联大师生欢送从军的同学

我们的同学已经毕业在昆明工作了，后来就到美军工作，训练伞兵部队。伞兵是空降兵，叫“鸿翔部队”。日本人占领越南，中美要在越南后方空降一部分部队，与驻越南的日本兵作战。伞兵部队是中国人，美国人来训练。美国人讲英语，我们中国兵就听不懂。因为物理系的人懂无线电，我们物理系的两位同学，还有别系的学生，就帮助训练，不仅训练英语，还训练无线电发报。后来伞兵空降越南，也发挥了作用。抗战一结束，他们就回来了。

**访谈人**：请谈谈西南联大的“教授治校”。

**沈克琦**：梅贻琦对学校的领导，秉承了三校传统。蔡元培到北大的时候，组织教授会，教授会推举一名主席，就是后来的系主任。清华基本上也这样。校长办学，他有他的方针，但从管理上讲，尊重教授。简单地说，叫“教授治校”，所有重大的事情都由教授来定，校长不能随便发号施令。

**访谈人：**能不能举一两个例子？

**沈克琦：**包括课程的设置，教学怎么搞，这些都由教授来定。就教学管理来讲，是很严格的。譬如，西南联大有个规定：课程不及格，不得补考，必须重修。这跟一般学校是不一样的。什么情况能补考呢？因为生病，没办法考试，用病假条，可以补考。

**访谈人：**就是缺考。

**沈克琦：**缺考的可以补考，不及格的不准补考。不及格的学分数超过二分之一就要除名。再有，必须得到 132 个学分才能毕业。我一个同班同学就稀里糊涂，后来一算学分，只有 131，差一个学分，又念了一年。

西南联大非常重视体育，这是清华的传统，必须上四年体育课。体育课要考试，还要点名。如果有八次缺席，一个学期的体育课就不及格，要重修。要学八个学期的体育，一个学期不能差。差一个学期，就不能毕业，要留下来重修。

一门课怎么教、教什么，教授可以按自己的理解安排。同一门课

年轻时的沈克琦

程，可能教的内容不一样。这位教授这样教，那位教授那样教，侧重点也不一样，但是从培养人才来讲，结果是一样的。课程内容也不死板，不是必须讲多少个知识点，教授只教主要的东西。学生从老师那里学到了科学思想、科学方法，精华的东西学到以后，其他的东西学生自己学。

西南联大的老师讲课是比较简洁的，并不是那么细，但学生下来要看书，各看各的，没有统一的教科书。也就是说，这样也发挥了老师的一些专长，不给老师限制，你按你的专长讲。比如，电学课是吴大猷先生教的，他非常重视静电学，就按照一本电学书讲。我们学了很有收获。后来因为轰炸误课，我们就自己补。另外，观点也可以不同，有人这么教，有人那么教，看法可能不一样，特别是文科。

再举一个例子。我上过王竹溪先生的热学课。王竹溪先生看了很多热学的教科书，他讲一段东西，不是完全按照哪一本书讲，但是学生要看书。他讲了以后，我们就做笔记。他同时说明，哪一节可以参考哪一本书，比如 Roberts 的热学书第几页，Saha、Srivastava 的书第几页，Guggenheim 的书第几页，Planck 的书第几页。每个教学内容后有好几本教科书，都可以注上。然后，有什么书就看什么书，没有书就去图书馆借。书不需要从头看到尾，可以从中间挑出来看，这也是个本事。现在的学生好像不从头看就没法看了，没有这个道理。

吴大猷先生教近代物理，他说，这段你去看 Crowther 的书，那段你看 Pauling、Wilson 的书，那段你看 Millikan 的书。这些书都是当时国际上比较成熟的、有名的著作。一门课学完，要看好多本书。没有老师抱着一本书教的，也没有学生抱着一本书念的。

而书呢，还有一个问题，有的书你买不着，图书馆同样的书只有一本或者两本。我上图书馆借书，我说我要借这本书。图书馆回答，没有，借出去了。我就另外拿一本，拿起来就看——当时是这么学的。其实，不在于知识的多少，而在于你有没有真正掌握这个东西，自己能不能主动去获取知识，能不能评价所获得的知识。这就是你的本事。这是质量的问题。至于说你有多少知识，可多可少，没有那么绝对。

**访谈人：**您怎么看西南联大的学术自由？

**沈克琦：**学术自由，可以从教学、培养人才的角度来讲。这些教授，各人可以按照各人自己的方法教，这样培养的学生的思想比较广。这个老师这么说，那个老师那么说。

要培养创新精神，还有一条，老师自己必须是有科学研究工作的。他本身有创新精神，才能培养出具有创新精神的人才。所以，北大也好，清华也好，都十分重视科学研究工作。要办好一个大学，必

西南联大图书馆

须做科学研究工作，这个精神就带到了西南联大。

在那么困难的条件之下，这两个学校以及南开大学的教授——南开大学的教授比较少——不仅要教学，还要做研究工作。在抗战时期，条件十分艰苦的情况下，西南联大的科学研究工作没有停。就拿物理系来讲，整个抗战期间，老师、学生发表论文 100 多篇。

**访谈人：**国内外？

**沈克琦：**国内外，发表论文 100 多篇。清华大学因为专门有经费，在昆明办了几个研究所，成立了一个特种研究所委员会，叶企孙先生当主任。有金属学研究所、无线电研究所、航空研究所、国情普查研究所、农业研究所，一共有五个研究所。这些研究所就搞研究工作。搞理科研究要有设备，就从国外进口了一点，自己再造一点。还有一些不需要设备，国情普查这种研究所就不需要设备。

北京大学条件就差一点，理论研究工作是可以照常进行的。实验研究，吴大猷先生也做了一点。吴大猷先生就在岗头村北大老师宿舍里。当时因为日本飞机轰炸，教授们都疏散到乡下，北大一部分教授就疏散到岗头村。岗头村的房子是干打垒的房子，泥巴地，就是泥地。他在那里用从北平带去的大型光谱仪的一些光学元件装成了一台大型光谱仪，用这个光谱仪还做了一项实验工作，这项实验工作还取得了一定的成果。这是我亲眼见到的。

**访谈人：**这些仪器是怎么从北方颠沛流离地运到云南去的？

**沈克琦：**大型光谱仪是一个非常大的东西，没法运，全部留在北平了。运去的是光学元件，三个三棱镜，两个透镜，还有狭缝，再有光源，是吴大猷先生从美国留学回来的时候带到昆明来的。

只有这些光学元件，怎么装成一个大型光谱仪呢？大型光谱仪应该有一个很稳定的平台，就用砖头砌一个；上面应该有架子，架子是用木头做的；本来有一个暗箱式的暗筒，就用黑纸糊了——就这么一个摄谱仪。经过仔细调整以后，它能工作了。还有一个放照相底板的东西，要拍光谱线的照片。所以，连吴大猷先生都说：我看这是世界上绝无仅有的一台。

**访谈人：**徒手造的。

**沈克琦：**用砖墩子、木头架子造了一个光谱仪，做非常精密的光谱学的工作。

**访谈人：**这是个高层次、高科技的研究。

**沈克琦：**这套光谱仪的设备是德国进口的，施坦海尔（大型摄谱仪）这个工厂出的。

**访谈人：**在抗战时期，把重要元件从国外带回昆明，这也深藏着爱国之心。

**沈克琦：**当时就是把棱镜、透镜这些元件装到一个盒子里。这些东西不大，加起来也没什么，装在盒子里，先存在天津，准备等日本人退了以后再拿回来用。后来一看，长期抗战了，一下拿不回来了，就从天津装船运到那里去了。结果路上磕破了一点，大棱镜的角磕掉了一点。

**访谈人：**这也是一种爱国情怀。咱们还要搞科技，先撤到天津，看这个仗还在打，就拿着这个往下走，运到昆明去了。咱们联大的知识分子、科技工作者不是单纯的逃难，带着孩子、老婆的同时，还得带着学校、国家最需要的东西。他们已经做好了随时进行科研的准备。

**沈克琦：** 无线电研究所首先碰到的一个问题是要有真空管。现在不用真空管了，那个时候真空管是最先进的。要研究真空管里这些物理规律，你要自己做一个真空管，不能拿现成的真空管来。要做真空管，就得有制真空管的机器。这个机器是清华大学从美国买的。

设备运到的时候，还没有工作使用，（全面）抗战就开始了。先放在武汉，后来从武汉又搬到重庆——清华大学无线电研究所在重庆办了一个分所，先在重庆办了一段，西南联大到昆明了，就把这套设备通过公路从重庆运到贵阳，再运到昆明。然后，把这套设备装起来，无线电研究所自己就可以做真空管，自己就可以做真空管研究工作了。

**访谈人：** 我记得，沈老师上次还跟我谈过一些艰苦生活的细

1942 年，西南联大物理学系学生在昆明天文台前合影（二排左三为沈克琦）

节，您再给我们讲一下。

**沈克琦：** 1938 年初，长沙临时大学决定内迁。那时候就从内地找地方。最后云南省当局特别开明，欢迎到昆明去办学。然后拨了一块地，在大西门外头三分寺那里，马上就动手造房子，1938 年就造房子。

可是房子不是一下子造得起来的，所以 1938 年学校刚去的时候没有校舍。云南省政府就拨了一些学校，给西南联大上课。当时昆华高工、昆华工校、昆华农校、昆华师范学校还有昆华中学的一部分校舍，都在昆明的大西门内外，这个地方就拨给联大上课。上课以后，马上筹备钱再造房子，然后在三分寺那块地上就造了一个新的校舍。

**访谈人：** 铁皮房子？

**沈克琦：** 新校舍造的时候是两部分：一个是宿舍，一个是教室和办公室。宿舍就是泥地、泥墙、茅草屋顶——架有木头的屋顶，上面铺有稻草。教室好一点，铁皮房子，铁皮顶。后来学校太穷了，把铁皮顶卖了。

**访谈人：** 又全部变成茅草顶？

**沈克琦：** 又变成茅草顶。但是我 1943 年毕业走的时候还没卖。

**访谈人：** 听说那个铁皮是美军装汽油的汽油桶拉平的，是不是？

**沈克琦：** 不是，是马口铁，马口铁的铁皮，不是什么汽油桶。所以，它比较值钱，可以卖。

**访谈人：** 您跟我说过下起雨来的情况。

**沈克琦：** 在教室里上课，因为上面是铁皮顶，下雨的时候，雨打在铁皮顶上面就叮叮咚咚响。

**访谈人：** 你们就在那个“音乐”声中上课。

西南联大铁皮顶的教室

**沈克琦**：对。宿舍造的是一个大屋子，有两排窗户，每排 5 个，一共是 10 个窗户。长屋子两头各有一个门。每个窗户底下放两张双层床，所以一个窗户下面可以住 4 个人，10 个窗户就可以住 40 个人。40 个人住一个屋子，地是泥地，条件应该说很差，可是在西南联大，大家在这样的条件下照样学习，照样生活。

有一条，我觉得非常值得现在的学生借鉴：怎么能够在这样的情况下做到互不干扰？一到晚上 7 点钟以后，屋子里一点声音都没有，大家要自修，要念书。到 9 点半的时候，就要准备睡觉了，这下脸盆响了，什么东西都响了。到 10 点半的时候，一点声音没了，不能影响别人睡觉。

**访谈人**：如果谁不得已出了一点什么声音怎么办？

**沈克琦**：假如有人不小心出了声音的话，人家就嘘他一下。他不会说：你干吗嘘我？没有这样的。他会表示：坏了，我没注意，真是抱歉了。就没事了，没有因为这个吵架的。

**访谈人：** 那个铁皮屋顶，是否下雨的时候老师和同学慢慢就习惯了，不觉得干扰了？

**沈克琦：** 老师声音大一点就行，教室不大。一个教室里头就几十个学生。有的小的教室就二三十个学生。

**访谈人：** 沈老师有没有泡过茶馆？

**沈克琦：** 当时我们泡茶馆是普遍现象。虽然学校的图书馆还是不错的，有好几百个位子，可是我们住在新校舍的总共有 1000 多人，怎么也不够。宿舍里可以看书，可是一个窗户底下最多只能坐两个人，坐不下那么多人，还有两个人没地方看书。

而且宿舍里环境多少不算好。宿舍里面看书，总是自己要躺一躺，弄一弄，环境就不太习惯。就是你坐在床上，累了往床上一躺，对自己也不好，所以得另外找个地方看书。

西南联大附近的街上有好多小茶馆，这些小茶馆就是专门为西南联大的学生念书用的。进去以后，大家坐下，开始聊一会天，到一定的时候就没声音了，都把书拿出来看。老板娘一看，你们看上书了，就知道大概你们也不会再要什么了，火也给封了，最后炖几壶开水，给你们续续水，就完了。

**访谈人：** 那她不是赚不着钱？

**沈克琦：** 那赚不到钱。我们也觉得不好意思，就买一点瓜子，买一点花生，她就赚这个钱。她也简单，就是一个住家，把房间打扫打扫，弄几张桌子，额外赚一些钱，本来也不是商人。

**访谈人：** 别的市民没有在里面喝茶的？

**沈克琦：** 没有。这种茶馆就是专门看书的。

**访谈人**：是不是这种茶馆也是你们来了以后才建的？就为你们建的？

**沈克琦**：对，就是因为有这个需要，才发展起来的，多少赚一点钱。本来老百姓在那里住着，什么事都没有。把门打开，把里面屋子打扫打扫，放五六张茶桌，不是等于白赚了？

另外，后来发展了一些比较大的茶馆。这些茶馆就是打扑克牌、聊天什么的，没法看书的。所以，我们晚上有的时候就跑到大茶馆去玩一通，出来就赶快钻进小茶馆学习。

**访谈人**：大茶馆是参与昆明生活的。

**沈克琦**：这两个是分开的。昆明有很多很好的茶馆，青云街上就有很多很好的茶馆。

**访谈人**：大华茶馆有没有印象？

**沈克琦**：大华茶馆我不知道，青云街上有很多茶馆，我记得有个茶馆我去过。

**访谈人**：你还记得叫什么名字吗？

**沈克琦**：我不知道名字，好像没有名字。

**访谈人**：听说邓稼先很爱逛茶馆，经常穿一个短裤，拖一个木板鞋，是不是很爱穿昆明的板板鞋？

**沈克琦**：这个我不知道。

**访谈人**：我说你们学生。

**沈克琦**：不穿。不知道，不一定。据我知道，跟我一起住的人没有穿木板鞋的。

**访谈人**：当时学生们是什么情况？

**沈克琦：**当时比较一般，那个时候很难说有什么特殊。但是，杨振宁是比较突出一点的。邓稼先，当时我不认识他，他比我低两班（级）。

杨振宁特殊，他1942年大学毕业以后考了研究生。当时同时考取研究生的有三位：一个是杨振宁，一个是黄昆，一个是张守廉。这三位是非常要好的朋友，他们一块念课。这三位都是很有创新精神的人，在物理问题方面想得比较深入，学习中间互相老有争论。这个问题怎么回事，各人有不同的看法。

他们到饭厅去吃饭，吃完饭就回宿舍，在路上要走一段路，在饭厅可能就争论起来了，回宿舍的路上也大声争论一些问题。可能争论的是物理问题，也可能不是物理问题，或者是别的问题。杨振宁嗓门特别大，所以大家都知道有这么三个人。他们三个人后来也知道，就自称是“三剑客”——Three Musketeers。

**访谈人：**我看过一个材料上说，杨振宁躲警报回来，他的房子被炸塌了，他就要了一把锄头来刨，刨出几本书，抖抖就拿走了，别的也不要了，因为那几本书来之不易。沈老师，能不能讲讲跑警报？

**沈克琦：**昆明，日本飞机经常来，而且扔炸弹，昆明城内扔了好些炸弹，翠湖就扔了炸弹。

西南联大的宿舍里也被扔了炸弹，我们住的那个宿舍区里也被扔了炸弹。我们新校舍的宿舍被完全炸毁的有两幢，就是刚才讲的40人一幢的宿舍，有一幢后来另外被修复了一下。教室也被炸毁了两幢。所以，实际上炸弹是直接扔到这儿，那么大家就要逃警报。

昆明城里的人逃警报就逃到城外，我们本来就在城外，就到学校后头躲一下。后头是一个乱坟岗，挖了一点防空坑。一看日本飞机来了，我们就往坑里一蹲，蹲矮一点。当时的炸弹都是小炸弹，50 磅的炸弹，你只要躲在那里面，没有正好扔在头上就没事。跟后来我们知道的那个大炸弹不是一回事。小炸弹扔在你旁边，你就躲在那个坑里面。

**访谈人：**弹片飞起来打不着。

**沈克琦：**弹片没飞起来就没事。我们就躲在那里，看到飞机来了，就往底下一蹲。可是那个地方多少还是有危险，后来安全起见，有的时候我们又跑到离西南联大 10 里路或几里路以外，找一个树林躲起来。在树林里，我们也可以看书，可以聊天。也有人来卖东西，卖烧饵块，正好可以赚点钱。

**访谈人：**好像还可以谈恋爱，躲警报的时候。

**沈克琦：**当然可以了。学校里为了躲开警报，后来就把上课的时间改了。本来是 8 点钟上课，改成 7 点钟上课。一堂课改成 40 分钟，7 点 40 分就上完头一堂课，45 分就上第二堂课。日本飞机经常 10 点多钟来，到它们来的时候，我们的课差不多也上完了。

**访谈人：**按警报开课。

**沈克琦：**一来警报，我们拿起书就跑。下午呢，日本飞机那时飞得比较慢，飞回越南去要一点时间，3 点钟以后日本飞机就不再来了，所以 3 点钟警报就解除了，我们又开始上课。那时候是 3 点还是 2 点半，反正是下午，中间一段时间很长，下午晚一点上课。但就是这样，课还是耽误不少，因为飞机有时候来早了就少上课，走晚了下午课也上不成。

**访谈人：**可能日本也得到情报了，故意来骚扰联大上课。

**沈克琦：**那倒不是。我们上课适应它。它是来轰炸来了，不光轰炸联大。所以，躲警报对我们的学习还是有相当大的影响的。

**访谈人**（对沈克琦夫人张星）：您中学的时候一直在昆明，那个时候有没有联大的师生来给你们做家教或者老师？

**张　星：**家教我家是请不起的，而且我家在茨坝，也没有人会到乡下来。

**访谈人：**他们经常到中学去教书，有没有碰见过？

**张　星：**那就很多很多了。

**访谈人：**给我们讲讲，您作为一个中学生，又是一个流亡的中学生，碰到联大的师生给你们做指导的事情。

**张　星：**比方说我在南菁的时候，一个教我们地理的老师，叫韩德馨，现在是工程院的院士，当时是联大地质系毕业的研究生。我觉得我的爱国主义思想是从他那里受到启发的。他领着我们去看云南的矿物展览，云南有很多矿产这样的展览。他跟我们讲自然地理、讲物

沈克琦夫人张星

产的时候，总是结合着中国的一些具体资源来启发我们的爱国主义精神，同时也启发我们，日本人侵略进来了，我们应该怎样去抵抗。所以，我觉得联大的教员、学生给了我们很好的思想上的启发。我们的教员几乎都是联大的学生。

**访谈人：** 还有其他老师吗？再讲几个给您留有印象的。

**张　星：** 韩先生对我来说印象是很深的。尽管他只是在南菁教地理，从初中到高中的地理他都包了，地理应该说是个副科，但他给学生的影响是很强的。他在南菁教了四年。

另外一些教师，比如杨秀珍老师，她是教英语的。那时候她抓得也很紧，我高三的时候在课堂上就不用中文交流了。课本当然是英文，她讲解也是用英文，我们回答也要求用英文。所以当时的水平就比较高，对中学生来说。数学老师姓周，已经去世了，她教得也挺好。

这些老师教书育人，不光是给你知识，而且用他们的自身行动教你如何做人。因为那时候日本打到越南了，很紧张，老师就会给我们讲一些国家的形势、一些事件的情况。从那时候开始，老师就培养我们成为关心国家大事的人。

**沈克琦：** 她物理老师是我同班同学。

**访谈人：** 当时联大的那些师生为了生活，为了能有经济来源，到各个地方去教课，但他们依然满怀责任感，而且将知识、研究精神传给中学生，并不是说我到这里弄点钱，到大学再好好讲，不是这样的。

**张　星：** 不是的。

**访谈人：** 我看了闻一多先生的事迹。本来人家知道他到昆华中学教书就是为了补贴家用，没想到他那么认真，甚至比本中学的老师还要认真。

**张　星：**他们是很认真地教我们。韩先生是个研究生，应该说他自己的功课还是很紧的，但他教书确实是教得非常好。

**访谈人：**您对当时他们贫困的状况有什么感觉吗？

**张　星：**我们那时候也调皮。比方说有一个老师，叫江泽坚，后来他挺有名的，在吉林大学。我印象中，他只有一件衣服，就是一件蓝布大褂，阴丹士林布的大褂。他动作很潇洒，很无所谓，写写黑板就拿衣服去蹭蹭，一蹭蹭了一身的粉笔灰，也不换衣服。我们也很淘气，就给他起了个名字叫 Only One，就是一件衣服，只有一件衣服。

**沈克琦：**他是联大数学系的学生。

**张　星：**他教给我一些很严格的定义，比方说在讲数学的时候，他就用英文讲 if and only if，就是在这个条件且只有在这个条件之下才是，我们那时候就训练比较严格的一些思想。

我们有的老师，那时候可能已经是联大的教员了，在岗头村结婚了，带着夫人就住在南菁给他的一间茅草屋里。后来这夫人大肚子了，从前女人的旗袍都是套头的，衣服就扣不下了。而且南菁这个地方，教学和吃饭的地方不在一起。上课在山下，吃饭在山上。她（教师夫人）也没法去弄那些锅碗瓢盆，你说她还置一套家具干什么，也没那个钱。所以，她也跟着丈夫，上山去吃饭。我们学生也是走那个山路，我看着心里觉得难受。这肚子大了，衣服就没法办了，绷了。扣子都没法扣了，没法穿了。

**访谈人：**就开了。

**张　星**：只能开着，你说怎么办。

**访谈人**：也没布，也没缝新衣服。

**张　星**：没有，什么都没有。哪怕她能做大一点的衣服，也不至于那么狼狈。可是她没有钱。像这种情况，在北平街头是看不到的。他至少是联大的教员了，所以我觉得他们实在是太困难了。

**访谈人**：张老师，您作为一位女性，观察肯定也特别细腻。联大的女性、女老师或者是教授的夫人，跟随学校到了南方，您肯定会感受到她们受的这些艰辛，您看见过她们的什么事？有印象的。

**张　星**：教授夫人，我没什么接触，因为我还是个小孩。我知道，像我妈妈她们，她在工厂里当会计——那时候昆明不是有陈纳德的部队吗，美国人就喜欢中国的刺绣，据我知道，很多教授夫人都在那里刺绣，白的纺绸的围巾，刺绣完就卖——我妈妈也参与了刺绣，教授夫人恐怕也要为家里弄一点补贴。

**访谈人**：共赴国难。

**张　星**：对。

**访谈人**：张老师，您跑过警报吗？

**张　星**：跑过警报，因为我在南菁，我们的课就是像他（沈克琦）说的那样，早上比如上到10点，完了就放了学，下午3点以后再上课，中间一段就在山上。我们本来就在山上，在岗头村，无所谓。

**访谈人**：您当时是一个中学生，教您的很多都是联大的学生和老师，而且这么一所大学在您身边，对你们中学生有没有什么影响？

**张　星**：我们当时还小。因为岗头村离昆明还有8里地，我平常也不进城，我家在茨坝，是往另一个方向去的，所以当时对联大没有什么印象。可是我知道，联大是很好的学校，其他印象倒是不大有。但我们知道我们的老师好多都是联大来的。

**访谈人**：而且很敬佩他们。

**张　星**：对。联大有一个教员宿舍在岗头村，就在我们那个学校的山下。我听说蒋梦麟、饶毓泰、江泽涵这些人的家好像都在那个地方。

那个时候的知识分子，上一代的知识分子，在品德方面、修养方面，对自己要求比较严，对别人比较宽。这是我们中国人的思维。

**沈克琦**：西南联大是三所大学合在一块的，这三所学校传统不完全一样。每位教授各有专长，他们对有些问题的看法也不一定完全一样，可是合作得很好，这在后方是少有的。

当时成立了联合大学，还有别的学校，这八年时间，前后应该说是九年，是很好的。为什么呢？一个是它具有传统。蔡元培先生就非常强调"异不害同"，梅贻琦先生讲他当清华校长的时候就善于团结大家。到西南联大以后，梅贻琦清华校长、蒋梦麟北大校长、张伯苓南开大学校长，三位都是很有地位也很有威信的学者，他们三个合作得很好。主要工作说实在的，是梅贻琦先生在负责。有关政府方面的事情，蒋梦麟先生去联系，他老在重庆。

**访谈人**：虽然他远在那里，但我听说西南联大内部的事还是他在疏通。

**沈克琦**：对，他在疏通。张伯苓先生完全相信梅贻琦，梅贻琦是南开的学生，是张伯苓的学生。所以，这三者本来渊源甚深。物理系的主任饶毓泰饶先生是南开大学的教授，吴大猷教授是南开的学生。北大的有些教授是清华的学生，清华的有些教授是北大的学生。在北平、天津的时候，这些渊源、关系就非常密切，一起开学术讨论会，这个学校的老师到那个学校去兼课。

**访谈人：**所以，不是突然在一起的。由于抗日的原因，他们自然就结合很好。

**沈克琦：**多数教授为人正派、学风严谨，而且敬业精神很强，这一点十分突出。在那么困难的条件下，这种精神是不容易改变的，这对学生还是有很好的影响的。学术观点可以不一样，可以争论，但是相互关系还是很好的，不会因为学术观点的不同而我排挤你、你排挤我，没有这种事情。

敬业精神，突出的事很多。周培源先生那时疏散到西山华亭寺住，西山到西南联大有 20 里差不多。他上课怎么办？开始骑马来上课。1940 年的时候，他教我们力学，没有一次迟到。反正上课前十几分钟、20 分钟的时候，他的马就到了，到了以后，让马下下汗，牵它转一转，然后把马拴到树上，进教室上课。正合适，没有一次迟到。后来马没有了，因为喂马太费钱，养不起了。教授那时候穷，开始用积蓄，后来积蓄慢慢用光了，他就买了自行车，从西山骑自行车过来，没有迟到过。

吴大猷先生住在岗头村。饶毓泰先生也住在岗头村。当时饶毓泰先生算老先生了，今天看起来不老，才 50 多岁，那时候 50 多岁已经算老教授了，已经当了 20 多年教授了。他们来上课的时候也没有一次迟到，都是准时赶到。从岗头村走到城里 8 里路，到联大得 10 里

骑马的周培源

路，怎么办呢？坐马车。马车那时候是跟三轮车一样的板车，上面加个棚子，板凳放里面，他们就坐车来。

**访谈人**：那是昆明的主要交通工具。

**沈克琦**：对，主要交通工具。在这种情况下，他们没有一次迟到的，总是按时上课。

**访谈人**：据说，有时候下大雨了，一些教授赶来的时候脚下都是泥，衣服裤子都是湿的。风雨无阻，按时到校。

**沈克琦**：风雨无阻，按时到校。当时一门功课至少有六个教授教过。一个教授不是只教一门课，一个教授至少教三门课。

**访谈人**：这是说任课，一个专业课很多老师可以上。还有学生办食堂的事，您可以讲一讲。

**沈克琦**：在西南联大，伙食是学生自己办。组织一个膳团——吃饭的那个“膳”，用膳的“膳”——比如我们60个学生，大家组织起来，首先选几个人管这个事，管什么呢？管收钱，请几个大师傅，买菜，陪采买的出去。60个人，6个人一桌，一共10桌饭，10桌人——有的地方不止60个。举个例子，今天第一桌出一个人买菜，明天第二桌出一个人买菜……轮流自己买菜。你拿着钱带着大师傅，你去付钱，免得大师傅去赚了钱。

**访谈人：**学生管钱。

**沈克琦：**学生管钱。收钱，采买，给大师傅付工资。这么办10天，10天以后重新再选。所谓选，就是抽签，抽到第几组管，就第几组管。这个集体还是很认真负责的，大家为集体干事。学生自己的事自己办。

**访谈人：**大师傅就自己请。

**沈克琦：**大师傅怎么请来的我不知道，反正已经请好了。大师傅请来以后，他工作也很兢兢业业。他办不好就不要他，换一个人，他饭碗也没了。

**访谈人：**除了物理系，其他膳团也这么干？

**沈克琦：**不是物理系，和系无关。我们新校舍有几个膳团。这么一来，当然有一个问题：大膳团办的是最糟的、最不好的，因为大膳团人多，又10天换一拨人，这能办得好吗？办不好。其实真正办这事还是要有人长期管理。还有小膳团，一共才20桌，人数比较少，它就有个常委……

**访谈人：**一桌多少人？

**沈克琦：**一桌6人。有个常委，常委从头到尾管着。也是照样，采买是另外派，这些都一样。但是吃得好，人数是固定的，我就这拨人，你要进我这里，少一个人再进一个人。大膳团是只要登记就能进去。所以，小膳团就办得好，办得好就吃得好，吃得好了饭就吃得少，菜吃得好饭就吃得少，饭吃得少菜就吃得好，这种膳团比较好。大膳团办得不好，饭就吃得多，饭一吃多菜就吃得差，菜吃得差饭就吃得多，是这么一个关系。

**访谈人：**那他们会不会撤掉，去参加好的那个膳团呢？

**沈克琦：**是啊，后来我就从大的撤出来，参加好的了。

在昆明的困难条件下，这些教授们还搞研究工作，这是培养学生创新精神很重要的一条。吴大猷先生就说，开始的时候觉得抗战那么困难，不能做研究了，后来一想，不行，这样长期下去，青年教师不搞研究工作，就不能使研究精神维持下去，无论如何要想办法做点研究。所以，后来他就领着一批青年教师又做理论研究又做实验研究。

这种精神在培养学生的过程中也体现出来了。西南联大的学生要做毕业论文的。在那种情况之下，毕业论文可能只能做一点文献综述报告性质的研究，但也算是一种研究，因为在文献里面你怎么去选择怎么去总结，就有你的看法。

也有些人做了一些开创性的工作，像杨振宁。杨振宁的大学本科毕业论文是跟吴大猷先生做的。他说，有关对称问题的研究是他后来一生工作的一个主要方向。他后来的工作就是从这里开始，从他大学本科毕业论文开始的。还有一篇文章，是他跟王竹溪先生做研究生时写的，关于统计物理的。他说，统计物理是他一辈子研究工作的第二个主要方向，也是从西南联大开始。所以，他说，他在西南联大受到了比较完整的本科教育和研究生教育，这是他后来一辈子发展的基础。他说，他在物理学里的爱和憎，喜欢什么不喜欢什么，也体现他的风格，就是一个科学家的风格。他在什么时候养成爱和憎的呢？在西南联大学习时养成的。也就是说，这种科学家的风格也是在这个时候养成的。

**访谈人**：他的科学家的个性就是在联大形成的，就顺着这个路走。联大不仅给了他学识，还给了他道路。

**沈克琦**：学术上的风格。这些东西，没有科学研究工作，死念书是念不出来的。他是跟着老师做科学研究工作，自己又去看各种各样的文献，看了以后自己再去体会，才形成了这个风格。

## 访谈手记

2000 年春，我们开机的第一镜，就是采访沈老。他曾是杨振宁、李政道的同学，北大物理系教授、北大副校长，后任西南联大北京校友会会长。我请他做《西南联大启示录》史料顾问，从此他与我们休戚与共。

沈老多次强调，西南联大不是一个孤立的现象。他反对拔高与神化的倾向："这是中华民族的传统，是爱国主义精神。1840 年鸦片战争以来，中国人受外国人压迫、欺负，大家都非常气愤。我们上学的时候，一会儿一个'国耻纪念日'，所以我们深受这方面的教育。那个时候知识分子第一位的是爱国。"

他对学校的制度管理讲得很具体。作为第一位被采访人，他给我画出了一个大框架:“包括课程的设置，教学怎么搞，这些都由教授来定。就教学管理来讲，是很严格的。譬如，西南联大有个规定：课程不及格，不得补考，必须重修。这跟一般学校是不一样的。什么情况能补考呢？因为生病，没办法考试，用病假条，可以补考。”

沈克琦骨子里有一种外柔内刚的人格力量，有种敢于“拍案而起”的巨大魄力。平素讲话轻声细语的沈克琦，是善于斩钉截铁地做事的。

2003年秋，关于《西南联大启示录》风波陡起，沈老坚定沉着地调兵遣将，保护这部纪录片。

在纪念抗战胜利60周年的2005年，他主持西南联大北京校友会，为镌刻在联大纪念碑背面的八百壮士作传成书，使同学英魂得以传扬。

北京大学出版社2006年1月出版了《国立西南联合大学校史》，沈老是主要负责人。他本人就是一部活校史。

高温天气，沈老带着我们到沙滩去拍北大老校舍。胡适最后的办公室，是在一个考究的四合院里，红墙、琉璃瓦、玻璃门。

在沈老与我合作的漫长时日里，他的身体已出了毛病。女儿心疼父亲，认为工作太繁重，沈老却对我说:“我自己愿意干的！”鞠躬尽瘁之心尽显。

沈老以科学的态度治史，一丝不苟，他夫人说他是“挑剔专家”，请我“谅解”。我则窃喜“得其人哉”，正好治治我这个文学出身之人的疏懒之病。

熊秉明（1922—2002）

艺术家。法籍华人，出生于南京。1944年毕业于西南联大哲学心理学系。

访谈时间：2001年6月

访谈地点：北京，熊秉明弟弟家

**访谈人：** 在您上中学的时候，西南联大就到了云南。当时你们这一代年轻人对西南联大有没有什么向往？如愿以偿考上以后，受到了过去没有受过的教育，有什么感想？您给我们讲一讲。

**熊秉明：**（全面）抗战那年，我刚好初中毕业。我们到云南，有偶然也有必然。那个时候，我父亲（熊庆来）已经到云南了，他 1937 年到云南大学做了校长。战争起了以后，我们全家都到了云南。那时候西南联大还没来。我到云南以后，就入了云南大学附中读高中一年级。那时候已经有很多外来的学生和流亡的学生，所以我的中学外省的学生很多。

高中的同学都准备考大学，有的是毕业考大学，有的是中途考大学。因为是战争时期，很多流亡同学只要有同等学力就可以考。恰巧西南联大成立了，就是北方最著名的大学清华、北大、南开。你刚才说，云南文化处在一个非常的时期。但是在我们看的话，好像也没有什么很特别的。我们如果要考清华、南开、北大，也就是西南联大，好像也是很自然的事情。

云南大学的附中，我有很多好朋友。当然，这里面有很多外来的同学，但是云南的同学也很多。我自己好像有一种双重身份。一方面我是云南人，另一方面我生在南京，长在北京，说的主要是北京话，所以好像是外来的，又好像是本省的。

我很快就考上了西南联大，也是以同等学力，我高中并没有读完。考西南联大，好像也很自然。因为我父亲以前是清华的教授，所以我很愿意上清华，报考清华或者报考西南联大是很自然的事情，也是一种双重身份。那时候我父亲是云南大学的校长，我没有考云南大学，因为云南大学没有哲学系。

**访谈人：** 当时您选择的是？

**熊秉明：** 我最初选择的不是哲学，不过后来是想学哲学。那时候我不知道我应该学什么。我对文学有兴趣，但是我并没有想做文学家。我很愿意画画，但我也不想做一个画家，因为职业的画家，我始终不是很习惯，我的脑子里想象不出来。哲学呢，我有很多问题，我希望能够在哲学系通过学哲学得到回答。事实上，我并没有希望做一个皓首穷经的哲学家。

**访谈人：** 您后来从事的是艺术雕塑。

**熊秉明：** 对——也没有立刻。我哲学系念完了以后，就去做翻译官。战争结束以后，我才又回到昆明。这时有一个公费考试，我考取了，才到法国去的。

2002 年，杨振宁在熊秉明法国巴黎家中

**访谈人：**您的经历在联大的学生中是非常普遍的，您不是从“当什么家”出发去报考的，而是想弄清一些问题才来求学的。您进了联大以后，联大也不会非要把您打造成一个什么家，您也受到了普遍、广泛的人文教育。您在联大受到的教育，包括您的从军生涯，对您后来做雕塑有没有影响？

**熊秉明：**有非常重要的影响。读了四年哲学，思考的方式和看问题的方式都被塑造了。看东西不愿意只看表面，总要有点哲学的层次，另外一个层次。我后来常常跟人说，我是以学哲学的人的眼睛来看艺术。一个艺术品，如果没有一个真正的人生观放在里面，就不必要做。你画一个苹果就是一个苹果，画得很像，但没什么意义。它总要有些意义，人家看了以后得到一点启发，得到一点别的东西。

我也以看艺术品的眼光来读哲学，为什么？因为哲学，我认为不是一个真理的问题，只是一个人生观的问题。没有说谁一定对，谁一定错。比如道家的道理、儒家的道理，它是两种人生观。没有一定说老子就是错了，孔子就是对了。或者说李白就是对了，杜甫就完全错了；或者杜甫错了，李白对了；或者贝多芬对了，莫扎特错了。这个对、错加到艺术品或者艺术家的身上，是一个错误的判断。

所以，我读《庄子》的时候非常愉快，我读《老子》也很愉快，我读《中庸》《大学》《论语》也可以得到一种愉快。这是一种欣赏人生、欣赏人格——伟大的哲学家的人格，或者他的那种人生境界——的愉快。

**访谈人：**熊先生给自己找到了求知的一个非常好的立足点。您这样的态度，包括您后来到了法国其实也有这样的态度，跟西南联大的兼容并包、异不害同的校风是不是有很大的关系？它没有把您当作一个哲学机器，而是让您跳出哲学，跳出很多很多……

**熊秉明：**跳出一种偏见。

**访谈人：**不只是偏见，正见也可以跳出。您总要跳出。

**熊秉明：**是的。我想有关系。这个问题要讲起来，也许比较复杂。可是要从一个小事来讲一点，那也可以。

那时候有很多在国外得到学位回来的教授，在国外研究黑格尔的，回来就介绍黑格尔，在国外学康德的，回来就介绍康德，也有研究亚里士多德的，或者美学的。每个人都把自己的体系，至少是一种偏爱，介绍给我们，我们可以看到各种不同的哲学体系。

其中有一个教授叫沈有鼎，他在学校里是一个怪人，不太被人知道，因为他没有写过很多哲学著作。可是在哲学系里，大家都非常欣赏他。他有许多对话，他的生活也很奇怪。他教我们形而上学，一年也没有教很多东西，好像没有什么进展，没有一个顺序。他总夹着一本大书。那书是什么？是圣多玛的《神学》[1]。神学，当时大家觉得是很奇怪的一个东西。他教的时候，给这个书做一些解释。这些解释也许有点奇怪，在普通人看来也许有点荒唐，但它是一种哲学的眼光。这个哲学的眼光，很难说得清楚，而且并不能够说一定是某一个体系。它是一种眼光，一种哲学的眼光。

---

① 圣多玛（St. Thomas Aquinas），今译为托马斯·阿奎那（1225—1274），中世纪著名的哲学家、神学家，最知名的著作是《神学大全》。

有一天，系里开一个会，讲“中国与科学”，讨论中国文化里面为什么没有产生科学。大家发表了很多意见。沈有鼎提了一句话，他说：我觉得中国文化里面没有产生科学，这很自然，但是西方文化里面出现了科学，就非常奇怪。大家的意思是，西方产生科学是正常的，而中国文化居然没有产生科学——中国对世界文化有那么多贡献，出现那么多哲学家、思想家——可怪的应该是中国文化。他觉得中国没有科学是很自然的，而西方没有文化是很科学的。他没有做什么解释，大家就哄堂大笑。

可是我后来想，他这个话是很对的。因为人类观察大自然，一定是通过自己的眼光去看，所以主观性很强。而科学要求的是一种客观的态度，把个人、主观抽掉，抽得越多越好。现在你去观察星球，绝对不再用肉眼去看，用照相机（天文望远镜）去看才准确，才客观。

熊秉明与张曼菱

所以我后来替他解释，我认为他是对的。但是他这类想法，当初在别人听来，也许是很奇怪的。

**访谈人：**西南联大纪念碑后面从军的800多人里有没有您的名字？

**熊秉明：**有。

**访谈人：**还是叫熊秉明？

**熊秉明：**熊秉明。

**访谈人：**您为什么要去参军？

**熊秉明：**我们那一批，就是1944年那一级学生，被征调了。美军大批来参加抗战，他们一方面给我们军事援助，另一方面大批地训练中国军队使用新武器，所以需要很多翻译官。我们就是被征调去的。我们觉得是理所当然的。我在军队里一共两年。

**访谈人：**你们同学有没有为此牺牲的？

**熊秉明：**有，不太多。

**访谈人：**我觉得您的艺术是有哲学底蕴的，而且还有云南乡土生活的气息。不管您是不是在外面学得很广，这都与您在西南联大、在云南接近民间的生活是有关系的。

**熊秉明：**在1999年和2000年，我做了一个展览。这个展览的名字叫“远行与回归”。你刚才提到乡土的问题，这个问题对我好像非常重要。远行，到外国留学是一种远行，在这种距离下再回顾祖国的人物、山川、风景和文化，都会有一些新的看法。

另外，又有一个回归的情结。好像你的生命到了一个时候，你是要把你的整个生命做一个类似总结的回顾的。这个回归，是和土地有关系的，当然和人物、风景、乡土都是有关系的。有人也笑我很乡土，有乡土情结。我想这也是很自然的，有人乡土情结很强烈，有人就不那么强烈。

其实我并不生在云南。1979 年，我回到云南，回到我的老家，弥勒县息宰村。我看见那个土地、那个西山，看见许多甘蔗田、红水——那个河水非常之红——非常激动。好像这样的一个世界，就有那么一块土地，是和我有着非常密切的关系的，好像和我的每个细胞都有关系。我做雕刻的时候，有一个时期好像就是以远行的想法为主调，后来忽然变成怀乡的情结为主调。

我在欧洲做雕刻以后，开始是比较传统的雕刻，后来就做比较现代的，是用铁做的。我觉得这才是从旧的里面脱离出来、摆脱出来，找到一些新的形象、新的感觉。这是我所追求的。在这个方向上我走了一个时期，就是越来越简单，越来越几何化。那个时候，我忽然觉得越来越空虚了，实在的东西好像不够了。我忽然觉得我要回到泥土，回到实在。于是云南的水牛的形象出现了，我就开始做水牛，做了很长时期水牛的形象。我和故乡的关系，当然还有很多，不过这至

熊秉明作《回首牛》

少是很重要的一部分。

再有一个例子，比如书法。我到了欧洲以后，1968 年，学生在改革大学教育。法国学生就提出来：我们要有一个书法班。他们当然不太清楚什么是书法，而且中国大学里面也没有书法班。忽然说要有个书法班，当然有点奇怪。我说也很好，但是中国的大学没有书法班。他们说：没关系，我们现在叫作“想象力当权”，我们要有个书法班。他们就找我负责。我当时就把书法理论的书都看了一下。我忽然觉得，离开母土那么多年，对这些东西换了一种新的眼光。我是 1947 年出去的，到 1968 年已经有 20 多年了。我觉得这些想法值得记录下来，就写了一本《中国书法理论体系》。

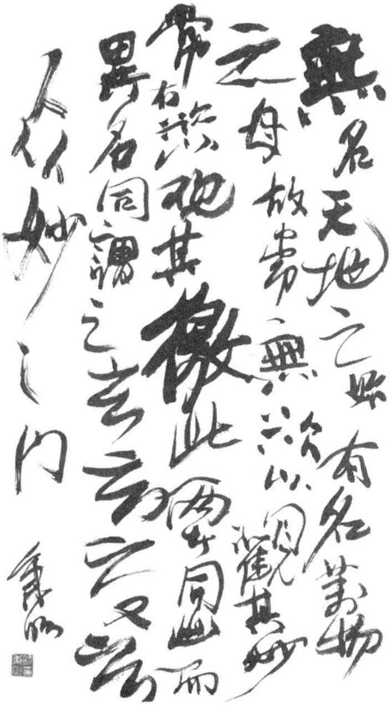

熊秉明书《道德经》

所以，远行，你在这个距离下再看祖国的人物也好，风景也好，土地也好，文化也好，都有一些新的感觉。同时，又有一种很强的回归的感觉。

**访谈人：**我想请您讲讲，您父亲在联大到达昆明以后，在抗战那种艰苦的环境中，对它的理解和帮助。

**熊秉明：**具体详细的情形我不是很清楚，但是一些点滴的例子，我可以说一下，也只是让大家了解。

父亲离开清华，当然很犹豫，因为清华那个时候是国内最重要的学校之一。而且他参加工作已经十年了，不但是算学系主任，也代理过理学院院长。所以，清华的风格，他也是代表的人。要离开清华，

熊秉明与父亲熊庆来（左）

他当然觉得是一个很大的赌注。可以说，那时大家都没有想到抗战，或者有很多大学都会集中到昆明去。他也觉得云南是非常偏僻的省份，要去的话要预备护照，出国的护照，还要有两个国家的签证。

可他去的时候，清华到北大给他的帮助都很大。他曾经跟顾颉刚、冯友兰等许多人都提过，就说我要走了，我要到云南去，那是一个非常艰苦的工作，你们必须给我支持。他希望这些老教授提几个年轻有为的、有希望的人，愿意到边疆去工作。那个时候，当然不会太有人愿意到云南去。我记得很清楚，那个时候他回家吃晚饭的时候，跟我们孩子们说了一下——我当然还很小，才十四五岁——他就说，有吴晗（愿意去）。后来大家都知道了，还有另外一些人。父亲走的时候，的确受到这几个大学的同事们很大的支持。

他到了云南以后，算是"地主"，当然有很充分的理由为联大提供一些帮助。当时最简单的居住问题，就是大问题——那么多教授、学生突然来到昆明。我也举一个小的例子，很简单的。我们当时住在一栋小房子里，楼下是一个大的会议厅。联大刚到的时候，父亲就把会议厅的形式给改了，只摆了大概 20 张床，很多教授就住在那里。这只是一个简单的例子。我们家在上面，下面就是北大、清华、南开的教授们的临时住处。

**访谈人：**用自己的家来接待他们。

**熊秉明：**是。

## 访谈手记

熊秉明先生从法国回到北京的消息，我是在宗璞家里得知的。她告诉了我联系方式。他住在北京的弟弟家。

我发现联大的这些教师子弟们关系比较密切，许多年后还有联系。可能从父辈的交情中延续下来，在当年的环境里有着较深的认同感吧。例如，杨振宁在昆明的西南联大纪念碑前问起宗璞。熊秉明之父熊庆来曾为清华算学系主任，杨振宁之父杨武之是该系教授。三校南迁时，熊庆来已任云南大学校长。

2001 年在北京，熊秉明先生的弟弟家，我拜访了这两位云南老乡。他们那儿还存有一些旧照片，熊庆来先生偕夫人照，还有龙云当年迎接美国副总统的照片，都比较清晰，好像是原版的。

我们拍摄了几件熊秉明的作品。画上是红土地和牛。牛在他的雕塑里被极度简化，使我想起中国的象形文字。我一直以为中国的象形文字很接近西方的抽象派艺术。正好在形象向抽象蜕变的当头，一过来就成了今天的方块字，线条也变得规整，从描画式变成点横竖撇捺提折钩，以画的艺术飞到了“书”的艺术。

时间紧促，来不及与熊先生交流我的陋见。在北京采访就是这样，真正拍摄的时间实不如在路上来回奔波的久。人生也是这样，接近目的只是瞬间，大量的过程就在那些计划和克服距离所付的代价上了。然而，一种距离，能够克服还算是成功的。

令我闪电般受到撞击的，是熊秉明说他曾办过自己的艺术展，名字是“远行与回归”。他认为艺术家的必然历程就是如此。远行，离开故土旧地，甚至离开自己，然后在某个时刻，疲惫了，厌倦了，或者收获了，总之是一种机缘，使你又回归。你强烈地渴望母土，渴望回到初期自我的那个环境、那种生活方式和文化方式中去。这种回归不是还原，而是满载而归，亦包含着对母体的回报。熊先生认为，能够完成这个过程的艺术家会达到完整，并充实、幸福。大意如此吧，因为在浏览他作品的时候，没有再录音，我们都走来走去地交流着。

这正打中了我的要害。我在外20年，从京津闯荡到沿海，从作协漂流到文化公司，却突然间返回了云南。其时正当盛年成熟期，还没到叶落的时候，这引发了许多关心我的亲朋们的担忧，不少人是反对的，认为“可惜”。既然又回到原地，一个不太发达的原地，那么过去20年奋斗所形成的东西必然会受到挑战和冲击。在最后的一段长跑中，能否完成人生的冲刺？还是功亏一篑？

这个问题在现实中、在思虑上无时不折磨我，尤其在我极不适应、极难施展的时候。

“远行与回归”，只有西南联大哲学系出身的艺术家熊秉明才能明确提出。他的身份一直是“旅法艺术家”。那天他送了一本书给我——《看蒙娜丽莎看》。如今我重新捧读，熊秉明先生已经溘然辞世，但他在书中继续与我交流着。我明白这本书是他远行之路上的小记。他记述了西方许多艺术家，达·芬奇、罗丹、毕加索等，以及对他们的作品的思考。我认为，他们都是极致的，个性和个人生活也达到极致，极致地悖逆常人的轨道；于是在作品中，对色调、线条的追求，也是一个时期朝着一个方向狂奔，就像一个向海边狂奔的顽童，直到把最后一块布都扯掉，让感性的东西赤裸裸地展现出来。

我想，在欧洲学习和追求的熊秉明先生也领悟并实践了这种极致的精神，但和所有这些西方艺术家一条直线追到底的哲学思维不一样，他是复线的，他随时隐秘地描画着另一条线，虽然是虚线，却是朝着相反方向回归的线。这是一个东方人，一个东方艺术家、哲学家和思想家的必然轨迹和独特贡献。

在这本不厚的小书里，后面便有熊先生对书法的感悟之文。不久前我拜访钱绍武先生，他也是雕塑艺术出身的书法家，也是西南联大教员的子弟。钱先生对我说："写字的第一要领，从前一直以为是框架，其实不是，是笔意，是每一笔起落的自如，是那种心意。"这番见识大大解放了我写字的拘束。我以为每一笔画都可以顽皮而又活泼，表达出我此刻的心意，活灵活现，不显勉强和作古状。

与熊先生所说，书法当回到稚气憨态，如出一辙。

记得熊秉明的作品中还有一幅《母亲》。他对我说，希望还能回到云南弥勒看看那里的红土地，土地上的牛。

哲学家讲出的"远行与回归"，带着二者互相渗透的丰富内容。远行，无疑是多彩多姿的，因为正逢青春向外张扬的时期，也是海绵一般贪婪吸收一切特异物质与气息的时期。路途越远，海光山色越辽阔，收获越多。但远行中所携带的，大多还是别人的东西、异邦的内容、他人作品的昭示。严格地说，远行，更多是获得一种见识，用新的开阔的见识来塑造成长中的自己。

而回归，却并不是如枯叶飘零那么轻盈。回归是沉重的，是硕果落地，是必须挤出自己的血与奶来的时刻；也是最后完成自己，重新黏附到故土，归属它并被它拥抱和承认的沉重的过程。

回归，是把母亲的血肉重新带给母亲。但那已不是原来的稚嫩软弱的血肉，而是令她感到欣慰、感到强大支持的顶天立地的身躯。

一个家庭，一个民族，就因为有这样远行而回归的孝子、忠臣而兴旺和强大。所以，中国沿海有崇尚远行的风俗。我的父亲出身山地，却一再嘱咐我们“远走高飞”。

回归，而并不背弃远行，使两个反向的历程珠联璧合。

回归，是艰巨的，常常令人沮丧。有时让人觉得不如远行自然、顺畅，犹如一条张帆的船，顺风出港，蓝天白云，魅力无穷。

回归，并不像它的字面义那么和谐、舒心。旧巢是狭窄的，故人是坐井的。

然而，回归中凌驾以一种难以拒绝的责任和神圣的呼唤，令你获得宗教般的受难感与满足感……

一时有诸多启发想与熊先生交流，虽然他仙去了，但是思想的探索穿越生死。

“远行与回归”，从哲学意义上讲，可以凝结于人格的构建。人的灵魂和力量，总是要向外投入的，投向世界、艺术、事业、爱情、自然、社会、家庭等。

但投入即一种人格的倾斜，所以每一种投入、每一次投入都必须要回归，回到人自身，回到人的起点和立足点，否则会造成人格的迷失与伤害——虽然创造了物化的成就，内心却失去安宁祥和。许多天才和著名人物都因此而酿成悲剧。

熊秉明这种以“回归”为终结的思想，来自东方。东方人讲叶落归根，人在精神上也有一个故乡，一个根。

一个人一生行得越远，他回归的精神之旅也就越漫长、丰饶和有意义。

中国儒家之始祖孔子，就是一个既重视天下功业，又强调与内心精神的发展形成平衡的伟大哲学家。著名的佛教高僧玄奘也因完成了“远行与回归”而功垂日月。

人类的所有狂放和创造，都将走向追求和谐的目的。

有幸“远行”又“回归”的人是福者。

郑道津（1918—2010）

教师。安徽六安人。1940年入西南联大叙永分校物理学系，肄业。

访谈时间：2000年7月

访谈地点：个旧，郑寓

**访谈人：** 请您谈谈西南联大叙永分校的情况。

**郑道津：** 那个时候，日本已经侵占了越南，昆明进一步受到了威胁。同时，整个抗战的局势已经持续了相当长的时期，正处于一个艰苦的阶段。

叙永这一批学生，大部分都是从沦陷区来的。在四川南部叙永这样一个小城里，各方面条件本来就差，加上学生们来自战区，一般都没有支援，所以更加艰苦。

就拿我们这一班学生来讲，其中就有从陕西沿路赤脚走到叙永来的。大部分人虽然不像这个同学这么艰苦，但是一般来讲，都还是相当艰苦的。许多人穿的衣服都不周全，许多人都还打赤脚。另一方

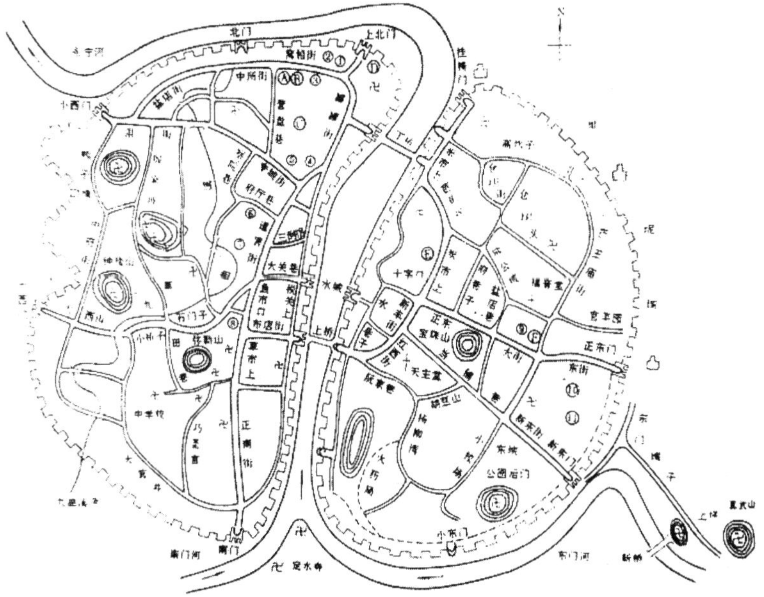


1940至1941年西南联大叙永分校校舍分布图

面，一些华侨学生从海外来，来的时候滇越铁路还通，就带了一些衣服、用品，还是西装革履的，当然这是极少数。

大多数同学都是极端艰苦的。当地社会环境又差，根本没有电灯，就是用桐油灯。当地的校舍都是借用的一些庙，庙里原来的东西都没有动。许多人在菩萨像底下睡觉，上自习也就是在这个庙里面空的地方。拿食堂来讲，根本没有任何设备，就是拿粉笔在地上画一个圈圈，大家就围着那个圈圈吃饭。

当时国民党经济上逐渐开始支持不住了，关金、法币不断贬值。贷金刚开始拿的时候还好一点，过一阵之后，就不够用了。在这种情况下，伙食就更糟糕了。一般就是想办法填饱肚子而已。大家还总结出怎样能够把饭添好、能够饱肚子的经验，就是第一碗添少，第二碗添多一点，第三碗添满。第一碗吃几口，赶紧冲去盛第二碗，第二碗赶紧扒到肚子里之后，第三碗就添得满满的了。

叫人感动的是，不仅是我们同学，当时的教师、教授也都是在极端艰苦的情况下维持教学的。曾经听说，有一个外文系的教授住在老百姓家里，房子很潮湿，住了不久就发现有蛇爬到家里，给人的感觉相当可怕。日本飞机不断空袭，一空袭就发警报。重庆大轰炸的时候，有一次日本飞机整整轰炸了一晚上，一晚上都是警报。天气又热，唯一的出路就是到永宁河里去游泳、洗澡。洗脸、洗澡都靠河水。

当地老百姓对我们倒还是非常关注的。学校出成绩的时候，当地有一个老先生，原来是北大毕业的，元旦的时候特别给我们一口猪，这样大家打了打牙祭。在这种情况下，大家都还是相当注重学习的，老师教学也认真。

四川是国民党统治比较严厉的地区，当地有国民党的驻军。在皖南事变之后，他们就对同学们揭露皖南事变真相的壁报加以注意。除了驻军之外，当时还有一个新生活运动妇女指导委员会，这是宋美龄领导的。她也收用一些战区来的青年，他们不断到学校去监视学生。这段时期，三青团的人相当活跃，在揭露皖南事变真相的壁报出了之后，他们就开始在学校没收这些进步书刊，盯着比较进步的学生。

我去的时候，学校已经开学好一阵了。本来我在昆明的时候就要转关系，转到中华民族解放先锋队。我去叙永之前，领导民先的同志——这个同志现在叫李辰，辰巳午未的辰，他后来是北京市人大常委会教科文委员会副主任——就通知我，到叙永的时候改一下我的党组织关系。他说：有一个叫徐树仁的——徐树仁现在在西安一个大学里——你到了叙永之后，徐树仁会找你。我到了叙永之后，就看到徐树仁。徐树仁的绰号叫“木头人”，我就喊他木头人。他说：你来了。他一点头说：好好好。

我想他肯定会给我解决党组织关系，可是没几天，他暴露了，就疏散了。疏散了以后，我想，他会不会交代别的同学来解决我的关系？我就等候。恰恰那个时候，校医室需要一个人担任挂号的工作。我因为经济困难，本来就已经向学校登记，希望有适当的勤工俭学的工作给我干。后来学校就叫我到校医室负责挂号。我想，挂号的时候，如果有人来找我或者提起徐树仁，可能就是徐树仁交代的人了。但是一直也没有人。这样，在叙永，我的组织关系就没有解决。

后来昆明比较稳定了，当时国民党教育部还是希望叙永分校继续维持下去，逐步把联大搬到四川去，好控制。在这种情况下，我们就非常反对叙永分校继续留下去。后来学校当局也觉得校区分两处，领导也不方便，终于在暑假之后，重新回到昆明。

在昆明，同学们兼差的机会比较多。昆明的同学很多都到外面去兼差。相当多的人都去当家庭教师，还有一些当会计、店员，各种各样的都有。当时昆明中午放午炮，放午炮的这个位置也让联大学生干起来了。在昆明，找工作的机会比较多，叙永就没有这个条件。除了极个别的给当地一些有条件的人家当家庭教师，这大概也只是一两个人，其他的都没有这种机会。加上大一的功课也比较紧，就经济上来讲，基本上完全靠贷金生活，有支援的就好一点，没有支援的，经济上就非常困难。叙永分校的同学，跟其他历届学生比起来，都是特别艰苦的。

**访谈人：**当时一个华侨生病死了，您还有印象吗？

**郑道津：**当时有一个校医，叫余柳权（音），辽宁人，是医科大学毕业的。他辗转流亡在关内，最后成为叙永分校的校医。

他一个人，只有一个护士帮他的忙，药品又奇缺。在这种情况下，这个余校医也是够困难的。加上天气又热，拉肚子的、中暑的、过度疲劳的这种小毛小病的人特别多——我做过校医室挂号的工作，我看真是难为他了——生病的同学，总希望很快解决问题，但是条件不好，余大夫一个人忙于应付，所以大家对他意见很多。许玉卿（华侨学生）是因为药品不及时，加上病又发得急，很快就死了。

我开始整理书籍报纸这些东西。我在叙永的时候记日记的。我可以把叙永的日记找出来，看看是不是有这方面的材料。

**访谈人：**这日记找到了吗？

**郑道津**：没有。刚刚开始理。

**访谈人**：就我们所接触的联大的学生，我发现叙永的同学特别团结，凝聚力特别强。您能不能给我们谈谈原因。

**郑道津**：我的看法是这样的，在叙永那个环境里，联大老师、同学成为一个非常紧密的集体。大家都有一个共同的目的，怎么读好书。再加上有一些骨干同学，当时不大觉得，离开学校之后，这些骨干同学就成为凝聚的中心，特别是北京的一些老级友（叙永分校校友），像张家环、何宇、许冀闽这些人。一方面这些人本身的活动能力比较强，另一方面这些同学相当一部分都具有进步思想。比如许冀闽，许冀闽当时是民先的成员，在昆明的时候是群社的社员。

群社当时领导我们的党员就要我们团结同学，特别是要我们在大一新生当中起作用，要多交朋友，多给同学做服务工作。原来的群社社员就有这样的任务。到了叙永之后，群社活动停止了。皖南事变之后，政治条件特别艰苦。这些老群社的社员更加自觉地、心照不宣地感觉到有这样一个任务，就是在同学当中，要团结大家。当时党的原则方针是荫蔽精干、多交朋友，这个方针也都知道的，所以大家都比较积极主动地团结同学。当时是如此，到了昆明以后，这个传统也就继续下去了。大学毕业之后，这些同学在北京就更加能够团结级友了。

## 访谈手记

郑道津住在滇南的一所中学校内。在温润的阳光里，他坐在树下，显得很虚弱，但是记忆不减。

郑道津系出名门，与翻译《天演论》的严复有亲戚关系。1940年，他进入联大不久，就被地下党派往滇南，充当情报的转换站。从此，他一直留在滇南的中学教书，因此失去了西南联大的学籍，后来也没有得到离休待遇。

在历史的长河中，他属于付出而不求回报的那一类人。我们摄制组也算“见多识广”，看到他的境遇，还是不胜唏嘘。

40级是一个特殊的年级，曾经在叙永的庙宇里驻扎，受尽艰难困苦，还有学子牺牲。

对于叙永分校的建校总结，于今远远不够。人们只关注那些有光环的地带和时段，而叙永办学却充满了惨淡的经历。

有一次，我与清华徐葆耕老师讨论起叙永班在联大历史上的评价。我认为，叙永分校是一个失败的试验，证明学校在远离城市文明的地段很难生存，而新生在脱离母校氛围的环境中，精神也愈加孤寂。

徐葆耕老师没有正面回答我的问题，他讲了一个吴宓的“段子”。

学生们在课堂上问吴宓教授：日寇已经打到贵州独山，离昆明不远了，学校将怎么办？

吴宓说：麝是一种珍稀物种，当它被猎人追击无处逃生的时候，会跑向绝壁悬崖，在那里撕裂自己身上的麝香囊，揉进土里，归还大地，然后跳崖而亡，让猎人一无所获。

这就是“退麝投岩”之典。这个悲壮的杜撰，令我一下子明白了当年西南联大的危急处境与选择。有时候，诗意与寓言，更能让我们抵达一种历史的真相。

郑道津由于是地下党的外围人员，对刘文典的磨黑之行知情更深。刘文典在磨黑之行后，被清华中文系解聘了。这件事的影响很大。这一段访谈被转录时漏掉，很可惜。

朱光亚（1924—2011）

核物理学家。湖北武汉人。1945 年毕业于西南联大物理学系。1980 年当选为中国科学院学部委员（院士）。1994 年当选为中国工程院院士。

访谈时间：2000 年 9 月

访谈地点：北京，朱寓

**访谈人：**您是一位值得我们骄傲的学长。您是哪一年到西南联大的？

**朱光亚：**我是1942年转学到西南联大的，一年级是在重庆中央大学。当时是慕着西南联大的盛名转去的。

在西南联大三年，就是二年级到四年级，受到的教育的确是很多很多的，不仅仅是我的专业物理学。那样一个环境、那样一个气氛，非常令我们这些年轻人（振奋）——当时我很年轻了。

**访谈人：**您当时几岁？

**朱光亚：**我是1924年出生的，1942年18岁。你要是看我当时的照片，我高中毕业的时候还是小孩的样子。这么一大堆成人，我站在旁边。

西南联大的老师——我是学物理的，物理方面的老师——是集北

1939年，朱光亚（前排左一）与中学同学合影

大、清华、南开三个学校的，那是非常强的阵容。我个人的体会，还不止于此，不止于物理、数学，社会方面的、文学方面的都很自由，我们可以去旁听课。比如诗歌，有老师是从国外来的，他们讲课我们也可以去旁听，很自由的。我印象特别深刻的是闻一多先生的课，西南联大的教室很简陋，必须找一个大一点、长一点的教室才行，都坐满了人，除了选修他的课的文学院方面的学生，旁听的人很多。

**访谈人：**您听过闻一多先生的课吗？

**朱光亚：**听过。

**访谈人：**您也爱好文学？

**朱光亚：**他的诗歌，他写的东西，非常鼓舞人。而且，他有时候还在全校做讲演。我只是去旁听，也不是正式选他的课了。

还有朱自清的课，不算很多，再多我也忙不过来了。因为那个时候生活还是很困难的，得靠自己努力。虽然我是这样的年龄，但当时的安排是去做家庭教师。做了之后好像很没意思，因为教的都是比较有钱的，少爷、小姐，他们也学不进去，所以我后来干脆就到中学去兼课。

**访谈人：**对平民的学生，比较痛快。

**朱光亚：**那时候很有意思，为了使我们能够兼课，中学上课的时间跟我们大学错了半个小时，这半个小时便于你跑路来回。有过这样的经历，都很受教育。

闻一多先生，1945 年抗日战争胜利前后，他的演讲慷慨激昂，他看得非常深刻。闻一多先生是被国民党杀害的！当然，那个时候我已经离开昆明了。

**访谈人：**还做过哪些勤工俭学的事？

**朱光亚：**主要就是刚才说的任教。任教也是很愉快的，因为在中学里面可以接触一些更年轻的、求知欲很强的学生。后来我干脆就住在我去做老师的地方。

**访谈人：**您在哪个中学任教？

**朱光亚：**这个中学叫什么……[1]

**访谈人：**还记得您经常去云南的哪条街吗？

**朱光亚：**我们那个是在西南方向的。

**访谈人：**翠湖记得吗？

**朱光亚：**翠湖那当然没问题，我老走来走去经过它的。工学院在翠湖那头，我们有的时候还到工学院去跑步。

**访谈人：**每天就在学生食堂吃饭？

**朱光亚：**在学生食堂吃饭。

**访谈人：**是不是自己办的？

**朱光亚：**不是。那是在学校的大饭厅，自己办不可能的，没有这个精力。

**访谈人：**你们是在工学院那边？

**朱光亚：**我们是在西南方向的，理学院和文学院是在这边的。

**访谈人：**当时住的房子，是不是很多人一间？ 40 个人？

**朱光亚：**40 个人，上下铺，中间夹个桌子。

**访谈人：**铁皮顶？

---

① 朱光亚曾在昆明天祥中学任教。

**朱光亚**：铁皮顶、茅草顶都有。铁皮顶一般是教室。但是也有问题，下雨了，上课的时候上面就叮叮咚咚响了。我们宿舍是茅草屋，不好之处就是漏雨。

**访谈人**：漏了怎么办，拿盆接？

**朱光亚**：那就拿盆接。

**访谈人**：铁皮顶叮咚响的时候，是不是老师就大声地讲？

**朱光亚**：那当然了，课也不停。后来也习惯了。

**访谈人**：茅草屋里面那么多人，会互相妨碍吗？

**朱光亚**：这个大家都还是互相照顾的，没有大声喧哗的，很自觉。一般都是自己比较好的朋友、同学在一块。我那时候是和化学系的高中毕业的同学一起，我们一般都是这样住在一个小单元里，上下铺，住四个人，摆着一个长条的桌子，支起来，就那么一圈。

**访谈人**：比较和谐。您当时最喜欢看书的地方是哪里？茶馆还是宿舍？

**朱光亚**：茶馆、图书馆都是经常去的，特别是茶馆。那时候有首歌叫《茶馆小调》，大家都会唱。

**访谈人**：您也会唱吗？

**朱光亚**：那个时候会唱，现在都忘了。

**访谈人**：是不是"晚风吹来天气燥，东边的茶馆真热闹"……

**朱光亚**：对对对。

**访谈人**：我听说邓稼先他们当时也在茶馆，穿个短裤什么的，非常随便。

**朱光亚**：非常随便。茶馆那个时候很好，那个灯很亮，不像我们宿舍里面那个灯。一杯茶，可以泡一天。

**访谈人**：那个茶馆里还有打牌的、聊天的，不影响你们看书吗？

**朱光亚**：那个不多，我们去的那个茶馆不多。

**访谈人**：听说有的茶馆就是为了让联大的同学念书而专门设立的，那就全部都是看书的同学了，有这样的茶馆吗？

**朱光亚**：有这样的茶馆。

**访谈人**：您还记得那些茶馆的名字吗？

**朱光亚**：我都记不得了。

**访谈人**：一般进一次茶馆要多少钱？

**朱光亚**：一杯茶（的钱）。

**访谈人**：就坐到晚？

**朱光亚**：坐到晚。你要坐多久就坐多久。

**访谈人**：肚子饿了怎么办？

**朱光亚**：肚子饿了你去买烤白薯或者别的，都可以。

**访谈人**：烧饵块吃过没？

**朱光亚**：也吃过，烧饵块。

**访谈人**：米线吃过吗？

**朱光亚**：米线就比较贵了。

**访谈人**：看来您还是属于烧饵块这个阶层的，还有油条……

**朱光亚**：对，油条。我去得比较晚，1942 年才去。开头的那两年是不错的。我去的那个时候，是龙云主管。龙云比较开明，他在当时蒋介石的地方政权中比较开明。比如说，有时候我们上街去游行，他暗中给布置一些人保护你。你要贴上些东西，你就贴。你贴完了之

朱光亚与张曼菱

后，他就把它撕掉，把它清洗掉。

访谈人：朱先生参加过什么样的游行？

朱光亚：那特别是后来，参加了“一二·一”运动，参加了游行。当时非常气愤。

访谈人：特别是四烈士遇难以后。您当时是一个读书特别刻苦的学生，对学潮、民主运动也很感兴趣吗？您自己觉得您是一个什么类型的学生？

朱光亚：我是感兴趣。但是刚才我谈的，我那个情况也没有更多的精力去参加这些游行。

访谈人：像您这样的同学在联大多吗？

朱光亚：很多。

访谈人：关于跑警报，您现在还记得些什么？

朱光亚：跑警报是我转学过去之后，1942 年到 1943 年，开头的那几年是比较经常的。一拉警报，我们都往野外跑，分散往野外跑。

**访谈人：**经常碰到跑警报吗？上课的时候也碰见吗？

**朱光亚：**上课的时候好像偶尔也有。

**访谈人：**您怎么选择学习物理的？是不是跟国家、民族的危机也有关系？

**朱光亚：**我不是说我是转学去的嘛。我高中毕业是在重庆，在南开中学，这也是按我当时那个情况所做的选择。我大哥在中央大学，我高中是到当时的后方去上的，经历比较多，我高中就念了三个学校，详细的不说了。

我高中要念完了，要上大学了，学什么？当时我就已经要选择学物理了。这有几个原因，一个原因是中学教物理的那位老师给我的教育很深刻。他的课讲得很好，他用英文来讲，而且他很关心我们。所以，快念完这门课的时候，我就得想究竟学什么，我就想学物理。

那时候一位教物理的老师很好，一位教化学的老师也很好。我就去找他（物理老师），请教我的老师，魏荣爵老师——他现在在南京

年轻时的朱光亚

大学，可能退了。我说：我想学物理，您看怎么样？请老师给我指点。

我的有些同学是不赞成的。那时候很时髦的是学工，什么电机工程，什么机械工程。他们大多数都是学工程，真正选自然科学的不多。我的非常好的同学，学化学的，不止一个了，有一位邹承鲁，现在也是院士，在北京，我们很谈得来的，互相关心，互相帮助。在这个情况下，我的大哥支持我。我说我有这样的志愿，他支持。

**访谈人：**是不是感觉到物理学未来的发展将会对我们民族的发展、实力的增强有很大的作用？

**朱光亚：**那时候还很难谈得上看得那么高，因为毕竟还是中学，当时就是爱好。老师教得好，这个又引起了兴趣。

**访谈人：**吴大猷老师带您和李政道先生出国，1950年返回。那时候您学业有成，为什么选择回国？

**朱光亚：**我去美国留学的时候已经从西南联大毕业了，1945年毕业。1949年中华人民共和国成立了，新中国诞生了。当时我们跟学校比较要好的几个同学还专门找一个地方庆贺了一番。那时候我已经萌发了这个想法。同时，我的学业1946年到1949年已经完成了，完成了学位考试，所以当时就非常想回来。当然，也有人说，再晚一点，别着急。我非常想回来，新中国成立以后，就有所准备了。

到了1950年初，我是3月份到4月份大约这样的时间回来的。那个时候感觉到，你得快点回去。为什么？一方面家庭也有关系。那时候我的父亲比较年老，也知道我差不多学完了，希望我回来。主要的是新中国成立了，刚才讲了我们当时有个小的聚会，大家情绪很高。我在美国的时候，研究生阶段也办同学会，我也曾经在同学会里面跟大家一起讨论，不少同学都觉得学完要赶快回去。新中国成立了，这时候应该回去，投身到自己的国家去。

**访谈人：**为自己的人民做点事。

**朱光亚：**做一点事，尽我们一份责任。

**访谈人：**您当时心里面有没有一些波动？那么落后的条件下能做出什么名堂？有没有这种徘徊犹豫？

**朱光亚：**这倒没有。我当时的心情、感受就是急于回来。回来之后，也是急于学习，现在的说法就是政治思想上要补课，要跟上形势。比如说，我到了北京大学，开始教书，当时党就组织像我这样的教师去了解情况。我参加过土地改革，参加了一个小小的队伍，上湖南长沙，到更小的县城去体验生活。农民翻身斗地主这些场面，那都是受教育。学校里面，党组织党内学习，我总争取时间去旁听。组织到鄂豫皖根据地去访问，我是湖北人，我就报名，所以我又到老根据地去过一趟。

**访谈人：**明白了。就是当时根本没有物质生活的考虑，而是想尽快把自己和祖国的状况联系在一起。

**朱光亚：**物质生活是有保证的，很好的。

**访谈人：**就已经很满足了。您在国外学习的时候见识了很多，也不会引起一种物质享受的欲望？

**朱光亚：**没有。你听我刚才讲的情况，我的家庭，兄弟姐妹是很多的，平常出身，但也不是很坏，我父亲在邮局工作，当时的邮局还不错。

**访谈人：**我觉得更重要的一点还是您对自己的要求。现在很多孩子也不是出生于非常好的经济环境，但是物质的刺激会使他们产生一种欲望，他们不能坚守在一种事业里。

**朱光亚：**所以，后来抗美援朝，我也去了，他们需要英文翻译。选择我们的时候也很有意思，就是有一天校长办公室通知：你到校长办公室去一趟。我也不知道什么事。到了校长办公室，两三位老师——也不是老师——就坐下来考我的英语，跟我说英语。说完了之后，他们也没说干什么。我到校长办公室，校长也不知道做什么，去了之后就是用英语跟我交谈，交谈完了就完了，就走了。后来才知道是怎么回事。

**访谈人：**您当时的导师，他做学问、做人或者他的教育方式给您的感受和影响，请您谈一谈。

**朱光亚：**西南联大的师资阵容是非常强的。二年级我的力学就是周培源老师讲的，电磁学是赵忠尧老师，王竹溪、叶企孙、吴有训这些老师都在这里教学。当时吴大猷老师的夫人身体不好，行动很不方便，生病，基本上是躺在床上。那时候还有空袭，还有刚才说的跑警报，所以吴老师就没办法在学校上课，他得住到乡下去。教授们有一定的薪水，但生活还是很艰苦的，吴老师还要操劳这些事，照顾夫人。

那时他带研究生，但不能到我们这种班来讲课。他很有名的研究生，杨振宁、黄昆他们几位，就到他家里去，一个星期都得去。那时候我也知道这个情况，知道他们去的时候就买上点肉，买上点菜，给老师送去，然后就在那儿跟他学习。我们见不着这位老师（吴大猷），但知道他是很好的一位老师。

到了1944年1945年，我最后一年的时候，他的夫人稍微好了点，

钱学森、邓稼先与朱光亚

空袭的情况也好了一点，他就搬回来了。搬回来之后，他就开了一个选修课。这个选修课非常吸引人，从理论物理、统计力学一直到量子力学，这么丰富的内容他在一个课里面讲。这个课的名字叫普通高等物理之类的。这是非常吸引人的。老师来了，见到了，选他的课的人不少。而且他有自己的创造，有自己的贡献，都揉在一起。我非常幸运，最后一年有这么一个机会接触到吴老师。

**访谈人：**比较广博的基础，而且互相融会贯通，放在一起讲。

**朱光亚：**对，他都一起讲。这个时期，我也上吴老师家里去过。有时候他有困难，我也帮着做事。比如他夫人要去医院检查，行动还是不方便，我就陪同去。学校里面派一辆汽车，到了那里的时候，背着他夫人进去，做点力所能及的事。

**访谈人：**主要是对这个老师的尊敬。

**朱光亚：**实在是佩服，非常佩服。后来有这样一个机会，他要选

朱光亚与杨振宁、李政道在美国合影

两名助手去美国考察，就选中了我和李政道。李政道毕业了，是非常了不起的一位。

**访谈人：**你们跟他关系很好，相濡以沫。您的学业也很优秀，也取决于这个。

**朱光亚：**那谈不上。我自己说，按吴老师要求的水准，应该还差一点。跟吴老师有这么一段机缘，受到了他的教育。

1946 年出去，他回他的母校密歇根大学，我也到密歇根大学。原来到美国的意图还不是这个，但是到了那里就只能是各自到大学里面去继续学习，继续攻读，做些研究工作。

那时候大家还是很高兴的。我就和吴老师他们在美国他的母校进修，进了研究生院，又相处了一年。1946 年以后，他就到纽约去了。

**访谈人**：你们就像他的孩子一样，跟他做事，他也尽量帮助您、教您，这样的师生关系是不是比较普遍？

**朱光亚**：应该说比较普遍。老师们都是那样对待学生，那么带学生的。老师们都很辛苦。

**访谈人**：当时是不是有这样的事，梅贻琦的夫人和潘光旦的夫人做过一种糕点，叫“定胜糕”，就是抗战必胜的意思，到冠生园去卖，补贴家用？

**朱光亚**：那可能的，像化学系的一位姓高的老师就卖花，就在校园里面种花。

**访谈人**：老师们在教学上一丝不苟，而你们去打工、做家教来维持学业，也很艰苦。当时师生们有一个共同的信念，这样做是为了抗战或者抗战胜利以后国家的振兴。朱老师，您还记得联大的校歌吗？

**朱光亚**（唱）：万里长征，辞却了五朝宫阙；暂驻足衡山湘水，

朱光亚在美国密歇根大学的博士学位照

又成离别……

## 访谈手记

一大早，我们开车找到了与朱光亚先生约定的地方。摄制组去吃早点，旁边有一个豆浆油条店。

约定的时间到了，我去向门前警卫通告。不一会儿，他就得到朱光亚秘书的回话，开门让我们驱车直入。

前方一栋小楼，朱光亚正站在路边张望。他高高的个头，我们一眼就认出来了。

楼下客厅的茶几上，已经整齐地摆好了西南联大的一些史料书籍。

朱光亚神采奕奕，显示出与他的体格、事业、地位相称的那种巨人型的精力和敏锐。

采访像交谈一样融洽。他说自己家境清寒，在昆明常吃烤白薯；去听闻一多先生的文学课；做过家庭教师，有钱人的少爷小姐都学不进去，后来干脆到中学兼课，感觉很有意思。

他说，吴大猷讲课非常丰富，有自己创造的东西。

“我也上吴老师家里去过。有时候他有困难，我也帮着做事。比如他夫人要去医院检查，行动还是不方便，我就陪同去。学校里面派一辆汽车，到了那里的时候，背着他夫人进去，做点力所能及的事。”

“后来有这样一个机会，他要选两名助手去美国考察，就选中了我和李政道。李政道毕业了，是非常了不起的一位。”

说起吴大猷不久前在中国台湾逝世，朱光亚说自己曾与在美国的李政道通了电话，委托他向恩师转致牵念。

那天摄像师的电池老出问题，但朱老显然是那种从容不迫的科技工作者风格，他并不感到我们的准备不足是一种大不敬。

我慨叹：像这般毛手毛脚的摄制组，怎么可能去造原子弹呢？

秘书出现，将朱光亚挽上小楼去休息。不一会儿，朱光亚又出现在楼梯上。他手捧一个盒子下楼，高兴地说："看看有没有你们要用的照片？"

这是留学时代的朱光亚。朱老逐页讲述。有一组照片是 1950 年在芝加哥附近的小湖边上拍的，是海外学子们在举办夏令营活动。一圈人围坐在草地上，青年朱光亚站在中间，念一封祖国来信。信里在说新中国成立后的社会巨变。

朱光亚说，这些信强烈地吸引着盼望回归的海外学子们。

他说："不少同学都觉得学完要赶快回去。新中国成立了，这时候应该回去，投身到自己的国家去。""做一点事，尽我们一份责任。"

我想，"爱国"在哪儿都可以，但"强国"的事情却需要在这块土地上从头做起。没有这批人穿越重重障碍义无反顾的回归，中华民族的"两弹一星"等伟业，还要推延。

选择，当一个人在年富力强、储满力量的时候，才是最有意义的。

我问朱老，想不想念他青年求学时的昆明城？

他说，很想念。在电视上看，知道现在的变化，世博会什么的都看了。总之，昆明那边的事就很关心，想多看一些画面。

朱老惋惜地说，知道滇池污染，希望尽快治好，非常想亲临故地，但是不太容易，去不了了。他若提出要去，那提前几个月很多人就要忙碌起来了。即使就近到颐和园走走，也都兴师动众，他不忍心，所以平日就和夫人在小楼上听听音乐。

他喜爱的音乐很广泛，尤其喜爱世界级的名曲，交响乐，中国民乐也听。

朱光亚在采访中常露出顽皮的笑容，有时还吐一下舌头。他唱的西南联大校歌不跑调。这首沉郁婉转的歌曲可不好唱。有些人唱了一辈子，也没唱准。他参加过合唱团，还唱过《茶馆小调》。

他谈到，西南联大培养的学生，没有物质欲望。

采访结束后，朱老带我参观他的家，朴素的客厅、木茶几、办公室规格的沙发，墙上有一幅方毅的字、一幅红梅图。在用细线系起来的一串贺年片中，朱光亚挑出孙子、孙女画的两幅画给我们看，童稚盎然。他慈爱地笑着说，后代的兴趣、爱好，他一概不管，随他们的天性去。

孙子、孙女们会来这里看他，但他却难以出门去与他们相聚。他告诉我，今年的大年初一，一早，他就上办公室去了，看些资料，处理些事务。

我回到日常的鸟语花香、车马喧阗中，时常会想起那座朴素的小楼，和小楼上传出的优美的音乐。

那间遥远的办公室，朱光亚在静谧中展开他的工作。

他的慈爱已经献给了这个民族和所有的中国孩子。

邹承鲁（1923—2006）

生物化学家。江苏无锡人。1945年毕业于西南联大化学系。1980年当选为中国科学院学部委员（院士）。

访谈时间：2001 年 5 月

访谈地点：北京，李四光纪念馆（邹寓）

**访谈人：**您跟我们说说，您是怎么投考西南联大的？

**邹承鲁：**投考是1941年。那时候有所谓四校联合招生。我考的是西南联大，第一志愿是西南联大。

**访谈人：**您是从老家投考的吗？

**邹承鲁：**不是，我在重庆投考的。1941年（全面）抗日战争已经到了一半了，老家已经沦陷了。

**访谈人：**您也是一个流亡学生。当时您是怎么选择西南联大的？

**邹承鲁：**那个时候选择西南联大有两个方面的原因：一个是学术上的名声，一个是民主风气。这两方面都很有吸引力。

**访谈人：**您能跟我们讲讲，您进入西南联大以后在昆明这几年中那种艰苦的生活吗？个人的生活，像蹲茶馆……

**邹承鲁：**茶馆我也蹲过。跑警报、勤工俭学……我都干过。

原来的宿舍是一个统舱式的，对面两个床用帘子一拉，好像是个单间，实际上都是通的。两个床上下铺四个人，可以自己选，比较要

年轻时的邹承鲁

好的朋友住在一块。中间是一个大桌子，晚上就在那儿自习。上图书馆当然也可以，但图书馆座位有限，要很早去占位子。

我父亲还在世的时候，我还可以跟他拿些钱花。后来，我父亲1942年去世了。我上二年级的时候，我父亲已经不在了，生活就比较紧张了。那个时候学校包的伙食只有午、晚饭，没有早饭，早饭就自己在学校门口地摊上吃。我父亲去世之后，早饭有时候就吃不上。后来只好勤工俭学，什么事都干过：做家庭教师，到餐馆去管账、跑堂，都干过。

**访谈人：**您还跑过堂？

**邹承鲁：**跑过堂，给人端菜。管账、算账也干过。勤工俭学，维持到毕业。

**访谈人：**跑过警报？

**邹承鲁：**跑过。警报一响，就往后面跑。昆明不像重庆，没有防空洞的。昆明都是平原，不好打洞。所以，只能往远处跑。我们就是往北边跑，跑到学校后面有点高高低低的地方，趴在那个田埂旁边。有时候还看见飞机轰炸，看见昆明城里投弹、冒烟。

**访谈人：**您泡过茶馆吗？

**邹承鲁：**也泡过。经济条件稍微好一点，晚上就上茶馆看书，也是几个同学一起。因为茶馆灯要亮一点，还有水喝，在那儿看看书也挺好。就看经济条件，没钱就只好在宿舍里闷着。后来打打工，有点钱了，有时候就可以晚上泡泡茶馆。

**访谈人：**据说日本人轰炸和跑警报根本不能够影响西南联大师生的教学和学习，所有的课程都必须补上。

**邹承鲁**：对，都必须补上。

**访谈人**：比方今天一早就跑了，本来准备早上上的课，是不是就晚上或者下午上？

**邹承鲁**：肯定安排时间，出布告补上。至于什么时间，我记得大概是临时出布告，得到系门口布告牌上去看。早上落的课，什么时候补，在什么教室，几点钟，去就是了。

**访谈人**：这一点，学生和老师都很明确，一定要按时完成所有课程。

**邹承鲁**：对，反正要补的。

**访谈人**：邹先生，您上学的时候，给您印象最深的、对您影响比较大的老师，无论是为人、作风还是学问，您还记得吗？

**邹承鲁**：我想对我一生影响比较大的是杨石先，后来南开大学的校长，那个时候是化学系的主任。我记得后来我选择生物化学做专业就是受他的影响。

邹承鲁西南联大入学卡照片

那个时候西南联大没有开生物化学的课。西南联大的传统，就是越是普通的课，越是高级的老师教。系主任就教普通化学；我上的普通物理是吴有训；微积分是杨武之，就是杨振宁的父亲。反正越是普通的课，越是名教授来上。在课上，杨石先讲的内容使我对生物化学产生了兴趣。毕业之后，因为西南联大没有这个专业，我留学就考了生物化学。

**访谈人：**您当时就能意识到这门学科在未来对我们民族、对人类有很大的作用吗？

**邹承鲁：**没有想那么远，就是感兴趣。从科学上讲，它有发展前途，比传统化学的发展前途可能更大。

**访谈人：**刚才您说，西南联大重视基础教育，名师执教基础课。您觉得，这在教育方面对培养人才有什么意义？

**邹承鲁：**我印象最深的，就是它给学生选课的自由。你爱选谁的课就选谁的课，爱去听谁的课就去听谁的课，完全没有限制。但学分上有一定的要求，哪些课必须上，必须考试，必须及格，才能毕业。必修的学分够了之后，选修可以相当自由。

有的课算学分，有的课不算学分，但你可以去听。学生最爱去听的老师，其中有吴晗，教历史的，有吴宓，沈从文我记得我也去听过，反正文科老师的课我常常去听。

还有王力，他虽然教语音学，但他开了一门课对学生的吸引力非常大，去听的学生非常多，就是唐诗。唐诗已经是中文系里相当专业的课了，可是他讲唐诗，学校总是给他安排一个大教室，去旁听的人实在太多了，都挤满了。王力后来是北大的教授。他好像是客家人，说一口客家话。他的话不怎么好懂，我印象最深的是他用客家话念唐诗。唐诗我们现在用普通话念起来，有些好像不押韵，他就解释：当时唐朝的话跟现在的客家话比较近，你们觉得不押韵，我用客家话念给你们听，你们听着就是押韵的。这个给我的印象是比较深刻的。

**访谈人：**看来那一代的科学家或者理工科的学生们都有很开阔的文化基础。

**邹承鲁：**对。这就是西南联大的优点之一。它在文科方面大师很多，吸引力很大，所以理科学生也常常去听课，使他们除了科学之外，人文素质也得到一定的培养。

**访谈人：**您一生走过这么长的路，一直到后来有这些成就，西南联大的这种基础培养和广泛教育对您的影响和作用有哪些？

**邹承鲁：**那时候虽然条件很艰苦，但是西南联大化学系还是坚持了实验课，实验课是必须上的，而且管得很严。大概上个月，清华的高崇熙教授诞辰 100 周年纪念，我去参加那个纪念会。在会上，很多

西南联大化学实验室

同学，包括我自己，也回忆了当时上他的分析化学课做实验的一些情景，训练是非常严格的。

**访谈人：**邹先生，“人工合成胰岛素”是人类在20世纪一个伟大的发现，我们国家能够在这个领域里领先，您和几位科学家做出了很大的贡献。其中有位钮经义，也是西南联大的。

**邹承鲁：**钮经义也是西南联大的，是我们的同学。

**访谈人：**您以前跟他认识吗？

**邹承鲁：**不认识，他的班（级）比我高。

**访谈人：**一共是几个人负责这个胰岛素研究？

**邹承鲁：**严格地说是四个人。上面总负责是刚刚去世的王应睐教授，下面分成四个组，由四个人负责，我是其中之一。

**访谈人：**西南联大就占了两个人。在中华民族振兴的过程中，西南联大的人在很多地方占据了重要的位置。这不是一个偶然现象。您觉得西南联大的校风与后来所取得的成就有关系吗？

**邹承鲁：**当然有直接关系。一个是做学问，一个是民主教育——这一点西南联大继承了北大的传统，蔡元培留下来的影响，做学问要讲民主，“在真理面前，人人平等”。不管谁说的话，要是不符合事实，谁都可以起来反驳。

这在理科中少一点，在文科——他们上课很热闹的，先生讲完课，学生上去，各人说各人的，不是说先生说的就一定对。理科这种情况当然就要少一点，因为有些科学事实，学生有时候不掌握资料，跟老师也辩不起来。但是文科就不一定，有时候在某一个问题上，学生比老师知道得还多一点。不像现在，老师在上面讲，学生在下面听，闷头记笔记，到时候拿出来背，然后考试就通过了。那时候不是这样的风气，这也是给我印象最深的。

**访谈人：** 杨振宁认为，西南联大是他一生的起点，对您是不是也是这样？

**邹承鲁：** 我想也可以这么说。

**访谈人：** 您出国是哪一年？

**邹承鲁：** 1947 年。1951 年回来的。

**访谈人：** 回来的时候是怎么想的？

**邹承鲁：** 回来就是想报效祖国。

**访谈人：** 出去的时候就想好了的吗？当时西南联大的风气都是这样的吗？

1947 年，邹承鲁在前往英国的船上

**邹承鲁**：对。反正我知道的，出去的多数是回来了。也有不回来的，但不能说不回来就不对。现在出去不回来的人太多了。

**访谈人**：您回来后又经过了一个漫长也很艰辛的过程，有很多不应该的麻烦和痛苦，您怎么看待这个曲折和多难的问题？

**邹承鲁**：这个问题我被问过很多次了。我说，我一生最大的追求就是做科学，好好做科学。我回国之后最大的遗憾，就是在做科学上受了一些限制，最大的限制是时间上的限制。我曾经算过，我是1951年回国的，到1978年改革开放，是27年。在这27年当中，真正能够踏踏实实做点工作，前后满打满算不过12年。有十几年的工夫就是搞运动，这些是我回国最大的遗憾。

**访谈人**：您能不能概括一下您对西南联大的看法，或者它对您这一生的影响？

**邹承鲁**：在艰苦的条件之下坚持做学问，我想这是我在西南联大学到的最重要的学风。

**访谈人**：在那么混乱、困难的条件下，师生们为什么会比和平的时候或者比后来更加专注于教和学？

**邹承鲁**：学生是跟老师学的，老师都这样，学生就看着样子照办了。

**访谈人**：精神支柱是什么？是不是跟国难有关？

**邹承鲁**：我想也有关系，那时候相信科学救国。

**访谈人**：当时校园风气非常活跃，学校有很多活动，合唱团、办壁报等。

**邹承鲁**：我也办过壁报。我办过的壁报是文艺性的。当时我比较喜欢文学，有几个比较要好的同学都是文科的。其中有一位，也许现在还在北京，叫袁可嘉。他曾经在中国社会科学院文学研究所，现在还在不在不知道了，反正前几年我还见过他。办壁报有他一个，还有几位，后来不知道上哪儿去了。我们一起办过壁报，就在校门口两边的墙壁上，大概一个月出一期。

**访谈人：**叫什么名字？

**邹承鲁：**叫《耕耘》。

**访谈人：**您还记得在上面发过什么文章吗？

**邹承鲁：**都是文艺性的文章。我喜欢写点散文，有时候写点诗词之类的。

**访谈人：**您还有没有记得的一两句诗？

**邹承鲁：**不记得了，一点也不记得了。诗词也很久很久没有作了。在中学、大学的时候有这个爱好，古诗词，自从到国外去之后以及回国这么多年，就没有碰过这个东西，没有时间。

**访谈人：**最喜欢的诗词是哪一句？

**邹承鲁：**喜欢读的古诗词还记得一些，自己写的就不记得了。当时好像比较喜欢杜甫，因为杜甫的遭遇跟抗日战争时期有点像，“国破山河在，城春草木深”，这些诗是经常背的。

**访谈人：**当时学生的伙食是不是自己办？

**邹承鲁：**这我不记得了。后来我打工，就在外面吃饭了，在打工的地方吃饭。

**访谈人：**学校的民主气氛很浓，校园活动，比如演戏什么的，还是很活跃的，您有没有参与？

**邹承鲁：** 很活跃。我没有演过戏。我就搞过壁报，别的没有搞过。

**访谈人：** 我看当时还有时事讲座。

**邹承鲁：** 时事讲座，我去听过。

**访谈人：** 您是哪一年离开昆明的？

**邹承鲁：** 我最后是1945年离开昆明的，八九月份。学校1946年才开始撤，1946年在昆明毕业的是最后一班。

**访谈人：** 您说到过“倒孔”运动，是什么情况？

**邹承鲁：** 学生几乎没有不参加的，都非常气愤。联大有一个名教授叫陈寅恪，那个时候去香港治病还是怎么样。日本人占领香港之后，困在香港的一些文化人差不多都没有逃出来，后来我知道营救了一些出来。很多人都留在了香港，没有出来。

但是，从香港飞出来的最后一架飞机，载了孔祥熙的家人，据说孔二小姐连她的狗都带上了飞机，而这些教授都没有能够上飞机。所以，学生们一听这消息就非常气愤。实际上也是有领导，我们做学生的那个时候不知道，一气愤一招呼就全上街去了。

## 访谈手记

门口有警卫，有一个空旷的院子，房子非常宽敞。这里原来是著名地质学家李四光先生的旧居。邹承鲁与李四光的女儿李林是一对科学伉俪。

我们是在一间布满了李四光纪念物的大厅里进行拍摄的。邹承鲁先生给我的印象是文质彬彬，风度颇佳。

我指着他年轻时的一张照片说：“真帅！”

他的夫人即笑道：“那是我给他拍的。”

这是科学的世家，父亲、女儿、女婿皆院士，有“院士之家”的美誉。知识丰富、充盈着他们的生命，他们是那种为科学准备了一生的人。

采访过程很简洁，邹先生的夫人留给我很深的印象。她身为院士，却不失女性风采，娇小玲珑，雅致秀丽，个性活泼。相比之下，邹先生较为沉默。

中国成功合成胰岛素曾轰动了世界。邹承鲁和西南联大的另一个学生钮经义是重要发起人和首创者。

但在访谈中能感觉出，他对自己不满意，说一生中浪费的光阴太多，可惜了。

混乱的年代曾经使许多人迷失了自己的志向，将大志化为小志，将远志变成“近算”。悲哉！

庄子说的“大而无当”之才，是一种悲剧。反其道而求“实用”，也会培养出大量庸庸碌碌的青年。

邹承鲁他们这一代是有梦的，有自己的梦，有祖国的梦。他一生秉持自己的良知，一往无前，维护心中的正义和科学的尊严。

李曦沐（1922—2017）

原国家测绘局局长。曾用名李晓。辽宁新宾人。1945 年毕业于西南联大历史学系。

访谈时间：2000 年 3 月

访谈地点：北京，李寓

**李曦沐**：西南联大在长沙的时候叫长沙临时大学。那个时候学生中的爱国运动就很活跃了。搬到昆明以后，初期也很活跃，当时有群社，党的外围组织。皖南事变发生以后，联大的地下党员和一些进步同学都撤退了，袁永熙、陈琏、邢方群他们这些人都撤退了，地下党的组织也停止活动了，比较消沉。

什么时候重新活跃起来的？1944 年的五四纪念周。这时候日本侵略者从河南发动打通大陆交通线的攻势。大陆交通线穿过河南、湖北、湖南、广西，几个月时间，国民党几个省都丢掉了。国民党军队不战而溃，失地千里。最后一次打到贵州的独山，整个大后方为之震动，昆明也很震动，因为离得很近了，都准备打游击了。联大的爱国师生忧心如焚！

这时候正赶上五四运动 25 周年，联大的地下党 1943 年重新成立了党支部。支部书记是马识途，在学校叫马千禾。他在联大的学生运动中起到了非常重要的作用。两个支部委员：一个叫齐亮，后来在

李曦沐在西南联大

战斗中牺牲了；一个叫何功楷，后来是外交部的非洲司司长，已经去世了。

那时候，我跟马识途非常要好。我当时不是党员，但他把我当党员一样使用，经常向我传达党的一些文件精神。1944 年五四大游行前夕，他找到我——我当时是西南联大历史学会主席。他说，历史学会是不是开一个时事晚会。请哪些教授参加，他都提出了名单，张奚若、闻一多、吴晗、周炳琳、沈有鼎，这些教授都是进步教授，另外我们系主任雷海宗不能不请。

1944 年 5 月 3 日晚上，在西南联大最大的、容纳人数最多的教室南区 10 号举行了时事晚会。事先我们就贴出海报，说联大历史学会准备于 5 月 3 日晚在南区 10 号教室举行时事晚会，欢迎同学们踊跃参加。结果来的人非常多，联大最大的教室挤得满满的，坐不下，一部分同学站在窗户外面。联大那个时候是土坯房子，铁皮屋顶。所谓窗户，就是几个木头棍子，连窗户纸都没有，玻璃更没有了。同学们站

年轻时的马识途

在窗户外面照样听得见；发言的时候，就把脑袋伸到里面去。中途下了大雨，同学们也不肯走。张奚若、吴晗、闻一多、周炳琳都做了很好的发言；同学们也发了言，表达了对时局的焦虑、对现状的不满。

这是联大爱国民主运动从低潮重新进入高潮的一个起点，也是闻一多他们第一次在广大群众面前亮出自己战斗的旗帜。这个晚会在联大的民主运动历史上是一个转折点，是由地下党领导的。从 1944 年五三晚会以后，我们连续开了文艺晚会和其他许多晚会，联大的学生运动就活跃起来了，昆明的学生运动也活跃起来了。联大还被称为"民主堡垒"。

1944 年，中共代表林伯渠在国民参政会上提出"成立联合政府"的口号，要求废除国民党一党专政，召开国是会议，成立联合政府，提出这个政治纲领。联大的同学要有所表示，就决定发表一个宣言。开始是让许寿谔起草，他是历史系的，是民青第二支部的主任委员，和我是同班同学，从延安抗大回来的。我们俩非常要好。我们同时入党，一起宣誓，一起在天祥中学教书，还住在一起。许寿谔也比较忙，弄不过来，就把这事交给我，我就起草了。当时青年的那种义愤很厉害，写的是白话，但文体有点像骈体文，内容全是党提出的一些政治要求。

**访谈人：**好像原来不叫《国是宣言》。

**李曦沐：**《国是宣言》是同学们给它起的名字，全名叫《国立西南联合大学全体学生对国是的意见》。1945 年 4 月 6 日发的，经过联大全校学生代表大会通过，就发出去了。

**访谈人：**怎么叫"国是"呢？

國立西南聯合大學全體學生對國是的意見

《国是宣言》

李曦沐："国是"就是国家的前途命运以什么为"是"，以什么为"非"，怎么样才算对，叫"国是"。这是当时的一个名词。召开国是会议，就是讨论国家的事情应该怎么办的意思。《国是宣言》谁也记不得全文了，但一说《国是宣言》都知道。

这个时候，学生运动越来越进入高潮，越来越活跃，地下党就感觉需要有组织了。于是在1944年末到1945年上半年，有两部分同学先后发起、组织民主青年同盟。"一二·一"运动以前，大部分中学的学生会和联大、云大的学生会都掌握在我们手里了。原来的学生会是三青团掌握的，他们什么活动也不组织，在学生里毫无威信。学生运动、民主运动重新高涨起来以后，1944 年下学期，我们就发动同学改选，把领导权夺回来，学生会就掌握在我们手里了。

当时联大学生会的领袖也不叫“主席”。联大也没有校长，只有三个常委，北大、清华、南开三个大学校长组成常委会。我们仿照学校的这种体制，学生会也不设主席、副主席，只设三个常委。负责全面工作的常委齐亮，就是地下党的支部委员。

**访谈人：**就是齐晓轩吧？

**李曦沐：**《红岩》里写的齐晓轩，可能是以他为原型。他是非常好的同学，和我同岁、同年级。

**访谈人：**罗广斌当时也在？

**李曦沐：**罗广斌那个时候是联大附中的中学生。他是马千禾的亲戚，受马千禾的影响很大。

学生会掌握在我们手里了，齐亮是总负责人。后来齐亮当了昆明学联主席，是联大第一党支部委员。我们的力量越来越雄厚。在整个大后方，昆明成为民主运动高涨的地方。

1945 年日本投降，蒋介石把龙云搞掉以后，昆明的政治形势发生了变化。原来龙云在那里对我们有掩护作用，当时政治环境比较宽松，我们的民主运动能够蓬勃发展。等到 1945 年 10 月 3 日蒋介石命令他的嫡系部队杜聿明进攻五华山（形势就变了）。

这个龙云，在抗战初期，朱总司令曾做他的工作。到南京开军事会议的时候，朱总司令和他坐一个飞机到南京，做他的工作。后来南方局派了一个人，叫华岗，到云南专门做龙云的工作。华岗是 1949 年后的山东大学校长，是个老同志，又是个学者。华岗当时化名林石父，在云南大学教书。龙云就秘密加入了民主同盟，当时和共产党联系的电台就放在龙云家的车库里。龙云和党和民主同盟都有关系。

龙云对学生的掩护，我亲身知道的事情，一个就是1941年[1]1月6日，当时我们一年级，联大发起“倒孔”运动，打倒孔祥熙。当时日本攻占了香港，香港很多大学者、名人都回不来。孔二小姐用航空公司的飞机把洋狗从香港运回重庆。一下飞机，洋狗下来了。《大公报》登了这个事情，我们气愤极了。

吴晗教我们“中国通史”课，他就讲了这件事。他说，南宋的贾似道，喜欢玩蟋蟀，人称“蟋蟀宰相”；孔祥熙是行政院副院长，他把洋狗从香港用飞机运回来了，是“洋狗院长”。学生气愤得很。

从一年级就开始游行——我们一年级住在昆华中学，然后到新校区，各个院都出来了，游行示威，喊“打倒孔祥熙，拥护龙主席”。当时龙云是云南省主席，国民党的宪兵十三团在城外，龙云的地方宪兵在城内。我们游行队伍走的时候，龙云的宪兵在队伍两边维持秩序，顺便保护我们，不镇压我们。

“倒孔”运动发生以后，康泽到昆明来了。康泽是国民党特务头子，要抓人，龙云不让抓人。当时马识途他们都转移到乡下去了。龙云在昆明主政的时候，那几年没有人被捕，或者他透露消息出来，大家都转移了。每次开大会的时候，游行示威的人很多，学生也得到了很好的掩护。昆明的学生运动之所以能够蓬勃发展，与此关系很大。如果西南联大不在昆明而在四川，学术上绝不可能这么自由，民主运

---

① 此处应为1942年。

动绝不可能这么高涨。这是一个很重要的条件。

关于宣言起草的背景，当时抗战形势非常严峻，日本侵略军打通了大陆交通线的攻势，一直打到贵州的独山。国民党政府在重庆，当时考虑迁都，迁到西康去。我们在昆明的时候组织了一个保卫大西南群众大会，在昆华女中。闻一多在讲演中就讲，我们要打游击——我们当时都考虑下乡打游击了。在这种危机之下，我们心里非常焦虑，对现状非常不满。不光我们，广大学生都是这样。

唯一的出路就是召开国是会议，成立联合政府，成立联合统帅部，各党各派参加，这样才能团结起来，一致对外，才能挽救危局。这既是共产党的意思，也符合广大人民群众的心愿。应该说，这是大家的一致要求，认为只有这个出路。共产党的主张是在《新华日报》公开登了的。我们是经常要看《新华日报》的。共产党的主张，我们非常关心，非常熟悉。我们几次大会的口号，昆明几个大会游行最后的宣言，几乎都是要求召开国是会议，成立联合政府。我们要反映学生的要求，必然是这个要求。

所以，写这个宣言的时候应该说没有费多大劲——苦思焦虑，甚至是拿了多少文件参考，都没有。这是内心的东西，平常酝酿已久的东西，大家共同的心愿、共同的呼声。共产党的主张代表了我们的心愿，完全合乎我们的要求，我们很自然就接受了，而且烂熟于胸。另外，对现状不满的情绪积蓄已久，是一种自然流露，不过就是变成了文字。因此，写的时候不觉得费多大劲，也没用很多时间，也没改多少次。我的印象是很快就写出来了。

写出来后就交给许寿谔，估计他就拿给马识途他们去看了，最后交给齐亮，拿到学生代表大会通过。交上去以后，具体过程我就没再过问了。

**访谈人：**事实上，它喊出了、表达了一个共同的呼声。这个呼声一直在推动运动向前发展。大家就有了一个目标，这个不满那个不满最后都集中在一个目标上。

**李曦沐：**这些内容也不是全新的东西。昆明几次大会的宣言都提出了这个口号。林伯渠在国民参政会上代表中共中央也提了出来。召开国是会议，成立联合政府，成立联合统帅部，最集中的就是这个要求。

**访谈人：**这个宣言形成文字以后，实际上成为当时高涨的民主运动的一个纲领。要不然很多口号不见得能统一，这个宣言是统一的。

**李曦沐：**应该说，当时这种要求在整个大后方是很统一的，但这个宣言代表联大的学生表达出来了，而且是全体学生代表大会通过的。

李曦沐与张曼菱

**访谈人：**下面谈谈您的入学情况，您是怎么一步一步靠向党和进步组织的？

**李曦沐：**我是东北人，家乡沦陷，成了流亡学生，所以进关之后，抗日的要求特别强烈，要打回老家去，收复失地。我们那时候是唱着《松花江上》流亡的，我那时候唱《松花江上》要流眼泪的。另外，我非常穷，和家乡完全断绝了联系，一分钱没有，全靠自己。那时候有国民党的所谓“公费”，另外我一边念书一边教中学，我是天祥中学的教员。

我不是到联大才追求进步的。我从初中开始，1938年在湖南的时候，就读斯诺的《西行漫记》，读艾思奇的《大众哲学》，读苏联的革命小说，后来读胡绳的《辩证法唯物论入门》，读《新哲学大纲》。

**访谈人：**您当时是中学生，受了谁的影响，怎么会读这么多书？

**李曦沐：**我们那个学校全是东北人，大家抗日的心情非常强烈。我们的学校是东北中山中学，原来在北平，后来搬到湖南。我从中学就开始流亡了，初中一年级我就到了北平，念了一年，然后就（全面）抗战了。

**访谈人：**你们学校怎么组织读那么多的书？是不是有人组织读书会？

**李曦沐：**不是。我们同学自己搞的。学校是国民党办的。说起来话就长了，我们自己组织宣传队，暑假的时候就回农村做抗日宣传。学校不让我们宣传，让我们回来。我们不回来，还要坚持宣传。学校就把我们队长开除，把我们每个人记一大过。

他们越这样，我们越反抗。大家开始读进步书籍，自己秘密地读

李曦沐（前排中）与中学同班好友合影

书。后来这个学校把我开除了，我就转到国立二中。在国立二中，我们又组织秘密读书会。我到西南联大之前已经是一个进步学生了。

青年人爱国，开始也寄希望于国民党蒋介石，希望他们能把抗日搞好，后来一看他们不抗日，搞不好，那么我们看书、看杂志、听同学们讲——特别是看《西行漫记》——就了解了共产党精神，觉得我们得相信共产党，就转向了共产党。都有这个过程，它的动力是爱国抗日。

到了西南联大的时候，我们进步的同学很自然地同声相求，很自然地搞“倒孔”运动。“倒孔”运动流行起来以后，每个宿舍都选代表开会。我那时候住的是昆华中学，20 号宿舍选我做代表。马识途，昆中 18 号宿舍选他做代表。开会的时候，马识途一发言，我就看出来了，这个人是革命的，是进步的，是有革命经验的。他讲完以后，我还不知道他的名字，我说我赞成 18 号代表的意见。

**访谈人：**就主动靠上去了，互相都有吸引力。

**李曦沐：**很自然，就是声气相通。还有个叫王树声的，我们住一个宿舍。王树声是延安回来的，后来做了北京市文化局副局长。他穿一件旧军装，呢子军装，年纪也比较大。我一看他穿国民党呢子军装就想，这个人大概不是好人。他个子比较小，比我稍微高一点。我们每天上早操，小个子站在后面。有一次他起床晚了，过来问我点名没点名。我说不知道，不理他。后来，他总来找我，慢慢地透露，我才知道，他原来上过抗大。那时候进步青年一拍即合，后来我们就关系密切了。

熟了以后，他就说我为什么注意你：第一你叫李晓，讲天亮；第二你穷得很，头发那么长，没钱理发，床单都破了，你很穷，很可能倾向革命；第三你信特别多，刚一来大学，这么多信，说明你交友广泛，一定是个活跃分子。所以，他和我接近了。和他接近以后，我和他南开中学的同学许寿谔这些人都熟起来了。

民青为什么很快能组织起来？就是因为在贯彻“三勤”方针的时候汲取了一大批力量。我是个普通学生，不算党员。我是历史学会主席，在历史系我可以团结很多同学。我是二中同学会主席，二中在联大有很多同学，包括何东昌、刘国光，都是二中的。我又是东北同学会主席，全东北的西南联大同学组织学生会，我也是主席。我是三个社团的主席，所以团结了很多人。我们这些人团结在党支部周围，所以民青很快就组织起来了。怎么团结这些人，为什么能团结这些人？就是执行周总理提出来的“三勤”方针：勤学、勤业、勤交友。

我还没入党，老马就跟我讲——马识途，我们喊他“老马”——他说，我们要接受“一二·九”的教训。“一二·九”的时候，大家不太注意这个问题，我们没能把教授团结起来。我们一定要学得最好、品德最好，品学兼优，这样才能团结同学，才能争取到教授对我们的同情。结果，我们这些进步同学，特别是党支部周围的，学习都是最好的。

我不是吹自己，我举个例子，我是历史系学生，为什么选我当历史学会主席？学习好。我们系主任雷海宗，他教西洋中古史、西洋近古史，他的课我考试经常是98、99、100分。西南联大有个规定，凡是四年各门课程总平均分数85分以上，就不用考试，可以申请进清华研究院、北大研究院、南开研究院当研究生。我当时够这个标准，就找系主任雷海宗，要求进清华研究院读研究生。但是我没上完，就到东北解放区去了。

为什么能这样？因为你功课好，品德各方面又很注意，所以我们这些同学能够团结很多很多人。

为什么我要参加共产党？我在大二读的理论书中、在实践中觉得

李曦沐去东北解放区前摄于北平

共产党是正确的，想爱国，想救国。还有一个心理，共产党是中华民族优秀人民集中之地，我是中华民族的优秀人民，我也要成为一分子。

齐亮学习也很好。当学生会主席之前，他帮学生办伙食——学生自己办伙食——他自己跑到昆阳附近的县去买米，能便宜一点，领着厨师去买菜，尽量把学生的伙食办好，给同学们服务。同学们能不拥护吗？

我们毕业以后，老马到滇南负责党的工作，把许寿谔、我、齐亮我们三个带下去。许寿谔在建水，我在石屏，齐亮在元江。晚上连个油灯都没有，齐亮还点着松明看马列书，后来他在战斗中牺牲了。

我在重庆参观红岩纪念馆，看到有张西南联大学生游行的照片，很有感触。照片上面打大旗的，我一看，是罗长有，地下党员，四川人，后来做过四川省政协副秘书长。领队的，是齐亮。我看了以后很有感触，就写了首诗："领队擎旗走在前"，齐亮领队，罗长有擎旗，走在前；"齐罗二君斗志坚"，一个齐亮，一个罗长有，斗志坚强；"为何一呼能百应，请看片中两党员"。

**访谈人：**当时西南联大学生社团非常活跃，还有合唱团。您是否参与或者组织领导？

**李曦沐：**我没有。为什么我没参与那些？因为我从小就很贫穷，念书都很困难，打球、唱歌这些活动没怎么参加过。我在昆明都没看过电影，没钱买电影票。后来别的同学、我的好友请我看过两次电影。我没有钱买电影票，也没有心情去干那些事情。就是念书，看课外书。另外，我得挣钱维持生活，我住的是天祥中学，不住学校里。

**访谈人：**讲讲您怎么挣钱维持生活的。

**李曦沐：**我一年级的时候找不到工作，一年级还不能找工作。早晨没有钱吃早点，大多数时间只喝一碗水，上四堂课，饿着肚子上四堂课，年轻人容易饿，大部分时间是这样的。偶尔，我的好友，家里有钱的，请我到联大门口吃一顿早点。那是偶尔，不好意思总让人家请吃早点，就说不吃了不吃了，不饿不饿。

二年级我就在外面当家庭教师了。孙起孟，当时是中华职教社的负责人。楚图南，我也很熟悉。因为我是进步学生，楚图南就介绍我找孙起孟。孙起孟也是民主建国会的负责人，后来是全国人大常委会副委员长，已经去世了。楚图南你知道吗？

**访谈人：**知道，我还去过他们家，史家胡同。

**李曦沐：**孙起孟最开始的时候拿一本书给我，英文的，写印度独立运动的一些领袖人物，包括尼赫鲁、甘地。他说：你把它翻译翻译，赚点稿费。我就把这个小册子翻译出来，交给他，得点稿费。弄完了就完了。

后来他又介绍我给一个资本家的儿子补习英文，他要考大学。我就一个礼拜去几次，到他家里教英文。他家是个小洋楼。教了几个月，他就考取了云南大学。考取之后，我又失业了。

这个问题还可以多说几句，就是西南联大的学生爱国民主运动在全市全省都有很大的影响。其中很重要的一条，就是很多中学的老师是联大学生，因为联大学生生活困难，都得找点工作来增加收入维持学习。联大同学在中学教书的非常多。当时卖报的……干什么的都有，但教书是最好的了，是比较稳定的职业，比较适合这些同学。其中特别进步的同学和党员，在中学里起着很大的作用，传播了革命宗旨。所以，云大附中、天祥中学的进步力量非常大，和这些老师的关系也很大。

**访谈人：**做家教一举两得，自己又挣钱，又把这个影响传播出去。当时勤工俭学，好像联大的学生还擦过皮鞋？像您这么困难的人，擦过没有？

**李曦沐：**没有。擦皮鞋也是极个别的。一般是当中学教员，当家庭教师，有的卖报。昆明那时候标准钟放炮，早晨7点钟放炮告诉大家是7点了，中午12点放炮是12点了，晚上9点放炮是9点了，放炮的都是联大的学生。

郝诒纯是我们的校友，她当过护士。她是地质学家、院士。我们校友会，她是会长。这事她讲过。郝诒纯年轻时很漂亮的，现在80多岁了，还是很秀气。她年轻时到医院里去做护士工作——不能当护士了，是做护理员的工作，洗脏的有血有脓的那种纱布。有的医生看了不忍心，西南联大的女学生这么漂亮，干这种肮脏的活儿不好，给她换点干净活儿干。

**访谈人：**您认为西南联大为什么会有这么大影响？为什么会成功？

**李曦沐：**西南联大，首先你得明确它的成就是在哪方面。主要是两方面。

一个是培养人才，培养了大量的优秀人才。比如说学术方面，最有名的就是杨振宁、李政道；朱光亚，核物理学家；邓稼先，“两弹”元勋；吴仲华，中国科学院主席团执行主席；屠守锷，洲际导弹总设计师；唐敖庆，中国的大化学家、吉林大学校长。文科的，任继愈，北京图书馆馆长、宗教史专家；作家，马识途、汪曾祺；经济学家，刘国光，中国社会科学院副院长……可以举一大批名字。当教授的，当编审的，当总编的，当高级工程师的，不计其数。当干部的也很多。最高的彭珮云、王汉斌，两位全国人大常委会副委员长都是联大的。我算了一下，中共中央候补委员大概有 10 多个，副部以上干部有 20 多个，在海外也有很多优秀人才，这大家都知道。

另一个就是民主运动。西南联大的爱国主义运动，最有名、最突出的就是“一二・一”运动了，还有“倒孔”运动。在当时整个国民党的大后方，西南联大成为“民主堡垒”，有非常大的影响，起了非常大的作用。而且，运动也锻炼了学生，锻炼了一大批人才。一大批人才的成长和培养与运动有关系，它们是分不开的。这是它的成就。

为什么会有这样的成就？这也是我们联大同学都非常关心、经常思考的问题。我觉得也不是很复杂。我的看法有三点。

第一点，用通俗的话说，就是老师好，学生好。

我们的校长梅贻琦，当时叫常委，实际上他是校长，主持工作。清华校长梅贻琦有句名言：“大学者，非谓有大楼之谓也，有大师之谓也。”就是说，不是有大楼就是大学了，有大师才是大学。西南联大名副其实，教师阵容是最强大的，不但在当时的中国是最强大的，恐怕以后也很难有了。现在我看哪个大学也没有这样的教师阵容了，因为它是北方最有名的三个大学——北大、清华、南开的教师集中在一起的。

美国弗吉尼亚大学历史系教授易社强，研究西南联大多年，他说过一句话：北方知识分子精英的荟萃使西南联大成为一所超级大学。

例子可以举太多了，可谓大师云集。哲学系的冯友兰、汤用彤，都是大师。历史系的陈寅恪，大家都知道，教授的教授，懂得一二十种文字，学贯中西，在人文科学方面恐怕当时全国无出其右，那是拔尖的，泰斗。当时就是陈寅恪，后来还有钱锺书。钱锺书当时是年轻教授。

数学系华罗庚，物理系吴有训、赵忠尧、王竹溪、叶企孙、饶毓泰、周培源，都是名家。经济系陈岱孙、周炳琳，社会系费孝通、陈序经，中文系闻一多、朱自清、沈从文、罗常培、刘文典……随便哪个系都可以举出一些名人、大师。西南联大的老师虽然不都是大师，但确实是出类拔萃，可以说集一时之选。办学校，首先得教师队伍强。

**访谈人：**补充一句，我看还有一个原因，有学者说，西南联大不仅是名师云集，而且呈阶梯式分布，有古典的，有西方的。

**李曦沐：**对。有老学者，有刚从国外回来的，大部分是英美留学的，也有没出过国的。

**访谈人：**这个阶梯也是一种兼容并包，几代的东西同时存在。

**李曦沐：**另外，当时大部分老师都是1900年前后出生的，都受了五四运动的洗礼，比如闻一多、朱自清这些人。这一代知识分子，既有西方的近代科学知识，又有中国的传统文化素养。他们传统文化的根基都是很深厚的，教自然科学的也可以写很好的旧体诗，中文底子很好。我们化学系的教授黄子卿，两次留美，化学博士，写旧诗我得引用他了，他写得很好。他既有中国传统文化的根基，又有西方近代科学的熏陶，还受过五四运动的洗礼。

**访谈人：**中西贯通，古今贯通，而且文理贯通，三个贯通。

**李曦沐：**很多是学贯中西、学兼文理。应该说，现在很难有这样的人。

**访谈人：**这可以给校风带来很大的影响。

**李曦沐：**教师队伍太强了，当时这在全国是没有的。

再说学生。西南联大是三个名校联合起来的，昆明政治环境比较宽松，因此学习成绩好的、思想倾向进步的学生都奔西南联大来了。我高中一年级就考取西南联大了，因为我的文凭是假的，没敢来。我又跳了一个学校，念了一年高三，弄个真文凭，第二次考进西南联大。我两次考进西南联大。有的学生从沦陷区走了多少天，到西南联大来。

**访谈人：**考试还是很严的。

**李曦沐：**考得严，录取比例很小。走后门，没这个事。所以，学生素质就比较高。有的学生原来是别的大学的，念了一下以后要转学。李政道是浙江大学的，转学到西南联大来。为什么？他觉得西南联大好。朱光亚是中央大学的，二年级也转到西南联大来。要求的成绩够了，就可以转。这两个名人都是转学过来的，因为觉得西南联大好。

学生成绩比较好，又多数是沦陷区的，国破家亡使他们对国家民族有强烈的忧患意识，爱国情深。他们经济上又比较困难，这很锻炼人才，艰难困苦，玉汝于成。我记得《大公报》有篇社论，有一个观点：这一辈大学生成熟得早。我 24 岁到大连，就当了 1000 多人的学校的校长，在解放区。为什么？流亡，困难，参加革命斗争，搞教学运动，还得教书、挣钱……那时候学生成熟得早，这种环境锻炼人。

这是我讲的第一点，老师好、学生好。教师队伍强大，学生队伍素质好，这是最基本的东西。

第二点，这三个学校有五四运动、“一二·九”运动的优良传统，另外有很好的校风。北大是五四运动的发源地，“一二·九”运动清华、北大都是主力，南开是天津的主力，自然就有这种传统。别的学校不具备这种传统。

**访谈人：**就是民主、科学、进步。

**李曦沐：**科学、民主、爱国这个传统是那时候来的。联大刚成立的时候，第一批学生都是北大、清华、南开没毕业的，就带过来了，有的本身就是民先，宋平就是第一批学生。后来很多进步同学往这里聚集，继承和发扬了这个传统。

另外就是办学方面，蔡元培当北大校长的时候就提倡学术独立，思想自由，兼容并包。他说，凡是言之成理、持之有故的，都可以来。一直有这个传统。

到联大的时候，梅贻琦主持校务。他在日记里写：对于校局，则以为应追随蔡孑民先生兼容并包之态度——蔡孑民就是蔡元培，什么态度？兼容并包的态度——以克尽学术自由之使命。这是梅贻琦的指导思想。

联大就是这样，兼容并包。学术思想更是这样，各派都可以有。中文系有的老先生说：你要学白话文，就不要进我中文系，进我中文系就得研究古文，我宁肯坐牢也不写一句新诗。说得这么激烈，但像沈从文这样的，就喜欢白话文，也照样在西南联大。教授讲课的时候，学生可以提出反对意见，当场争论都可以。有的教授讲课，别的教授也来听。像唐兰，中文系讲古文字学的教授，王竹溪，物理系教授，他对这个有兴趣，就也来听课，听了以后当场争论，非常自由。

**访谈人：**外系的跑来和本系的争论。王竹溪是杨振宁的导师。

**李曦沐：**联大是必修课、选修课结合。有些必修课是必须修的，很严格的。你今年必修课不及格，明年必须重修。我们是学分制度，四年，132个学分。除了必修课之外，那些学分你愿意选什么就选什么。闻一多讲唐诗的时候，很多学生选他的课，理学院物理、化学的都有，喜欢听他的唐诗课。也算分，选修分。有的没选课的，旁听也行。

**访谈人：**这个分是文理混在一起算的？

**李曦沐：**不是。必修课是必须选的，必修课以外的，愿意选什么就选什么。文学院的选理学院的也行，理学院的选文学院的也行。

**访谈人：**那就有助于通才教育，反正都是分。

**李曦沐：**只要是学分就行。学物理的也可以选讲《庄子》的课，也可选讲《诗经》的课，没关系，提倡通才教育。梅贻琦就讲，大学的教育在通而不在专，要培养通才。

当时联大就提倡培养通才，重视学生的基础课。咱们后来的学校，有的基础课是助教去讲，名教授没有讲基础课的。联大不是这样，名教授讲基础课，像闻一多、朱自清，都教大一国文。大一不论哪一科，都要学国文，就是语文、文学。中国通史，是必修课，所有的学生都得学。吴晗教中国通史；雷海宗是我们系主任，也教中国通史。当时还提倡文学院的学生、法学院的学生必须选一门理科的概论。

**访谈人：**还规定要跨系。

**李曦沐：**必须的。政治学概论、经济学概论、法学概论、社会学概论，必须选一个，我选的是经济学概论。教经济学概论的是陈岱孙，名教授。我们文科还必须选一门自然科学的概论，生物学、物理学、化学、地质学都可以，我选的是地质学概论，冯友兰的弟弟冯景兰教的。学理工科的必须选一门社会科学。

**访谈人：**旨在全面开发一个学生文理方面的潜力。

**李曦沐：**对，让你成为通才。当然，选一门概论课不等于你文理兼通了，但是它给你一个门径，给你一个启发。

**访谈人：**打破界限。

**李曦沐：**不能太狭窄。所以我们联大同学都不是很狭窄，视野开阔，知识面宽。这些都是非常好的教育观点以及教育思想。兼容并包，重视通才教育，重视基础课，扩大学生知识面，这是我们深深得益的。

**访谈人：**所以联大学生基础很好，底子很宽，以后走得很远。

**李曦沐：**是的。不要求你这四年变成专家，先打基础。我感觉也是这样，这四年只能是打基础。真正做学问，是要大学毕业以后。体育课——

**访谈人：**也重视体育。

**李曦沐：**必须重视。有的同学什么课都读完了，体育课不及格，都到社会上工作了，还得每个礼拜来上一节体育课，把体育课学分补足了，才能毕业，学校才发毕业证书。

我体育不好。体育课四个年级都有。到四年级的时候要翻杠，我不会。教我体育课的是牟作云，中国篮球国手，马约翰的女婿，新中国成立以后是国家体委的球类司副司长，非常漂亮的小伙，当时是体育助教。他看我已经四年级了，还翻不过去，他就帮我翻过去了，给了我 60 分。他不给 60 分，我就毕不了业。

联大的教育思想、教育方针，我们觉得是好的，我们亲身感觉到受益。杨振宁多次讲了这个问题，他觉得联大对他的帮助太大了。1997年，他在一篇文章里还讲，他在西南联大受的本科教育和后来念研究生的硕士教育所收获的东西，比美国的一流大学有过之而无不及。

第三点，西南联大之所以能够有这样大的成绩，能够把它的教育思想，把这种兼容并包、学术独立、思想自由的精神贯彻发扬，特别是能够把五四运动、"一二·九"运动的这种爱国、科学、民主的精神发扬，能够掀起那样有影响的爱国民主运动，和当时云南的特殊环境有密切的关系。

当时，云南政务的掌权者是龙云。在龙云主政的那些年，昆明学生运动蓬蓬勃勃地发展。国民党政府想镇压，始终没有得手，想抓人，始终没有办到。这和龙云在那里抵制有很大的关系。

## 访谈手记

李曦沐，东北人，精力旺盛，闪闪发光的眼睛透露出锐气和机敏。他因为不满于现实的黑暗，更名"李晓"，表达自己期盼黎明之心。

当年求学在四季如春的昆明，他作为西南联大历史学会主席，组织了时事晚会，成为联大爱国民主运动从低潮重新进入高潮的一个起点。闻一多等在广大群众面前亮出了自己战斗的旗帜，开创了师生共同战斗的新局面。联大成了"民主堡垒"。

他是流亡学生，本人出身寒苦，对现状极其不满。1942年1月6日，联大发起"倒孔"运动。"当时日本攻占了香港，香港很多大学者、名人都回不来。孔二小姐用航空公司的飞机把洋狗从香港运回重庆。

一下飞机，洋狗下来了。《大公报》登了这个事情，我们气愤极了。”

当时吴晗教“中国通史”课，他说：历史上有个贾似道，人称“蟋蟀宰相”；孔祥熙是行政院副院长，是“洋狗院长”。学生们开始游行示威。

李曦沐以亲历者的身份证明了“倒孔”运动的真实性。本书采访的赵宝煦学长，还回忆了两年后孔祥熙到学校依然被学生质疑的事。因此，美国学者易社强在《战争与革命中的西南联大》一书中说“洋狗是美国飞行员的”一论，难以成立。

李曦沐这样的青年早为地下党所注意。通过马识途，他们建立了联系。那个历史性的文件《国立西南联合大学全体学生对国是的意见》，人们称为《国是宣言》，就是才华横溢的李曦沐写出的。

“‘国是’就是国家的前途命运以什么为‘是’，以什么为‘非’，怎么样才算对，叫‘国是’。这是当时的一个名词。召开国是会议，就是讨论国家的事情应该怎么办的意思。”

几次接触中的李曦沐，洋溢着乐观的精神，一如当年那热烈向往革命的青年。他很有激情，语言干净利落，手势斩钉截铁。沧桑没有改变他的性格，他几乎不需要我们“打捞”，自然而然散发出当年一代天骄的学潮领袖的神采。

李曦沐中学时代就组织读书会，阅读进步书籍；24岁就当了1000多人的学校的校长；在联大时期，他曾担任三个学生社团的主席，并且品学兼优，与马识途等人团结了一大批声气相投的进步青年。流亡，贫困，斗争，使他迅速成长成熟起来。这很好地诠释了张载的那句话：“贫贱忧戚，庸玉汝于成也。”

梅祖彦（1924—2003）

水利学家。天津人。1942年入西南联大机械工程学系，肄业。

访谈时间：2000年8月；2001年4月

访谈地点：昆明，佳华酒店；北京，三里河，梅寓

## 第一次访谈

**访谈人：**您是怎样离开北平的？请谈谈离京“南渡”的感觉和印象。

**梅祖彦：**1937年七七事变，日本侵占华北。实际上，它攻打卢沟桥并不是很突然的事情，因为从1931年占领东三省起，日本人就一步一步地往南边来蚕食中国的领土。那时候我年纪还比较小，那一年（1937年）我12岁。大家都觉得要打仗了，很震惊，也有点恐慌，不过还不是那么清楚这个事情的重要意义。

我父亲（梅贻琦）先到南方去了。我们家在北平又住了一年，到1938年才离开，从北平到昆明来。那时候陆路不通，至少很难走，所以我们还是走的海路：从北平到天津，从天津坐船到上海、香港，那时候只有外国商船，从香港坐另外的船到海防——在越南，那时叫安南——从那里再坐一个窄轨的火车，到老街、河口，到昆明。

这一段也是很深刻的教育。日本人侵占了我们的领土，我们逃了出来。到天津的时候，我们住在天津租界，看到外国兵；坐船到上海，在上海租界看到印度的巡捕；又到了香港，香港也有外国兵，那个时候它受英国的殖民统治；后来到了海防，海防也有法国军队。所以，外国人侵占了中国的领土，我们有很具体的印象。

我对昆明了解不多。从前的印象里，这里比较隔离，不是很发展的一个地方。不过，到了昆明以后，这里的风土人情还是给了我非常好的印象，天气四季如春，物产非常丰富。抗战初期，沿海各地都很

1939 年，梅贻琦全家在昆明合影（前排左二为梅祖彦）

混乱，但是云南还是有一点世外桃源的感觉。

头几年，我们在昆明住得还是很愉快的。总的知道是在打仗，但是战争好像很遥远。直到大概 1940 年日本飞机开始轰炸以后，这里开始比较紧张了。进入抗战中后期，大家感到很大的一个威胁，就是物价飞涨。我们也实际观察到，从 1938 年刚到昆明一直到 40 年代初，我们的生活水平下降了很多，越来越紧张，物资匮乏。这一段的简短回顾，大概就是这样。

那年还不是最残酷的。日本人刚一进来，主要精力还是往南边侵占中国的领土，在北平、天津成立了傀儡政权、汉奸政权。北平那时候有个叫殷汝耕的，成立了一个（伪冀东防共自治委员会），悬挂五色旗，代表汉满蒙回藏，大概就是北伐以前用的那种旗子。那时候日本主要还是通过汉奸政府统治。警察也还是从前那个样子。偶尔会看见日本兵。所以，那一年给我的印象并不是那么可怕。

到后来，主要是珍珠港事件以后，日本人把所有在北平的西方国家的权利都接收了，也是因为战争的进程，后来就觉得很可怕。我们有些亲戚一直住在北平，后来物资很缺乏。学生要念日文，修改课本。在就业方面，进来了大批的日本人、朝鲜人，朝鲜人那时叫高丽人，中国人就业也很困难，还给你吃所谓“混合面”，这是每个人都感觉到非常艰苦的事情。

后来的压迫严重得多，我们那一年相对来说还好一些。这也是一个事实。

**访谈人：**请您谈一谈您父亲梅贻琦先生的治学治校之道。

**梅祖彦：**这当然是很大的课题了，我简短地说，大概是这么几点。中国本来实行的是封建科举的教育制度，实际上是考试制度；后来有那么一个阶段是外国的教育制度，以教会学校为代表；然后转变为中国人自己办学，那时候也是政府办学，所以很多学校都是国立大学，大概在这么一个阶段，他开始做教育的管理工作。

那个时期的国立清华大学，受到当时政府相当严格的管理。就那个时候来说，教育思想也有很多条条框框。但是，清华由于它特殊的地位，有庚子赔款的资金，也有一大批受过西方教育的教授，所以总的来说办学的方式还是比较民主的。我想，评论旧社会这些大学，在30年代到日本人占领之前这段时间，清华算是进步得最快的。

原因一般说来是这么几条。一个就是民主办学。确实比较民主，

梅贻琦

具体我知道，清华当时抗拒了教育部的一些规定。教育部也是因为清华有这个资金，而且工作成绩比较好，所以才没把校长撤掉。曾经发生过这样的危机。民主办学当然还有一条，就是“教授治校”。当时确实是这样，因为它有一个“教授会”。教授会就像议会，重大的事情都要教授会通过。而且教授会还选出来一些教授，就是资历比较深的、对管理工作比较有经验的十几个人，成立“评议会”，评议会有点像常务委员会。

这两个机构都有决定学校重大事件的权力，例如聘任教授、管理学校、制订学校的教育方针等。校长以及教务长、秘书长这些行政官员，在学校里面实际上是公仆，是执行教授会的决议的。当时教育部的意思是“校长治校”“教授治学”，就是教授只管教书，不要管大事。这当中也有些矛盾，清华还是很能够坚持“教授治校”的制度的。我觉得，清华发扬民主，激发教师以及学生的积极性，总的是进步的。从人的条件来看，这是一个很主要的方面。

另外，就是很强调学校要搞研究。科学研究包括自然科学跟社会科学，这也是从西方引进来的。从前也有研究，但是没有这个名词，没有这么明确的概念。清华很强调，不但要教学，而且要搞研究，搞研究才能提高教学。我觉得30年代初他（梅贻琦）就提倡这个，还是比较先进、比较早的。清华之所以取得成绩，跟这个也有关系。

还有一点，就是他很注重实用，讲究科学。在二三十年代，中国有很多学者提倡科学，但他们是从哲学的角度，利用科学方法，来追求所谓的哲学上的道理、真理，是一种学术层面的讲究科学。像胡适、蔡元培，都走过这样的道路，都有过这样的观点。我父亲倒是认识到，科学还不是那么空虚的东西，它是很实在的，国家的建设少不了应用科学。所以，清华在30年代也是推行工程教育最积极的一个学校。当然，它有这个条件，经费比较多，建立了工学院，建立了很多工程的系，培养出人才，一直延续到西南联大时期，一直延续下来。现在工程界最老的一批权威人士，很多都是清华毕业的。这也给国家打下了工程教育的基础。概括地说这么几方面。

七七事变以前，对于清华来说是一个黄金时期。虽然日本人已经在山海关那里，压力已经存在，不过有那么七八年相对平静的时期，清华还是取得了很大的成就。后来日本人来了，清华就转到昆明来。在昆明，可以说天时、地利、人和大概也还都是有的，就是经济条件太差，没有钱。抗战的时候一点钱也没有，教学很艰苦，受到很多限制。所以，就那一段来说，我想就是刚才我说的这三个方面的原因。

（全面）抗战以前，教育部要求各学院、各系把教学计划报部审批，后来返回来，大概提了一些意见，限期改正，后来大概拖拖拉拉就没有做。在抗战时期，西南联大也有这种情况。像联大，教学比较自由，基本全是选修课，不规定哪些是必修的。但是学生自己也打听出来了，如果学哪一个系，有几门课必须学，因为那是最基本的课，自然也就选修了。如果去找教授，教授可以建议学哪几门课，实际上也等于是必修了，但是就是不给你限定死了。

我听说，那时候教育部在重庆说这不合乎规定，人才培养就得有多少条条框框。中央大学就执行得很严格，清华、联大某种意义上……当然他们不敢，几位校长——那时候叫常委——张伯苓、蒋梦麟、梅贻琦，谁也不敢跟教育部直接对抗，大体上也就是一种“阳奉阴违”的方式。日子久了，也就默认了。

西南联大的“地利”也有这个好处，因为云南比较个例一点。那个时候昆明跟重庆之间交通非常困难，坐汽车，快的两天，慢的得三四天，坐飞机也是困难极了。所以，确实不太容易。这样就有很多地方保持了西南联大自己的特点。

**访谈人：**我从很多资料上看到，梅贻琦先生这个校长干得相当辛苦，他要办很多很具体的事，甚至租华亭寺的房子这样的事，他都要亲自去。在您小时候，您父亲有没有跟您说过他在联大的辛苦？

**梅祖彦：**这倒是说得不多，因为他是一个沉默寡言的人。他对我们的教育也主要是身教，言教真是不多。他对谁都说得不多。但是我们观察得到他非常辛苦，包括批改公文、召集会议、出去跑、检查工作，等等。那时候物价飞涨，学校师生员工生活都很困难。他到处跑，按我们现在说的，就是寻找经费的来源。那是很辛苦的。

这也是当时的制度决定的，抗战前的清华、北大、南开可能都是这样，以及暂时的西南联大，从校长、教务长到秘书长还有训导长以及各系的系主任、图书馆馆长等，都没有副职，都是一个人。那时候学生和教师的比例比现在大得多，一个老师要管很多学生，但他是一个人。那个时候工作关系是比较简单的，校长、教授主要是管教学，还要管一部分生活。不像现在我们清华大学的校长，从头到尾统统管起来的。国家的制度是这样的，通通包下来，就是说现在学校领导的工作量比那个时候重了很多，所以他非得有很多副手不可，这是一个事实。我们老讲精简机构、精简人，精简不下来，就是因为体制的缘故，他需要做的事情太多。

联大那个时候，可以说有比较有利的条件，就是校长、教授虽然很辛苦，一个教授要教好几门功课，还要管好几个委员会，但他们能够深入学生中间，深入行政各个方面，知道学校是怎么回事。虽然他们很辛苦，但是我觉得他们都很了解情况。现在我们的教授不了解学校的情况，因为不需要我们去管，我们说的话也没有用，所以我们就只管教书。

**访谈人：**当时西南联大三个常委的孩子都参了军，是不是？张伯苓的孩子也参加了空军，后来还牺牲了。我觉得，从知识分子以身作则的角度说，这是很独特的。

**梅祖彦：**张伯苓先生有个小儿子，叫张锡祜。张先生个子很高，他的儿子比他还高，当时在中国人里面算是很高的。他在空军里面驾驶飞机。那时候的飞机非常简陋，就是一个敞开的座位，也没有罩。据说他坐在里面，头都露在外面。他后来是在空军作战中牺牲的。

不过，我父亲没有动员过我。外面有些报道说，梅校长把自己的儿子送去参军，起了一个号召的作用。这不是事实。因为我知道征调这个事情以后，回到家里跟家人商量，父亲就说：你没到征调的年龄，以后有机会。

抗日战争的时候，又是轰炸又是什么，日本人后来一直打到贵州，所以西南联大考虑过再往四川往西康那边迁移。后来当然没有做。我记得很清楚，父亲说：在这个条件之下，能够把大学念完，是很不容易的事情，你以后报国还有机会。

不过，我想我之所以坚持要去，也是受到了良好的爱国主义教育的影响，并不是人家怎么怎么说教你，要你怎么怎么做。你学习了岳飞、文天祥，在年轻人的思想里面，你自然就有这么一种要求。这一点我自己记得很清楚。他没有要求我去，是年轻人的热血、热情让我

1953 年，梅祖彦（右一）与父母等人在华盛顿

去的。

西南联大我没有上完，因为从军去了，后来就没有再回来，所以我没有西南联大的文凭。我算是西南联大的人，可是没有念完。后来我是在国外把大学念完的。不过，因为在昆明一共住过七年，对西南联大了解得比较多，感情上当然有非常紧密的联系。

西南联大在那么艰苦的环境之下为国家培养出了很多人才。所以，大家都在不断地想这个问题，问这个问题，就是在那么艰苦的条件下，怎么能够培养出那么多人才来？要按现在的条件，现在的大学生与那个时候真是不能比，可以说是天渊之别了。那个时候学校的淘汰率很高，莘莘学子，流亡学生，跑那么远来读书，成绩要不好，学校要开除就开除，让退学就退学。或者，反正是选修制，毕不了业再念一年，有的学生整整念了八年。所以，它还是很严格的，并不是放宽标准。

我们可以举出来，老一批的学科带头人，有重大贡献的人，很多都是西南联大的。当然，常说的是诺贝尔奖金的两位获得者。我们没有说的是，有很多学生由于各种原因，经济原因、学业原因，不能够继续念书，这一批人才也很可惜。如果当时条件好一些，也许还可以培养出更多的人才。这个确实存在的，我说不很具体。不过，以前在校友会，我听说西南联大名册上有名字的有 8000 人，就是 8 年里面有 8000 人，但是拿到西南联大文凭的只有 2000 人。当然，像我这种情况，也没拿到文凭，不过我还不算被淘汰的。也就是说，没有“成活”的学生还有 6000 人。当然，也许后来有的是转学了，在别处成才了，等等。所以，从培养人来看，好像也是很不容易的一个过程。

大家现在讲到原因，有很多人说到我刚才介绍的那么几点，民主办学，坚持研究跟教学结合，全面教育——从前的老清华跟西南联大都很坚持体育教育，现在有很多老校友，在海外的，80岁的、70多岁的，身体都很好，这与那个阶段、那个时期对体育的注重也许都有关系。有人也说，联大淘汰率高是一个原因，这可能也是事实。有人说，是一种完全自由化的教育，所以培养出很多人才来。

我倒是觉得，有很多人没有考虑过一点，就是爱国主义。也就是说，整个战争的威胁，对全国人民，至少对知识分子来说，是一个很大的压力，也是一种激励。我想，是“为国家的前途”的观念，使学生格外地用功，才能够培养出这么多人才来。就爱国主义来说，在抗战时期，在西南联大时期，我觉得它一点也不空虚，是很具体的，一点也不抽象。它是一个很具体的推动力量。

特别就西南联大来说，它是一个空前绝后的教育机构，因为中国从来没有大学联合到一起办学的，抗战胜利以后大家回去了，后面也没有来者了。现在的云南师大是清华大学留下的一小部分，总体来说，西南联大这个名字也没有了。可是就是因为西南联大这八年的工作非常好，到现在我们西南联大的校友们还是很有感情，还是非常团结的，有什么事大家都非常关心。学校要捐款捐基金，大家都非常积极。所以，我觉得这是一股力量、一种精神。我们也不把它上纲上线得很高，因为当时全国人民都是在那种状况之下，也并不一定说西南联大就是一个特别。

## 第二次访谈

梅祖彦展示梅贻琦的扇子

**梅祖彦：**这把扇子是我父亲从前用的。他很喜欢这把扇子。一边是我的舅父给他题的字，一边是舅母画的画。他们夫妻两位都是很文雅的。我父亲的遗物现在不多了。这把扇子记得当年他是很喜欢用的，我们现在很好地保存着它。

**访谈人：**梅校长是西南联大至关重要的人物，枢纽人物，各方面都在赞扬和评论他。您作为他的孩子，您认为他当初组织这个学校是为了什么，他的初衷、他的困难、他的努力是什么？

**梅祖彦：**他终生献身于教育事业，这个信念他很早就有了。

在30年代，（全面）抗日战争以前，清华大学在北平有过相对平静的一段时间，学校的发展比较大。但是从日本入侵以后，学校几度迁移，最后到了昆明。昆明的自然环境很好，不过物质条件那时候很差。所以，北大、清华、南开组成联合大学，办学的条件非常艰苦。在这个过程里面，他在信念上没有动摇过，就是历尽千辛万苦，也一定要把这个大学办好。

他为人的特点就是公平、公正、谦虚、纯朴。这三个大学以前在北方都是很有成就的大学，各有各的特点。到了昆明以后，要组成一个学校，怎样协调各个学校的专业特点、教师特点，以及管理上的不同，这很要费一番周折。我觉得在昆明的八年，从1938到1946年，大概可以说是他一生经历里最艰苦的一段时间、最困难的一段时间，因为有好几个方面的关系要协调。

他一直坚持办学就是三个主要方面。一个是通才教育。在旧中国，教育多半是通才的方式。现在我们反过来看，通才教育还是有它的优点。通才教育，就是知识面博广。第二是教授治校，就等于民主办学。第三是教学和科研结合，就是在教学里面，通过科研提高教学质量。这三个方面，他一直都是很坚持的。

在学校里面也不是没有阻力，大家的意见也不是完全一致。回顾在昆明的这段时间，恐怕他牺牲了很多个人方面的兴趣。生活当然很艰苦，也无所谓什么享受。他很少有业余的时间，全副精力就是在管理这个学校，协调各方面的关系。

我那时候小，是中学生，后来大学生。对他的很多工作，我那时候并不是很理解。我现在自己也是个老人了，也有比较长的工作经历，也一直从事教育工作，才逐渐更深地体会到他在那种条件之下办学的艰苦、困难。

当然，这跟当时的体制也有关系。那个时候学校聘请教授，基本上就是自己直接联系，双方同意就请来了。这位教授有什么特点、个性或者主张，反正一请到学校里来，学校就不加任何要求限制。所以，它在学术上汇集了当时国内能够请到的最好的人才，另外也带来各种各样的思想，学术上的思想、文化上的思想。为什么大家总觉得西南联大的精神生活还是很丰富的？就是因为没有限制、没有千篇一律的这种倾向。

他是学校的主要领导，他的地位要求他和地方和政府的关系必须搞得很好。跟重庆政府，因为教育部的关系，他要打报告，要去述职什么的，有时候也挨批评，次数还不少。和地方呢，有些经济上的关系，因为西南联大好几千人的生活需要供应。到抗战后期，民主思想非常活跃，学校和当时的政府、当局有过多次矛盾，受到压制。做校长的又得在当中做很多协调工作，要保护学生，保护学生的积极性、保护学生的生命安全，但是和当局还得保持一个关系。因为学校要是跟地方政府吵翻了的话，那学校就办不下去了。所以，这也是一个很大的难题。

以前在北平，后来在昆明，有过多次当局要来抓进步学生，这个恐怕好多和西南联大有关系的人都知道。从校长到教授，想尽各种方法事先通知学生，给他们创造条件让他们赶快躲开。西南联大在这段时期，大概被捕的学生在各校里面还算是比较少的。

**访谈人：**有一件事，就是当时教育部曾经发给学校的管理者一笔津贴，梅校长为了和教授们同甘共苦，就提出不要这个钱，后来把这个钱用在别的地方了。这个您有印象吗？

**梅祖彦：**具体怎么用的，我现在不大记得了。

在昆明的时候，物价飞涨，教授、职员的生活都是很紧张的。学校的领导就从各个方面想办法，给大家提供些补助，用现在的话说，就是去搞“创收”了。西南联大有工学院，工学院有一些教授和学生在外面搞一些工程的东西，有一些收入，政府也给一些补贴。我记得我父亲那时候最强调大家平分，是不是按照家庭人口，我现在都不太记得了，就是说给学校的领导层是专门有限额的。不过，他说，一定要大家平分。甚至在有些情况里面，他说，凡是担任公职的不分。

抗战以前，清华有那么个规矩，校长的住宅、官邸，学校大概给提供两个工友的工资，每年给多少吨煤——因为北方要生火——很多很多东西都可以报公账，这个我有印象。他来了以后，就把这些东西作为制度全部取消了。

**访谈人：**你们在昆明住哪儿？

**梅祖彦：**翠湖旁边的西仓坡。那个房子我60年代去过，还有，现在云南师大在那里盖了楼房，大概是90年代中期盖的。

**访谈人：**西仓坡有几间房？

**梅祖彦：**中国式的房子，三合院。还有另外一家教授住在楼上。

梅祖彦与张曼菱

就是三面，等于是九间中国式的房间，下面是清华大学的办公室。三校合并了以后，还各都有一个办公室（办公处）。后来日本飞机轰炸的时候，很紧张，被炸过好几次，最近的一次轰炸，炸弹就炸在三合院的前面，整个房子差不多都推倒了。那次损失不小。

**访谈人：**下面我们谈一谈您母亲，您母亲在困难的时候为教授夫人们做出了表率。

**梅祖彦：**在昆明生活非常艰苦，但是某种程度上也消除了一些以前的等级差别，真是大家上下一致，完全一致。那时候的教授夫人，走在街上谁也认不出来，从衣着到生活，都是很简朴的。

我父亲那一点工资是不够的，所以我母亲经常为生计伤很多脑筋。她和另外一位夫人，就是袁复礼先生的夫人，我现在记不得是谁提供了这个技术，她们就学做上海的一种糕点，腰子型的那么一种糕，还做了一个木头模子。她们还拿到金碧路的冠生园去卖。我那时已经离开家，后来我才知道，我母亲多次自己挎着篮子走，糕点很

1945年，梅贻琦与夫人韩咏华在昆明

重，从西仓坡到冠生园走很长的路，脚都磨破了。这个事情我觉得是一个很好的例子，就是说要自食其力。

**访谈人：**“定胜糕”的名字是怎么来的，您知道吗？

**梅祖彦：**恐怕是个老名字，最早是怎么起的不知道。后来大家觉得这个糕一定要做，因为它的名字的寓意就是“抗战一定要胜利”。

**访谈人：**西南联合大学纪念碑的背面有800多位从军学子的名字，后人也称为“八百壮士”。您的名字也在上面，您能给我们讲讲这件事吗？

**梅祖彦：**这也是中国教育史上的一件事情。抗战的时候，学生们年轻、热血，都要献身报国，所以有好几次学生从军。最大的一次就是1943年1944年，征调了一大批学生去做美军的翻译员。1944年下半年，又搞了一次“青年军”，也有好几万名学生参加。

我当时赶上了翻译员招募。学校规定，四年级下学期，就是最后一学期，一定要去参加征调。我那时候是二年级，不属于征调范围，但是我们有几十个同学，大家积极性非常高，我们志愿参加。去的时候家里也经过一番争论，父亲鼓励我这种精神，但是他说在抗战那么艰苦的条件之下，有机会上大学也是很不容易的，以后报国的机会还很多，不如把大学上完了再去。我也觉得有道理。不过，后来因为别的同学一起鼓劲，最后就去了。

为做这个翻译员的工作，我求学一共迟了三年。在这个过程中，当然也遇到不少困难、不少挫折。在大学里面，尽管生活艰苦，但人跟人之间的关系是非常纯正的、非常友善的。可是到了外面，去从军了以后，一下子就接触了社会最残酷的一面，就是人跟人的关系最紧张的那么一个环境。我们刚去，这方面就感觉到特别不适应。不过，反正总的思想就是，这是为国家做事，为抗战出力，所以就一直忍下来。西南联大前后有 800 多学生参军，在 1946 年还立了一个碑。不过现在考据，恐怕那碑上漏掉的名字还很不少，当时没有收集全。

大家都觉得，这还是生命中很难得的一个机会，能够直接为抗战贡献一点力量。就我来说，我觉得我的成长比较快，和这样一件事情可能很有关系。我如果一直待在学校里面，念完大学念研究生，最后出国，可能一直就像个学生。这下我觉得我从青年变成了成人。当然，战争是个很不幸的事情，不过处于那个环境之下，我觉得也还是很促使了自己的成长。

**访谈人：**梅先生，您参加过实战吗？

**梅祖彦：**没有参加过实战。我们翻译员是文职，一般情况下，不给我们武器。有一些翻译员跟着到前线去，我们是在滇西的远征军里。

**访谈人：**您知道的西南联大的学生有牺牲在抗战前线的吗？

**梅祖彦：**有。在滇西，就是在地面上也有阵亡的。有渡河的，牵着马渡河，结果马跳起来，连人带马下了水。那个碑上是有五个人殉职。还有一些学生从军，到空军去，算是中国部队了，航空公司的副驾驶员，经过训练以后实际上是帮助美军去开运输机，他们叫 Co-pilot。其中也有在飞机失事中殉职的。

那时年轻学生的积极性、爱国性是非常强的。我们同班有同学跟着美军部队往前面走。滇西那一带森林很茂密，敌我之间的距离很近，有时候对方听得见说话。忽然日本军队那边开迫击炮过来，有一个同学背脊上就中了一个弹片。后来给他开刀治疗，好几个月才好。

最后，他得到了美军给的一个“紫心勋章”（Purple Heart）。

我挨得最近的一次，是在战壕里，有个掩体，后来我们就跑出来看，忽然间对面的重机枪打过来。旁边有中国的军官，他们当然都是有经验的，他们一把抓住我，揪下来，把我摔在地下。后来一看，后面的树上都有子弹的。那是我最接近炮火的一次。

我没有在空军里面。不过，那时候美军有一种很小的飞机，一种侦察飞机，可以坐两个人。有一次我们到前线，接近前线，就坐那个小飞机回来。一个美国士兵驾驶，他坐在前面，我坐在后面，还给带上降落伞，其实一次训练也没有。他说：你要往后面看，要是看见有日本飞机的话，你就拍我的肩膀。因为那个小飞机是没有武装的，机关枪打一下就可以把它打掉，所以一边飞，我一边向后边看，他还不断地回头来看我是不是尽到了职守。不过，那次当然没有出什么事情。

梅祖彦在军营

**访谈人：**反正也是豁出去了。

**梅祖彦：**也经历过一些惊险的。

**访谈人：**谈谈西南联大人对台湾的贡献。

**梅祖彦：**台湾的发展，可以说和联大的人有关系，联大的人贡献了很多力量。到台湾去的人，也有好几个方面。总体来说，联大的教授、毕业生，到台湾去还有很多工作要做。有很多人是去谋职，去找工作。

有好几位西南联大的教授到那边去，包括北京大学的校长蒋梦麟先生。蒋先生以前给人的印象是一位士大夫的形象，但是到了台湾以后，他在农业、土地改革方面做了很多很具体的事情，对发展台湾的经济有很大的推动作用。我有几个同班同学，学化工的，因为台湾有炼油厂、化工厂——现在台湾化工还是很强的一项，他们在那边起的作用都很大。刚去的时候也是非常艰苦的，后来逐渐发展起来。西南联大的教授，后来到台大以及新竹的“清华大学”的有好几位。新竹的“清华大学”在推动台湾的文化教育方面也起了很大作用。

联大的人，也不能说就那么能干，能量就那么强。我觉得，主要是作风好、思想好，比较纯朴、谦虚，把工作做好，不追求个人的名利，所以最后都很成功。台湾的“中研院”、各大学很多有学术地位的人，不同方式都和西南联大有关系。所以说，西南联大播下的种子，事实上还不止三校，在台湾也还有影响。

## 访谈手记

第一次在北大办公楼的会议厅见到梅祖彦，内心十分惊异，感觉似曾相识。仿佛是当年那位清华的梅校长、联大的梅常委迎面走来，君子风度，彬彬有礼。只是那个历史的身影更严峻，目光更坚定，带着悲剧的气质和一种“我不入地狱，谁入地狱”的决心。

眼前的梅祖彦格外和蔼，微笑迎人，气度儒雅。梅祖彦在联大校友群中从不突出自己，而有关联大的事他却都是当作家事来办。

回到昆明不久，1999 年 9 月，我收到北京寄来的一封挂号信，里面是一份剪报：中共中央、国务院、中央军委发出通知，表彰 23 位对“两弹一星”研制做出杰出贡献的科学工作者。

这在当时人所尽知，关键是在这份剪报上，八位受表彰者的名字旁边标上了密密麻麻的小字，注明他们是西南联大的教师与学生——这在当时是鲜为人知的。他们是：郭永怀、赵九章、陈芳允、屠守锷、杨嘉墀、朱光亚、王希季、邓稼先。

这份资料是梅祖彦先生整理的。他以一种特殊的身份，敏锐地觉察到了西南联大的时代回音。是他提醒了我：这个新闻与我所做的事情有重大的机缘契合。我将这封信纳入重要的档案，立即将对邓稼先、郭永怀二位的家属的采访提上日程。

2003 年 4 月，央视 10 频道《探索 · 发现》栏目播出了纪录片《西南联大启示录》。当时正是“非典”时期，社会反响相当强烈。在第一集“被迫南迁”里，我开门见山地亮出了“两弹一星”授勋仪式，央视的朋友为我提供了这段视频。西南联大北京校友会会长沈克琦先生告诉我，哈军工的院长打来电话，说以后每期学生入学，都要看这部片子。

这部片子播出之后，“两弹一星”的一批功臣出自西南联大这一事实在社会上广为人知，成为公共口碑。这个历史的机缘是梅祖彦把握住的，并由《西南联大启示录》强势推了出来。

片子里用了邓小平的话：“如果60年代以来中国没有原子弹、氢弹，没有发射卫星，中国就不能叫有重要影响的大国，就没有现在这样的国际地位。”片子追溯到了诺贝尔物理学奖、胰岛素的人工合成……

沿着这样的思路，西南联大历史一举成为社会热点，与时代完成了宏伟的对接，成为不可撼动的中华民族的教育诗篇。

《西南联大启示录》中采访的人们，都是对时代和国家抱有热情和积极态度的。他们的讲述，完全出于对这个民族优秀传统的恢复与振兴的渴望，绝非如某些人所说是“呼唤民国”。

梅祖彦目光独到，情钟联大，不愧是梅贻琦之子。可以说，他提供的这份资料，为我的片子奠定了扎实的基调。

2006年1月，由北京大学出版社出版的《国立西南联合大学校史》，前插页上也用了这八位“两弹一星”功臣的照片，和那分量极重的勋章图片。

2001年，我到三里河登门拜访，梅祖彦给我看了一把折扇，是梅校长最喜欢的。扇面有亲戚的题画，时常在手。如此重亲情的梅贻琦，晚年却在岛一方孤寂度日，内心悲苦可想而知。

梅夫人韩咏华女士的家庭账簿令我震撼。那里记录着战前清华校长的家庭生活，有点心、礼物、洋车夫等的费用。这与后来在昆明的穷困形成对比。我把这本账簿编入了《西南联大启示录》中。

梅夫人没有随丈夫去台湾。这位深受联大学生爱戴的师母回到北京终老。梅祖彦现在住的正是她的居所，室内朴素淡雅，余馨犹存。

梅贻琦以民主治家庭，这个家庭在时代大潮中各呈个性、随风飘散。

那天，梅祖彦给我看了一段录像，他到台湾，去父亲的墓前献花。这短暂的一刻，凝聚了他对父亲在分别之后的不断深入的理解，以及他在暮年把弘扬西南联大传统视为己任的担当。

梅祖彦很善于叙事。一开始，他讲的是他们一大家子人的故事，包括他的母亲韩咏华女士做定胜糕补贴家用，他的姐姐梅祖彤从军，以及他自己，等等。其实这些人物都是背景，真正的角色却是他的父亲，清华大学校长、西南联大常委。这是一位大学校长的故事。

正是由于有这样一位父亲和丈夫，这个家庭的成员们才会有这样的生活。梅贻琦的处世原则、他的事业、他忠于教育的使命，也形成了这个家庭中每个人的遭际与命运。

梅祖彦在郝诒纯之后接任西南联大北京校友会会长。

他陪同一批海外校友重游昆明，我安排车子送他去看坐落于筇竹寺的驼峰飞行纪念碑。在访谈中，他谈到自己曾经作为美军翻译乘战机飞越驼峰航线。梅祖彦来看驼峰碑，是他最后一次来昆明——这座他度过了青春年华与读书时光的城市。

最后一次见到他，是在北京医院的特护病房里，梅学长双手握着那盒由三联书店出版的《西南联大启示录》光盘，眼中含了泪光。他告诉我，欧美同学会的负责人来电话，盛赞这部片子。

梅祖彦对祖国的挚爱，在当年从军的往事中就表现出来了。他并不在应征之列，其父梅贻琦也并不希望他中止学业。

“去的时候家里也经过一番争论，父亲鼓励我这种精神，但是他说在抗战那么艰苦的条件之下，有机会上大学也是很不容易的，以后报国的机会还很多，不如把大学上完了再去。我也觉得有道理。不过，后来因为别的同学一起鼓动，最后就去了。”

结果是他最后没有拿到西南联大毕业文凭。

后来梅祖彦在法国留学，为了回到新中国，不惜没有护照“非法”登机。

梅祖彦由于从军，后来在“运动”中受到审查。他用了一句幽默的话：“当然，我也有我的那一份。”这句话体现了他对这种种磨难是理解和包容的；对自己的遭遇和命运，他毫无悔意，甘愿承受。

那么，作为清华校长和西南联大实际校长的梅贻琦的儿子，他所期冀的是什么呢？

我认为，是一种历史与时代的契合。这就是最大的公正，可以涵盖所有个人的委屈。

从他给我寄来的那封挂号信中，从他写的那些密密麻麻的小字上，可以感受到彼时他的心情是多么激动、快乐与欣慰。

这是他的归宿，这是他那一代学子的归宿：“千秋耻，终当雪；中兴业，须人杰。”

采访这批西南联大人物距今已经过去20多年，而长留在我心里的学长，既不是最睿智的，也不是成就最高的，而是那些心灵纯粹、一生怀有忠贞追求的人们。

# 第四部分

# 尚未毕业随学校北归（或出国深造）的学生

1946 年 5 月 4 日，西南联大举行结业典礼。梅贻琦代表学校宣布西南联大结束。

此时还有学生未完成学业，该部分学生按本人志愿分别进入北大、清华、南开三校继续学习。

随着内战爆发，这部分学生严重分化。在回溯当年校园生活时，他们的角度完全不同，反映出当时西南联大校园内党派活动的激烈性。

7 月 11 日，联大最后一批学生离开昆明。

张友仁（1923—2015）

经济学家。浙江黄岩人。1943 年入西南联大经济学系，1947 年毕业于北京大学经济学系。

访谈时间：2001 年 4 月

访谈地点：北京，北京大学，张寓

**张友仁：**去了西南联大以后，我先在师院老师的宿舍里住了几天，也去听了一些老师的课，首先听了闻一多先生的课。

抗战时期，我原来是想航空救国，后来觉得航空也救不了国。听老同学说，学航空的毕业后只能在昆明的一个飞机工厂里装配美国送来的飞机零件。而且入航空工厂，要先参加国民党。我那时候死也不会参加国民党的。我觉得，航空没法读了。而且我要搞革命，要参加社会斗争，就选择了经济系。

要转经济系，也碰到困难了。那时候的教务主任是杨石先，后来的南开校长。我打报告说我不想念航空了，要转经济系。杨石先是注重理工的，他批：不准。他说，好好的工科不学，学什么经济系，不准。那我怎么办？

我那时候是大学一年级。大学一年级是归大一主任管的，大一主任是生物学教授李继侗。后来有一天碰见李继侗教授，我跟他提出来，我说要转经济系。教务主任不准（这事）我没有告诉他。我是在大学一年级的班里提出来转系的。我说我不读工，我要转经济系。刚好经济系主任赵迺抟教授路过，他帮着跟李继侗说了句话，说他要转经济系，我愿意要这个学生。另外，他（赵迺抟）说他（张友仁）是我们经济系另外一位教授的外甥。李继侗就批准我大学一年级内部从航空工程系转到经济系。这样我就成了经济系学生了。我在西南联大读了三年，回到北大再读一年毕业。

**访谈人：**请您谈一谈在联大时期的生活环境。

**张友仁：**在联大时期，我除了经济系的课之外，文法学院的很多课也都去听。闻一多先生的课也听，吴晗先生的课也听，历史系的课听得很多。那时候听课是比较自由的，从早一直听到晚，晚上还有课，一听听十几节课，各种课都听。

生活实际上很艰苦，可是过得也挺愉快。先是住瓦房，后来在新校舍住的是茅草房子。大后方革命民主运动浪潮一阵一阵地掀起，我们都积极参加了民主运动，一直到参加“一二·一”运动。在这个运动以前，我们受到了很多革命教育，也参加了革命社团。

我参加的一个社团，叫“社会科学研究会”。社会科学研究会聘请了闻一多先生为导师。那时候闻一多先生几乎每一次重要的政治报告、讲话、讲演，我都去听。有一次，听完讲演，已经是深夜，我们几个同学送闻一多老师回家。要出大西门的时候，上面的军警下来拦阻。他们看见半夜学生还送老师，人不多，十个人左右，像游行示威

1945 年，张友仁在西南联大

似的。我们就让云南同学跟那个云南兵交涉，说我们是送老师回家的。那时候闻一多先生住在西郊的昆华女子中学。

我听了很多进步人士的报告。西南联大有些马列主义的书可以读，我们也读了毛主席的《新民主主义论》等。《论联合政府》发表以后，重庆新华日报社把这篇文章寄给了我。我们那时候也读《新华日报》，读《群众》杂志……受到革命的教育，后来积极参加“一二·一”运动。

**访谈人：**当时在联大的生活艰苦吗？

**张友仁：**艰苦是艰苦，现在觉得也过得去，也无所谓。食堂吃的大米饭当然不是最好的，很普通的大米，有时候也有西仓坡仓库里发霉了的米，一般的还是普通的次一点的大米。食堂的菜，也好几个，还过得去。云南的生活条件还是比较好的。艰苦是艰苦，可是生活还过得去。

**访谈人：**我刚才听您说到几位有名的教授，请您谈一谈第一次听闻一多先生的课的感受。

**张友仁：**闻先生，我素来仰慕他，知道他是诗人、文学家，所以想去听听看。我是在师范学院的教室里初次见到他的。我想，诗人应该是超凡脱俗的、飘飘然的，可一看不是，闻先生的形象是现实世界里的斗士。他讲得很精彩，教我们参加现实的革命斗争，而不是脱离现实。这个印象很深。当时我受他的影响，决定不学航空工程系，学航空工程系成了为国民党效劳了，于是改学经济系。

**访谈人：**到了经济系之后，就开始接触陈岱孙先生了，是不是？

**张友仁：**我一年级要上经济学概论的课，这个课当时是萧蘧教授教的。萧蘧教授教了一半，调到江西当中正大学的校长去了，他是江西人。然后，陈岱孙教授接着讲他的经济学概论。陈岱孙教授的经济学概论讲得非常清楚，简明扼要，没有废话。

后来我还听过陈岱孙教授讲的其他的课，财政学，还有别的课。那时候他是我们的系主任，我们选课的时候，他要看选课单，我们选这些课合适不合适，合适，他签了字才行。

**访谈人：**除了上课之外，关于陈岱孙先生在联大期间的一些生活、经历，您还记得哪些？

**张友仁：**当时就看到他穿西装，很漂亮的西装，很笔挺。每年4月1日，还要戴一朵花。后来听他说，他住在北门街唐继尧祝寿的戏台上。北门街唐继尧祝寿的戏园子里有个戏台，戏台上有包厢，一个教授住一个包厢。他住在那里，还曾经在那附近种过菜。

所有住在那里的人，都把周围的空地种上菜。后来叫沈同——沈同当时是生物系的讲师——负责种菜。大家也都出力，包括陈岱孙教授，也都去种菜。这样自己的伙食团里可以吃到新鲜的蔬菜。

**访谈人：**我在资料上看到，北门街71号集中了西南联大的单身教师，是不是？

**张友仁：**不全是西南联大的，主要是清华的几位单身教师。那个戏台的包厢，一个包厢住一个单身教员，这还是后来陈岱孙老先生自己跟我说的。

**访谈人：**西南联大结束的时候就一起回乡返京了，是不是？

**张友仁：**陈岱孙在西南联大的时候当经济系主任。西南联大快结束的时候，他提前回来了。他早半年多回来，做清华管理委员会主任，把清华从日本兵手里接管过来，再修复清华的这些房子。第二年，西南联大的清华的部分学生就可以回到清华。他早离开了一些时候。

**访谈人：**您认为，我们后人最应该向陈岱孙先生学习什么？

**张友仁：**他治学非常谨严，不随便写文章。他写文章也不是随着潮流、风向的。困难时期，他也是不折不挠的，不向困难低头。他搞学问很认真、很踏实，讲课很清楚，所以受到同学的尊重。

**访谈人：**张先生，当时您参加地下党主要做什么？

**张友仁：**我在昆明的时候没有参加地下党，参加的是党的外围的社团，叫社会科学研究会。我回到北京才参加了民联，相当于青年团，是青年团的前身。1948 年，我参加了共产党地下党。

当时西南联大同学的进步，受当时的革命环境的影响。西南联大经常有共产党员、进步人士来做报告，我们还可以读到一些进步的书籍，毛主席的著作很多的。我们有个西南联大的同学，搞地下出版社，翻印毛主席的著作。我们还受到一些进步老师的教导。

“一二・一”运动那天，我正在宿舍看书。同学说，特务打进来了。我们都跑出去，离开宿舍，跑到新校舍北区大门里面，抵抗特务的进攻。外面不断扔石头，我们把教室的扶手椅都堆在门口阻挡。门是木头的，木头门被打破了一块，特务就钻进来了。我们俘虏了一个特务，叫崔俊杰。俘虏了回来，把他弄到一个教室里面，昆明有个护士学校的女学生还给他治伤——我们还宽待俘虏。

“一二・一”运动新校舍门里面的进攻、斗争，我都在场，都看见了。特务退走以后，要组织纠察队，我们就参加纠察队，把守在大门口。我们用伙食团装米的麻袋装上黄土堆起来。“一二・一”进攻

“一二·一”运动时遭破坏的联大大门

的时候还没有这个，是用的椅子来抵抗。事后，我们才用装黄土的麻袋堆起来。然后把大门关上，进出开一个小门。我们在外面，轮拨儿做纠察队员。换班下来的时候，有个同学说：我们当纠察队是准备牺牲的，准备死的。所以，每个人都先写了个绝命书，等休息完了写完了再去门口把门。

这就是我们同宿舍的人准备牺牲以前照的照片。这张照片十多年前在中央电视台播出过。背面我写了这个照片的经过，这是“一

1945年12月1日，张友仁在西南联大新校舍前与同宿舍的纠察队员们合影

二・一”运动那天下午，纠察队休息下来写完绝命书的时候照的。背面也在电视台播出过。

后来在灵堂里面，我代表我们西南联大社会科学研究会送了“党国所赐”四个字。“党国所赐”，说明“一二・一”运动中牺牲的四烈士是被国民党反动派给害的。后来有一个讲四烈士的剧本，名字也叫《党国所赐》。

四烈士灵堂一直停灵，他们的棺材就在这里。停灵搞了几个月，一直到3月17日出殡。这个地方，每天都有很多人吊唁，每天昆明的群众数以千计地去吊唁。一开始人多的时候，我们没有去，后来人少的时候，我跟同学才去吊唁的。吊唁的时候，我们说，照个相吧。就用三脚架，用自拍机，同学帮着按一下，就照了下来。照片上还能看见灵堂里写的挽联的字样。后来都用这张照片代表四烈士灵堂。

四烈士灵堂（照片里的背影为张友仁）

**访谈人**：这个里面的人物就是您？

**张友仁**：这人就是我，这是我在准备行礼的时候。有的人看得出来，我这个后背，有点驼背。

**访谈人**：当时你们几个写的绝命书的内容还记得吗？

**张友仁**：意思就是我们准备牺牲了，不惜一切了，要跟国民党反动派斗争到底。大概是这样的内容。

**访谈人**：这是在四烈士牺牲之后？

**张友仁**：是“一二·一”运动那天下午。下午轮班休息的时候，休息完了，写完这个，照完照片，休息了一会，又去换班了，又到门口站岗去了。站了好几天岗。有一天，有人送来四口棺材来，我们在门口拒绝了，不让他送棺材过来。猫哭耗子，假惺惺的，还送棺材来。

**访谈人**：吴晗先生，您是怎么接触的？

**张友仁**：吴晗先生，我去听他的课，听他的明史，还有别的历史课。他的课堂是小课堂，所以就熟悉了。

我写的纪念吴晗先生的文章里面讲到府甬道。府甬道早晨是卖菜的。我有一次作为食堂的监厨，带着厨工去买菜。吴先生也拿着菜篮子在府甬道买菜。我是替食堂买菜，菜买回来，吴先生的菜篮子还空空的。他跟我说，这菜都挺贵的。他转了一圈没买到菜。那时候教授生活很困难。

我是那时候在昆明认识他的。后来到清华——我是北大学生，也到清华去看吴先生，听了他一些课。

**访谈人**：闻一多先生讲话的时候，就是您做的记录？

**张友仁**：对。当时用昆明那种黄颜色的纸——相当于现在的手纸——记录，后来从那个记录上面整理。他有几次政治性的讲演。有一次纪念五四运动若干年的讲话，那时候周炳琳也讲到五四运动的经过，闻一多先生也讲到五四运动时他在清华的表现。后来我写了周炳琳教授与闻一多教授，讲他们一生的交情，也有矛盾，也有斗争，材料很具体。

周炳琳先生在“一二·一”运动中是代理联大常委会主任。“一二·一”运动以后，梅贻琦从重庆飞回昆明，半夜里一下飞机就跑去看周炳琳，问他联大的情况、“一二·一”运动的情况。梅贻琦的日记里面写到这个事情。

闻先生全集里，我记录了一些政治性的报告。当时他自己没有，别人也没有收集的，就收到《闻一多全集》里。郭沫若先生写《闻一多全集》序言的时候，引用了闻一多先生那次重要讲话的内容，说他学古典文学，要里应外合起来，打倒这些封建的东西。

**访谈人**：当时这个报告就是根据您整理的资料？

**张友仁**：对，我整理的文字。郭沫若引用的也就是我整理过的文字。

**访谈人**：闻一多先生遇难的时候，您在昆明吗？

**张友仁**：我们那拨学生是5月离开昆明的，闻一多是7月15日牺牲的。我们后来听到就很难过，也很后悔。在昆明的时候，讲完课、开完会，我们学生都是自动护送闻一多先生回家。这次同学们已经离开了，只有他儿子护送，儿子一个人护送力量不够。

在西南联大，我不但听课堂上老师的课，还听课堂以外的很多进步人士的课。那时候党的影响很大的，昆明可以看到《新华日报》、《群众》杂志、毛主席的著作，都是秘密地传送过来，公开的场合得不到。我曾经在昆明向重庆群众杂志社、新华日报社买过合订本，合订本的《群众》杂志、合订本的《新华日报》。寄到了以后，邮局不送给你，发个通知叫你到火车站附近的总邮局去取。我就跟一个同学一起去取。那些进步书刊，邮局不交给我，交给旁边图书审查的国民党特务。他给没收了，开一个没收收据给我。那些反动派真是！

整个环境虽然这样，这些进步书报我们秘密地零星地还是能够看到得到。西南联大图书馆有进步的马克思主义的书籍，连昆明街头都有进步的社会科学、经济学的书刊，《政治经济学大纲》《辩证唯物主义》这一类书。昆明的旧书店里都有的，所以昆明的环境对我们学习成长是很有帮助的。

我写过一篇《西南联大学生日记中的闻一多先生》，都是我当时日记里记的，写了我听了闻一多先生的什么报告，当时的情况怎么样，还有给闻一多先生讲演的记录。

**访谈人**：当时您就有记日记的习惯。

**张友仁**：那时候都记的。《一二·一诗选》收录了“一二·一”运动当中的诗作。当然有很多人的诗，也有我的一些诗。后来人民文学出版社收集在一起，出了一本书，叫《一二·一诗选》。作者叫龚纪一。实际上没有龚纪一这个人。“龚纪一”就是共同纪念“一二·一”的意思。这个书有稿费的，稿费捐给了“一二·一”纪念馆。

后来我跟吴晗的一个秘书合写了《吴晗的学术生涯》。他的秘书叫苏双碧，现在是求是杂志社的总编辑。

1948 年，吴晗离清华赴解放区前

闻一多在西南联大

这是 1948 年我给吴晗先生在清华西苑他家后面的树林里照的相，过几天他就到解放区去了。

我写过一篇《纪念闻一多老师诞辰 100 周年》，是我的日记里面写到的关于闻先生的记录，登在《西南联大北京校友会简讯》的第 27 期上面。

那时候我在昆明自己也照过相。我没有照相机，同宿舍的一个历史系学生，叫裘昌淞，后来是清华历史系的，他有个照相机。有一天，我跟他一起在西南联大新校舍南院东南门的厕所旁边碰见闻先生。我们就说，闻先生，给你照张相吧。这时候抗战已经胜利了，他的胡子已经剃掉了，还围了围巾。裘昌淞拿着照相机给他（闻一多）照相，我在旁边看着。我照相经验比他丰富，我告诉他怎么照怎么照。闻先生牺牲以后，我们想尽办法把这张底片找了回来，它被别人带到上海去了，好不容易找了回来。这也是闻一多先生最后一张照片，也是最清楚的一张。

陈岱孙先生 95 岁大寿

这是陈岱孙老师 95 岁大寿的时候，我给他照的。他在主席台上。

**访谈人**：我记得，您在纪念陈岱孙先生的文章里写过陈岱孙生前留给后人的最后一句话，您还记得吗？

**张友仁**：那是在医院里面，他病得起不来了，他说：我要起来，我要坚持起来，起不来我就永远起不来了。

这是陈老最后一张照片。陈老逝世那一年的春节，我跟我爱人到

陈岱孙先生最后一张照片

他家里去拜访。他祝完寿，墙上挂着祝寿的图画。

赵迺抟是西南联大经济系主任——先是陈岱孙先生，陈岱孙提前回北京了，他接替做了经济系主任。这是他晚年在北大照的，他拿着他的主要著作《欧美经济学史》。他活到 90 岁左右。

赵迺抟

周炳琳

当时周炳琳代理校委会委员，蒋梦麟老不在，梅贻琦也不在的时候，他就代理校委会主任委员。

我写过悼念他（陈岱孙）的文章。还有陈岱孙先生写给张秋舫教授的，张秋舫翻译了一本书——《大城市的未来》，请他写序言，请他审查。陈岱孙先生提了些意见，看得很仔细，一个字一个字仔细地看。

我翻译了一本书，请他写序。他给我写了很长的一个序言，也是他亲笔。他的序言对那本书的价值写得很深刻。

还有一些他写给我的信。有的是别的刊物请陈岱孙先生写传记，陈岱孙先生说：我委托张友仁替我写——叫我替他写，是那样的信。

## 访谈手记

张友仁先生住在北大的教师宿舍。

上楼，没有电梯，书房里满室阳光。

张先生笑声朗朗，非常健谈。

我说："没想到您这么魁梧。"

他说："要不选我进学生纠察队呢。"

我说："我看过您的签名，好像总是一种字体，不变的。"

他笑着说："那可是别人没有的，是毛主席的亲笔。"

我很惊讶。张友仁说，毛主席在看哲学文章的时候，做批注，写到了他的名字。后来有人告诉他，他就去找了来，从此，就以此作为自己的签名。

他还给我看了案头上的一颗图章，就是这个"毛体"。

北大哲学系是毛主席关注的，他时常读哲学系教员的文章。

我说："您可真是有贵人缘啊！"

他爽朗地笑了，说："要说到西南联大的老师，我接触的比一般同学都多，还真的是有贵人缘。"

在我的受访人中，有两位是与伟人发生关系的，任继愈与张友仁。

在任继愈先生去世后，我才看到先生被毛主席接见的实录内容，里面也反映出伟人对哲学、宗教兴趣很浓，知之颇深。

哲学是可以化为行动的，从张友仁的革命阅历中可以见出。

这大约是北大哲学系的一种传统。

赵宝煦（1922—2012）

政治学家。浙江绍兴人。1943 年入西南联大化学工程学系，一年后转政治学系，1948 年毕业于北京大学政治学系。

访谈时间：2000 年 6 月

访谈地点：北京，北京大学，未名湖

**访谈人：**您是哪一年到西南联大的？

**赵宝煦：**西南联大是从 1938 年开始的，我到的时候是 1943 年。那时候已经炮火连天了。一进校园，民主墙上都是壁报。那个壁报非常精致，那时候没有电脑，都是找会写字的人写的，而且版式、插图、刊头都非常精致。当然，要是有大事件的时候就来不及了，我经历过几次。

"倒孔"运动的时候，我还没到联大，那是 1942 年。1943 年以后我经历过的，比如孔祥熙去讲话，那整个墙上就都是大字报了，长篇累牍的。孔祥熙去讲话是很热的一个节目，是在"倒孔"运动两年以后。

"倒孔"运动是什么呢？当时华南沦陷，好多文化名人都跑到香港去了。后来香港也沦陷了。香港一沦陷，国民党政府就派飞机抢救文化名人，比如郭沫若、宋庆龄。这些人回来，大伙都去重庆机场接。可是接着接着，这个也没来，那个也没来，因为飞机确实很有

赵宝煦在西南联大

限。突然，孔祥熙的二小姐孔二小姐拉着一条硕大无朋的洋狗下来了，这一下就爆发了。

**访谈人：**激怒民心。

**赵宝煦：**人家说，好多名人来不了，你来我们也不管，可是你拉着这一条大洋狗在飞机上……

**访谈人：**还有保姆。

**赵宝煦：**所以就发生了“倒孔”运动。因为云南昆明是“天高皇帝远”，而且北大、清华、南开一些名教授都在那里，这些名教授一般都是从美国、欧洲回来的，外国人在云南在昆明的也很多，所以那是一个国际化的地方。

还有一个缘故，蒋介石统治中国大陆22年，始终没有能够深入。云南有龙云挡着，龙云始终没有归顺。四川是刘湘，后来蒋介石把刘湘捉起来杀了。成都有一个刘湘墓，现在已经不怎么样了，抗战的时候我们去过刘湘墓，那简直是富丽堂皇，一个非常大的墓，像天坛似的，十里一亭，都是要人挽的。

**访谈人：**独立王国。

**赵宝煦：**在云南这个地方，我们搞什么都是打旗子，打倒蒋介石，拥护龙主席，就是借着他这个招牌在这里活动。当时在后方，西南联大就叫“民主堡垒”。1942年“倒孔”运动就是在昆明先爆发起来的，搞得很厉害。

事隔两年，国民党总想把这批学生收买下来，所以突然派孔祥熙来演讲，来做报告。当时北大校长傅斯年[①]，清华校长梅贻琦，南开的是谁……

**访谈人：**张伯苓。

**赵宝煦：**那时候不是张伯苓了。三个校长轮流执政，一人干一年，这一年是梅贻琦。梅贻琦非常聪明，他说：我们西南联大就是广场，图书馆都是草棚，草棚前有一个旗杆，演讲都在那个台子上。他说：云大是地方大学，你们有礼堂，我们没有礼堂，这次孔部长来就在你们这儿演讲。熊庆来觉得，部长来演讲，在云大，非常好。梅贻琦说，到时候我带着学生来。所以，就在云大礼堂演讲了。

这个时候是"倒孔"运动两年以后，两年前的学生还没有毕业，大家都憋着，等着看他。那个时候学校里最闹腾的就是二年级，因为一年级两眼黑乎乎，什么都不知道——

**访谈人：**您是几年级？

**赵宝煦：**我是 1944 年由工学院转到政治学系的，1944 年以前念化工。

当时三、四年级要毕业了，要找工作，没心思活动，而二年级是"倒孔"运动的主力。这个时候他们已经是四年级了，他们没在学校，因为要配合美军作战。西部战线一结束，美国军队就跟中国军队来打日本。可是美国军队需要大量的中文翻译，就征调西南联大四年级的学生，他们都不念书了，都给征调去当翻译了。

---

① 蒋梦麟 1945 年 6 月出任行政院秘书长后就呈请辞去北京大学校长职务，9 月获准。教育部任命胡适为北京大学校长，其未到职前，由傅斯年代理。1944 年 3 月年孔祥熙到云南大学演讲时，北大校长应仍为蒋梦麟。

当翻译的那些学生就在昆明，一听说——两年前他们“倒孔”——现在孔祥熙来了，这些学生都回来了。那时候他们已经是军事编制了，由教官带着。他们来晚了，云大的礼堂很窄很小，他们就在外面院子里立正稍息，等着。

梅贻琦非常聪明，他介绍孔祥熙的时候不说我介绍财政部长孔祥熙，他说：孔祥熙先生是教育家，我以教育家的身份欢迎教育家孔祥熙——因为孔祥熙在山西办教育。这个孔祥熙不识相，一开始他讲什么？他讲“孔孟之道”。那个时候抗战老打老败，后来日本打到贵州独山，离贵阳很近了，马上就到昆明了。那个时候很紧张，他还在那慢条斯理地讲“孔孟之道”，所以底下就哄，就吵，就问问题：你发了多少国难财？你怎么这么富态？

后来梅贻琦也没办法，就说现在休息一下——就想让他休息。他不休息还好，这么一休息——当时“倒孔”的健将都在外面穿着军装站着，里面一嚷嚷，外面就跺脚。教官害怕呀，他怕惹事，没办法，他就“立正，向后转，齐步走”——把学生给带走了。这些学生不好好地走，迈正步。里面一听外面走了，就都散了。这个时候孔祥熙急出一句话来，他说：中国有一句老话，你对一个人评断，要“盖棺论定”。这一幕完了以后，当时他讲的仁义道德大家都记下来了，很快就贴上大字报，而且加上批语。

当时的进步社团占多数，国民党不是很活动，主要是三青团——三民主义青年团，也贴出大字报来了。可是它的势力小，而且人才少，好几份大字报就一个笔迹，因为它找一个会写字的都很难。那个时候的大字报，就不是精雕细刻了。

高声唱歌咏队接受昆明学生联合会赠送的“民主堡垒”锦旗

我们那个时候有六个社团，组一个社团必须有一个教授做导师。西南联大有好几十个社团，所谓六个，是六个最出名的进步社团，有一个新诗社、一个文艺社、一个剧艺社、一个体育社团、一个高声唱合唱团（歌咏队）——现在还在活动，那个老干部合唱团基本都是当时高声唱合唱团的，现在都七八十岁了，严宝瑜啊，每到五四都还上台唱——还有一个阳光美术社。

阳光美术社是我弄的。它干什么呢？就是两件事：一个就是学习。到了礼拜天，就组织人或者写生或者画素描。素描当然找不到人体，怎么办呢？那个时候街上都是挑夫，就是搬运东西的，都身强力壮，拿着扁担、拿着绳子在那儿站着。你要叫他给你搬东西，就给叫来了，一小时多少钱。他们这些人当然都是身体长得比较好，肌肉比较发达的。我们就请他们来，你在我这儿坐三个小时，你劳动挣多少

赵宝煦作《校园一角》（1945）

钱，我给你多少钱。这个不累。当然不可能是画全身，就是画上身，或者就画头像。或者写生，画水彩风景。

还有一个工作就是画漫画。我们的漫画非常受欢迎。学生看大字报，看了半天，最后我在那儿贴一张漫画，我这张漫画就把他们所有的话都给否了，而且漫画给人印象最深。

**访谈人：**您还记得印象比较深的漫画有哪几幅吗？

**赵宝煦：**比如我画的一幅叫《猪狗游街记》。这也是根据当时的认识。当时国民党三青团主要攻击苏联。我们就认为苏联是社会主义国家——当时不叫这个——总之，苏联是代表先进的。所以我们不信，认为就是（造谣）。当时反苏大游行，我画了一幅漫画，我认为游行队伍里面有特务，就是三青团这些人，我们叫“棍子”。当时很多同学被迷惑了。这个也是新华社报道的。但是后来我们看史料，这

昆明学生运动时期赵宝煦画的漫画（笔名泗蒂）

是真的。

还有别的会员画的。比如说当时到处贪污，他就画了一个蒙娜丽莎像，《蒙娜丽莎的微笑》，可是鼻子上落了一个苍蝇。他的意思就是，你还中央社——当时昆明开会，军警被调来，从校园外面往里放枪，实弹，枪从校园里掷过去。我们也在西郊，当时在大西门外。西郊枪响，第二天报纸就登了。中央社说“昨夜西郊匪警”，学生们一下子就不干了。因为我们开会，你们来放枪，怎么把我们当成土匪了？“匪警”？我们就画了一些，都是指向中央社的。我们恨透了中央社，还画了一个很粗俗的画，一个人冲着麦克风放屁，题目叫《中央社放屁图》。

后来“一二·一”运动，枪杀了四个学生，一直罢课三个月。当时北大（代）校长傅斯年拍着胸脯说：我保证一定要惩凶。到最后捉住一个姜凯。这个姜凯是云南人，也没什么审讯，他也没怎么说话，就被拉出来宣判——不让他说话——然后就枪毙了。我们认为，这不定是打监狱里找出的什么人，所以就画了一幅画，画了一个人，嘴被蒙上，然后被审问。这幅画画得很不错，后来这个画画的人参加了部队，他叫丁聆，就在云南当兵。他比我大，现在早就退了。这幅画我还保存着。

**访谈人：**平时还有其他的文化活动吗？我看您还有好多诗。

**赵宝煦：**诗是我参加新诗社写的。新诗社跟阳光美术社都是闻一多一个人做导师。新诗社先成立，我本来是参加新诗社的。

闻一多，大家都知道，他是诗人、古典文学家，可是他到美国四年是学美术的，前两年学绘画，后两年学舞台设计，舞美。1999 年闻一多百年诞辰，中央美术学院搞了一个闻一多美术展，都是闻一多的作品。

一开始我们成立新诗社，像现在的作家闻山，也是当时的社员。还有一个叫何达，后来在香港，前不久死了。他写了一首诗，当时很有名，叫《长跑者之歌》，就是说你一直在长跑，老往前跑。

成立新诗社，就是几个同学说，咱们都写文写诗——这几个人后来在北京的很多，有一个在外文出版社，叫秦泥，后来他们都专门出了诗集——当时就说，到闻一多先生家去。那个时候的教授，靠大学的工资是吃不饱的，所以很多人教中学。大学教授也教中学，学生也教中学。我到昆明第一年没找到中学教员的工作，第二年我就是专任的中学教员，兼任的大学生。因为你不兼几个钟点，就不够吃饭的。

闻一多就在云南大学附中，就在龙头村。我们大概有十几个人，都去了。上午 10 点多钟去，就在他家吃饭。他那个住宅很窄，一个四方桌子，大家弄点菜。吃完了，光未然——现在叫张光年——还有赵风，后来都是非常有名气的，当时都是中学教员，就搞了一个诗歌朗诵会。那一次，我朗诵了一个女同学的诗，叫《黄河》。这就是新诗社的成立。

**访谈人：**还记得《黄河》这首诗吗？

**赵宝煦：**诗我记不得了。那个女同学后来在辽宁师大做中文系系主任，已经退了。诗社成立之后就出壁报。因为我搞美术，第一期壁报是我设计的。外形不是一个四方框子，而是用红纸剪的火苗，远远看这民主墙像一团火。里面的字写得很工整，还有小插图、刊头。这个壁报叫《诗与画》，因为我们几个写诗的人都喜欢画画。

当时三青团的负责人是教育系的系主任陈雪屏，后来在台湾当国民党“青年部部长”。他（三青团的学生）在这个“民主堡垒”的气氛里并不是那么忠心耿耿。因为青年知识分子总是倾向进步的，所以他们跟我们一块活动。后来陈雪屏在他们的会上说：你看他们要干什么，那一团火要把西南联大给烧掉，我们（三青团）有的团员还跟着一块弄。

后来因为诗与画不容易配合，有人就说：你们的漫画就可以成为一支队伍。当时闻先生在讲新诗，因为他是导师，所以我总是跟他接触。我印象最深的是，他说：你不是首先要作诗，而是首先要做人。首先你人怎么活着，你做好人，才能作诗。另外，他说：民主不是我们这些人做主，我们这些人有文化，你不让我在中国说，我到美国说去，民主是老百姓的民主。这些话都是很精彩的。

赵宝煦作《昆明西山》（1945）

后来我去找他，我说我们要成立阳光美术社。他虽然在美国学了四年美术，后来没在美术上发展，但他也很高兴地答应了。可是，他当时对中国画是反感的。他有一些理论，实际上是不对的。他认为，中国画是唯心主义。他说，这个中国画，山上一小桥，前后一样宽。他说，西洋画里（有透视）。

**访谈人：** 闻先生参与学生的社团活动，有些什么事吗？

**赵宝煦：** 闻先生他们的活动不限于他们指导的社团。清华原来的政治学教授张奚若，北大故去的钱端升，还有化学系的曾昭抡，当时都很红。红是全校的，而且不只是全校，就在昆明一带。

**访谈人：** 他们非常广泛地参加活动。他也乐意让你们用他的名字。

**赵宝煦：** 对。我们要成立社团，我们要活动，必须挂一个导师的名字。我们要做的事情也是他要做的，就等于我们是他的接班人。

**访谈人：** 他的立场跟同学们是一致的。

**赵宝煦：**现在我们回想过去，当时很多人也是很左的，有点过左，有些教授也是这样。

日本人来的时候，我年龄很小，正好在念书。我大一念的是化工。我自己对理科没兴趣，但是我功课好，我能考上理工。那时候北平沦陷区的学生，能考理工的，没人考文法。不管多大兴趣，也不考，因为当时认为考了文法就要当汉奸，就要跟着日本走了。

我那时候学理工，后来到后方又念了一年化工。可是我自己一直想当作家、当画家，我就跟闻先生说：我要转，我要当作家，我就转你们系。闻先生说：你别转中文系，中文系不培养作家。他说：中文系，象牙之塔，培养什么？培养语言文字学家，培养文学史专家。你要当作家，就念社会科学。因为茅盾成名以后有一句话，就说：我当时毫无社会科学的基础就写小说，简直是太狂妄了。

西南联大政治学系 1948 届合影（三排右一为赵宝煦）

在社会科学里，我为什么选择念政治学系呢？就因为政治学系的系主任张奚若，还有名教授钱端升，当时都非常红。所谓“红”，就是对蒋介石，他们敢跟他顶。比如说张奚若。教育部部长到昆明市，把名教授都请出来。部长说，现在是抗战时期，大家要思想统一、意志统一，国家至上、民族至上，所以老师们、教授们在课堂上讲话一定要考虑这个——实际上就是统一思想。这时候张奚若说：部长先生，我有一个建议。部长一看就说：张先生，您有什么建议？他（张奚若）说：我建议全国在重庆安一个广播电台，请一位最可靠的教授在这个地方讲课，全国收听，我认为这个思想最统一，意志最统一。

**访谈人：**挖苦的。

**赵宝煦：**他们那个国民参政会，有四个人蒋介石最怕。其中两个，一个就是张奚若，一个是钱端升。还有一个是后来在北大经济系的，已经去世了，叫周炳琳，是国民党党员，但是国民党并不是都同流合污。另外一个，我一时想不起名字来，也是很厉害的。他们是参政员，很难对付。他们不是别人，你拍拍桌子，他们不怕。

**访谈人：**赵老师，您知道的西南联大老师们的故事挺多的，再给我们说几个好吗？

**赵宝煦：**有两种老师。一种就是政治上的，我刚才说的都是。也有一些，比如陈寅恪，那当然是权威了。还有一个教授，很有名气，也是国学大师，叫刘文典。这个刘文典最能骂人。那个时候听课没有限制，不是说你选这个课，才能来听。也可能30个人选课，有六七十个人来听。听的人主要不是听课，就是愿意听他骂人。

有一回就有人问他：先生，有个巴金，您知道不知道？他说：巴金，没听说过。他不是不知道，他知道，但他说没听说过。待一会儿他说：燕子去了，有再来的时候，这是自然现象；春天里的秋天，秋天里的春天（巴金著译作品），狗屁不通——他就骂。

他也骂闻一多：我们文学院某教授，就不认识字——他说他不认识字。因为做古典的东西，有的很难说你是准的，或者我是准的。我根据这个资料，我这么说；你根据那个资料，你那么说。他（刘文典）就骂人，骂的还有沈从文。

我们那个时候，都是草房不说，还老跑警报。因为昆明有一个飞机场，所以日本飞机老到这里来炸这个飞机场。那个时候就“拉球”，到处都有高杆，杆上就挂球。因为没有电讯，就挂球。挂“炸球”了，就赶快卧倒，飞机就临近了。那个时候重要点的东西，证件——也没什么证件——反正有点钱，偶尔有一块表，这都是最宝贵的财产，都随身带着。一来就跑警报，家里被炸掉都没关系。西南联大在大西门城墙中间，一出北校门就是野地（坟地），大家跑警报就往外跑，学生、老教授都往外跑。

有一回，刘文典在前面跑，沈从文在后面跑。跑着跑着，刘文典不跑了。他一看，沈从文在。因为学生知道他们，就也说：先生，沈先生在后面。他一听，不走了。等沈先生来了，他就说：沈先生，你跑警报跑什么？沈从文不明白他说什么。刘文典说：我跑是跑我肚子里面这点东西，你跑什么？因为沈先生也不是会吵架的人，所以根本不理他，照样跑。

**访谈人：** 就是说联大那些教授都有个性。

**赵宝煦：** 后来这个刘文典是联大很少有的被“开除”（解聘）的

教授。西南联大是教授治校，不是说谁拍板就能决定的。所有这种重大事情，都是全体教授投票。为什么“开除”（解聘）呢？就是他给云南的土司写墓志铭，人家送他两个烟土，两个（金）瓜子。大学教授写墓志铭，人家给你点钱还不要紧，送你两个烟土，这成何体统？后来就给“开除”（解聘）了。

他上课还讲，他佩服陈寅恪。他说：陈先生讲课值四块钱，我讲课值两块钱。所谓两块，当时就是大洋。陈先生讲课值四块大洋，我讲课值两块大洋，沈从文先生要讲课，给我四块钱我也不去。

学生也是。比如梅贻琦的女儿梅三，有一个学生追她。这个学生也是一个宝贝学生，他本身我先不说，他就追梅三。怎么追呢？人家同学就哄他，说你追你得送花。他说好。同学说：街上买的花太一般化了。我们都是草棚宿舍，外面常常种一些花，他就去摘，摘了就跑。

后来有人说：你怎么送去？你得写呈文。那个时候我们要有什么事，比如我要加选一门课或者我要退学什么的，都得写一个呈文，交到教导处。过几天就到那儿看纸条去，那个纸条都是校领导的答复，比如上面说：某某人申请，批准。同学说：你得让梅小姐爸爸批准，你才能送花。他就呈文，“呈请送花事”，说我要给梅三小姐送花。弄得大伙老去看，结果一看，上面写着“某某人所请不准”。不准，他也送去。

后来同学说：你要表现出男性的魅力。怎么办？就观察她什么时候上课，她们从女生宿舍到南校舍上课，什么时候来，什么时候走，你就在这个时候……云南冬天地上也下霜，结果这个学生穿一个小裤衩，其他都光着，就在那儿跑，专门给梅三看。后来有同学说：梅三都走了，你还傻跑。他就不跑了。这种事情也有。

**访谈人：** 就真的让梅贻琦给批了一个不许送花？

**赵宝煦：** 他不批事由，他就写“某某人所请不准”。它是一个手续。

**访谈人：** 可见联大的校风确实很活泼。

**赵宝煦：** 简单地说，我这个概括是大伙不喜欢的，就是自由主义。这个自由主义，作为一个学派，不是三句话两句话能说清楚的。前不久，我在绍兴蔡元培纪念会上讲了蔡元培的两个原则：一个兼容并包，一个思想自由。我说：我在这讲思想自由，你不必把我往别的上靠、拉，我讲的就是蔡元培的思想自由原则。从教育方面来讲，对于我们现在的一些学生，我一直觉得管得太多了。

首先，西南联大八年，你要看效果，实践是检验真理的标准，你看它出了多少人才，海峡两岸的、美国的——在美国得了诺贝尔奖，在海峡两岸的一般都是文教界人士，或者是学术权威，出了大量的人才。

可是它并不是整天管。就像柳宗元的文章《种树郭橐驼传》，就说种树的这个郭橐驼——他驼了就叫郭橐驼——种树最有名。人家问他：所有的树，怎么就在你手上成活率高而且长得好，为什么人家种不好？他说：很简单，我就是给它充足的阳光、水、土壤。我给它条件，让它长。我并不会一会儿摇一摇，看它生根没有，拔出来看一看……我不折腾它。

昆明什么样的学生都有。比如有的学生到这儿报了到，选了课，就没了。为什么？他跑滇缅路了——那个时候不叫“下海”——因为滇缅路一打通，两边的物资差价很大，所以他就“跑单帮”，来回带东西。考试他也不落下，因为那个时候考试也是考老师教的内容，比如你每天在这儿上课，笔记记得好，我先跟你约好了，咱们俩是“铁哥们”，我去“跑单帮”，回来你把笔记借给我。所以，他就过关了。这些人当然也念不出书来，不可能人人都成才。

我们经济系有一个人，当时我们就笑话他。他反正有一定的钱，穿西服——你想，西南联大哪有什么穿西服的？穿个破皮鞋，有一个洞，露出脚趾头，趿拉趿拉的。大家都这样，穷得厉害。可是他穿西服，穿衬衣，打领带，但是衬衣里面围了一块纱布。因为这衬衣老穿，不洗不就脏了？他就拿一块纱布缠起来。他老到图书馆去——因为图书馆需要占位子，大家都抢占位子，所以我就从来不上图书馆。不只是我，大多数人都是在文林街坐茶馆。那个地方的茶馆窗明几净，大伙都在那儿念书。老板也宽容，我泡一碗“玻璃”，能坐一上午，所以很多人在那里。

他每次占位子，都弄一大块蓝布，先把这块蓝布铺在这大桌子上，把书打开，然后就坐着打瞌睡。一拉铃要吃饭了，他就收起来。他那时候就穿皮鞋，就是很新的胶底鞋。他找个钉子把鞋底钉了一块轮带，他要保护他那个鞋。这种特立独行之士，也无伤大雅。

但是很多人是念书的。后来我管系里的工作，管亚非所的工作，就是这样一个标准：我这个系要是没有几个“开红花”的老师，就不用办了。千说万说，主要要有几个权威，因为传道授业，首先业务得强。但是，我不能要求所有人都“开红花”。你不“开红花”，在这当“绿叶子”也好。光红花也不行，得有绿叶子，就是配一点草也可以。

**访谈人：**它是一个生态环境。

**赵宝煦：**是。我不能要求人人都一样，可是你不能是“虫子”。你是“虫子”，老咬叶子、咬花，我绝对不要。

西南联大还有一种情况，就是有的人根本就不注册，房子查得也不是那么严。那个时候我们也没有“阶级斗争”这根弦，也没绷那么紧，反正我一个同学来了就住下来了。因为它是大草棚，大草棚里面分一小格一小格的，两个双人床搭起来，弄条破被单隔上，掀帘子就可以进来，两个双人床中间一个小道。双人床一般隔一两年都要调整调整，床上面没有人睡，就搁箱子、搁东西，然后这边一格挨一格。我这正好有一个空格，或者我知道我斜对面有一个，那你来你就住下，伙食是交钱就吃饭。所以，有的人就在那儿上课，一门一门课上，上了几年，没人知道他是不是学生。

**访谈人：**他也不要文凭。

**赵宝煦：**他也不要文凭。那时候的教授，你越来听他的课，他越高兴，如果人家都冷落他，那就证明他没有本事。在西南联大，首先教授就是这样，教授治校还是民主的。

**访谈人：**请您给我们念念您当年在西南联大写的诗，好吗？

**赵宝煦：**我当时非常年轻。那是一种充满激情的生活，也是一个充满激情的社会。当时写的诗有政治的、革命的、爱情的，但是今天我想念一首跟昆明翠湖有关的，这是1945年写的：

大清早

我走过翠湖

刚五点半呀

太阳还没起
天上压着云被
可是从云隙里
已经透出一点紫
　　　　一点橙黄
　　　　一点红

空气里还没有
混合灰尘
所以
树特别绿
水特别蓝

赵宝煦作《昆明滇池》（1945）

林荫路上还没有
华贵
而色彩不调和的衣衫
扭动
所以
一切都完整
真挚

包着蓝头巾
　早起的妇人
走来汲水
在水边
弯着腰洗脸的
兵士们
嘻嘻笑着
把草鞋都弄湿了
……
我第一次看见
翠湖这样美
明天清早
我要带张图画纸来

我年轻时最值得回忆的日子，是在美丽的春城昆明度过的。当时，到了昆明就感觉一切都很自然，没有什么矫揉造作。环境也很自然，没有什么污染，而且老百姓非常淳朴。因为当时它属于内地，这个内地很“内”，没有浮华都市的东西，所以感觉很好。

**访谈人：** 谈谈您对昆明的印象。

**赵宝煦：** 昆明是有名的花都，也是春城——四季如春。当时，我从北方去，一到那儿就看到天特别蓝。同学们都说：咱们是不是离天近了，这里星星都特别亮！主要就是空气好。而这样的四季如春，是我一生中最重要的时光，最年轻、最自由、满脑子最充满幻想的时光。我跟我爱人结婚的时候，有一首诗：

原无意
　在烽火的年代里
　预约明天的幸福
然而在春城

赵宝煦与陈司寇在西南联大时期的订婚照

　却为你一双
　美丽的大眼
着迷

这是我《婚曲》的第一段，我在昆明恋爱，结婚。

是光
是热
是一团
在冷风里
更烧得炽烈的野火

不膜拜祈求
任何神祇
不用任何颜色
污染我底清白

我燃烧
为了我有
自己底爱
自己底恨

假若有一天

我熄灭了光焰
　　不要求感激
　　不要求饶恕

任凭别人
用辉煌的赞美
或是用
恶毒的诅咒
来镌刻我底碑石

## 访谈手记

赵宝煦先生约我们在未名湖畔见面。

阳光初照，他推着自行车走来。我们找到一块湖石坐下，开始采访。

他性格温雅，言止宽和。临湖而坐，自然地说起昆明的翠湖，念起他当年写的诗，村姑、士兵……一派大后方的家园之美。

“我年轻时最值得回忆的日子，是在美丽的春城昆明度过的……而这样的四季如春，是我一生中最重要的时光，最年轻、最自由、满脑子最充满幻想的时光。”

1944 年之前，他念化工系。在沦陷区求学，因不愿意接受日本人的奴化教育，年轻人大多选择学理工。实际上，他热爱的是文学。

他请教闻一多先生，说自己要转中文系。闻先生却说，爱文学、搞创作应该懂社会，让他转社会科学。他就选择了政治学系。这个转系和选择的过程，洋溢着青年赵宝煦的赤子之心。

历历往事，娓娓道来。刘文典上课骂人的情景，跑警报时与沈从文的对话……当时文化人对自己价值的一种审视，今天读来依然让人警醒。

眼前一派文学与艺术的乐园，他于是诗画并进了。“上午10点多钟去，就在他（闻一多）家吃饭。他那个住宅很窄，一个四方桌子，大家弄点菜。吃完了……就搞了一个诗歌朗诵会。那一次，我朗诵了一个女同学的诗，叫《黄河》。这就是新诗社的成立。”

有一次，民主墙上出现了讽刺冯友兰先生的漫画，赵宝煦作为壁报负责人，目睹了冯先生淡定、从容的哲人气度，令人服膺。校园自由民主的气氛，也由这件事上见出。

关于“倒孔”运动的后续，赵宝煦讲了孔祥熙到联大来演讲，遭遇学生中途退场的过程。这一点，也证实了“倒孔”运动的确凿。孔家的腐败激起了师生的愤怒，而不是如美国学者易社强所说，是一个误会。

赵宝煦的访谈溢满了智慧的诙谐，还有寓言式的讽喻。他用柳宗元的《种树郭橐驼传》指出当下教育的失误，提出要遵从“人”的培养规律。

他将我们带入当年那种宽容、活泼、多思与充满批判的校园氛围中。他在追述战争中锻造出来的民族学魂。

李政道（1926— ）

理论物理学家。江苏苏州人。1945—1946 年在西南联大物理学系学习。1994 年当选为中国科学院外籍院士。

访谈时间：2000 年 8 月

访谈地点：北京，中国高等科学技术中心

**访谈人：**李先生，见到您很高兴！可以说，您是我们从小就知道的人物。我想请您先谈一谈您到西南联大学习的过程。

**李政道：**好的。我 1945 年转到西南联大。我大学一年级是在浙大念的，二年级转学到昆明，1946 年 5 月离开联大——那是最后一年，我从昆明经过上海，从上海到美国去。

联大对我一生的影响非常大，可以说是一个大转变，虽然我在联大只待了一年。那时候，在联大，我们的生活是很艰苦的，16 个人住一间小草房，教室也是草房子。不过，联大的教育，我觉得是非常成功的。学生虽然很少，不过，最后出来的人才是挺多的。联大对我有深刻的影响，可以说是我一生的扭转的点，英文讲是 pivot point。

**访谈人：**可不可以说，西南联大使您发现了您自己？

**李政道：**人的发现是一个逐渐的过程。实际上，我在浙大接受的教育也是很重要的。扭转的意思就是，我在联大不光接受了教育，而且我通过西南联大获得了到美国去的机会。1946 年，我就到美国了。

19 岁赴美前的李政道

所以，联大在我的一生里面，并不只是……认识自己，我想每个人都是跟以前联系起来的。

**访谈人：**您对联大教育最深刻的印象是什么？

**李政道：**西南联大是三个大学合并起来的，北大、清华、南开。学生的总数跟浙大差不多，不过老师的实力基本上比浙大多了三倍，所以，这个集中力就比别的学校要强。

浙大跟联大，其他大学也有同样的情况，就是在抗战的时候，老师对学生的培养所花的精力是很高的。比方说，在浙大的时候，我受到王淦昌先生、束星北先生的培养。我那个时候是大学一年级。他们看见一个优秀的学生，都是全副精神要培养的。在联大，人更多了。吴大猷先生是最主要的，还有叶企孙先生、王竹溪先生、赵忠尧先生、马仕俊先生，像焦点一样集中。这让学生吸收知识的速度比较快。

**访谈人：**在一年中，您就越过了常人的学习过程。而且，还在三年级时，您就被派遣留学。这些是否因为西南联大的教育水平比较高？

**李政道：**我在西南联大的时候，虽然说是二年级的学生，不过学校答应我——主要是吴大猷先生跟叶企孙先生，叶企孙先生是我们高等科技中心叶铭汉先生的叔叔，他那时候是管理学院的——他们答应我选二年级的课，加一点三年级的。不过，二年级的课，我实际上不去上，就去考试。我上的是三年级跟四年级的课，物理跟数学。所以，虽然也算是二年级，实际上二、三、四年级的课我都念了。这个集中性是很强的，而且有伸缩性。对于好的学生，老师会给你机会。你能吸收，他就给你很多的机会吸收。

**访谈人**：破格发展。

**李政道**：对极了。实际上，我把大学里所有的物理和有关的数学的科目都念了，所以我到美国去就可以进研究院。

**访谈人**：听说那时候吴大猷老师不时地给您看一些书，以测验您的洞察能力和吸收能力。您每看完一本书，反应都特别快。

**李政道**：这个经过是这样：我在碰见吴先生之后，那是 1945 年，他拿一本书，我记得是 *Theoretical Mechanics*（《理论力学》），让我看一下。那是英国的书，习题很多，过了几天我就还给他了。他说怎么样，我说我看了。他说习题怎么样，我说做了。我不知道有多少习题，总之一两百个没有问题。他找了最后几个习题问我，我就把答案直接告诉他。然后，他就介绍我跟他以前的学生马仕俊老师认识。

马仕俊老师那个时候从剑桥刚刚回来，就要去美国。马老师本来是吴老师从前在北大的学生，他是留英庚款出去的，从剑桥学回来，再回到联大。我一个礼拜跟他谈两次话，谈了大概有两个多月。他后来到 Princeton Instititute for Advanced Study（普林斯顿高等研究所）了。那时学的是相对论方向、场论、高等量子力学这些，不过不是教，就是我跟他聊天。

**访谈人**：交流。

**李政道**：不能是交流，不过是用聊天的方法。就是我有一些问题，他说说，不是正式的教课。

**访谈人**：不是灌输式的。

**李政道**：完全不是灌输。他实际上就是顺应我的问题，来给些他的了解、回答。吴先生那个时候别的事情很多，就帮我跟其他人，像叶企孙先生，都讲了一下。全部物理系都同意这样。这个做法在联大可能是第一次，不是一般性的。所以，我可以把二、三、四年级的内容一下子都接受了。

**访谈人：**实际上，这种聊天也是对您的测验、了解。

**李政道：**你讲测验不错，了解也不错。不过，它是以培养人为中心的。每一个都要创新，要创新是比较特殊的，要跟那个人的性格匹配起来。启发作用是有的，培养作用更有，但更重要的是他不是一个模子出来的，而出来的结果他们也并不能预料，我也不能预料。就像一颗新的种子，他们很注意要培养得好。这样的注意，这样的培养精神，我觉得联大是非常可贵的。

**访谈人：**就是说，学生的学习和潜能也是有个性的。

**李政道：**每个人是不一样的。好的教授，并不是一下子固定好了要你怎么发展，而是看你怎么发展，他们就改变当时的方法或者制度。

**访谈人：**您对吴大猷先生肯定有很多珍贵的回忆，您觉得最难忘、最希望告诉我们后人特别是教育界的是什么？

**李政道：**一个是我跟他个人的感情。从 1945 年一直到现在，55 年，吴先生和我从师生的关系变成很深厚的朋友的关系。吴先生最重要的是，为人正直，做学问非常严谨。

不光是对我的培养，中国台湾的科技的发展跟吴先生都有极密切的关系。20 世纪 60 年代他到中国台湾去，那时候他还在美国教学，假期的时候去的，当时中国台湾整个物理学领域有博士学位的在教授里面只有两位，那时高等学术的水平……

**访谈人：**几乎是空白。

1937 年，吴大猷（右一）在北平

**李政道：**对极了。所以，他就提出对“中研院”改变、提高，建立科学委员会等种种措施。现在台湾的科技是相当强的，这可以说是吴先生一个非常重要的贡献。

再重复一下，他为人是非常正直的，治学是非常严谨的。同时，他敢说敢做。他对中国传统文学也很有研究，他在美国开过一门课，讲中国的文学历史。

**访谈人：**吴先生不仅在微观的、具体的对学生的培养上是一位导师，对我们这个民族的宏观教育、人才教育，他也非常关注，并参与其中。比如台湾的留学，就是他首先谈到的，那个时候出去是被禁锢的。

**李政道：**是这样，台湾那个时候很怕人才外流。吴先生坚持说：

不要怕，要把台湾建设起来，这些人会流回来的。他的意思是，人才的流动是重要的。台湾当时念物理的，博士学位的只有两位。念完了以后做什么呢？一定要到外面去深造，像水流一样，应该出去。吴先生说：不要怕，过若干年，台湾自己提高了，人就会流回来。流回来以后，这个人才反而好，那个时候他在外面的水平就更高。

现在事实上就是这样。吴先生是用一个长期的、宏观的看法看问题，也不光是简单的“让不让”，你先让他们出去，最后他们回来的时候更好。他是一个高层次的、长远的看法，实践证明他的看法是对的。

**访谈人：**他好像有这样一个观点：如果我们封闭的话，就没有人才；如果我们出去100个，回来50个都是可以的。

**李政道：**他的想法比你现在讲的更深一点。你现在放人出去，他们的学习能力就强了。台湾必须把自己的科学技术搞好，搞不好人家不会来，把自己搞好，他自然就会回来。不是100、50这样算的，而是跟物理一样，水流一样。

事态的发展有两点：让年轻人出去，年轻人在学术上是要有成绩的，这样对他好，对整个世界的学术也好，这是第一。第二，台湾自己研究改革方法，把自己提高，这些年轻人自然就会被吸引回来。他是要把这种形式长期建立起来。

**访谈人：**对于当年设施明显不足、困难很多的西南联大，为什么有的人认为它优于国外的名牌大学？您如何看待、评价西南联大的成果和教育经验？

**李政道：**礼拜一在香港中文大学举行了全球华人物理大会。我们饮水思源，想念吴大猷老师。

西南联大之所以成功，有好几个原因。第一是当时的年轻人跟学者的志气。老师、教授，不光是吴先生一个人，也不光是西南联大，浙大也一样，那个时候整个学术界所有老师对中华民族的生存是有信仰、有志气的。他们是要做事的，而且他们把他们的经历都附在上面了。那个时候大学的生活是很艰苦的，并不像现在的学生这样，那时的条件都很差的。可是那个时候想上学，也是青年对中华民族的事业有信心的表现。

就是说教员也好，教授也好，年轻人也好，至少是入学的大学生，都是要提高中华民族的文化、前途，并不认为我们在抗战期间被日本人欺负、遭受大屠杀是可以接受的。我们是要有前途的。有这样一个集中的心愿，不管当时的情形怎样困难，在教授跟学生中都有共同的默契：我们要把中华民族的文化提到更高一层。这个精神，我觉得是主要的。西南联大是其中的，可以说代表的是最高峰之一。

1948 年，李政道在芝加哥大学读博士时手持巨大计算尺

西南联大与浙大、其他学校比较是最特殊的，因为它是合了三个大学。而昆明那个地方也比较安全，因为它的位置是西南一点。浙大是在贵州，日本人 1944 年底就打到那边去了，所以学校等于瓦解了。

所以，它（西南联大的成功）有很多的原因，包括像对于中华民族文化能够继续发扬要争口气，这个精神我想是其中主要的原因之一。

**访谈人：**这种精神在 21 世纪也是很重要的。您在昆明的生活有什么难忘的事情？

**李政道：**我记得那个时候昆明虽然有电，可是抗战的时候要用它的地方很多，我们图书馆的电灯泡灯丝是红的，根本不能念书的。

**访谈人：**不会发光吗？

**李政道：**它电力有限。所以，事实上我们是在茶馆看书。茶馆也是很特殊的，也表示昆明是民风好的地方。你可以早上去茶馆泡一杯茶，很便宜的。我们清早就去。它有一个方桌子，有板凳，一边坐两位，有八个位子。你去就泡杯茶，茶杯就搁在这儿，他们就放水，而且不再加钱，其实很便宜的，一直到晚上。

我们的工作都是在茶馆里面进行，主要原因之一是晚上它有汽灯。这是晚上唯一可以念书的地方，别的地方都不能念书。清早去，也习惯了，朋友也在。茶馆老板跟我们实在是很客气，他过会儿再给你加水，后来就是开水了，开水也挺重要。这个位子也没人抢，书也放在这里。

这个风气对于学生学习很有帮助。可以说是昆明人民付了个代价，它们（茶馆）实际上是代替了图书馆。图书馆有图书，不过图书馆的设备，我们晚上是没法念书的，白天还可以用。

这样养成了一个学风，可以说是“茶馆学风”。这更像人们常讲到的 19 世纪巴黎的咖啡馆，当时很多文学家、艺术家在巴黎的咖啡馆。昆明茶馆的这个风气，我在中国别的地方没有看见过，我觉得对当时的学生鼓励是很大的，可以说这是昆明人民支持的。

**访谈人：**提供了一个场所。

**李政道：**也代表了文化水平。其实它（茶馆）基本上是没有什么本钱的，不用什么钱，可是它尊重你，你可以从清早到很晚在那里。

说到教育，要知道中国现在的教育怎么样。中国这么大，它面临的问题，一个是要“精”，一个是要“普”。这两个都要。因为中国占据了世界人口的四分之一，所以中国的普遍教育的问题，是全世界人民都要面向的，中国面向的同样是一个不简单的问题。我觉得国家对这方面很注意。“科教兴国”，“科”当然是科学，“教”就是教育，国家非常注重。当然，这个问题不是非常简单，不是你要解决就可以解决了，是你解决了以后，还有新的问题产生。这可以说是跟人类的文化分不开的。

怎样办教育？我觉得中国现在办教育的方向是很对的，布局也不错。普及的教育当然应该做得更广一点。另外，怎样有比较“精”的教育？当把每个大学都扩大，就必须考虑到怎么使它“精”。这个“精”跟一个学校的学风有重要关系。它有一个传统。实际上，最高层次的教学跟学徒制一样，不能 1 个人教 100 人，不行的。“普”跟“精”要相辅而成，它们有它们自己的本质，不一样，都要。所以，“精”这方面就要非常注意，在普及教育之中不要把“精”的传统给破坏掉。

李政道与张曼菱

**访谈人**：这方面请您详细地跟我们讲一讲。对中国博士后制度的建立，您最初的设想，对领导同志的直接建议，从宏观到细节，花了很多心血。我觉得这是为中国人才流动的一个长远考虑。

**李政道**：博士后制度，实际上，就是从“精”这个方向来看的。邓小平先生问我说：博士，已经很博了，为什么还要有博士后？

我说：博士，是从中国古时候的一个名称翻译过来的。最简单地讲，就是在大学里面，老师教课，最后考试，每个考试的题目你也知道，回答你也知道，你能够用老师教的方法答得对，考试的成绩就好，你就大学毕业了。到研究院以后，老师也给你指导、辅导一些题目，可是这些题目，老师知道这个方向是好的，但它的答案老师也不知道，你要去做研究，找一个答案出来。然后，用老师跟同行评审的方法，他们觉得你这个答案是有实力的，是好的，那你就研究院毕业了，就得到了博士学位。

可是，更重要的是找方向。怎么找方向？这是有过程的。之所以有博士后，就是你完全独立了，你自己变成老师了，就必须独立找方向、找答案了。这就是博士后这一段。这一段对于一个新的方向是必须有的，而且必须有流动，这就产生了博士后流动站。

这个观念邓小平先生接受了，当时就有试验站，现在已经相当普遍了，我觉得办得非常成功。

**访谈人：**我觉得您讲的博士后制度在纵向上有利于人才的进一步定向发展，在横向上对中国吸收外来人才也有好处。

**李政道：**是的。它不光吸收外来人才。像博士后，一部分是外面归来的，更多的一部分是国内培养出来的。通过博士后知道更高一层，有的可以将来再出去、再进修，有的在国内各种服务机构为国家做贡献，是很灵活的。因为它可以说是向前发展的经历的一部分，所以博士后的年纪永远是年轻的。做了几年博士后以后，就可以去领导别的年轻学子了。所以这一段是很重要的，要保护下来，各个学科都可以有。

李政道在美国芝加哥大学

我觉得，国家的博士后流动站办得很好，我每年都有机会跟他们接触，跟管理人员、人事部的关系很密切。

**访谈人：**我觉得李先生做的这几件大事当中，博士后特别有意义。可不可以这样说，它是一个潜在人才成为真正人才的重要环节？

**李政道：**博士后是配合了现在的高科技而产生的。科技也不光是物理、化学、生物，人文方面也是一样的，最后都是要培养独立的人才，怎么使人才能够独立选择工作方向，这个过程，博士后流动站是有关键性、重要性作用的。独立说起来容易，怎么训练并不容易，需要特别的手法。国家对这个很重视，现在看起来，有 20 年差不多了，是相当成功的，还要继续发展下去。

我的一个出发点是很简单的，因为假如当初没有联大跟浙大老师们的保护和他们给我的机会，我就没有现在的成就。所以，每一个年轻人、每一个学生的成就，跟当时可以吸收到的营养、阳光都有关系，人才就是这样培养出来的。有时候我甚至觉得，我很想把自己的努力也培养转移到下一代。

**访谈人：**您要回报。

**李政道：**对了。

（带领摄制组参观）这是一些博士后文集，很多了，但这里还不全，还有很多在我家里面，有一大堆没搬过来。我们刚刚搬回来，有的地方还是空的。

这是南京紫金山天文台送的，有个小行星命名为“李政道星”，3443 号小行星。

“世界实验室高等科学技术中心”的题字，是方毅题的。

我们一年差不多有十几个会议，每开一个会议，都印（很多材料）。这是关于环境的，*Environment and Development of China in the 21st Century*（《21 世纪中国环境与发展》）。封面是晓波画的，是日、月、山，它的根据是，在中国差不多有 6000 年了，有一个石头上有这样的——

**访谈人：**这好像是图腾、象形字之类的。

**李政道：**它不是。它就是日、月、山。

**访谈人：**雕塑？

**李政道：**6000 年，很难讲是雕塑了。原件是一块石头，上面刻的造型跟这个是一样的。

**访谈人：**符号，好像是。

**李政道：**我们可以猜测，6000 年前我们还没有文字，所以只能猜测。这个日、月、山，它整体配起来是跟人一样的，象征着中华民

鲁晓波作《日、月、山》

族文化的发源，这个发源跟天然有关系。而且天然合起来，就跟人的样子一样。

**访谈人：**天人合一。

**李政道：**对，天人就是有合一。为了这个，我们请画家画了一下。这个“脸”有点像悲忧的样子。

**访谈人：**科学有待于去破这个谜。这个思想很好，总是把人文和科学紧紧地结合在一起。

李政道作《格》

**李政道：**这是我的字，“格”。它配了规范场论，这里面有高度的超级计算机。这个计算机是我们自己设计的，这是它的蓝本，上面是我的字，叫“格”——“格”也有“格物致知”的意思，它也刚好是这个方向的物理研究，叫 Lattice，就是“格”。

**访谈人：**中西文化统一了。

**李政道：**这是吴作人先生画的，这是李可染先生画的，这是黄胄先生画的，这也是李可染先生画的。（画作略）

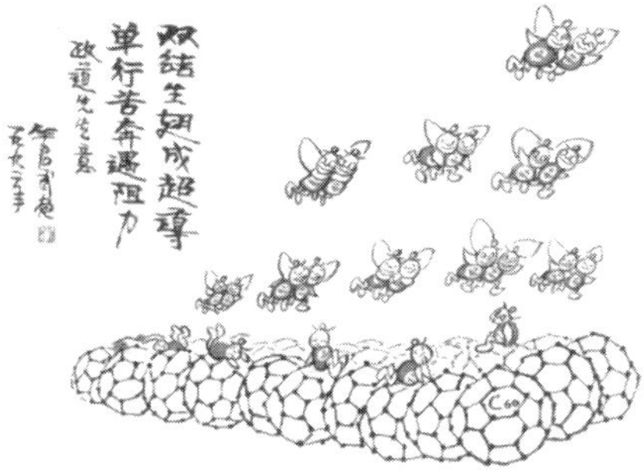


华君武作《双结生翅成超导，单行苦奔遇阻力》

这个更有意思的是华君武的漫画，上面写着“双结生翅成超导，单行苦奔遇阻力”。下面这个是碳 60（$C_{60}$）。他讲要两个电子合起来，才可以变超导。一个电子是有阻力的，两个电子就笑眯眯的，就长了翅膀，所以“双结生翅”就变成超导。他那是艺术家的想象了。单行，每个人都很苦的，“单行苦奔遇阻力”。这就把超导的 Cooper Pair（超导电子对）这个原理用生动的方法解释出来了。

**访谈人：**我觉得太有寓意了。李先生，我看您在海外，在自然科学的追求中，中国文化一直伴随着您。

**李政道：**我对每种文化都有兴趣。

北京正负电子对撞机在 1992 年做了很重要的 t 轻子的质量测定。这些就表示有六个轻子，这是中国的成功。常沙娜用敦煌的手法把它画了出来。（画的）上面是我的老师 Enrico Fermi（恩利克・费米），弱作用是他创立的。常沙娜教授，她的父亲常书鸿是保护敦煌的学者。今年北京也有敦煌展览。

常沙娜作《费米尺度的粒子》

李可染作《核子重如牛，对撞生新态》

这是李可染李老的画，讲的是现在物理研究里很重的一个研究，叫“核子重如牛，对撞生新态”，就是现在我们用相对论性的“核子”，把它加速，高能撞出一个新的物质态来。

**访谈人：** 就是顶牛。这个又是什么意思？

鲁晓波作《朱雀》

**李政道：**我们有一个讨论会，讨论表面物理。表面物理不光是研究表面，它实际是从表面推到内部去。比方说，你拿一个鸟来，一压它，再仔细看，它里面有很多构造，从表面可以找出它的内部。

**访谈人：**像三维的那种，平面看到立体。

**李政道：**所以，表面物理是三维的。这是用到中国汉朝的朱雀。

**访谈人：**用它来当标本了。

**李政道：**压扁了以后，表面就把内部（显示出来了），这里面的构造很多。

**访谈人：**很有意思，而且都选择了很有文化意味的形象，很有历史文化的底蕴。

**李政道：**这个也是李老的画（见下页），关于“同步辐射”。北京正负电子对撞机也有同步辐射。最早的超新星的发现是在宋朝。这是李可染画的一个小孩，他在看超新星出来。

李可染作《晓阳辐射新学光》

**访谈人：**我们中国人很早的时候就发现它了。

**李政道：**对。全世界超新星记录最早、最全的就是中国北宋。

**访谈人：**这真有意思，充满了科学历史。

**李政道：**这幅画是吴冠中画的，就是简单和复杂，旁边还有首诗，叫《流光》。

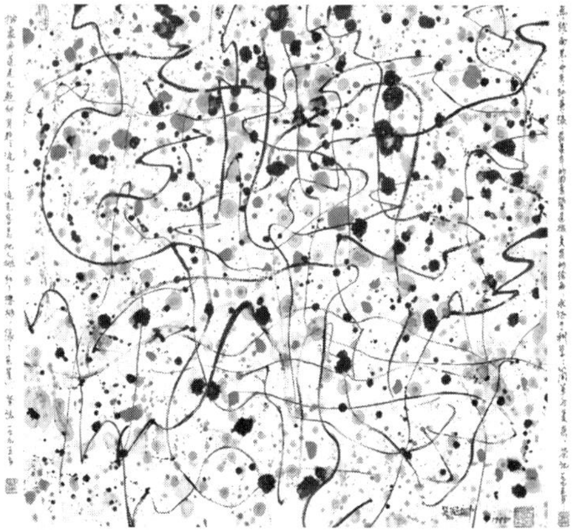

吴冠中作《流光》

**访谈人**：流水的流，光彩的光。

**李政道**：就是两个字：流光。“流光容易把人抛，红了樱桃，绿了芭蕉”，这首诗挺有意思的。我请吴冠中先生画出时间的观念来。我们把时间叫“光阴”，为什么光阴是时间？因为没有变就没有时间的观念。光阴有光跟阴，光阴是要有变化的，变化就是时间，所以这里面表达了几个观念。中国有很多字不用解释，它自己已经解释清楚了。光跟阴就是时间，时间的观念就是有变化，流光就是光阴在流淌。

吴冠中先生在旁边写了这首诗，这不是他的诗。这张画要表示很复杂也很简单的意思。我请他画出时间的观念。中国的画，每一笔都有先后，每一笔都可以把它的先后找出来，念起来也一样有意思。

这件是精品。这是黄胄先生的画，你从哪个角度看它，它都对着

黄胄作《天马行空》

你在奔来。

**沈克琦：**专门为你这个讨论会画的。

**李政道：**是。这匹马是“神马”。黄胄先生画了以后，他后来也常把这个画的原作借去。他这幅画以后，就没有画得出来了，他家里挂的就没有这幅画好。

**访谈人：**就到了这了。

**李政道：**是，这些画都送给我们了。

**沈克琦：**这些画家画的画，都是李先生请他们专门为这个物理讨论会画的。原作都存在这里了。

**访谈人：**他也表示尊重，不再画第二个了。

**李政道：**这幅画是为宇宙学画的，所以我叫“放开”。他画了这幅画以后，第二幅就很难画出来。

**沈克琦：**画家本人觉得这张画特别好，后来就画不出来了，借回去再看看这个灵感。

**访谈人：**每个方向都可以看见这个马是冲着你奔来的。

**李政道：**徐悲鸿画马很有名，可徐悲鸿的马也没有这样向着你奔的。这个画法还是很特殊的。

**访谈人：**您写过一句话：“艺术和科学的共同基础是人类的创造力，它们追求的目标都是真理的普遍性。”请给我们讲一下，为什么这样写？艺术跟科学有什么关联？

**李政道：**我先讲科学。自然界有很多不同的限制，但它有一个基础的规律是统一的，我们要追求的是基础的规律。这个基础的规律，比方说牛顿的万有引力，它归纳了所有力学的精华，可以用来解释每个物质。基础的规律越简单，运用越普遍，科学的价值就越重大。所以，科学是用人的智慧追求有普遍性的物质的原理。

艺术是什么？它追求的是人的感情。比如刚才谈到“流光”，你看这个诗，“流光容易把人抛，红了樱桃，绿了芭蕉”。这个诗的感情，是光阴在变，人就跟芭蕉、樱桃一样。感情是每个人都有的。它用一种特殊的创作、创新手法引起深度的感情共鸣。手法越简洁、清楚，引起的感情越深、越普遍，艺术的价值就越大。所以，艺术追求的是人的感情的真理。科学的对象是物质的运动变化的真理。

艺术跟科学，两个都是我们的创造。科学包含自然现象，我们把它归纳成人的创造；所有的人都有感情，那怎么表达李白的诗……艺术和科学的共同基础是人类的创造力，它们追求的目标都是真理的普遍性，越普遍越有价值。

## 访谈手记

那些日子，每晚我上网接收电子邮件，没有宽带，接收一张图片常熬到半夜。

在一个漫长的夏夜里，我收到西南联大北京校友会会长沈克琦先生的信：“李政道即将回国，同意在北京接受采访。”我回复：“即率摄制组飞抵。”

李政道此行在京五天。我到北京时，他正在北戴河，与几位海外科学家一起被江泽民同志接见。李政道说：“应该更加重视国内科学家，他们的贡献更大。”

在中关村高等科学技术中心见到李政道，他身着丁香色衬衣，很显年轻，圆圆的脸，令我想起吴大猷书中写的当年印象：“一个小胖子”。

吴大猷的女儿撰文，说她父亲弥留之际，一直在等李政道。当李政道推开病房门，吴大猷突然睁开双眼。李政道拉起恩师的手，一滴泪珠从吴大猷紧闭的眼里流出，先生撒手去也。

这就是中国人说的“一日为师，终身为父”。沈克琦先生说，吴大猷去世后，李政道曾将吴先生的照片，从3岁开始，制作成幻灯片，亲自放映，讲解导师的一生与成就。

邓小平接见李政道时，李政道提出建立“博士后”制度，以迅速解决中国的“人才断层”的问题。“我的一个出发点是很简单的，因为假如当初没有联大跟浙大老师们的保护和他们给我的机会，我就没有现在的成就。所以，每一个年轻人、每一个学生的成就，跟当时可以吸收到的营养、阳光都有关系，人才就是这样培养出来的。有时候我甚至觉得，我很想把自己的努力也培养转移到下一代。”

我说：“您要回报。”

他说：“对了。”

沈先生说，为了让教育发生“断层”的中国尽快派出留学生，李先生写了300多封推荐信，都是他与夫人亲自寄出的。那些孩子在国外不适应，一点小事就去找李先生，李政道也耐心接待，帮助他们，勉励他们完成学业。

我向他递上采访提纲，他拿起一支铅笔，一面看，一面划，然后还给我，说：“前面两个问题没有必要，否则你的时间会不够的。”

“联大对我有深刻的影响，可以说是我一生的扭转的点，英文讲是 pivot point。”李政道是将自己的成长与当代教育的核心问题联系起来的：“它（联大）是以培养人为中心的。每一个都要创新，要创新是比较特殊的，要跟那个人的性格匹配起来。启发作用是有的，培养作用更有，但更重要的是他不是一个模子出来的，而出来的结果他们也并不能预料，我也不能预料。就像一颗新的种子，他们很注意要培养得好。这样的注意，这样的培养精神，我觉得联大是非常可贵的。”

采访中，他引我参观高等科学技术中心的书画展厅。李政道想请吴冠中画出时间的观念来，吴冠中就画了一幅《流光》，旁边附蒋捷的词“流光容易把人抛，红了樱桃，绿了芭蕉”。我们讨论“流光”是什么。李先生认为：“光跟阴就是时间，时间的观念就是有变化，流光就是光阴在流淌。”他将艺术与物理贯通，非常有意思。

他身上洋溢着一种中国式的人情味和文化气息，又有科学家的豁达、明彻，令我想起古人说的敦仁温厚、中和之美。

我斗胆问了一个提纲上没有的问题：“您能谈谈与杨振宁博士的合作吗？”李先生和颜悦色地答道：“我与杨博士的合作已经圆满结束。”听此言，顿觉释然。

当时，我还带去一盒云南中草药。事先有人告诫我：“人家留洋多年，怎么会要你这种带土的东西？”沈克琦先生却说：“李政道信中医，他此次来，专程到北京中医院去看病。这个好，可以给他。”

果然，李先生欣然收下。

当我们收拾器材离去，李先生赶到前面，在电梯口，为我们按住按钮。门开了，他再次与我们道别。

2003 年《西南联大启示录》播出，光盘通过校友会送给了李政道，他来信表示赞许。

克琦兄：

谢谢来信及西南联大的光盘。

西南联大是中国历史上十分杰出的大学。这部纪录片弘扬母校在抗战如此艰苦的条件下奋发向上的精神，有着极度深刻的意义。请向编者致意。

顺祝

夏安

弟

政道

2003 年 6 月 14 日

2009 年我到台湾采访。李政道在台湾居住过，他的母亲与弟弟也在台湾，那边的校友会将他列入名册。我请他为《西南联大台湾行》一片题词。

他助理转交了题词，说："李先生多年不写中文，为了题词，反复练习了几天。"

我问："李先生什么时候会回来呢？"

助理说："因为回去后一直生病，李先生不想回来为大家添麻烦。"

燕南园 55 号，是北大为李政道准备的住所。这是陈岱孙先生故居，院子里有陈先生的塑像。李政道交代学校，不要移动陈先生的塑像。他说："陈先生是我的先生。"

# 第五部分

# 教员家属

郑天挺先生在日记中讲道，抗战以来，生活改变最大、付出牺牲最多的是两类人。

一类是单身先生。他自己就是，因为流亡，离开了家庭，一切都要自理。他时常把衣服泡在盆里，自己忙得来不及洗，而送出去洗又太贵。除了学校的伙食，吃饭大部分都是在街边的小店里解决，在他的日记里曾有连续四天买烧饼吃的记录。

另一类，最辛苦的，是那些太太们。她们原来在北平享受着不错的生活，家里都有用人。现在一律自己操持了，还要一再节俭。她们不仅要照顾自己的先生、孩子，有时还要兼顾先生的单身同事和学生——在大后方，大家都有一种患难与共、相惜相怜之情。她们是校园外含辛茹苦支持学者的背后之人。

诸多著名学人的子女随父母经历了大学南迁的整个过程，如江泽涵的儿子、赵忠尧的女儿。更多的子女则见证了昆明时期的艰苦生活和父辈的乐观态度与治学精神，如朱自清的儿子等。

教员家属部分按教员“齿序”排列。

刘平章（1934— ）

刘平章，刘文典之子。

刘文典（1889—1958），学者。安徽怀宁人。曾任西南联大中国文学系教授。

访谈时间：2020 年 11 月 22 日；2021 年 3 月 21 日

访谈地点：昆明，金兰路八珍酒楼

## 第一次访谈

**访谈人**：刘先生，幸会！因为是疫情期，觉得到府上去不太合适，所以选择了这个地方，还算清静。童年时，我父亲给我讲西南联大的先生们开课的事情，印象最深的就是刘文典先生。我父亲听过他讲《红楼梦》，讲《庄子》。

**刘平章**：我父亲刘文典先生，是非常爱国的。在七七事变的那几天，他将他的课变成讲日本入侵、讲七七事变的课。一连讲了几节，张宗和先生的日记有载，说刘文典是清华校园里最爱国的教授了。

抗战全面爆发，我父亲曾到香港找蔡元培先生，商量关于前程的事情。那时候蔡先生受监视，不能离开，这在蔡先生的日记中有记载。

我们家是分两路从北平自费迁到昆明来的。当时我们把家里的两进院子都卖掉了。

刘平章与张曼菱

**访谈人：** 你们家与沈从文是有亲戚关系吧？

**刘平章：** 是的，我父亲与沈从文是亲戚，不是从沈家，是从张家，是两代人的姻亲。我姑妈最早嫁去了张家，后来张家的小儿子又娶了刘家的女儿，因为都是名门望族。

**访谈人：** 关于刘文典“踢蒋”一事，传得非常广。您给我们讲讲。

**刘平章：** 关于踢蒋介石的事情是误传，就是两人对骂了一阵。后来我父亲被扣留，蒋把他交给与我父亲相熟的朋友，住在省政府的宾馆，好吃好住，只是门口有一个卫兵。后来邵力子他们都呼吁，南京就下了一个非正式的通知，把我父亲放了。我父亲出来后不愿意再在安徽，就去北平教书了。这里有石慧庐的回忆。[1]

**访谈人：** 这个石慧庐算是当事人了。这件事很大。我还会去

---

① 据刘平章发表在《文史博览》（2014 年第 8 期）上的文章：

> 1928 年 11 月 23 日，安徽大学隔壁的安徽省立第一女子中学举行十六周年纪念会，下午 5 点多钟，参加纪念会的人正在学校膳堂聚餐，突然闯进一批安徽大学的学生，说是受到邀请，要来女校参加晚会。结果，双方就冲突了起来。
>
> 安大的学生血气方刚，不仅砸了女校的桌椅，还打伤了学校的女仆。女校自然就告到了省政府。这时候，刚好蒋介石到当时的安徽省会安庆视察，听说了这件事情，就把父亲和女校校长程勉喊去，询问内情，并要求严查。
>
> 作为安徽大学的实际负责人，父亲到会后坚称此事“有黑幕”，不愿严惩学生，结果惹恼蒋介石，直斥父亲为“新学阀”。而父亲也不是省油的灯，回骂蒋介石是“新军阀”，遂被扣押。
>
> 据时任国民党安徽省党部指导委员会秘书石慧庐回忆，现场顶多是父亲“把脚向下一顿”，结果就被后人演绎出了“脚踢蒋介石”，夸张过头了。

查一些资料，北大校史馆应该会有一些。刘文典去安徽前是北大教授，出事后是北大的校长保他出来的。不过，他回到北平后，为什么没有回北大而是去了清华？你知道原因吗？

**刘平章：**那是因为我父亲早就接到了清华梅贻琦校长的聘书，所以他从安庆去了清华，但在北大这边也上课。

**访谈人：**关于刘文典被西南联大解聘一事——当时只有解聘一说，没有“开除”教授这个说法。钱锺书的解聘，也有当事人和校方的不同说法，总之是误时了，耽误上课，解除聘用，很单纯。

**刘平章：**我父亲去磨黑是请过假的。那一天宋希濂将军因为打了胜仗，请蒋校长、梅校长客，还有几位重要教授。我父亲在席上就说了要去磨黑给人写墓碑的事情，并不是土司，是一个进步人士，盐商。[①]

**访谈人：**我在采访中听郑道津说过，刘文典去磨黑，其实是起了掩护了地下党的作用，也是地下党领导安排和选择的。当然他本人并没有意识到。不过他是同情进步力量的，他会因地制宜地做一些配合。

**刘平章：**是这样的，郑道津不止在一个场合说过。

**访谈人：**抽鸦片当时很普遍，在云南简直就是习俗，很多搞“维新”的人也抽。以前，云南人拿鸦片当药，治肚子疼、头疼，还是调味剂。

**刘平章：**我父亲抽鸦片不是从云南开始的。当然，到了云南，抽

① 当时盐商张孟希请刘文典到磨黑为其母撰写墓志铭，许以重金，刘文典便答应了。

的人多，鸦片也便宜，他这个恶习也助长了。云南龙云的宾馆，还有五华山政府的议事厅，都附设吸鸦片的吸烟室，那些官员都在那里休息——那时候很多人家招待客人的方式就是上榻抽鸦片。

我父亲抽鸦片，是更早的时候，就是因为我大哥成章去世。父亲非常爱大哥，不能接受这件事，太悲痛了，甚至想过要出家。后来亲戚朋友就对我母亲说，让他抽一点鸦片，麻木一下，过了这个坎吧。这样就抽上了。

但是他几次痛悔，要戒掉。一次是我们家决定从沦陷区逃出来，那时候我父亲一个人先走，必须戒掉鸦片。他真的几天就戒掉了。然后就一个人走了。

当时周作人还来家里劝说父亲为日本人干事。这个情节，我母亲那个乳母的儿子在现场，他现在还活着。我母亲出生后丧母，由乳母

刘文典一家在去磨黑途中

刘文典

带大。为了报恩，就把乳母和儿子接到我家了。

**访谈人：**那是到了云南，又诱发了他的鸦片瘾。

**刘平章：**有这个原因。后来新中国成立了，我父亲发愤图强，坚决戒掉鸦片。他曾经站在云南大学的大门口，对过往的人说：你们看着，我要把鸦片戒掉！他公开当众表态，就是表达他的决心。后来就戒掉了。

**访谈人：**可是这件事后来成了抹黑刘文典形象的重要因素，一方面他很有学问，有脾气和骨气，一方面似乎又是一个潦倒的不能自律的人。这对刘文典的真实人格是一个歪曲。刘文典和闻一多之间是怎么回事？

**刘平章：**我父亲与闻先生的矛盾，就始于做学问。我父亲是个较真的人。我那时候还在上学，他过来看见茅盾的书，问我这两个字怎么读，我说读“矛盾”，他说不对。他还说，鲁迅的“孔乙己”应该念“孔乙巳”。他就是要念古韵。他在教师休息室与闻一多争起来，就是为了两个字的读音。

**访谈人：**这件事后来他在课堂上也说过。北京大学的赵宝煦先生最喜欢听刘文典先生的课，喜欢听他骂人。刘文典挖苦：我们文学院某教授，就不认识字。有学生问他：有个巴金，您知不知道？他说：巴金，没有听说过。然后又说：春天里的秋天，秋天里的春天，狗屁不通！其实他是知道这个人，也读过作品的，他就是不把这个人看在眼里。刘文典先生的学问的鄙视链可是非常突出、鲜明的。

**刘平章：**《吴宓日记》有记载，并不只是磨黑那件事，而是一直都有矛盾。我父亲已经去了云南大学，闻一多还说云南大学“专收烂货”。

**访谈人：**云南大学是一所有传统的优秀大学，我母亲、我妹妹都是云大毕业。其实刘文典到了云南大学，周围了解他情况的人不多，可以避免很多历史的误会，反而可以安静下来，做些学问。比起那些喜欢折腾的人，这还是得大于失。

**刘平章：**我父亲的被打压，是一直延续的。傅斯年在美国还写来一封信，反对我父亲当选院士。我父亲与傅斯年并无冲突，五四的时候傅斯年去游行当领袖，我父亲和几位教员在北大门口守卫，并不是针对学生的。后来主要是因为傅的一个副研究员，我父亲欣赏他的文章，而傅并不赞同他的观点。

不仅陈寅恪先生给我父亲写过序，胡适与我父亲也有书信往来，大约 40 多封，还给他的译本题过词。

北京一家报纸说我父亲“被西南联大开除”，我和他们打了官司。判决后，那个作者向我道歉，我还有当时的照片。我也请他与律师一起吃饭。

有一次开会，我与闻黎明（闻一多长孙）坐一桌，气氛很好。

**访谈人：**其实刘文典与闻一多并无实质性的矛盾，都是进步爱国的。

**刘平章：**闻先生遇难的时候，我父亲在云大领衔教授们发电文抗议过当局。

**访谈人：**刘文典先生是老同盟会的，五四时代的元老，深明大义，这一点时常体现。

关于傅斯年这件事，《南方周末》登出来是好事。我看了文章，没有过分的地方。

我看过一些史料，那次院士选举是由胡适主持的，过程非常精细，完全是按学术标准来评判的。郭沫若当选，就是胡适提名的。连这么大的政治分野都不计较，何况是文人的内部争议。费孝通当选了，他也是左倾的，而他的老师潘光旦没有当选。所以，主要是看学术成果和影响，“其一，对所习的专业有特殊著作、发明或贡献；其二，领导或主持专业学术机关在五年以上，成绩卓著”[①]。

胡适与刘文典是老北大时期《新青年》的熟人和朋友了，彼此是非常了解的，所以不存在刘文典在选举中受委屈的事。至于傅斯年把抽鸦片与“贩卖鸦片”二事等同起来——当时他在美国治高血压，脾气很暴躁，这个情况他夫人有回忆，也不必归到学术争议上。我看过

① 沈卫威《民国时期如何选院士》，《教师博览》2018 年第 8 期。

那些材料，太牵强了。刘文典并没有与傅斯年发生正面冲突，支持傅斯年学生观点的也不只是刘文典一个教授。

刘文典没有卖鸦片，云南大学张文勋教授他们都澄清了。张文勋先生家我去过，他请我去聊《红楼梦》，他是很好的学者。这样就行了。我以为“选院士”这件事不宜再扩大了。很多事情是形势使然，自然而然的，并不一定存在那么多的“阴谋”之类。

学生们关于刘文典授课的回忆很精彩，可惜先生自己不留教案，“都在脑子里”，那时也没有录音。我都想听这些课。

**刘平章**：我 5 岁跟父亲到昆明来。他去讲课有时会带着我。任继愈先生有回忆，我父亲一面讲课一面看着窗外的我，有时我跑远了，他会喊：“回来，回来！”这样就夹杂在讲课中了，下面的学生记笔记，突然就记下：“回来，回来！”有些莫名其妙，后来才知道他是在喊小孩。

**访谈人**：真是美好的往事。任继愈先生也是一个性情中人，所以把这事记了下来。可见当年西南联大的教授是不容易啊，有时候还要自己带孩子。

## 第二次访谈

**访谈人**：您好，上次我们初见，说了当下关于刘文典的传说中的一些谬误。今天您可以从容地谈一些自己的回忆了。首先，七七事变的时候，您对从北平撤到昆明这个过程有什么印象？

**刘平章**：我那时还不到 5 岁，只记得日本人到我们家来过。我们家在北池子蒙福禄馆胡同 3 号，又称“馆 3 号”。我也不知道周作人还来过。何晋，我母亲的乳母的儿子，他在 1982 年写过文章《忆刘文典》，讲到两件事。一件是广东军阀陈济棠请我父亲去玩，送珠宝、别墅，要我父亲反蒋。我父亲认为当时东北已经沦陷，国家够乱的了，所以不干。另一件就是周作人到我家来，劝他到伪北大去上课。周作人说：现在北平这些青年，我们不去管谁管？我父亲委婉地说：我身体不好。推辞了。

后来日本宪兵来了两次，把我们家三口、一个表叔、何家四口全都赶到小客厅去。他们去房间搜查，拿了些信件、文稿什么的，对我父亲说：“拿这些。”

我家有个小佛堂，在正屋旁边，因为我母亲是信佛的。我父亲搞了一个袈裟，他们一来，他就进堂念佛。

所以我父亲必须走，要戒鸦片烟。从北平到昆明，要走一个月。

1938 年 4 月 14 日，我父亲到香港，见蔡元培。蔡元培的日记中记着，当时他已经被日本宪兵监视了。

5 月 23 日，《朱自清日记》有“为叔雅准备宿舍”的记录。那时他们在蒙自。

我家是分两路走的。我父亲是悄悄地只身离去的。我与母亲和表叔、何晋他们留在后面，卖房子，还有一部奥斯汀小车，当时北平不到 100 辆。当年我们家境很宽裕，我父亲在清华、北大两处任教，他的薪水加起来有 800 多元。

我还有个印象，大人们收拾东西，箱子关不起来，我跑去坐在箱盖上，大人们都笑了。我还把我的一个会浮水的大鸭子玩具从高处拉出来，扔进空箱子里。

1938 年 8 月，我家离开北平，把我们那些亲戚带到上海，分发给他们路费，让他们回老家。我父亲安排他的学生马鉴到香港来接待我们母子。马鉴在香港大学任教。

一共 38 件行李，唯一没有带的是字画，放到新华银行地下室的保险柜里了。马鉴劝我母亲不带书，怕路上万一丢失，母亲同意了，四大箱书就存在香港大学了。

后来我们到海防，我父亲叫六叔来把我们接到昆明。此时文学院已经离开蒙自了。

当时在一丘田的那个院子里，我父亲很高兴，一看："我的书呢？"

母亲说："存香港了。"

我看见父亲唯一一回跟母亲发火："没有书，我怎么给学生讲课？"

我母亲有些内疚，第二天晚上，上街买了鸡鸭，搞了一大桌子菜。我父亲说："昆明还有这些菜啊？我天天吃咸鸭蛋、蒸鸡蛋。"原来我父亲一个人吃饭，请了一个男佣来做。那人为了省事，天天这样对付他。

我们在水晶宫住了不到一个月，搬到一丘田，四合院平房。有一天我听到轰隆轰隆的巨响不断。那是 9 月，日本飞机来轰炸。我父亲赶快把我按在地上，他伏在我上面，用身体护着我。很可怕的，飞机飞得很低地扫射。原来那个房东抽鸦片，经常打小丫头，用鸦片签子戳，很残忍的。我父亲看了，认为不妥。

不久，我家又搬到龙翔街 72 号，小四合院，前面是做店的，我们租耳房住。过了马路就是虹山，荒无人烟，跑警报方便，父亲去西南联大上课也近。

第三次搬家，出门就是虹山，山里有很多小防空洞，我家也花钱请人搞了一个防空洞。我的任务就是在街上仰头看五华山，一看挂了一个灯笼了，我就回来大叫。我父亲带一本书，拿一个茶壶，我母亲带上“疏散包”，里面就是一些钱，金银细软，就跑警报。

日本飞机一般 11 点左右到，轰炸一个小时后，解除警报。有一次我们回家一看，傻了：整个屋顶不在了，一片狼藉。旁边落弹，气流冲掉了屋顶。又找人写条子，给了钱，送到官渡西庄，我的六叔在那里。

那天晚上怎么睡的，我不知道，是找了一辆马车，把我们拉到官渡李坤家的。他家现在还在那里，西庄六谷墩，一个小耳房，就比较安静了。对面有个营长的房子，当地人叫“草公馆”，全用草做的。

我父亲在联大每周有两天的课。从西庄走到火车站——滇越铁路在那里有个站——到塘子巷下来，又步行。当时连自行车都没有几部，汽车只有龙云他们有几部。没有公交车啊，就从那里走到西南联大。在西南联大上完课，赶晚车回来。所以，他的课都是下午的。他说：“我宁可被炸死，也不能缺课。”

那时山穷水尽，我母亲卖完首饰，又卖衣服，貂皮大衣都卖了，只够买一点米。

原来在北平，我们住二进的院子，有黄包车夫，专门拉我母亲上街买菜。在昆明，我们三口人一张床，我在里边，父亲在外边。他还要就着油灯看书。

我在昆明三年没穿过袜子。我在北平的时候是小皮袍、马甲、皮

刘文典在下课途中

帽子。现在的人看见我小时候的照片，说是“小地主”。

我父亲从来没有讲过这些，他对抗战有信心。他给胡适的最后一封信里说：“最近日寇来轰炸，起得早，身体反而好了。”没有怨言。

到了 1943 年，有一个去磨黑的学生来找他。皖南事变后，中共要转移一部分组织成员。当时西南联大有 100 多名党员，占云南省的 90%。他不知道去磨黑是地下党安排的。路上要经过一条小道，那条道下雨天很危险，会滑下山崖去。那里有土匪，曾经堵过我们的路，听说我们是张孟希请的客人，就放过了。那是瘴疠之地，父亲也是穷得没办法了，才决定去挣这笔钱的。之前在宋希濂的宴会上，我父亲也向校长请过假，说自己要去磨黑，还写了诗。

当时我们一家三口都去了，因为父亲正是在度假期间。我有一张全家在磨黑的照片。一路上坐滑竿去，都是四川人来抬。

到了那里，我们一家人住在一个祠堂左边的院子里，磨黑中学的老师董大成、吴子良、萧荻住在另外一个院子里。还有一个徐小姐，很年轻。

我们是一起下磨黑的。中午路过一个马站，他们叫马站的人杀了一只鸡，搞点菜。沿途的驿站，三面墙，没有床，用草铺地。我母亲让徐小姐跟她睡。我那时候是 9 岁，睡在她们中间。我们一天赶几十里路，遇到过土匪，一说我们是某某请来的，他们就散了。

我听见父亲跟母亲说，同行的这几个是“共爷”——那时候都那么叫。他还在当地要了一些钱，给磨黑中学。后来知道，联大这次转移人到磨黑中学，是请示了当时的中共省委书记郑伯克的，本来打算请闻一多下去，但闻太亮眼了。他们觉得还是我父亲去打这个掩护合适。

关于我父亲被联大解聘这件事，我不知道。我的印象是我们的生活突然变好了。云大盖了三间房子在晚翠园，又叫枇杷园，给我们住。熊庆来校长给我父亲开的薪水比他自己的还高。

**访谈人：**这么快就安顿到云大，也是吴宓、陈寅恪他们忙碌操心的结局。

**刘平章：**吴宓和我父亲的关系在北平就很好，在《吴宓日记》里有很多记载。陈流求她们两姊妹到昆明来，还找了我。我就请温星陪她们去蒙自了。1946 年，沈从文还带了一个侄子来看望过我父亲。

**访谈人：**那个年代的人都很重情义啊。你知道你父亲和陈独秀的关系吗？

**刘平章：**刘文典中学在芜湖公学，认识了陈独秀、刘师培、谢无量。刘师培后来被抓，很多人都疏远了。他过世后，是我父亲租船将他的遗体运送回扬州去安葬的。

陈独秀改变了我父亲的人生。他原来在上海于右任办的《民立报》任职，陈独秀老叫他去帮忙，他就跟随陈独秀到了北大。陈独秀比他整整大一轮，两人的关系特别好，又是师生，又是老乡、同事。后来他的事情我父亲不想参与了，但交情仍在。陈独秀曾经在我父亲家躲避过，后来逃出北平的。

1961 年，我送我父亲的骨灰回安徽，母亲说："陈独秀去莫斯科开会，是我送他去的。两部黄包车，他在前面；我替他拿着文件，在后面。看他平安上了火车，我就去买了一张月台票，也上了火车，把文件交给陈独秀。有些他不带的，就叫我带回来埋到地下。"我母亲是女中豪杰。

还有一件事，她讲闻一多在北平来过家里两三次，希望到清华来教书。这是 1932 年的事情，那时我父亲代理清华中文系主任。

**访谈人：**你父亲有一段在云大很顺的。

**刘平章：**1956 年我从成都回来，那时我在成都读大学。我父亲拿着他的茶壶说："我就像这把茶壶一样，把我举得越高，我就跌得越粉碎。"当时他是全国政协委员，一级教授。他的书房门上贴着"来闲聊者，恕不接待"。我还念成了"怒"不接待。他告诉我是"恕"。

我 60 岁以前，过去的有些事情根本不知道。我 24 岁时，父亲去世。

九一八事变后，我父亲曾经陪章太炎去见过张学良。他们在楼上吵起来，他在底下听到，章太炎要张学良发兵去抗日。

刘文典与儿子刘平章

20世纪中国的三个重要人物，我父亲都当面见过：孙中山、蒋介石、毛泽东。

1928年我父亲被蒋介石关起来时，冯友兰有封信，说刘文典被关起来了，想来活不成了。母亲当时给两个人发了电报，一个是蔡元培，一个是陈立夫。

**访谈人：**我看到，当年的《新闻报》上说，你母亲是立即登船去找蔡元培的。你父亲的经历真够复杂的。后来的人很难理解。

**刘平章：**武昌起义成功，1911年12月31日，父亲在《民立报》见到中山先生。后来父亲写这段经历只是简单的几个字："我22岁回国，在总统府任秘书。"他的工作主要是给国外发电报，回应外面发给总统府的电文。他小时候跟传教士学过英文，就这样做了三个月的秘书。后来孙中山让位给袁世凯。《民立报》反袁，在上海跟袁世凯打仗。我父亲拉了马车去救伤员，长袍马褂的。后来他逃到日本，参加了中华复兴党。袁世凯过世后，他又回到上海《民立报》。

北洋政府教育总长傅增湘，民国政府教育部部长章士钊，他都熟悉。父亲说起，有一天政协开会，郭沫若过来，章瞪了他两眼，郭低头走过去。

1956、1957 年两届全国政协，章士钊与我父亲关系好，请他去的。当时，中共让章士钊到香港请了很多人回来。

听母亲说，从前他们在北京，大家时常一起吃饭。胡适对太太很好，总是帮太太把大衣脱了，挂起来，推椅子让她坐下。后来胡适到台湾，在一封信里曾经问过“叔雅夫妇不知情况怎样”。“叔雅”二字他用古字，怕牵连我父母。

**访谈人：**你父亲过世的时候情况怎样？

**刘平章：**1958 年 7 月 15 日，我父亲在家中逝世。那时正在批他“反动学术权威”。校医务室的人不理。我父亲的学生吴进仁就给他们

刘文典与夫人张秋华

磕头，才来了人，是个医务室主任，看了两眼就走了。我母亲请了认识的中医，说要放血，因为他是高血压，母亲没有同意。父亲已经患上肺癌了。到父亲断气，学校方面都没有动静。我母亲就发电报到全国政协，很快回复了唁电。我母亲拿着唁电去找李广田，李说：有这个就好办了。学校开了一个很简单的追悼会。

我母亲给四个人写了信，报告父亲去世的事：冯友兰、谢无量、张奚若、邵力子。张没有回信。其他都回信了，致哀。

**访谈人：**你母亲真了不起，遇事有胆量、有见识，拿得出办法。

**刘平章：**我那时在成都读书。父亲病倒前一天，母亲请姚桢伯到家里开药，我堂弟明章去抓了药。父亲第二天中午断气的。我回来下葬，那时是土葬，在后山。第二年，我母亲要回去，又把他取出来，火化了，把骨灰安葬在安徽安庆市。后来父母合葬，墓地现在已经列为文物保护地。

我母亲告诉我，她要回安庆老家去。她说，云南这边的人没有人情味。邵力子给安庆政协写了信，要他们给张秋华（我母亲）每月 30 元钱。我给我母亲 10 元。

**访谈人：**那时一直在搞“运动”，她当然感受不到人情味，是很孤独的。你还记得你父亲身边的那些故人吗？

**刘平章：**闻一多先生遇难后，第二天我就跑去西仓坡了，还从墙上剜出两个子弹头来。回家被我母亲扔了。闻先生是已经到家了，又出来买报纸，被隐藏在那里的特务开枪杀害的。[①]

---

① 据闻一多子女回忆，闻一多是参加完民主周刊社的记者招待会，快走到家门口时，被特务暗杀的。

我去过叶公超家，有钱，有小单车。我喜欢去，很稀奇。叶公超家也在西仓坡，单独一个院子。

我跟任继愈先生有过通信。任先生给我来信说：“传闻有回忆刘文典先生的文集，早没有通知我，我也可以写些东西放在里面的。”我是1999年在国图他的办公室里见到他的，我请他写了几个字“刘文典诗文存稿”。任先生说：“我们那天听课记笔记，忽然听到：‘回来，回来！’一抬头，看见先生是在叫你。”任继愈跟我讲过后又写在文章里。

联大学生宿舍，我常去玩。那里都是高低床，蚊帐分界。方帐是条件好的人才有的，穷的就用一个小头帐。我看到门口贴有很多小纸条，有的说自己三年级升四年级，如果谁需要他的书，他在哪号床……这是1944年我家到云大后的事情。

## 访谈手记

庚子夏，我在大理普陀泉度假村邂逅媒体人温星，他与刘文典哲嗣刘平章有交往，热情地邀约我进行访问。

温星介绍，刘文典因嫡子病故，致函六弟刘天达，提出过继一个孩子给自己。刘平章原名刘庆章，1934年生，1936年正式过继给三伯刘文典，从家乡安庆到了北平，故名改一字，曰平章。

刘平章5岁时随家人到昆明，此后就一直在昆明生活。现在已是九旬老人。

在温星的联络与陪同下，我进行了第一次采访。

见面时，采访话题主要针对刘文典的几件流传甚广之事，如对抗蒋介石、讽刺沈从文、解聘始末等。

我认为，这些内容关乎一个学者的清白，亦关系到一页文化史。

2021 年春，温星多次对我讲，刘平章想再与我见面。在温星的安排下，我进行了第二次采访。

全程由龙泉古镇文化研究院负责人洪海波陪同，并做了录音。

也许是出于谨慎，刘文典没有把自己的经历和重大事件告诉刘平章，所以刘平章说，他在 60 岁之前，有些事根本不知道。

第二次采访，刘平章说了一些童年印象，尤其点出了被刘文典掩护同行的几个地下党方面的人员，萧荻等，将磨黑一行的情况充实。

我以往的学人访谈中有一些关于刘文典的内容，北大校史馆又为我提供了珍贵的当年的报刊资料，我得以针对热议的几个问题，写出《刘文典：风骨与沉浮》一文。

宗璞（1928— ）

宗璞，作家。冯友兰之女。

冯友兰（1895—1990），哲学家。河南唐河人。曾任西南联大哲学心理学系教授、文学院院长。1955年被选聘为中国科学院学部委员。

访谈时间：2000年5月；2000年8月

访谈地点：北京，北京大学燕南园，冯寓；昆明，龙头村，镇公所

## 第一次访谈

宗　璞：我觉得拍摄《西南联大启示录》这样一个电视片，是非常有意义的事情。西南联大在历史上实在是一个特例，以前没有，以后希望也不会再有了，因为不希望有战争。

我自己没有上过西南联大，我是上的联大附中。后来西南联大校友会扩大范围，把我们这些小同学也扩大进去，所以我也算是西南联大的校友吧。另外，我还有一个身份，就是西南联大教职员的子弟。我是用这样两种眼光来看我们过去那一段历史的。

西南联大有一种精神，这种精神是什么？给我印象最强烈的，就是爱国精神。那是一个特定的历史环境，我们的国家、民族处在生死存亡的关头。如果我们不把我们的文化、不把我们的教育继续下去，我们是要灭亡的。一定要把自己的文化、自己的教育继续下去，我们才能够生存。当然，战争打胜仗是前提了。

父兄辈有这种精神，在那种艰苦的条件下——那时候吃的米都是发了霉的红米，里面都长了虫；还有用的那个菜油灯，那个时候印象比较深，一个小的油碟，里面点几根灯草，要是有谁熬夜写东西，第二天脸就变黑了，油烟熏在脸上；然后就是跑警报，警报把人的生活完全打乱了。就在这样一种艰苦的条件下，弦歌不辍。走到郊外，走到荒野，跑警报，只要敌机没有来，就继续上课。我上联大附中的时候，没有校舍，常常是在外面树荫下，大家摆好凳子，听老师讲。可是那个时候有一种向上的精神，觉得一定要学好，一定要努力。在国家危急存亡、艰难困苦的关头，大家有一种努力的精神，去争取胜利，这是很主要的一个方面。

另外，西南联大的民主精神也是很显著的，就是能够兼容并包，什么样的思想，什么样的学问，都可以讲。而且那个时候，哪怕只有一个学生，老师也会很认真地给他讲。同样一门学问，可以有不同的老师来讲，讲自己的见解。同学走到路上，彼此可以谈论时局，发表自己的意见，然后不问姓名就走了。那种空气，是一种让人感觉很自由、让人能够发挥自己力量的空气。那个时候我还小，可是也能感染到这样一种空气。关于这个民主的精神，我想大家都说得很多了。

第三点，我想谈一谈西南联大的家属。我不知道是不是有别的先生说过。我常常想，一个群体有这样一个成绩，和它后面的家的支撑是很有关系的。西南联大教授的夫人们在北平的时候都是养尊处优的，可以说生活是很优越的。可是一下子到联大那个环境，每个人好像一夜之间都变得非常能干，非常能操劳，什么都可以做。这些贤内助的支持，对于整个群体，也是有力量的。在最艰苦的时候，当时的工资是不能够维持一家的生活的，所以有很多先生兼课，有些人就做别的一些事情。这些教授夫人也都出些主意。有的人就卖一些小食品，有的人就去缝一些东西，反正就是采取一些能够贴补家用的办法。

我记得，1942 年我父母到重庆、成都去了，我和我弟弟就寄住在梅贻琦先生家。那个时候，梅伯母就做一种“定胜糕”，用米粉做，做了定胜糕送到冠生园去卖。我和梅家的小女儿、我从小的朋友梅祖芬一起，帮她提了篮子送糕。路上下了雨，我们把篮子放在廊檐底下，怕雨淋到糕，自己站到外面。究竟能贴补多少？我不知道。反正各人有各人的办法，尽量贴补家用。我觉得这种精神是很值得纪念的。

我还想说一说参加远征军的学生——有的也不是参加远征军，就是被征调做译员，做翻译官。那个时候是征调四年级的学生去从军。这些学长一腔热血为保卫祖国去参军。他们经历了非常艰苦的战斗，有的人牺牲了，这些人的名字刻在西南联大纪念碑上。纪念碑的正面是碑文，背面就刻了这些学生的名字。这是很值得学习的一件事。当时他们就是以一种爱国的热情去参军的。至于以后怎么样，那是历史的发展，是另外一回事。所以，我想，西南联大对于参军的学生应该给予敬意。

我觉得我的父亲冯友兰和云南有一种特殊的缘分。人家都说，我的父亲有三方面的成绩。他是哲学史家，又是哲学家，也是教育家。他作为哲学家的著作全部是在云南完成的。"贞元六书"的第一本《新理学》开始是在湖南长沙写的，结尾最后两章是在蒙自写的，也就是在云南完成的。其他五本书都是在昆明写作的，就在菜油灯下，

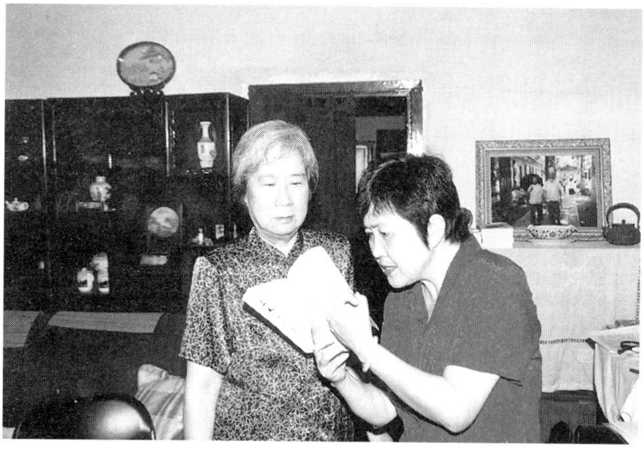

宗璞与张曼菱

后来是煤油灯下，写出来的。他以一种爱国的心情、一种希望国家振兴的心情来做自己的哲学。所以，他的哲学和中国传统意义上的哲学是不一样的，可以说具有现代性，建立了中国哲学现代化这样一个哲学体系。这是在云南的土地上、在西南联大做出的成就。

西南联大纪念碑的碑文，是由冯友兰先生撰写的。这个碑文，每次我读的时候都觉得非常感动。经过那样一个困苦的年代，我们最终获得了胜利。碑文上写，从前不能够在中原立足，跑到南方，称为“南渡”。有晋人南渡，有宋人南渡，有明人南渡，可是他们都没有能够再回到中原。我们这一次，也是一次南渡，而我们就回到了中原，驱除日寇，恢复河山。这也是很光荣的一件事。当时我知道他（冯友兰）在做碑文，可是我并没有太认识到它的重要意义。

**访谈人：**您能不能说一下他做碑文的过程？比如是谁请他做的？

**宗　璞：**抗战胜利的时候，我们就住在西仓坡 5 号，现在改成幼儿园了。那时候上面一排房，下面一排房。父亲和母亲在里面一间

冯友兰在西南联大

房，他的书桌也摆在那里，他写东西都是在那里。胜利以后，当然大家都非常高兴，但是他很忙。那时候确实有各种各样的事情，他回家也常常比较晚。他平常晚上就在写作。那一阵他是很忙的，碑文是什么时候写的，细节我就不是很记得了。

**访谈人：**我想请您给我们大概讲一下，南渡的时候，您是几岁？还记得哪些细节？怎么随着父母转移到昆明的？以您当时的年龄，您眼中的联大的您父亲的同人、学生或者联大子弟的事，还有哪些？这些都是西南联大的一部分。

**宗　璞：**（全面）抗战那年，我是9岁。我们进城住了一年，才往蒙自去。有一些经历，我就写在《南渡记》里面。当时我们是和朱自清先生家，还有周作仁家——不是那个作家周作人，是"仁义礼智信"的"仁"，经济学家周作仁——还有一家，四家人一起坐船走的。先到香港，然后到安南，那时候越南叫安南。到了安南，是朱自清先生来接我们，《朱自清日记》里面有，我们一起坐碧色寨的小火车到

1938年，宗璞和小弟在沦陷的北平

蒙自。在蒙自住了也就两个月，可是我对蒙自的印象还是挺深的。我觉得蒙自挺可爱的，后来一直也没有再去过。

我记得，我们家在星期六的时候常常请一些朋友来吃饭。我母亲自己擀面，给他们吃炸酱面。我记得，朱先生就对人家说，冯家的面很好吃，不过吃的时候要小心，不要吃太多，吃太多了以后，回去胀得太难受。那时候，整个学校就好像一个大家庭，大家都是为了把学校办好，把学生教好。

我们在昆明最先住的地方是登华街 27 号。当时我们住楼下，陈梦家、赵萝蕤两个人住楼上。后来过了不久，我跟弟弟就去住校了。我在南菁住过一阵——当时南菁的校长是张邦珍，他是一个教育家，挺有一些想法的。我后来上了联大附中，就从登华街搬到小东城角。在小东城角住的是一个小楼房，我跟我们的叔叔住一起，一家住楼上，一家住楼下。院子里有一口井，我写过一篇散文，叫《小东城角

西南联大附中 1946 年毕业班合影，中间立旗者为宗璞

的井》，写的就是那里的一点生活。那时候绥靖路有一个图书馆，图书馆里面有好多小说。放假的时候没有事情，我母亲就让我哥哥姐姐带着我们去图书馆。我的父母对我们看书没有限制，随便看什么书，自己去看。我在那里看了好多小说，绥靖路图书馆，现在好像也没有了。

后来我们就搬到北门街，几号不记得了。后来从那里搬到西仓坡，那时给教员的宿舍盖好了，很多人都住在里面，我们住在 18 号。我本来不记得是 18 号了，最近杨振宁的弟弟写的一篇文章里面记述了杨武之先生的一个讲话，说我们都搬走了以后，杨武之先生他们家就搬到 18 号的隔壁，那里本来是吴有训先生住的，他说 18 号原来是冯友兰先生住的，所以我现在才知道那是 18 号。一边是吴有训，另外一边是一家姓李的，这个人家现在就不太知道了，后来不在联大了。再过去就是闻一多闻先生他们家。

大家都在联大附中上学。对面的下面就是江泽涵，江家三兄弟，都在联大附中上学。我们常常在一起玩。再往里面是潘光旦他们家，潘乃穆他们。好像是靠门口那个地方——那天他们讲，我当时没有印象——吴大猷在那里住过一段时间。

那个院子，我觉得也是一段历史，从文化的角度来讲，不光是从革命的角度来讲。所以，我很赞成你写的《西南联大启示录》的手记里的话，就是整个西南联大是在特定历史环境里的一个文化的群体，不是只讲革命的这一方面。

闻先生有一次去石林——我写过一篇《烟斗上小人儿的话》——他带着立鹤、立雕兄弟，我和我弟弟我们几个孩子就跟着去。他在那

闻一多烟斗上的小人儿就是宗璞

就照了那张现在很有名的照片，照片里有个烟斗，烟斗上有个小人儿，那就是我。后来大家都觉得挺巧，因为我平常也不会抢镜头，可能是我当时正好坐在闻先生的对面。后来闻先生百年纪念，我就写了《烟斗上小人儿的话》纪念闻先生。

**访谈人**：您作为一位女作家，也经历了一些坎坷，之前写过的一些小说我们都看过，很有才气，后来您用了大量时间来写西南联大的历史，《南渡记》《东藏记》《西征记》。您给我们讲一讲，您为什么要用这么多时间来写这么几部书？

**宗　璞**：《南渡记》已经出版了十几年了，就是写我们从北平到昆明去，国家在那么一个情况之下，大家逃难的情况。

《东藏记》最近已经脱稿。这个费的时间很长，因为我不断生病。我说我是“且战且走”。后来朋友说“且战且走”不好，好像是逃。我想改成“且战且行”，就是不断地和病魔战斗，然后不断地向前走一点。《东藏记》写的主要是那时在昆明的生活。最近日本评论家南渊静代（音）给我写了一封信，他说他对我的作品非常感兴趣，看了《南渡记》，也看了《东藏记》的第一、二章—— 1995 年在《收获》上发表的——他很感动，问我为什么叫《东藏记》，而且问我是应该念 cáng 还是应该念 zàng。这个人汉学挺不错的。为什么叫《东藏记》？就是躲警报，就是东藏西躲。

有一些朋友把逃警报写得很潇洒、很悠闲，我的感受完全不同，而且我的同龄人好像差不多都跟我一样，可能因为我们那时候比较小。比如闻立雕就说，那时候一听见警报，腿肚子就发硬，走都走不了了。在这种情况之下，大家还是坚持教学、上课。我的小说并不是研究西南联大校史，我写的是小说，不是历史。我还是写到学校的生活的，可是并不就是历史。

**访谈人：**您给我们讲讲冯友兰先生在西南联大的学术研究以及他的“贞元六书”。

**宗　璞：**我父亲冯友兰先生，作为哲学史家、哲学家和教育家，这几方面的成就都是世人所公认的。作为哲学家，他和昆明有很大的缘分。他所有的哲学著作都是在云南写成的，也就是抗战的时候在西南联大写成的。他的这一套书统称为“贞元六书”，一共六本书。所谓“贞元”，就是贞下起元。“贞”就是已经到了最不好的时候，“起元”就是能够复兴。就是在我们国家生死存亡的关头，有以后定会复兴这种信念。

“贞元六书”的第一本是《新理学》，这是他哲学体系的一个根本。第二本是《新事论》，又叫“中国到自由之路”，提出中国要想富强，一定要现代化。第三本是《新世训》，又叫“生活方法新论”，是讲怎么做人处事。我看比现在的处事格言之类要深刻得多，要好得多。第四本是《新原人》，提出人生的几个精神境界。第五本是《新原道》，我还说不清是什么。第六本是《新知言》，就是讲方法、方法论，他的整个体系的方法论。他的这套体系非常完整，可以说是我们中国哲学最先现代化的这样一套著作。

## 第二次访谈

**访谈人：**您上次讲过，您写过一篇《烟斗上小人儿的话》，是跟闻一多先生有关的，给我们详细讲讲。

**宗　璞：**有一次，西南联大的一个团体请闻一多去石林。他就带了立鹤、立雕兄弟，还有我和我弟弟，一起去石林。到石林，他们要请他讲演，做活动，我们小孩子也没有完全跟着他，在去石林和回石林的路上就骑小马。他来招呼我们，还领我们去旁边的小馆子吃米线。饭来了让孩子先吃，然后他自己再吃。对于闻先生的治学和精神，我那时候还太小，不过他给人的印象，在我来讲，还是很深的，也是因为从小就看见他。

1991 年，我发现闻先生有一张照片，就是很有名的在石林的一张照片，传得很广。那个时候我生病住医院，闻立雕去看我，就说起来，我说这张照片我还没有，他说那给你印一张。下次他来看我的时候，就给我带了一张，就是闻一多拿了一个烟斗的照片。我看的时候忽然发现烟斗上面有一个小人儿坐在那。我说这是谁，他一看，就是我。我觉得挺有趣的。后来纪念闻先生百年诞辰，他们要我写一篇文章，我就写了一篇《烟斗上小人儿的话》纪念闻先生。闻先生伟大的人格很值得敬佩，诗人、学者、斗士集于一身。这样的伟大人物的精神，在我们的历史上会一直传下去，让后人学习。

**访谈人：**您觉得西南联大这一代知识分子，包括您父亲，他们有什么精神特点。

**宗　璞：**我们上一代的学者，有一种共同的精神。他们每个人在自己的学术领域都做出了很大的贡献，在社会转型时期创造了这个时期的新文化。我父亲在哲学这个领域，尤其是作为哲学家的冯友兰，是和昆明连在一起的。他的全部的哲学著作——不是哲学史著作——都是在昆明（云南）做的，这方面的书，就是“贞元六书”。做哲学家，只是他整个人生活动的一个方面。另外，他是一个哲学史家，还

冯友兰作“贞元六书”

是一个教育家。他的治学精神是这一代知识分子的共同的东西，就是爱国，为了国家、民族的命运贡献出自己的力量。他常常说的一句话就是“旧邦新命”，纪念碑上也有。张载有“横渠四句”，“为天地立心，为生民立命，为往圣继绝学，为万世开太平”。这是一个哲学家自己期许自己来努力做到的，他说自己“虽不能至，心向往之”。他说：我还没有做到，可是我要努力去做。以“为万世开太平”的这种精神来做学问，这个动力非常大、非常执着，要做一件什么事情，就一定要把它做出来。

比如他晚年写《中国哲学史新编》，那真是一点一滴，一字一句。一直写到95岁，写完了这本书，这也是历史上很少有的。他非常执着，一定要写出这本书来。我记得他有一次生了重病，我们送他到医院去。他跟我说，现在是书没有写完，有病要治，要是书写完了，有病就不必治了。他是以这样的精神去做学问的。

另外，他还有一个精神，也是西南联大的精神，就是要陈述己见。他在一本书的序里说，学术要各陈己见，当仁不让。自己要把自己的意见说出来。每个人都可以说出自己的意见，没有什么客气的。做学问，也要有一种坚毅的精神。

他做学问不是很注重资料。他是创作。他属于“六经注我”，不是“我注六经”那种类型，尤其是哲学创作。当时在昆明抗战的时候，没有很多参考书，有人就问他：你写这么多书，用的参考书怎么解决？他说：我不用什么参考书，我是“六经注我”，不是“我注六经”。当然，这（他的书）不是考据，有一些引文的错误或者什么也是难免的。他的一个精神是他要创作，他要说的主要是他的思想。他

1935 年，冯友兰全家在清华住所合影，前排右二为宗璞

的写作是持之以恒的，每天写一点。他的思想是不中断的，总是在考虑，总是在思想。这样集下来，很快就出一本书。思想的丰富，实在是很让人觉得了不起。

1937年日军发动全面侵华战争，改变了我的童年生活。本来是十分无忧无虑的，可以说是很幸福的童年，从那个时候起完全改变了。

我们先从清华园搬到城里，又从北平搬到蒙自，又从蒙自搬到昆明。在北平沦陷的时候，我有一件事印象很深。我们住在城里的时候，我母亲回清华园去办什么事，她从清华园回到城里的时候，一进门就痛哭失声，一面哭一面说她在路上看见十几个老百姓和巡警，都是手无寸铁的，倒在路边，被日本人杀害了。我当时就模糊地觉得，我们已经不是主人了，就是被人奴役、被人随便杀戮的人。最后，当然要离开这个地方，要找我们自己的国家，找自己的国、自己的家。当时，我的父亲先走了，他跟着学校到长沙，搬到长沙临时大学。我母亲带着我们去找父亲，还有朱自清先生一家，还有经济学家周作仁一家，还有一家我不太记得了，几家结伴，到蒙自去。走的时候是非常凄凉的，大家在收拾东西，好像是逃难的样子。不过，也有一点高兴，就是要去找父亲，可以见到父亲，可以一家人团聚。

我们走的那天，是从北平的车站上车，到天津。我记得那天下着雨，我和弟弟一起趴在车窗边往外看，觉得天地都非常昏暗，我们的北平就这样被日本人占了。小的时候，也不是很愤恨什么的，好像也不是那样，就是觉得非常沉重、非常凄凉，就这样离开了我们自己的家。

到昆明以后，我们先在城里面住，后来因为轰炸——有些人把轰炸描写得很轻松，这点我不是很理解，当然个人的经历感受不一样——这个轰炸对我们来说是很难过的一件事，生活就完全乱了。早上起来就跑警报。当时西南联大的同学以及我们在中学的学生都是有警报就跑到城外去，在城外继续上学，继续教，继续读。只要飞机没有在头上扔炸弹，教和学就不停止。

每天跑警报对生活也是很不利的。许多教授的家属都搬到乡下，好像文科的搬到东边多，理科的搬到西边多。我们搬到了龙头村。当时在龙头村的好像有陈梦家、赵萝蕤，有钱端升几位先生。在附近几个村子的，比如司家营的，有闻一多先生、汤用彤先生他们。现在你们也可以看见我们住的这个房子，这个房子算是好的。当时我们搬到这个房子还是很高兴的，因为原来是住在村子里，山底下，一家人住的也是厢房，在猪圈上面，下面就是猪，和猪做邻居做了一年多。后来就搬到这个地方，算是乔迁了。

当时，吃的东西主要就是红米饭。把红米发给教职员，做一部分薪金、一部分工资。这个米多半都发了霉、长了虫，所以做饭有一道必需的程序，就是拣虫——现在的人就不太知道了，就是把肉虫拣出去。这个工作常常是我来做的。小女孩，就在那拣。

那时候，乡下房子是没有电灯的，有煤油灯是最好的。可是有一阵因为禁运，煤油也很缺，就点菜油灯。一个小菜碟，装上菜油，放几根灯草，搁一个小木架上。那个木架如果留下来，也可以算是文物了。它可以挂在墙上，也可以搁在桌子上。我父亲每天晚上总要写作几个小时，他不熬夜的，不过每天晚上总会工作一点。有时候就熏得脸上一块一块的黑，大家看了真是又好笑又心酸。

1988 年，宗璞回到曾居住的龙头村

那个时候，一些教授太太们为了贴补家用，都去找一些可以做的活儿。我母亲就在这附近做一些小食品。那时候云大附中有一些学生在这，学生、村里的人就会买。我觉得可能也是一种精神上的支持，究竟能贴补多少也不知道。上回我讲过梅贻琦夫人做的定胜糕。

**访谈人：**冯友兰先生有没有给您讲过什么国际国内的形势？

**宗　璞：**他讲得很少。他很忙，自己要教书，又担负了行政工作，在西南联大、清华都担任文学院院长。他还要写作，还要出书，很少跟我们讲国际国内的形势。在我父亲来讲，他是一种身教，不是言教。他很勤奋，我们就都学到勤奋；他有一种毅力，我们也都学到这种毅力。他每星期进城去教课，要去三天，回来这几天就都在家里。

关于纪念碑碑文里讲的四个可纪念的，当然他讲得很透彻了，总结的这些人的经验非常好。当时，他就看出来西南联大的意义，当然，也不是他一个人看出来了，他那个群体都会这样看的。就是说，西南联大这样一个历史的事实可纪念的有四点。其中第三点，他讲到学术民主，兼容并包。他讲了这么两句话："违千夫之诺诺，作一士之谔谔"，用这样一种人格、精神来做学问、办学校。前面两点，碑文上也都写得很清楚。第二点讲，三个学校合在一起，能够"同无妨异，异不害同"。大家有不同的地方，可是能够和谐地来工作。从中国的风气上来讲，文人相轻，容易彼此有意见。而在西南联大，大家在一起工作，是非常和谐的，一起努力把学校办好。

## 访谈手记

我与宗璞见过很多次面，在北大燕园、在协和医院病房、在昆明她家的旧址。

走进燕园那个宅院，那些旧家具和那些书有一种气韵。在幽暗的气氛里，有一种不能改变的东西。

宗璞性格刚毅，风姿犹存，但已经年迈难行，眼力严重受损。我感觉她活得不轻松，承受的东西太多了。

在采访中，我时常遇到“名门之后”，亲情与文化之情，对他们来说，是别有滋味的。

她为自己规定的任务非常庞大。她赠送我刚出版的《野葫芦引》前两卷。书的封面有“道情”，似模仿了《红楼梦》。她整合出“南渡”“东藏”“西征”“北归”这样一些概念，来做小说的名字，具有均衡之美，符合历史事件的方向，且含有起承转合之意。这系列小说，继承了中国传统“文史一体”的风格，很多人物可以找到原型。内中关于庭院与原野植物的描写，我以为，有《楚辞》的韵味。

她提起我的一篇文章，写到北大教授被迫参加“梁效”的事情。她说：“感谢理解。”看得出，她对父亲冯友兰的功过是非很在心。我告诉她，很多联大学子都在采访中回忆起冯友兰先生，在哲学上受到了他的影响。

宗璞，是闻一多在石林那张著名照片中烟斗上方的那个小人儿。那时她还是一个小女孩。闻一多先生，还有梅校长太太韩咏华女士，都曾经牵着她的手，在昆明街头走过。

2000 年 8 月，我邀请一批联大老人来昆明。她不远万里而来，去了她的故居，在那里接受了我们的采访。

那次来昆明后，她执意去了丽江、大理，为了完成她的《西征记》。

我很为她的眼睛担忧，这样去滇西，能不能达到采风的意图呢？何况当年远征军的遗迹，几无保留了。

关于西南联大学生“从军”以及中国远征军这样庞大的历史，一直没有得到重视和专门的搜集整理。

宗璞是想以她衰迈之年的努力，为这个未遂之愿留下点什么吧。

朱乔森（1933—2002）

朱乔森，中共党史专家。朱自清之子。

朱自清（1898—1948），散文家，诗人。浙江绍兴人。曾任西南联大中国文学系教授。

访谈时间：2001年6月

访谈地点：北京，中央党校，朱寓

**朱乔森：**我们是 9 月 22 日到的天津。到西南联大的这个路线是很复杂的。从天津坐船到青岛，从青岛过胶济路到济南，从济南过京浦路到徐州，从徐州再换乘陇海路到一个叫陈桥的地方，然后换乘平汉路到武汉，再过岳汉路从武汉到长沙。到长沙这中间倒了多少次车！当时为什么这些教授不管多么艰苦都要到大后方去？还是出于一种爱国主义！

我们在长沙待了一段时间。我看我父亲当时日记上写的，有很多学生都没带钱，就成立了一个解决困难的委员会……然后，长沙临时大学成立，他是中文系主任。他原来是清华中文系主任；北大、清华、南开三校合并以后，他还是中文系主任。

我觉得，在长沙临时大学成立时，西南联大的两个传统就已经开始存在了。一个是爱国主义，这是很广泛的。在日本侵略之下，这些教授都是为国家忍辱负重，生活不管多么困难都要坚持下去。再一个就是集中力量——因为教授们也感觉到，自己上前线打仗不可能，我父亲觉得自己的任务就是保持中国“弦诵不绝”。弦诵不绝，就是读书这个传统不要绝，这对中国长远发展（意义重大）。不能说全民抗战，后方连人才都不培养了，这对国家会（影响很大）。

当时文学院集中在南岳衡山。在南岳衡山的圣经书院[①]，教授们集中起来，大家为了抗战拼命地研究、拼命地学习。学术空气之浓，是以前在清华，在北平、天津，都没有的。我记得，有一个北大学生在回忆时说，在南岳圣经书院的几个月受的教育，这种学术空气、学习

① 也称为圣经学校，或圣经学院。

气氛，是他一辈子受用的。

然后，从长沙又分几路去昆明。有的是步行，有的坐一段车、坐一段船，最后又纷纷到昆明。到昆明之后，长沙临时大学改成西南联合大学。一开始，西南联合大学的文学院和法商学院在蒙自。蒙自是个小城，我父亲有一篇散文，叫《蒙自杂记》。蒙自的特点就是小，小得可爱。就一条街，什么商店都集中在那里。在蒙自，我父亲待了五个月，这个我印象还很深。我们在蒙自待了两个多月之后，文法学院又集中到昆明去了。

到了昆明，我们一开始住在龙院村。龙院村完全就是农村了。我印象很深，因为当时叶公超还没有去做国民党的外交部长，他一开始也是在西南联大，他们一家人来龙院村看我父亲一家人。叶公超的一个女儿，我们叫她阿彤姐，大家一起疯玩，出去跑。云南那个田埂是高高的，底下有水塘。我跑着跑着一失脚，就掉到水塘里去了。我父亲的日记里边写了，我浑身是水，本来可能要淹死了，水塘很深，但是不知道怎么，可能因为身上穿着棉袍，就浮上来了，我扒着岸边就上岸了。这个事情，我是印象很深的。

龙院村住的时间很长，司家营也住过一段。然后到1940年，因为昆明的物价太贵了，我们家维持不下去了——我今天觉得联大教授这一点还是不简单的，应该说当时在清华，教授的收入让他们过的是一种比较优裕的生活，后来一下子反差这么大，到了难以为继的情况。你看我父亲日记里边写的，今天卖行军床，明天卖什么东西，为了帮助我祖父，我父亲还得供给他们钱。怎么办呢？我父亲就把在西方的一个保险公司的保单拿去抵押了，得到了汪精卫的“国币”400

块钱。400块钱就是为了给我祖父，供给我们家生活。他自己的工资完全不够，带来的一点书就得卖掉。比如，我父亲为了到成都看我们，就把自己存的几本最好的书，还有砚台，都卖掉了。只能用这个办法，那是非常非常困难的。

而且就是在西南联大这一段，我父亲的身体坏下来了。原来他是微胖的，后来就瘦得简直不成样子了。他自己也有诗，说“孤影狰狞镜里看，摩霄意气凛冰寒”，自己看着都非常狰狞——他自己的诗里就这么写的。

我去过费先生家里，他说他在昆明写的很多文章，现在找起来很难。因为当时来不及再抄一遍，也来不及保存，拿着写的文章赶紧就得去换米。我父亲也是这种情况。我父亲在昆明写的还有十来篇文章没有找到，没法圆他的全集。因为当时匆匆忙忙，写完就拿去换米吃。光靠工资不够，写文章也还是不够，还要卖东西。

刚才说了，西南联大有两个传统是非常可贵的。一个就是爱国主

年轻时的朱自清

义，从爱国主义发展到民主到反对蒋介石腐朽的独裁政权，再发展到要求建立新中国，这是一条线。这个传统对后来有很大的影响，对后来的学生运动影响也很大，从反饥饿、反内战、反迫害到迎接新中国的诞生。这是后来我在北平参加学生运动时才经历的，但在西南联大那时候，我还太小。我想彭珮云、王汉斌他们都经历过这个，他们是西南联大的。

还有一个传统就是生活越艰苦，弦诵越勤奋。教授们拼命地写东西，拼命地带学生。当时昆明有一个很好的情况，这么多人才集中在那里，大家互相基本上不嫉妒。在抗日战争的艰苦条件下，你没有发表的学术著作可以借给我看，我的学术著作也可以借给你看。我父亲有时候就到闻一多先生家，借他没有发表过的东西看，也借王力先生的著作来看。他们也借他的来看，互相学习。这对促进学术的发展起

西南联大中文系朱自清、罗庸、罗常培、闻一多、王力（左起）

了很大的作用。这是一个非常好的风气。条件那么艰苦，大家拼命地带学生，要把国家的元气，这种学习知识的元气，继承下去。

抗日战争时期，知识分子也是很被看不起的。我父亲曾经写过几首诗，他有些旧体诗就写过这个。“惭愧书生徒索米”，作为教授整天问别人换米要米，因为吃不饱饭；“雕镵文字说冤恩”，用文字说冤恩。“今世书生土不殊”，今天的书生跟一颗尘土没什么差别，“鸡栖独乘日驰驱。问津未识谁沮溺，登垄争看贱丈夫”，把教授看得很贱。但是我父亲也说，尽管如此，“闭门拼自守穷悭，车马街头任往还”，别人再怎么富贵——国民党那时候发国难财的有的是——但教授们宁肯穷得吃不上饭，去问别人要米，也仍然坚持把学生带出来，把中国弦诵的传统继承下去。

我父亲有一首《近怀示圣陶》，我最喜欢这首诗了。他写“弦诵幸未绝，竖儒犹仰俯”，我虽然是一介竖儒，但是我为国家的弦诵不绝能够起到自己的作用。“终岁闻呻吟”，因为当时我弟弟、我妹妹、

1946 年，朱自清与陈竹隐、朱乔森等合影

我一起得了重病，生活那么困难，三个孩子整天在那叫唤，在那呻吟，我父亲还要做学问，所以“心裂脑为盬”，脑子好像都要炸了一样。“天不亡中国，微忱寄干橹。”“死生等蝼蚁，草木同朽腐。”“不如意八九，可语人三五”，不如意的事情占八九，可以跟别人说的不过就三五事，但仍然是“弦诵幸未绝，竖儒犹仰俯”这样一种传统。

西南联大的条件那样艰苦，可是培养出了多少人才。杨振宁、李政道，都是西南联大培养出来的。还有我们国家治国的很多人，王汉斌，还有他的夫人，都是西南联大培养的。不只这些，还有很多学者、教授。西南联大真出人才。实验室的条件，那都不用说了，根本不可能，但是它真出人才。

在那么艰苦的条件之下，西南联大把文化集中在西南一隅，把中国文化的传统继承下来，这个贡献是很大的，而且其中还有很多宝贵的东西。不管多么苦，也要去搞学问，也要去寻求知识，也要使中国的学术传统继续下去，这对我们国家也是非常宝贵的。

闻一多先生一开始到西南联大的时候还是注重学术的，后来就注重政治了，因为他看到了国民党的腐败，不争民主是不行的。抗日战争以后“一二·一”运动发展起来，李公朴、闻一多两位先生被刺杀。我父亲在李先生、闻先生被刺杀以后，在特别危险的情况下仍然坚持参加追悼会、发表演说。从这以后，他就像郭绍虞先生所说的，由狷者而斗士，向国民党坚决斗争。后来毛主席就说他，宁可饿死，不领美国的救济粮，表现了我们民族的英雄气概。

西南联大这两个传统，一个是爱国，从爱国到民主到反对蒋介石腐朽独裁政权到建立新中国；再一个就是它的学术传统，不管生活多么艰苦，依然要把学术搞下去，依然要把学生教育好。我父亲他们搞教育的时候，要给学生一滴水，自己首先要有一桶水。他们其实看的东西很多。西南联大把中国最优秀的学者都集中在一起，这个传统能够继续下来，能够普及开来，对我们国家是很有好处的。

**访谈人：**西南联大就是让中华文化传统的命脉保存下来。

**朱乔森：**对。中国传统文化最精华的部分，通过这些人，通过这个学校，扩散、保存下来了。

西南联大学生的基础知识是打得非常牢的。有了这个基础，再去搞科学研究、搞学术，都是很好办的。现在有些教育基础打得不牢，再想发展就难了。联大的基础教育好，因为有这么多知名的教授，给学生的影响是不一样的。

**访谈人：**请谈一谈朱自清先生在昆明写下的作品。

**朱乔森：**他在昆明的时候写的东西还是相当不少的，像《新诗杂话》《国文教学》《精读指导举隅》《略读指导举隅》《经典常谈》。《经典常谈》能够把中国的传统文化精练地压缩在这么一本薄薄的小书里面，是具有很深的功力的。叶圣陶先生曾经说，这本书，再把我们现在研究的最新成果加进去，仍然是中国传统文化一个好的综合的介绍。

他当时又集中力量研究新诗，所以写了《新诗杂话》。还写了语文方面的研究文章，《语文拾零》《论雅俗共赏》，《标准与尺度》有一部分也是在那时候写的。还有，也是抗战时期写的，就是《语文影及其他》。这本书我觉得也是很有用的，它就是讲，比如中国传统书信大概应该怎么写，有些什么格式。你知道这些格式再写信，那就方便多了。他介绍的这些东西，很有用。当时他写的文章相当不少。抗日战争时期，他有时候一两天就是一篇文章，有时候隔几天一篇文章。

当时在联大教授中间，我认为也是有竞争的。这种竞争是好的竞争、良性的竞争。北大、清华、南开好的教授都集中在一个地方，你在学术上要有成就，我在学术上也要有成就，你要多看书，我也要多看书。我觉得这是非常好的。不是说我把你怎么拉下来，而是我也要努力，你也要努力。

像王力先生，他的书有很多也是在这时候写的。闻先生有很多书也是在这时候写的。在这种竞争下，在营养那么不良的情况下，他们还要拼命写东西，拼命搞出新的学术成果。这种精神传给后代，这种良好的学风传给学生，那么学生将来是可以得诺贝尔奖金的。像杨振宁、李政道他们就得到了，他们都是西南联大的。

## 访谈手记

西南联大时期，朱乔森随母亲住在成都。朱自清每次去看他们，都特别费事，要筹钱，坐车过去，为此还卖掉了心爱的书和砚台。

但作为文化名人的后代，朱乔森对父亲的情况，尤其是著述方面的事情，却非常熟悉。他的讲述，使人们在《荷塘月色》《背影》的诗性与温情后面，看到那个傲骨嶙峋、迎风而立的朱自清。

当下的时流，任意捕捉，对很多优秀的文化内涵只侧重于绵软与伤感，与主旨大相径庭。

朱乔森回忆，在日寇嚣张，意图对我中华“亡国灭种”之际，朱自清感到，文人不能上前线，唯一报国的方法，就是“弦诵不绝”。他不仅在大学授课，还关心战时的语文教育与基础需求，为中小学教师编写了简洁易读的《新诗杂话》《国文教学》《经典常谈》等书，将中国传统文化以精练的方式压缩在一本本薄薄的小书里，可谓用心良苦。

当时昆明与南亚的通道未断，街头来往的车辆装满那些“发国难财”的货物，官员们在抗战中无视民生，忙着敛财。而朱自清以极强的定力恪守贫寒，他写下“闭门拼自守穷悭，车马街头任往还”，表明坚守文化教育使命的信念。

他披着一件云南边地赶马人的毛毡，抵御冬寒，来往于昆明街头，去为学生授课。冯友兰说：“一多近乎狂，佩弦近乎狷。”“狷”，正是朱自清蔑视流俗的一种清高自视。

朱乔森谈到一个细节，反映出当年学界在战争中的困境，以及学者们为摆脱困境所想出来的相濡以沫的办法：“当时昆明有一个很好的情况，这么多人才集中在那里，大家互相基本上不嫉妒。在抗日战争的艰苦条件下，你没有发表的学术著作可以借给我看，我的学术著作也可以借给你看。我父亲有时候就到闻一多先生家，借他没有发表过的东西看，也借王力先生的著作来看。他们也借他的来看，互相学习。”

这些被战争封锁，也没有印刷条件和发表条件的学者们，为了营造思想碰撞和学术共振的小环境，无奈中想出了这个法子。《礼记·学记》说：“独学而无友，则孤陋而寡闻。”知识人群失去与世界交流的渠道，是一个莫大的危机。

1942 年，在昆明逗留了几天再往重庆的费正清，意识到西南联大教授们的状况说：“他们正在顽强地战斗，但是不可能持续太长时间。你可以想象这种情况——这里充斥着绝望、悲惨、勇敢面对、互相支持以及思想与行动的逐渐衰退。”

没有外来营养，思想的活力会逐渐衰退。他关注到西南联大中清华大学的教员，说这些留美归国的学术精英，正经受着贫困和营养不良的折磨，陷入了精神和物质的双重困境中。

现在的人却不能理解这种绝境，甚至有的以为艰苦的环境有利于学术与教育。

交流一旦被阻断，学问与思想就会陷于一种“缺氧”的状态，是不可能维持太久的。幸好，西南联大在九年之内就结束了。

阅读《朱自清日记》，可以知道他还是美食家。在北平时，他时常为了寻求一种地方小吃，坐黄包车跑遍大街小巷。到了昆明，他喜欢吃米线，尤其喜爱一家叫“味美轩”的小店。

他不像好友闻一多那样身边经常有学子围绕着，但我采访的几位著名学子，如朱光亚、吴征镒，都提到朱自清与他们的神交与私交，是一种“润物细无声”的风格。

朱自清，就像一脉幽泉，返照出西南联大的明月清风。

闻立雕（中）、闻立鹏（右）、闻铭（左）

闻立雕（1928—2020），闻一多次子。

闻立鹏（1931— ），闻一多三子。

闻铭（1933— ），闻一多之女。

闻一多（1899—1946），诗人、学者。湖北浠水人。曾任西南联大中国文学系教授。

访谈时间：2000 年 6 月

访谈地点：北京，门头沟，闻立鹏画室

**访谈人：**在我们心中，闻一多先生永远是一位年轻的诗人。

**闻立雕：**这个箱子，本身就是当年昆明的。那时候，我父亲就用过这个箱子。还有我父亲用过的书，《庄子义证》，是一套，我拿着不方便，就拿这一本，第一卷。上面的字都是我父亲亲自写的。他看过的书都有眉批。他的眉批不是一种，有的是绿的，有的地方用红的，每一本里面都有。我父亲当年的一个助教，叫何善周，他保存整理这些东西的时候，把所有的眉批全部誊抄出来，作为研究闻一多的资料。

**访谈人：**可以做一本书，第一手资料。

**闻立雕：**我们现在还有一些当时其他的用具，文房四宝。我父亲一直用毛笔，很少用钢笔、自来水笔、铅笔，一般写东西全是用毛笔。

**访谈人：**砚台是随身之物。

**闻立雕：**这个砚台是一个学生送给我父亲的，他叫罗希先。上面写着："诵诗读书与古人居　一多师清玩"。这是他专门写好之后烧制出来的，就为送给闻先生。平常我父亲不大用这个，另外还有在家用的。

闻一多当年在昆明用过的皮箱

闻一多使用过的文房四宝，上面的砚台是他的学生罗希先送给他的

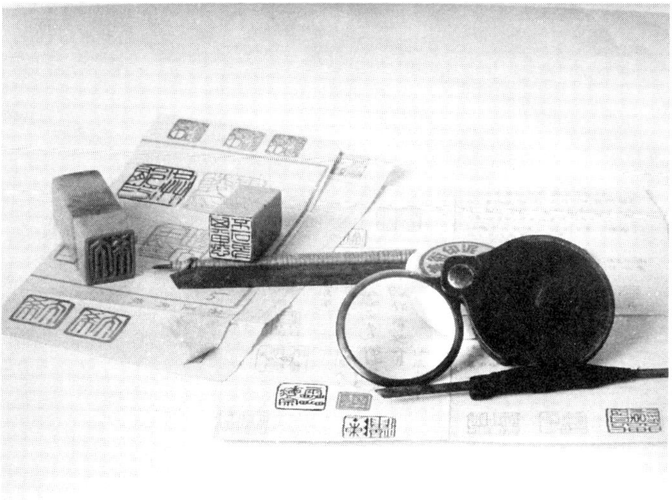

闻一多的治印工具

朱自清送给闻一多的印油

闻一多的印色盒

抗战后期，我们家里很困难，我父亲就靠刻图章，增加一点收入。这是我们找到的一些他刻图章的用具。那时候我们和朱自清先生住在一起，朱先生跟我父亲交情很深。当他得知我父亲刻图章的时候，他把他保存的一瓶印油送给我父亲。这个印油也是时间很早的。

**访谈人：**他从上海带到昆明去，然后赠给闻先生。这个是很珍贵的。

**闻立雕：**我父亲是近视眼，后来年纪大了，看东西不行，要用放大镜刻图章。先把设计的那个图写在印章上面，看看怎么样，哪个地方需要修改。

现在保存的两件玉佩，还有盒子，都是玉石的。这几件东西都是当年我父亲和母亲结婚的时候，我母亲家里给的陪嫁嫁妆。抗日战争，从北平逃难出来的时候，没有带多少东西，就带了几件很珍贵的陪嫁品。后来我父亲因为刻图章，就把这个盒子当印色盒用，估计这当初不知是粉盒还是胭脂盒之类的东西。另一个盒子放朱砂水，我父亲写朱批的时候用，还有一个小勺。

（全面）抗战初期，清华、北大、南开到了长沙，就称“临时大

闻一多在长沙临时大学的教职员校徽

闻一多在西南联大的教职员校徽

学”。当时发的临大校徽，教职员和学生的还不一样，我保存的这个校徽上面注着“教职员”，后面还有编号，这个是三八〇。

到了昆明之后，临大又改成西南联大。联大也是教职员单独发校徽。你大概见过他们后来的那个校徽，三角的，代表三个学校，那是一般的学生和所有的联大成员的校徽。我保存的这个校徽是专门给教职员的，也有编号，国立西南联大教职员一八二。

我父亲刻图章，手磨了一个大疙瘩，一个茧。母亲很同情他，就用大衣上的毛线，亲自缠在刻刀上。有的是我父亲自己弄点胶布缠上，保护手。不然，手指这个地方磨得起泡，磨得厉害。

还有一些东西，我们给了浠水纪念馆。这几样东西，我们自己保存着，多少还是保存一点。

我父亲在昆明遇害的时候，他和我哥哥流了很多血，整块土地都湿了，渗透了血渍。离开昆明的时候，我的大妹妹还有我的小妹妹都想着，再去把父亲、哥哥当时的血土带一点回来。所以，我们特别装了两个小袋。大袋子是我父亲的血土，小袋子是我哥哥的血土。

西仓坡，离我们家已经很近了，十几步路。在那个地方，我父亲被特务开枪打死，哥哥被打伤。枪一响，我母亲在家里听到，就感觉

装着闻一多和其长子血土的两个袋子

到不好。我们的人赶快往外跑，就看见两个人倒在血地里，当时大妹妹和小妹妹都在。后来我母亲的病好了，我哥哥身体也好了，要离开第二故乡昆明了，我们都想着，要带点爸爸、哥哥当年牺牲、受伤留下的有血渍的土，带回来。

**访谈人：**枪声响的时候，您妈妈出去了，您也在吗？

**闻　铭：**在。外面枪声一响，我们心里面都明白，是父亲被暗杀了。我母亲、我、我妹妹，家里还有一个老赵妈，我们就往外跑。一出大门，就看到我父亲和我大哥一横一竖倒在血泊中。西仓坡上一个人也没有。后来我们就想办法抬他们，但是拽不动。最后还是想办法送到医院。

因为我父亲遇难，我大哥也受了重伤，我母亲当时心脏病也犯了，病得挺厉害，所以就都住到医院里去了。我们都是小孩，那时候也都在医院里住着。

**访谈人：**您那时候多大？

**闻 铭：**我那时候 14 岁，我妹妹 9 岁多一点。我们都住在医院里面，有时候也回家来拿东西。从医院到家里，经常来回走。

我父亲遇难就在离大门口十几步远的地方。每次回去，我们都经过他们遇难的地方，看到地上的血迹。因为路边是土地，血渗在土地里面，还是能看得很清楚的。

后来等我大哥好了一点，我母亲也好了一点，我们就从医院出来回家。我跟我妹妹就找了条黑布，缝了个袋子，到门口，跪在那里，把血土捧起来，装到袋子里面。我们当时特别悲愤，也想念我父亲。

**闻立雕：**抗战之后，最初我们全家都到了武汉。后来临时大学成立，我父亲就到长沙去了。以后临大又要往昆明搬迁，我父亲回家去跟我们的母亲、跟我们还有祖父母告别。然后，他就和学生步行到昆明去了。那是 1938 年 2 月，从这开始他就跟我们分开了。

我们最初就在武汉。后来武汉轰炸得很厉害，我们就回到浠水老家。但是浠水也不太平，日本帝国主义进攻武汉，浠水也很紧张。这个时候我父亲已经到了蒙自，他很着急，一封一封的信过来催。我母亲也很着急，赶快要走。

但是当时我们五个孩子，还有一个从北平出来照顾我弟弟、妹妹的老保姆，叫赵妈。我母亲，一个妇女，带这么一大堆人，要从武汉一直到昆明，是很艰难的。那个时候交通不像现在这么方便。最后是因为我的叔父，西南联大聘请他担任副教授，他要从武汉到昆明，正好可以把我们带到昆明。我父亲不放心，就从昆明到贵阳接我们。这样，1938 年 8 月，全家人在贵阳重新见面了。

在贵阳，刚好我大哥生病，就住了不到一个月的时间。等我大哥病好之后，我们就一起到了昆明，住在福寿巷 3 号。我弟弟、妹妹，还有小妹，年龄都比较小，当时也没有幼儿园，他们就没上学。1938 年，我大哥 11 岁，我是 10 岁，小西门外头有一个实验小学，我们就在那儿念书。

这中间有一件事特别值得提。就是昆明第一次被轰炸，九二八轰炸，我父亲受伤。那是到了昆明之后，第一件比较重大的事。

事情大概是这样。我哥哥那个时候是高小，我是初小。因为敌机轰炸，为了防空安全，初小的学生上午不上课，高小的学生去上课。那天刚好是上午，我大哥到学校去了。结果空袭警报响了，当时我父亲很着急，说：立鹤还在学校里面，孩子没人管，怎么办？我们家的老保姆赵妈说：我先去看看，我去接他。她就去了。没多久，紧急警报响了。我父亲看立鹤没回来，赵妈也没回来，他说我得去。我父亲急急忙忙就出去了，去学校里找。结果他出了小西门，走到半路，看见赵妈回来了。赵妈说：我到学校去看了，老师把孩子们都带走了，到野外去了，学校没有人，只好回来了。我父亲一看，那就回吧，就往家里走。

但是，空袭警报来的时候，群众可以出城，不能进城。那个时候城门是关着的，不准人进。走到城门那儿，没有办法，进不去，他说咱们就去小树林里等着吧。正走到一个小树林附近的时候，天上敌机过来了。赵妈提前走了几步，到了小树林。我父亲就抬头看那个日本飞机，看的时候靠着一堵墙，墙里是木材厂。这么看的时候，炸弹正好扔到墙里面，墙倒下来，砖头砸到我父亲的头上，鲜血直流。

当时炸弹爆炸之后，到处烟尘浓雾，什么都看不见。等烟尘落下来之后，赵妈在对面才看见闻先生满头鲜血，赶快把他扶到树林底下。幸好那个时候昆明市组织有战争救护队，他们赶快给他包扎了一下。

我母亲、我叔父都在城里家里面。炸弹刚好扔的就是我父亲和我哥哥要去的方向，他们到现在也没回来，我母亲非常着急，我叔父也着急，我们这些孩子也都跟着着急。

解除警报之后，我们就赶快出去看，从福寿巷到大街上。很远看见一辆黄包车，拉着个人，赵妈跟在后面。一看是我父亲，身上都是血迹，袍子都是红的。我母亲慌得急得要命，我叔父说：我去我去，我跟着去。他跟着洋车一直到医院。

医院检查了一下，没有内伤，就是砖头砸到了头，就缝了一下。他们说：因为伤员太多，病床不够，你父亲不算重病号、重伤员，回家养病吧。我们这才把父亲接了回来。这是到昆明之后的第一件事，也是日本帝国主义对昆明犯下的罪行，也给我父亲带来了第一次伤害。

那时候我们住在福寿巷。从那以后，我们就想办法躲避敌机轰炸。刚好这一年轮到我父亲休假。在休假的时候，我们就搬走了，搬到晋宁去了，在晋宁住了一年的时间。我父亲就利用他的假期教我们唐诗，长的有《长恨歌》《琵琶行》……我们那个时候背了好多诗。

**闻　铭：**在晋宁的时候，我父亲休假。正好他准备开上古文学史的课，有时候，他备课间隙，就带着我们出去。在晋宁郊外，有一个草地，有田。他带着我们在草地上，带一块毯子往草地上一铺，再泡上一壶茶。他跟我母亲就坐在我旁边——一边喝着茶，一边坐在那儿。然后，我们在那儿翻跟头，抓蝴蝶，在草地上玩儿。他和我母亲就坐在那儿看着我们，笑眯眯的。

等我们玩儿得差不多了，他就把我们叫过来，有时候给我们讲远古的神话，有时候教我们背唐诗。我们一边背唐诗，一边在野外的环境中玩儿。昆明的天特别蓝，又高又蓝，白云在上面飘，远处是一片绿，我们就在那儿背唐诗。那时候虽然小，可是真觉得自己好像走到诗境里去了。所以，这对我们的心灵也是一种陶冶。

另外，他也很喜欢在月夜里教我们背唐诗。我们在晋宁住的房子是在楼上，窗户很大，可以打开，挺亮的。到了晚上，月亮升起来的时候，把窗户打开，能散到整个屋里一片月光。在这个时候，在月光底下，他也教我们唐诗，让我们背，给我们讲。我记得《春江花月夜》就是这个时候学的，印象特别深。

**闻立鹏：**他给朋友的信就写过，他要诗化生活、诗化家庭。他年

闻一多与孩子们

轻的时候，从清华回家，就给我们的叔伯、哥哥这些人讲诗、背诗，甚至新婚之后，还给我母亲讲诗。

虽然战争环境是很恶劣的，但他的心态还是很平常的。对我们来说，他还是尽量用他的那种境界来感染我们。所以，讲诗，在我们家里，是印象挺深的一件事。现在我们所能背的、还能记得的一些诗，差不多都是那时候学的。这跟他的性格是完全一致的。

**访谈人：**好像有一段你们搬到了莲花池，住在农民的房子里。这个情形还记得吗？

**闻立鹏：**记得。我当时很小，能记住的是陈家营、司家营，在昆明的西北郊。在陈家营住的时间不算长。当时的生活状况比起在北平的时候，可以说是一落千丈。在北平的时候，当时教授的生活是比较好的。单独有一个别墅似的房子，平房，有花园。我父亲有一个帮他抄写文书的人，有做饭的大师傅，有两个保姆：一个照顾我的小妹妹，一个照顾我们两个。一个教授的生活是这样的状况，那当然是比较舒适的。

但是到昆明之后，完全不一样了。我们对昆明这段的印象倒是很深，对清华园反而没有什么印象了，那时候我们太小了。我们的印象其实都是在昆明。在昆明，当时教授的生活已经降到一般老百姓的水平去了。

当时离开北平是很突然的，父亲思想上没有想到要（全面）抗战八年，认为很快还能回北平，所以家里的资产什么的完全没有带，也来不及带。后来臧克家的文章不是说了，他就带了几本书，带了他当时整理的那些文稿。其他的家当，他也不知道怎么处理，所以全没有带。其他的教授，当然也是很仓促的。但是他们夫人在家，有理家的，什么该带走，可能有思想准备。

我们家在联大可以说是有名的穷困家庭。穷到什么程度？的确是没有钱买菜。为了节约钱，我父亲带着我们在秋收的时候到地里捉田鸡、捉蚂蚱。蚂蚱拿回来干炒，没有油，就是在锅上干炒。这都是真实的情况。为了节约煤炭钱，早上晚上洗脸完全都是用冷水。我父亲每天早上带着我们，拿着小脸盆，到河边去洗脸、刷牙。

这种生活跟他以前在北平的时候差太多了，但是他毫无怨言。当时可以说所有的教授，到南方去的这些人，都没有怨言。抗战，那当然应该这样了。我父亲说：前方战士那么辛苦地在打仗——当时上海的八百壮士，我们都知道——他们抛头颅洒热血，咱们受点苦算什么。他毫无怨言地继续他的工作。

说到这儿，还可以说一件事，不但说明我们家庭的困难，也说明当时整个环境的恶劣和朋友之间的友情。为了躲开轰炸，我们搬到

闻一多治印

陈家营，到农村去住。当时很多教授纷纷到郊外去住。华罗庚跟我父亲是好朋友，他们家也是因为房子突然被炸，要赶快疏散出去。但是临时找不到房子，那时候周围的农村都住着教授，住着城里的知识分子，所以很难找房子。怎么办？我父亲说：到我们这儿来，一起住。

我们家当时住几间房呢？农村那种房子，三间，很小的。隔一半让他们住——我们家八口人住一间半房子，他们家六口人住一间半房子，中间拿个帘子拉起来。我记得我们都打地铺，都在地上睡。我们几个孩子都在外头这么睡。

华先生后来写文章还提到了，他说当时在那种条件下，我父亲在这边天天整理他的《诗经》，写文章什么的，都照样；他（华罗庚）在那边搞他的数学。他说："布东考古布西算。"[1] 布帘子隔着，这边是考古，那边是算术、数学。孩子们那时候都很小，我们都是好朋友、好同学，到现在都是好朋友。

生活很艰苦、很恶劣，但是心情什么的都还很正常，很识大体。抗战时期，一切为了抗战。大家生活困难都无所谓。这些想起来都很有意思。

**访谈人：** 我看过那篇文章，两家生活得非常融洽。

**闻立鹏：** 对，是好朋友。后来父亲还刻图章送给他，那个图章上还给他写了非常好的边款。

**访谈人：** 你们还自己种菜，种西红柿。

---

① 华罗庚曾创作一首小诗记录这段生活："挂布分屋共容膝，岂止两家共坎坷。布东考古布西算，专业不同心同仇。"

**闻　铭：**对，就在我们家门口。搬到西仓坡以后，门口正好有一个土坡。那时候菜也买不起，我父亲跟我母亲就亲自在坡上扎上篱笆，开垦出一个小菜园来。里面种的有西红柿、辣椒什么的。西仓坡20号，就在门前。因为那个时候买菜买不起，这个小菜园还真帮我们解决了不少问题，来个客人，摘点新鲜菜，炒一炒吃。

我们种菜也没有经验。有一回西红柿长虫子，正好吴征镒来了——吴征镒是植物学家——我父亲就说：来帮我看看，这西红柿怎么长虫子，怎么才能种好。他也到园子里去，吴征镒也蹲在那儿，给妈讲怎么掐尖，怎么防治虫子。

**闻立雕：**在昆华中学里面，那个院子很大，我们住在楼上，门前的空地上也种点菜。后来从昆华中学要搬到西仓坡的时候，我母亲还

1946 年，闻一多夫妇在西仓坡家门前菜园里耕种

有点舍不得。

我母亲是一位令人敬爱的女性。她接受妇女解放的新思想也比较早。比如说在家里，过去女人是不读书的，但是我的几个舅舅读书的时候，我母亲也要读书，他们就让她跟着一块念书。我母亲小时候不愿意缠脚，外祖父说不缠就不缠。那是很特殊的。我母亲是个大脚。在那个时候是很不容易的。

**闻　铭：**外祖父在外头做官的时候，写信回家来，告诉家里不要给她缠脚，要让她上学。

**闻立雕：**我母亲是比较开放的、见过世面的这么一种女性。她跟我父亲是表兄妹关系。我父亲 1921 年清华毕业之后要留美，要出国。出国之前，我祖父觉得，他一出去就是三五年——那个时候，父亲年龄已经比较大——就要求他们结婚。回国之后，他把我母亲接出来，开始在北京，后来到南京、到青岛，这样慢慢培养起关系来。关系越来越好，爱情也就慢慢好起来。到最后，两个人已经离不开彼此了。稍微离开，马上就想得不行。

（全面）抗战前，我母亲带着我们两个人（闻立雕、闻立鹏）回武汉探亲，这边我父亲一个人带着三个人。战争一爆发，他就惦记我母亲。父亲说：你走了之后，我这心就不踏实了，我都不知道干什么了。我拔草也不好，种花也不好，写东西也都写不了，很惦记。那一段时间充分说明了他们的关系。

结婚以后，我父亲就教我母亲学习。结婚的时候，我父亲有一个条件，就是要让我母亲学习、读书。所以，她在武汉的时候上了女子职业学校。但是没过多久她怀孕了，就中断了学业。我父亲回来之后，还经常教她些文化知识。刚才说的诗化家庭，我父亲就给我母亲讲诗，教她学习。所以，虽然她的文化程度不是很高，就是职业学校还没有毕业的一个情况，但是在我们这个家庭中，她也知道不少东西。

可以说，我父亲成就的一半有我母亲的功劳。我父亲是一看书写字，就什么都不管了，整个家庭全由我母亲来操持。在清华的时候，五个孩子，四个仆人，一大家子全是我母亲在操劳，包括对子女的教育。我记得小时候，我们有个什么字不认识，哪一道题不会算，拿着去问我父亲，他给你写一写、说一说就完了。至于平常，回来做作业，安排生活，全是我母亲在操持。

到了昆明之后，更是这样。昆明后来物价暴涨，怎么能够把家庭

闻一多全家在云南昆明住宅前合影

生活维持下去，全是我母亲在想办法。家里首先要保证的是我父亲，稍微有一点什么好吃的先让我父亲吃。他有胃病，吃饭要靠馒头，晚上要熬夜，就要买点什么点心，专门给我父亲。我父亲反过来就说：孩子们现在正是成长的时候，首先应该保证孩子们，我们这些人都是长成大人了的，缺一点营养没有关系。所以总是让孩子们吃。我们在学校里面，不论多困难，他都领着我们出去买一点东西，吃一顿。在这种情况下，我母亲帮助维持这个家庭，帮助教育子女，使我们大家都能够活下来，确实是尽了很大的力。

后来，我父亲思想转变了，我母亲也是给予极大的支持。她一方面担心他，怕他出去之后有危险，出事。但另一方面，她又觉得他讲得对，他应该这样做。好多事情，我母亲都是跟着他，坚决支持他。比如说“一二·一”，学生被打，我父亲到灵堂里去祭奠的时候，我母亲也跟着一起去。从联大的门进去，摆着一排桌子，在捐款，我母亲马上就捐款，我们再困难也捐款。当时我父亲起草一些宣言，要征求一些人的签名，我母亲跟着他一起跑，到张家去签名，李家去签名。有些签名需要的人更多，我母亲也签名，有时候把我们孩子们的名字也写上。我母亲原来叫高孝贞，1949 年以后她把“孝”字去掉了，叫高真。

**闻立鹏：**贞洁的贞，孝顺的孝，1949 年以后，她觉得不好，改成真假的真，高真。

**闻立雕：**我父亲到处讲演，跟学生联系，因此我们家里经常来人不断，我母亲都帮助接待，甚至把他们留下来吃饭。有一些关系密切的，还认干亲，认了好几个干女儿。她帮助我父亲加强和群众的联

1946 年，闻一多担任“庆祝政治协商会议成功、抗议重庆‘二一〇’惨案、坚持严惩‘一二·一’惨案祸首大会”主席

系。有的订婚的时候请闻先生做证婚人，我母亲也跟着一起去。

就是说，过去闻一多搞学问的时候，闻夫人替他承担家里面的一切事务，使他能够全力搞学问；他进行革命斗争的时候，闻夫人也全力以赴地支持他搞斗争。所以，在这方面，我父亲心里是很高兴的。

在最危险的时候，李公朴先生被害之后，我母亲的心情是很矛盾的。一方面很气愤，对国民党很愤慨；另一方面，又担心闻一多下一个就要被害。所以，有时候她也劝他说：你是不是不要出去了，你是不是少活动一点。我父亲就跟我母亲讲：现在就好像是一条船在海里遇到了大风浪，我们作为在船上的人需要掌好这个舵，船才有可能不翻，才有可能到达彼岸。如果我们也撒手不管了，任凭风浪吹这个船，那么这个船可能就要沉。在这种情况下，我不坚持不行。我母亲一听，觉得父亲讲得很有道理，就说：你自己多注意点。

到了最后生命发生危险的时候，我母亲还是支持他。我父亲也是这样，上午开李公朴殉难经过报告会，他不敢告诉我母亲，我母亲身体不好，他怕她揪心。我母亲很着急。他一回来，就把那个手杖往门上一挂，说：孩子妈妈，你看我不是好好地回来了嘛，没事。

在这种情况下，他得到我母亲的支持，也使他能够坚决地斗争到底。我的母亲，的确是从她结婚一直到后来都给予了我父亲极大的支持。所以刚才我说，我父亲的成就确实是有我母亲的一半功劳，甚至还要多。

**闻立鹏：** 后来学生已经都慢慢复员到北方来了。我们家也计划陆续回北平。但是当时的飞机票很难买，而且我们家的经济情况也不可能一下拿出那么多钱来，所以就分批走。在 6 月份的时候，我跟我二哥就提前走了。所以，我父亲 7 月 15 号遇难那天，我们两个不在场，我们在重庆。当时在场的就是我的大妹、小妹，只有她们两个。大哥也受伤了。大妹才 14 岁，她带着我的小妹经历了全部的经过。我父亲当场就死亡了，大哥重伤住进医院，我母亲心脏病发作也在医院躺着。家里几乎她就成主持人了。所以，当时的情况她最清楚。

**闻　铭：** 联大复员以后，形势急转直下。当时的白色恐怖已经很厉害了。内战全面爆发以后，昆明反动当局对民主运动镇压得更厉害了。学生作为民主力量的中坚，也一批批都走了。

好多学生临走的时候到我家里来，跟我父亲说：外头传说，我们走了以后，民主力量受到影响，反动派就要下手了。有的学生说：闻先生是不是跟我们一起走，这样路上有个照应。还有的来劝我父亲要多加小心，传说国民党十三团已经开到昆明来了。种种迹象证明，他们要利用这个机会，对民主力量下手。

当时我父亲已经很明确地知道这一点，因为不只是这个时候，早在“一二·一”的时候，外面就有流言，说是 40 万元收买他的头。

**闻立雕：**那是我亲自看到的，国民党的“标语”就在文林街上，一个这一条，一个那一条，“李公朴携巨款回昆明密谋暴动”“闻一多组织暗杀公司董事长”。那两条我都是亲自看到的。

**闻　铭：**所以，那个时候空气比较紧张，形势比较严峻。联大学生一走，反动派确实立刻就下手了。联大学生最后一批是 11 号早上走的，11 号晚上李公朴伯伯就被暗杀了。

那天晚上我还有印象。因为我跟我父亲住在一个屋子里，那个时候也没有那么多房间，我的床就对着我父亲的床。半夜正好下雨，就有年轻人来敲门，大约 1 点多钟的样子。我都睡着了，又醒了。我听见他们说话，说李伯伯被暗杀了。

因为我还是一个小孩，听了以后，没想到那意味着什么。但是，我父亲已经有准备了。我父亲当时爬起来就要走，要到医院去。那时候正是夜里，来的人说：闻先生不要去，李先生已经被抬到医院，正在抢救，你要去，特务可能就要对你下手，因为特务已经布置好了。我母亲也说：现在不要去，要去的话，就等天亮再说。几个人都不让我父亲去，拉着他不让走。他勉勉强强没去。他也睡不着觉。等到天刚蒙蒙亮的时候，他马上穿上衣服就走了。听我母亲说，他脸都没洗，起来就走了。到医院的时候，李公朴伯伯已经牺牲了。

当时我们在家里都特别紧张。我母亲也在家等。他一回来，我母亲就知道，李公朴伯伯牺牲了。我父亲回来以后没说话，一句话也没说，就靠在那儿。我母亲给他端过一杯热茶去。我母亲也说不出话来。当时那个形势，大家都很清楚。而且早上也不断有人来告诉我父亲：传说黑名单上第二号就是你，闻先生你要特别小心，最好别出去了。

可是这个时候，我父亲怎么能不出去？李公朴伯伯的尸首还停在医院里。所以，他还是冒着生命危险往外走。那几天他天天不在家，一早就出去，中午回来在家吃一顿饭，吃饭的时候也很少说话。我们只有在吃饭的时候才见到他，都感觉到空气特别恐怖和紧张。

李公朴伯伯牺牲以后，有一个女特务——之前她就到院子里来过，经常来捣乱，到我们家，到潘光旦家，去捣乱——这个时候她又来了，拿着恐吓信来的，而且一只手还拿着《圣经》。那天正好我在家，我妹妹、我大哥都在家。我父亲到外面去了，他得处理李公朴的后事，拟宣言，向社会控诉法西斯的血腥暴行，坚持民主活动。

那女特务一下就闯进来，一直走到屋子里面，走到我父亲的床头，拿着一本《圣经》，一边说一边骂，说“闻一多你再不悔改就命在旦夕了，你怎么跟着共产党跑，你要当个饿死鬼”什么的。反正说了好多好多，现在一下记不下来了。她（特务）一边骂，一边用长指甲在那上面画。

有一封恐吓信，后来《民主周刊》上还登出来了——那前后有好多封恐吓信。而且“女疯子”老到家里来，我父亲也知道，可那时候他还经常到外面去，为民主奔波。这真是视死如归。当时大家都知道，这是非常非常危险的。

**闻立雕：**有一个什么人跑来告诉父亲，说自己确实了解黑名单里有闻先生，请闻先生一定要注意，千万当心。他说完马上就走了。大哥的回忆文章里面讲了这个。隔两天他又来了，又告诉父亲。他不说名字，我们也不认识这个人。他就打了个招呼，告诉一下，完了就走。

**闻　铭：**来劝我父亲的人，也是不断地来通知他，说黑名单上有你。有好几个人。有的人还送来一套西装，说闻先生你化装走吧，从潘先生的篱笆那边可以跑出去，你不出去，特务肯定就得暗杀你。我听妈说的，后来西装还搁在椅子上。

可是我父亲一点没有畏惧，还照常出去。敌人不断地恐吓威胁。白色恐怖那么严重，空气中布满了血腥味。

家里呢，我母亲特别紧张，又害怕又紧张又担心。所以，她的心脏病那两天犯得特别厉害。可是她也没法躺，没法休息，也躺不住，整天心神不定的，拿着给赵妈打的毛衣走来走去。实际上，她也心不在焉。我父亲出去，她在家里就担心他，盼着他早点回来。中午回来了，大家在一块吃饭。这工夫她算是稍微安静一会了。吃完饭我父亲又出去了，她又处于担心的那种状态。她说：我的心脏都跳到口里面来了。我们小孩子都特别紧张，感觉到要有大事情出了。那气氛又恐怖又压抑，一种白色恐怖的气氛。

到 15 日那天，我父亲上午去开李公朴死难经过报告会，就是他发表最后一次讲演的那个会。他前一天告诉我母亲，明天我要开一个会，但没说是什么会。他要说的话，我母亲肯定更紧张。他怕我母亲紧张。前一天晚上，我母亲因为太紧张了，就到潘光旦夫人那儿去走动走动。我父亲回来以后没看到她——我父亲在那种情况下更离不开我母亲了——我母亲不在，他就到处找，找到潘先生家里去了。潘伯母就跟着劝告他，说你不要往外跑了，你万一有什么事，你看看你太太都成什么样子了，已经没有人色了。我爸爸说他喜欢吃潘伯母炒的江南的菜。潘伯母就说：我给你做好吃的，给你炒好的菜，你别出去了。

第二天（15 日），我父亲照常出去，在那个会上发表了最后一次讲演。这个事我母亲当时都不知道。我父亲回来以后，就跟刚才我二哥说的那样，迈进屋里，把那个手杖往门上一挂，回头来冲我母亲笑着说：你放心，我回来了。我就觉得，爸爸对人特关心，他的感情特别细腻。在这种情况下，他对妈妈的那种关怀跟爱护，特别让人感动。

最后一次讲演的情况，他不敢告诉我母亲，但跟我大哥说了：我去会上讲演了，特务真多，是学生把我送回来的。因为那次会本来大家说好的，不让我父亲讲演，他们说：你去参加会可以，但是你不要讲演，不要说话。你要说话，特务很明显就要对你下手。当时那么多同事都劝他，他也就答应了。他说：好，我不说话。

但是在会场上，他看到李伯母悲愤交加，哭泣得都说不下去了，而特务一点人性也没有，在会场上还捣乱、吹口哨。我父亲实在气愤不过，拍案而起，上了讲台，发表了气壮山河的最后一次讲演。

这一次讲演以后，学生们不放心，就把他送回来了。他明知道这已经是面对面的冲突了，死亡离得更近了，但是下午《民主周刊》还要开一个记者招待会，由他来主持，他还是照常出去了。在记者招待会上，他对记者控诉法西斯的暴行，宣传民主运动。他就是在这个会结束回来的时候遇难的。

当时我母亲心脏病犯得挺厉害，她中午也不愿意在这边躺着。这边又净来人，告诉她我父亲是黑名单上第二名啊，要躲起来啊。她就跑到赵妈那个房子里去躺了一会。等她睡醒了以后，到这边来一看，发现我父亲已经出去了，她就特别不放心，简直是面无人色。我们那天下午也是特别紧张，就跑到陈旭都、陈达家里，去玩扑克牌。一边玩扑克，一边心里怦怦直跳，特别担心我父亲，心根本就不在那个扑克上。

我大哥更紧张，因为他知道我父亲上午做了讲演。下午我父亲去的时候就告诉他，说你一会到民主周刊社，可以接我去。所以，他那个时候特别不放心，一个人到民主周刊社去了几次，在门口走来走去的。

那天下午大哥出去以后就觉得不对劲，因为府甬道是一个菜市，通着西仓坡，西仓坡上本来应该人来人往的，但是那天一个人也没有，特别安静。后来知道那时已经戒严了，但是当时我们都不知道。他平常根本不抽烟，但是那个时候也弄根烟，抽烟镇定。

他在民主周刊社门口等了一会，走了几遍，看会议还没有结束，就又回来了。在家门口碰到那个"女疯子"，她递给他一封恐吓信，恐吓信上说：你父子命在旦夕。因为她知道我大哥那两天也跟我父亲一块进进出出的。我大哥拿到那封信以后，不敢给我母亲，他怕我母亲太紧张。但是他跟赵妈说了，赵妈在我爸遇难以后才告诉我妈。

**访谈人**：我看见一个材料，说枪响的时候，你大哥为了掩护父亲就挡了上去。

**闻　铭**：对。那天下午我大哥到民主周刊社去接我父亲。后来我父亲开完会，他们俩就回来了。往回走的时候，我大哥还买了一份晚报。他觉得开完会了，这下就没有什么事了。他的心里倒是比较踏实。

但实际上，他们走到离我们家大概一二十步远的一个米仓，从后面就出来了几个特务，向我父亲开了枪。第一枪就把我父亲打倒了。我大哥一看父亲倒了，就赶快扑到父亲身上。他怕特务再开枪打父亲。他一边用自己的身体掩护父亲，一边大叫：特务杀人了，特务杀人了！

但是那个时候，西仓坡上根本没有人，谁能听得到？他趴到我父亲身上，特务就冲他身上打，把他从我父亲身上打翻下来了——因为西仓坡那个路中间有点鼓，两边稍微有一点坡，把他打得滚到坡底下了。所以，后来我们出去一看，一个横，一个竖，倒在那儿。把他打下来以后，特务又冲我父亲开了十几枪。

对了，还要补充一个细节。那天下午 3 点多的时候，赵妈带着小妹出去买菜，菜市离得不远。回来她就告诉我妈：今天下午怎么这么静，街上一个人也没有，平常都有人买菜，今天不对头。她这么一说，大家都感觉特别紧张。确实那天特别安静。当时我觉得好像树叶都凝滞住了，好像云彩都不会走了。特别静，恐怖之前的一种静。

后来我们听到十几声枪响，心里一下子就明白了，踉踉跄跄就往外跑。我母亲还说拖不动，拖不动也得拖出去跑出去。我感觉我跑的时候，腿根本不听使唤，一个劲儿地想往下跪。跑到门口一看，我父亲和我大哥倒在血泊里。西仓坡上一个人也没有。

当时我们一下就扑到我父亲身上。我跟我妹妹叫：爸！爸！我们叫他的时候，他的眼睛已经闭上了，但是他的嘴唇微微动了一下。我们就抱着他。我母亲也抱着他，把他的头放到身上，血流了我母亲一身。我们也跪在他旁边，眼看着我父亲嘴唇由红慢慢变紫，发乌。我们心里也基本明白了，父亲恐怕已经不行了。

这个时候，我大哥在那边还睁着眼睛。大哥那个眼睛，我一辈子都忘不了，那真是充满了仇恨的眼睛。后来大哥去世，向遗体告别的时候，我叫了声大哥，我眼前的大哥就是西仓坡上倒着的那个大哥。当时给我的印象和刺激太深了。

当时我大哥浑身都是血，他中了五枪，有一枪把心脏打歪了，两枪把肺打穿了，一枪把腿打断了，另一条腿也中了弹，离静脉很近，所以他已经动不了了。

我母亲这边抱着爸，那边叫着大哥。我们拼命地拖我父亲，拖我大哥，可是拖不动。赵妈那时候 60 岁了，她也拖不动，跪在那里起不来。幸亏二哥的一个同学，叫庄任秋，那时大概也就 17 岁，因为他要到北平念书，我父亲答应把他带到北平去，所以那两天他住在我们家里。枪一响，他就跟着我们一块出来了。他还算是一个劳力，能够帮着拖一拖。周围没有其他人，我们简直急得要命。

后来慢慢地围了一些人，但是没有一个人敢伸出手来帮一把。我们那么哭那么叫，都没有一个人敢伸手帮忙，他们就在周围看。我们当时也知道，那里面也有特务。那种白色恐怖之下，没有人敢伸手。正在着急的时候，忽然人群中又有人叫：特务来了，特务来了！一下子人就散开了，又没人了，都跑了，就剩我们老的小的残的伤的。

过了一会儿，人群又围拢来。这个时候，人群里面有两个挑夫。我母亲就跑过去，恳求他们帮忙抬一抬。开始挑夫不肯，都害怕。我们说了好多好话，庄任秋也恳求他们，挑夫才肯帮忙。

后来我母亲和老赵妈跑到院子里，跑到陈达他们那儿，敲他们的门。他们的门也关着，都不敢出来。陈伯母把门打开一个缝，我母亲说，有没有行军床借一下。她扔了一个行军床出来，可能是这个时候，她儿子陈旭都跟出来了。我们请两位挑夫帮着把我父亲抬到行军床上。

老赵妈和我就跟着这个行军床，赶快到云大医院去。这一路上，尤其是到丁字坡的时候，简直是跪着爬上去的，根本走不动。老赵妈在旁边说：先生，先生，你可不能走，你可不能走。我就想：快点快点快点到医院。那个挑夫已经走得很快了，都是小跑，我心里还觉得他们走得不快，还觉得再快点吧。

我们身上都是血。一路上，走到别人家门口，人家就开着门看，可能还想这几个人怎么回事，浑身都是血。我父亲的血沿着行军床往下滴，一路上都是我父亲滴的血。

到了云大医院的门口，刚要进门的时候，从里面出来了两个学生。他们一看这情况就说：这怎么回事？这是谁？我说是我爸。你爸是谁？我说：我爸是闻一多。这两个学生可能是云大的，一听是闻一多，闻先生，就赶快帮着往上抬，把我父亲的行军床抬到急诊室去了。这个时候医生过来了，我们就盼着，希望能够有救。医生一翻眼皮就说，不行了。我父亲当时就牺牲了。

我大哥在西仓坡上。我们抬走我父亲以后，庄任秋就跑着到处找黄包车。后来找了一辆黄包车——也是跟人说好话，开始也不肯拉，说了半天好话人家才肯拉。庄任秋就把我大哥抬到车上，送到医院去了。

我母亲这个时候跟我妹妹得回去。她想，到医院去得拿一点钱。

家里存了点钱，买飞机票的钱，她都拿着，把房门锁上，拉着我小妹，也赶到医院去了。临出院子的时候，来了两个警察，后来又听说是记者，说是来调查真相。我母亲说：还调查什么，就是国民党干的！我母亲没理他们，甩开他们，带着我小妹就走了。

等我母亲赶到医院的时候，我父亲已经死了，大家都没敢告诉她。但是，她已经都明白了。那个时候我父亲的遗体已经从急诊室抬出来了，急诊室门口有个花坛，花坛旁边正好有一个甬道，抬到那里。我父亲的遗体躺在上面，遗体上的血就一滴一滴滴到地上，从地上流到花坛里面。我心里特别难受。

我父亲在西仓坡上的时候，我母亲当时就晕倒了，后来又醒过来，抱着我父亲。到医院以后，我母亲心脏病非常厉害，马上就住院了，被送到病房去了。我大哥被抬进来以后，从急诊室也送到重病号的病房去了。当时还说不准他能活不能活，他被送到可能是停病危的快要死的人的那种房子里，挺阴挺暗的。

这时候来了不少人，云大的学生们听说了。后来尚钺听说了，来看了一下。学生们也来了。

**访谈人：**后来好像是潘光旦的夫人告诉了梅贻琦。

**闻　铭：**潘光旦夫人告诉的。学校后来知道了，梅贻琦就派人到医院里来了。

**闻立鹏：**去年是 1999 年，是我父亲诞辰 100 周年，也正好是咱们澳门回归的日子。我们想起来“家祭无忘告乃翁”，我们全家 30 多口人，在北京集中起来给他办了一个家祭，把这个最重大最好的消息告慰我们的父亲。

闻一多速写《重安江链子桥》（1938 年 3 月 24 日）

闻立雕：我朗诵一下爸爸的诗《红烛》：

红烛啊！
这样红的烛！
诗人啊！
吐出你的心来比比，
可是一般颜色？

红烛啊！
是谁制的蜡——给你躯体？
是谁点的火——点着灵魂？
为何更须烧蜡成灰，

然后才放光出？
一误再误；
矛盾！冲突！

红烛啊！
不误，不误！
原是要“烧”出你的光来——
这正是自然的方法。

红烛啊！
既制了，便烧着！
烧吧！烧吧！
烧破世人的梦，
烧沸世人的血——
也救出他们的灵魂，
也捣破他们的监狱！

红烛啊！
你心火发光之期，
正是泪流开始之日。

红烛啊！
匠人造了你，

闻一多子女与张曼菱和摄制组

原是为烧的。

既已烧着，

又何苦伤心流泪？

哦！我知道了！

是残风来侵你的光芒，

你烧得不稳时，

才着急得流泪！

红烛啊！

流罢！你怎能不流呢？

请将你的脂膏，

不息地流向人间，
培出慰藉的花儿，
结成快乐的果子！

红烛啊！
你流一滴泪，灰一分心。
灰心流泪你的果，
创造光明你的因。

红烛啊！
“莫问收获，但问耕耘。”

## 访谈手记

采访那天，闻一多的子女们从各处来到了门头沟闻一多三子闻立鹏的家。在水库边上，中央美院美术家的别墅群里，闻立鹏家中设立了闻一多的灵堂。

在这种时候，人们总是沉浸在一种历史的光照之中，他们也更多地恢复了和历史相联系的那些部分。

闻立雕和闻立鹏传承了他们父亲的艺术气质，擅长朗诵、画画。杨振宁、陆迪利和许多人都说过闻一多唱歌的声音能给人一种震撼力。我想是他的激情和嗓音的浑厚使然。

由次子闻立雕保存的遗物，放在当年昆明造的小羊皮箱里面。

一一打开，其中有一套闻一多治印的工具，是由妻子的脂粉盒等拼凑而成的。她还在刻刀的把儿上缠了毛线，以保护闻一多的手指。他的手指因为治印而变形。这些东西仿佛还带着他的体温。

由此我想起了那份诸多名人推荐的“治印广告”，上面很醒目的有陈雪屏的签名。陈在学校是负责国民党党务的。可见当年教授们的关系，并非如后人以为的势不两立。

闻铭，样子很文弱，具有一种贤淑的气质。她叙述了父亲怎样带他们朗诵诗歌《春江花月夜》……闻一多说，要“诗化生活”。

我听到了家庭生活的点点滴滴，包括母亲向父亲要钱。闻一多很生气，说:“怎么才给了几天就没有了，省着点花嘛！”他不知道东西有多贵，母亲这时候很委屈。这些都是知识分子家庭中不愿意诉苦的妻子和过于专注于学问的丈夫经常发生的冲突，听起来如在眼前。

李公朴先生被杀害，盛传闻一多就排在黑名单的第二位，形势一时非常紧张。潘光旦夫人曾出面劝过闻一多：你看看你太太都成什么样子了，已经没有人色了。知道闻一多喜欢吃她炒的江南菜，她说：我给你做好吃的，给你炒好的菜，你别出去了。

闻一多的妻子尽管有时会害怕、会恐惧，但她仍然尊重丈夫的意愿和行为。闻一多依然每天出去。回来之后，将手杖挂到门上时，他会抚慰妻子：你放心，我回来了。而闻夫人也只有在这一刻才感受到安宁。

闻铭亲眼看见那一幕：闻一多在自己家门口遇害，与长子一横一竖倒在血泊中。她与母亲踉踉跄跄跑出去，想求助，路上却冷清无人。听到亲人的呼喊，闻一多的嘴角还动了一动。闻铭看着父亲的嘴唇由红变紫发乌，悲痛欲绝。母亲把父亲的头放在自己身上，血流了她一身……

《七子之歌》是闻一多在留美期间创作的组诗，1999年澳门回归，正好也是闻一多诞辰100周年，闻家30多口人举行了家祭。红烛点燃，中间是闻一多的照片，是抗战胜利后把胡子刮光的那幅。闻立鹏说，他们想告诉闻一多，澳门收回了。

没有祭祀，就没有敬畏，也没有传承。

我父亲曾经亲眼看到闻一多写在门楣上的话："鸟兽不可与同群，吾非斯人之徒与而谁与？"（孔子语）他常以此来教育我。

有人说，闻一多的思想转化与他家子女众多、在昆明生活贫困有关。这是完全不了解闻一多的妄推。旧日生活，闻一多家在清华园有好几个用人，包括带小孩的、厨子、文书。七七事变后，闻一多写信给远在湖北老家的夫人说：要打仗了，对家庭而言，逃难是不好的；对国家而言，抵抗了，是好事。

抗战胜利后，师生已经大量北回，很多人都劝闻一多离开昆明，他的两个儿子也随着大家离去。可是闻一多认为，应该有人留下，这是一条大船，如果人都走了，不行。

这种勇于担当的人格力量，令我想起谭嗣同，想起那种"我不入地狱，谁入地狱"的圣徒境界。闻一多称得上是："铁肩担道义，妙手著文章。"

夏蔚霞（1913—2003）

夏蔚霞，王力夫人。

王力（1900—1986），语言学家。广西博白人。曾任西南联大中国文学系教授。1955 年被选聘为中国科学院学部委员。

访谈时间：2001 年 6 月

访谈地点：北京，北京大学燕南园，王寓

**夏蔚霞：**从北平到长沙经过好几个省，一直到昆明，一共经过七个省。到昆明的时候，轰炸得比较厉害，所以我们临时住在旅馆。后来我们找到了房子，就住在现在的金马碧鸡坊后面的后新街，在那个地方租了房子。房子里连床都没有，我们借房东的门做的床，后来就渐渐买了床。

过了一年以后，轮到王力休假。他就向学校提出到越南去休假，学校也同意了。因为清华的规矩，教师五年有一次休假，他已经七年了，所以就到越南去休假。越南的生活成本比较低，那个时候我们没有小孩，就我跟他两个人去，只花了工资的一半。到河内以后，待了十个月，我们就回来了。那也是千辛万苦，从越南河内到昆明要坐三天火车，白天开晚上停，这样坐火车到了昆明。

回到昆明，又另外找房子租。因为轰炸，我们后来只租了小西门的房子。住了大概不到两个月，就到昆明乡下了。那个时候昆明近郊区全部被西南联大跟中央研究院的人租了，我们只能住到远郊区，就在龙泉镇——现在叫龙泉镇，当时叫龙头村——在那里一住住了好几年。

我的第一个孩子就在龙泉镇生的，小孩衣裳什么的都准备好了。可是，昆明不是有“赶街子”吗，我从联大过去“赶街子”，就生了。当时没有医生，那个孩子还挺胖的，就在瓦窑村找“老妈”接生婆接生的。

王先生每个礼拜到西南联大上课，是走着去的。比如说明天上课，今天就要走，走到那住一夜，第二天上课。上完课，又多住一夜回来。有时候碰上飞机扫射，相当危险。

龙泉镇是一个镇，平时我们的油啊、酱油啊这些东西都是城里买回来的。点什么灯呢？点的是油渣，还不是煤油灯。煤油我们也买了，买了煤油灯，放在那里，预备给他晚上工作。他工作用煤油灯；我们晚上用油渣，就是菜油点的灯。

我们一共四间破房子，每间大概平均二十几个平方米。那本来是人家的猪圈，可是房东不跟我们住，所以不养猪，我们自己稍微刷了一刷就住了。我们住楼上，因为我怀孕，让那个阿姨在楼下住。

那个时候，他每个星期都要去上课的。所以，晚上我一个人的时候，就请他清华的一个研究生来陪我。这个人现在在美国，是个有名的语言学家，叫张琨。因为那个时候阿姨还没来，她还在中央研究院的一个人家里面帮忙，要等那个人离开昆明到四川去的时候才能来帮我。

三年以后，轰炸得少一点了，我们就搬到城里。那个时候我有了第二个孩子，王力兼任粤秀中学的校长，所以我们就住在粤秀中学。粤秀中学是原来的两广人开的两广会馆，很大，所以办了一个学校，有小学跟初中，我不记得有没有高中了。

那个时候生活比较安定一些。当时我有两个孩子，我也工作，还带孩子。生活也困难，钱比较不够。在龙头村的时候，王力写了昆明的一种小报，和费孝通他们一起写的，叫《生活导报》，还在上面发表了文章。没有想到他的文章很受欢迎，所以稿费就先付了。

抗战胜利以后，王先生也不当粤秀中学的校长了，预备要回清华，我们就搬到城里去了。那时候美军撤退了，美军的兵房就给西南联大的教授们住，我们就住在那里了。后来从那里又搬到车家壁。原

1943 年，王力、夏蔚霞和孩子们在昆明

来王先生在粤秀中学的时候，把中学扩大到车家壁，做了粤秀中学的分校，所以车家壁有房子。后来他不做校长了，学校也换人了，车家壁的房子空出来了，我们就住在那里。

我在昆明住得非常高兴，因为昆明实在是好地方。可是在昆明，我从来没有去玩过，哪儿都没去过，因为昆明当时治安不好。1983 年以前，好像 1982 年 1981 年，我也去过昆明。后来 1983 年去昆明的时候，云南师范大学的吴校长带我们到好些地方去玩，那是真高兴。可惜当时王先生身体不是很好，可是还不错，还可以到石林、植物园之类的地方去。

我为什么怀念昆明？昆明天气好，物价便宜。我们刚去的时候用的是滇币，老滇币一块抵十块。后来又变新滇币，一块抵五块。物价便宜，东西又大，圆白菜很大，萝卜很大。我记得当时别人跟我说，一个人挑萝卜，只挑两个萝卜，前面一个，后面一个。这个我没见过，可是挑四个萝卜的我见过，前面两个，后面两个。

我们住在农村，什么东西都是吃新鲜的。后来有很多东西我都是从昆明学会的，做咸菜，昆明的茄子鲊、韭菜花、干菌，干巴菌最好吃了，我非常怀念。昆明的米线，我认为焖鸡米线比过桥米线好吃。后来我们再去昆明的时候，我不好意思自己出去吃焖鸡米线。他们开他们的会，我就偷偷地一个人出去吃。还有一种普通老百姓常常吃的烧饵块，圆圆的。粤秀中学的学生来上课以前，就吃门口的烧饵块，我觉得那有什么好吃？后来吃吃看，真的是好吃。擦上辣椒酱，真好吃。螺蛳米线、腌菜、大头菜，大头菜我喜欢空着吃，因为不咸。在我们住的地方的底下有一个包子铺，卖一种破酥包，特别好吃。我现在还非常怀念那个破酥包。所以，我对昆明特别有感情。

不过，昆明的治安是差一点。那个时候，我们住在粤秀中学的最后一层，我讲一个笑话给你听：我们当时两间房子，后面是厨房，西南联大有一个学生平时常常来看我。那天我发现我桌子上的钱没有了，我买菜回来的钱放在桌子上，没有了。我就叫那个学生，我说，你怎么跟我开玩笑？你到哪里去了？我到床底下一找，在床底下抓出一个小偷来。那个小偷就对我磕头。小偷说：算了吧，你放了我，我没有拿你东西，你的钱我给你。他把钱给我，我就把小偷放了。

在昆明，我除了教小学以外，还做手工。云南白药老板曲焕章女儿的毛衣都是我做的，我跟我们的教务主任两个人分担的。到1949年以后，我才明白什么叫“剥削”。因为当时做一件毛衣是四块钱工钱。多少分量称过，多大腰身，什么花样，都要有一定的标准。后来他们看见我们的手艺好，并且不缺斤两，拿走多少，拿回去还是多少，我们不赚他们的毛线。所以，曲焕章女儿的毛衣全是我跟我的朋友做的。人家做，四块钱一件，可是我们只拿到了两块四，其余一块六是铺子赚的。

那个时候有一条街，是叫同仁街吗？同仁街上有很多卖服装的。我跟我妈妈到同仁街去看挂在那里的小孩衣裳，怎么做，怎么划分，我就回来自己学做。做成功以后，我就替别人做，这样来赚钱。

当时我们夫妻两个做五件工作。他做教授，又写文章，又当粤秀中学校长。我教书，也做手工。做五件工作，刚刚能够过活。所以，我们这个阶段的生活辛苦，但也值得，因为学到很多东西，比如养猪养鸡。那个时候王先生写文章，我就带孩子、做手工。昆明对于我的生活，我认为是非常重要的，因为我学到很多本事。

在昆明逃难的时候，开始躲飞机的时候，我们一早起来，去买两个麦粑粑，拿着麦粑粑到乡下去，躲在人家的丝瓜棚底下，等到

夏蔚霞与孩子们在昆明

解除警报再回去。那个时候警报分三种：预先警报，紧急警报，解除警报。

后来就走不了了，因为我怀了第一个孩子，天天老跑，走不了，所以就到了龙头村。龙头村过去是瓦窑村，瓦窑村过去是松花坝。我对松花坝的印象很深，因为水流急得不得了，没有桥，只有五条跳板，每条都很窄。我跟王先生，还有他的一个来陪我的学生，三个人好不容易走到那里，看见了跳板，我不敢走，实在不敢走。走了一条，走到第二条中间，无论如何过不去了。我只好回来，就看他们走过去。我只能绕道过去。现在松花坝不知道怎么样了。那个泉水实在是好。本来我们房子前面有一个小山坡，躲警报的时候，房东就在那挖了个窟窿来躲。

后来，我跟冯友兰的女儿聊天——冯友兰的女儿当时住在房东家，她那个时候 12 岁。我跟她聊天，给她看相片。她说可惜了，这变成了一片平原，风景没有了。说起来，农村是好的，一片大平原，

王力与夏蔚霞

生态好。我们吃新鲜的蚕豆、新鲜的豌豆，我也种了辣椒。

王先生写给我的祝贺结婚45年的诗是这样的：“甜甜苦苦两人尝”；我们两个人“四十五年情意长”；“七省奔波逃猃狁”，就是从北平到昆明经过七省；“一灯如豆伴凄凉”，说的是用油渣灯来过的日子；“红羊溅汝鲛绡泪”，“红羊”就是古时候的变乱，“文化大革命”的时候就是那种乱法；为什么说“白药医吾铁杖伤”，因为那个时候他挨打，我在他的衣裳里偷偷给他放好一包云南白药，他被打了以后就拿白药出来吃，所以他身上有伤痕，可是没有伤得很厉害；“今日桑榆晚景好”，他身体好起来了；“共祈百岁老鸳鸯”，可是最后没有成老鸳鸯，他先过世了。

说到没有做老鸳鸯，到今年他比我先走了14年。他80岁的时候就写了遗嘱。遗嘱上并没说要合葬的事情。等他病到最后一天了，我不在旁边，当时我去看他刚回来，我女儿跟儿媳妇就告诉我：爸爸说以后要跟你合葬，并且要求拿那个诗刻在坟上。

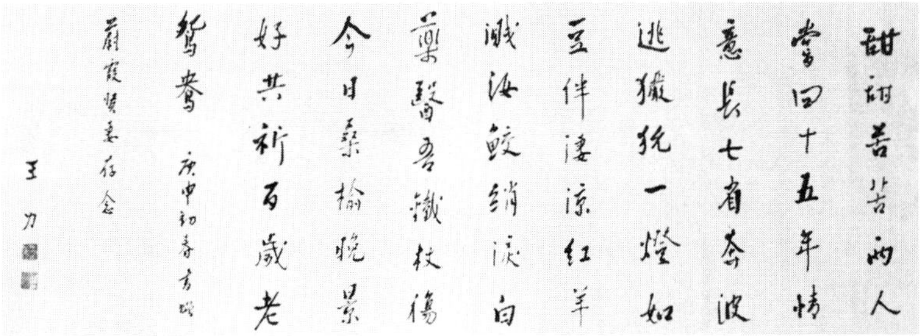


王力手书

## 访谈手记

到燕南园王力先生家采访，老屋宛如时光停驻，空中似有金色光芒的微粒，窗外爬山虎生荫。王力夫人夏女士身形单薄，穿着40年代的毛线马甲，仰着头，诉说着。

夏女士已经失聪。她性格真诚，虽白发苍苍，但仍保留着那种少女般的天真和激动。

当年，少女的她同情王力，要挣脱那种封建的包办婚姻，重新寻找自己所爱的愿望。见面“相亲”那天，她们好几个女孩子和王力一块儿坐船，女孩子调皮地闹，但王力就坐在那儿，洵洵君子，非常稳重。她心中就觉得这个人忠厚可信。

王力跟她谈自己前面有几个孩子，很坦诚。

他们一直在昆明同甘共苦。为了维持家用，她曾经为美军绣过手帕，给富人家织过毛衣。联大家属们织的毛衣，去称时和领的毛线一样重，所以信誉很好。她接过的活中，有一些毛衣是为有名的云南白药大王曲焕章的女儿织的。白药与王力家有一种神秘联系。

晚年王力写了一首诗，诗中写到“文化大革命”中挨打。他被人家押着出门时，她往他的兜里偷偷塞了一包云南白药。后来王力被打后，就拿出来白药吞服了。那白药里有一粒“保险子”，俗称“救命丹”，可用于严重的跌打损伤或内伤出血。要是没事吃它，人就受不了。所以后来他虽然身上有伤，但也没伤得很厉害，比一起挨打的人后果好多了。

夏蔚霞说，如果没有在昆明的岁月，她就不会知道云南白药，也就没有这个保护的法子了。

因为夏女士对昆明吃食如数家珍的回忆，我回去后列了一张单子：大头菜、干巴菌、火腿坨、皂角米、鸡纵、卤腐。采购了寄到北京，给几位特别上岁数的老人。只是有的零食，如圆通山用废纸包着卖的花生米、焖鸡米线、麦面饼等，已经没有了。

讲到王力的逝世，她那天从医院回来，王力也就在那时候过世了。王力跟女儿交代了，要跟她合葬。

她非常高兴，言语中好像不是在讲王力已经离去了，而是像要重新结婚的那种高兴。她说："他说的我们要合葬，你看，这是我的墓！"照片上一半碑上是红的，就是"生人碑"，那一半就是留给她的，"夏蔚霞女士之墓"。

王力先生对合葬是有一种寄托的，这是一种情感和精神的延伸。先生有诗作：

甜甜苦苦两人尝，四十五年情意长。
七省奔波逃猃狁，一灯如豆伴凄凉。
红羊溅汝鲛绡泪，白药医吾铁杖伤。
今日桑榆晚景好，共祈百岁老鸳鸯。

江丕权（左）、江丕栋（右）

江丕权（1932—2011），江泽涵次子。

江丕栋（1934— ），江泽涵三子。

江泽涵（1902—1994），数学家。安徽旌德人。曾任西南联大算学系教授。1955年被选聘为中国科学院学部委员（院士）。

访谈时间：2001年4月

访谈地点：北京，清华大学，江寓

**访谈人：**你们的父亲是大家都敬重的数学泰斗。你们在童年时代随父母离开北京，辗转到南昌、长沙和昆明的这一段经历，请给我们讲一讲。

**江丕权：**我 5 岁的时候，他（江丕栋）3 岁，我们随着（全面）抗日战争的开始，从北平逃难离开了。离开北平的时候是 1937 年，卢沟桥事变之后，我父母带着我、我弟弟，还有我哥哥——我哥哥当时是 7 岁——什么东西都没有带，我父亲就带了他的两本拓扑学书。

当时的情况是这样，我们坐了人力车，黄包车，走到一个城门洞，城门洞关了，出不去了，车又转到另外一个城门洞，然后上了车。我们有一张照片，是到了天津车站的时候，我母亲抱着他（江丕栋）、领着我，我父亲看着我哥哥，提了个箱子，在火车站照的。

从天津到南京，又过了若干城市，都记不得了，然后到芜湖，最后回到我的安徽老家江村住了两个月。安徽省旌德县江村，现在也是这个称呼。

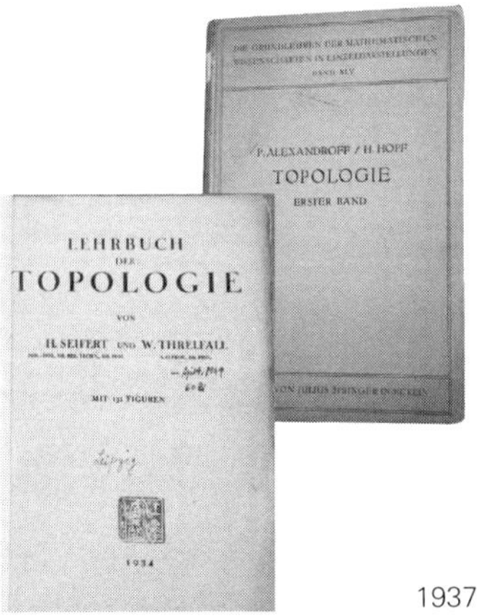

1937 年离开北平时，江泽涵在行李中带上的两本德文书

因为当时的学校临时到长沙组成了长沙临时大学，要上课，我父亲就离开江村到长沙去上课。后来不知道什么原因，我们兄弟三个，父亲就把我带去了。到长沙以后，我的印象就是长沙上课的那个房子很黑。我就记得一件事，郑华炽先生也在那，他没事就找我下象棋。我不会下，他就教我下象棋。我稀里糊涂的，他一边跟我下，一边教我。

**访谈人：**那时候母亲去了没有？

**江丕权：**去了，我父亲、母亲加我。我怀疑是因为老大是长孙，所以我的爷爷奶奶不放他走，我弟弟又太小。

在长沙上课以后，学校又要迁到昆明。那个时候我父亲母亲就带着我，经过广州到香港，然后坐海轮经过海防上岸，通过河内，坐滇越铁路到昆明。这个路上我印象最深的事，也是我最得意的事，是从香港坐船到海防——这是我这辈子第一次坐海轮——海浪打得船晃得很厉害，几乎所有的人都晕船，都吐，就我能在甲板上跑来跑去玩。小孩，5 岁多，很调皮。

经过海防到河内的时候，我也记得一件事。上火车站的时候，也坐人力车，黄包车，我母亲坐座椅，脚踏板那个地方是我坐——在底下，我坐在我母亲脚下。前面是饶毓泰先生，物理系教授，是我父亲的老师。饶先生头上戴了个礼帽，我就看见黄包车一拉走，路上有个人就把他的礼帽偷走了。我就叫，没用，黄包车拉得很快，人家偷了就跑了。

然后就通过了滇越铁路。滇越铁路比较惊险的就是，两个山谷中间有一个铁桥——也有一张照片。刚好过了铁桥，火车是拐弯的，我父亲就照了这个桥。这个是非常好看的。这张照片也有保存。然后就到了昆明。

**江丕栋：** 路上经过海防、河内、老街、河口，咱们箱子上贴着这几个地名。

**江丕权：** 那个箱子还在不在？

**江丕栋：** 那个铁箱子，已经扔掉了，或者还在院子里头，但纸条大概都没有了。同行的还有马约翰，还有陈省身、程毓淮。

**江丕权：** 到了昆明以后，不知道什么时候，我父亲从哪条路又回到安徽旌德江村，把我哥哥和我弟弟一起接到昆明去。接到昆明以后，我们就住在一个山坡上面。

我开始到那里的时候是很孤单的，因为哥仨就只有我一个，周围的小孩不多。所以我哥哥、我弟弟来了以后，我非常高兴。

**访谈人：** *弟弟怎么去的？*

**江丕栋：** 那是 1938 年 8 月，我父亲回去接的。他（江丕权）跟母亲留在昆明，我父亲回到安徽接了我们两个人，从温州、上海、海防再到昆明，这么走的。

**江丕权：** 只要西南联大稳定下来，只要不上课，他马上就去接回来。

**江丕栋：** 1938 年 5 月，联大开始正式上课，4 月长沙临时大学改西南联大。

**江丕权：** 当时是哪年我忘了，我应该去上幼儿园，但昆明也没有。后来就把我放到天主教的修女办的一个幼儿园，我忘了叫什么名字。白天拉我去，晚上回家。那时候，法文从 1 到 100，我可以正说，也可以倒过来说。当然现在都忘了。

1939 年 5 月，因为日本空袭很厉害，日本的空袭弄得市内不安心，所以我们就搬到了华亭寺。

**访谈人：**空袭的时候，你们一家怎么躲警报？

**江丕权：**西山华亭寺，日本不炸那个地方。当时我们家在华亭寺，严济慈家、严文郁家，好几家都在华亭寺。

**访谈人：**还记得住在华亭寺的哪一间？

**江丕栋：**开始是拜经楼，就在正殿旁边。后来搬到观客堂。

**江丕权：**拜经楼是在大雄宝殿的西边。

**访谈人：**寺里也住满了联大老师？

**江丕权：**我记得不是满了。严济慈家，有好几个孩子。严文郁家，也有好几个孩子。因为我们孩子在一起玩，所以就记得很清楚。

**江丕栋：**当时华亭寺不光是联大，像中央信托局的，很多人家也住在里面。

**江丕权：**逃警报的好多单位的人在那里住。

**访谈人：**那里还有和尚吗？

**江丕权：**有和尚。我们在华亭寺，要说起来就热闹了。和尚放焰口，我们全看见了。我们都去看，那当然热闹了。华亭寺没玩的，小孩除了爬山、打弹弓、打弹子以外，和尚的所有活动我们都参加了，就差会念经了，念经比较枯燥无味。方丈，红袈裟，漂亮得很。除了方丈室我们不能随便去以外，华亭寺各处我们随便跑。

**访谈人：**跟和尚关系也好？

**江丕权：**和尚好像比较拘谨。但是我们和逃难到那里的人，家庭之间和人员之间，这种事很多。比如有一次，我和我弟弟到严济慈先生家里玩，他家是在大雄宝殿的东边，一楼，因为他家的老四和我同岁，他家的老五还是老六和他（江丕栋）同岁。我们俩进去，门一关，大家就玩，忽然一只狗过来，吓得我们不行。我们俩就推着那个门，狗鼻子都进来了。他们家养的大狼狗，个挺高，我们个不高，狼狗大概到我们胸部这么高了。那是很厉害的，后来我俩死命推。严家的孩子想逗我们一下，看我们怕不怕。那狗是他们养的。

**访谈人：**好像当时在寺里，你的哥哥比较懂事，你父亲让他学星象。

**江丕权：**他比较有心，我们比较贪玩。他当时注意的是两件事：一件事是在华亭寺山上观星象。他不知道从哪儿弄来了个星图，北斗七星等各种各样的星，春夏秋冬天上的星星是不一样的，他就把它画下来，晚上就告诉我们。我也不知道他是从哪儿学来的。书上抄来的，还是父亲教他的，我也不知道。

还有一个就是汽车。华亭寺来往的汽车非常多，他就把它们画下来，美国什么牌子的小轿车、卡车。当时给我印象最深的就是美军那个大卡车，载重量很大，爬坡能力也很强。这是他最关心的。

**访谈人：**当时在寺里的衣食住行怎么样？比如吃饭什么的怎么解决？

**江丕权：**买菜要到半山腰去买，“赶街子”。我母亲一个礼拜去一次，背上来。

**访谈人：**你母亲自己背？

**江丕栋：**自己背。当时还带着我们一起去。经常是过十天或者多少天，赶一次街子。有一次带我去，她要去很多地方买东西，就把我存在一个杀猪的那里，让我看杀猪，她去买，买完了再回来带我上山。

**访谈人：**你妈妈背着背篓运很多的菜？她本来是一个知识妇女，背得动吗？

**江丕权：**在艰苦的环境下，什么都可以干。我记得，因为要过冬什么的，我母亲要做豆腐乳、酱豆腐，还做萝卜干、萝卜榨，就是把萝卜切成一条一条的，晒干了，用盐、辣椒面腌。酱豆腐，要让它发毛，就是长出来很多毛，再放点什么，有红曲。萝卜干是两缸，大缸；酱豆腐两缸。每年做四缸。

**访谈人：**咱们烧什么燃料？

**江丕权：**木炭。买的木炭。

**江丕栋：**后来下山进城的时候，用那种泥的炉子。

江丕桓画汽车是这么回事，当时因为日本飞机空袭，城里很多人就开车到山上逃空袭，经常是政府机关或者企业什么的来，都是最新式的车。他就画很多最新的车，比如一九三几年的车。每次最新的车来，他都画出来。

**江丕权：**特别是中央信托局的车，特漂亮。

**访谈人：**当时哥哥是几岁？

**江丕权：**1939 年是 9 岁 10 岁大概。

**访谈人：**你们穿衣服怎么解决？你妈妈缝，还是怎么样？

**江丕权：**应该是自己做的。老大穿完了老二穿，老二穿完老三穿，这是常规。不记得去买过什么衣服。

**访谈人：**反正母亲就照料着一家子，还有父亲的生活。

**江丕栋：**对。父亲经常在城里上课，他不老在山上。母亲带着三个孩子在山上，不光是照料生活，因为我们都没有上学，小学开始都没有上，我上学是从小学四年级开始的。

**江丕权：**我是小学五年级。我哥哥小学没上。

**江丕栋：**我记得很清楚，我最先认的字是“貓”。她写这个“貓”字，繁体的猫，我看这个字很好玩，就认得了这个字，“貓”。我们开始学习，都是母亲教的。我还记得，她教英文用林语堂的《开明英语读本》。

**访谈人：**联大的其他孩子也是自己家里进行家教？

**江丕权：**凡是在华亭寺的，没有上学条件的，只能是家庭教，母亲教。书我也忘了是什么，但是当时很奇怪，很多小说我们都看过。

**访谈人：**你们家原来在北平的时候有保姆吗？

**江丕栋：**有，而且不止一个。

1937 年，江泽涵与夫人蒋守方和三个孩子在北平寓所合影

**江丕权**：有厨子，有保姆。我父亲上班的时候还有黄包车夫。条件是很好的。

**访谈人**：到昆明就一切都没有了。母亲也没有什么埋怨，该怎么着就怎么着。

**江丕权**：国难当头，大家都是能吃苦的。这个我觉得很了不起。具体的我们都忘了，只听见说，当时在北平生活条件怎么好，别的都忘了。我父亲是每一个礼拜坐船从滇池到城里上课，好像两次，所以他很多时候不在华亭寺。反正母亲什么都干。

我父亲是坐船；周培源先生是骑马，他不在华亭寺，他在华亭寺底下，龙王庙。周培源沿着昆明湖边上骑马进城，然后再骑马回来。后来他把马卖了，骑一个英国自行车来回跑。我父亲不会这些，不会骑马，也不会骑车，所以坐船来回。

胡适是我的姑父，他当时是中国驻美大使。他知道我父亲是搞数学的。在昆明，要得到当时数学的现代文献是非常困难的。这是最新出版的书。胡适不一定懂得拓扑学，但他买了一本，寄到昆明。由于当时航空寄信的邮费很贵，所以他把精装书皮裁掉，只把这个书瓤

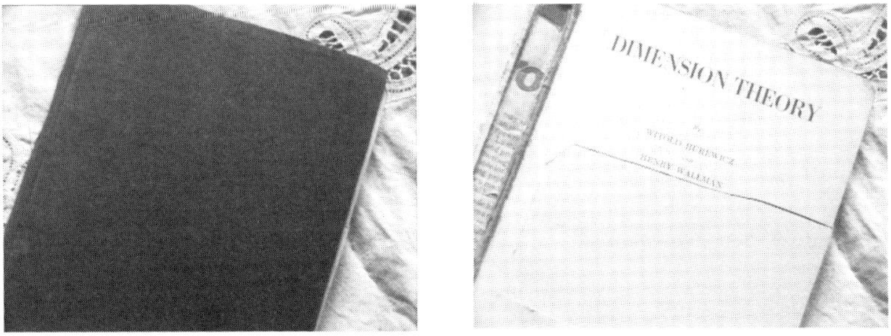


胡适寄回的拓扑学著作

寄回来。我父亲接到这本书非常高兴，又专门装了一个硬壳，是用红布包的。这本书拿来以后，西南联大数学系的老师就抄，手抄，轮流读它。

**江丕栋：** 陈省身先生 1992 年到北大的时候还跟年轻人讲："当时我们都是手抄书的，大家轮流地做报告，来读它。现在都是计算机或者复印。我们当时困难啊，材料很难得，得到了以后认真钻研。你们现在条件好，应该努力。"他就是讲的这本书。

**江丕权：** 华亭寺边上有个海会塔，那是和尚的骨灰塔。海会塔里存了西南联大数学系——据说是南开数学系——的图书资料，怕被轰炸了。有一个老师，申又枨先生，他跟我父亲是南开同学，同班同学，还有申先生的学生王寿仁先生，他们在海会塔住着。我们去海会塔很害怕，因为是放骨灰的，他们俩住在里面。

**访谈人：** 在里面看守那些资料。

**江丕权：** 而且读书。就住在那，读书。

**江丕栋：** 而且晚上还看《聊斋》。

**访谈人：** 你怎么知道看《聊斋》？那时你还小。

**江丕栋：** 他们说的。

**访谈人：** 还给你们讲故事？

**江丕权：** 那个时候讲鬼故事多得很。在和尚庙里最容易讲鬼故事了。申先生和王先生，他们两个穿着和尚袍，在海会塔前面。当时并不是感觉到很苦。非要补贴家用，没这个概念。小孩也不管这些。

**访谈人：** 主要是大人的那种精神，已经弥补了物质的匮乏。

**江丕栋：** 当时我母亲一个人带着三个人，负担也很重。

**江丕权：**我记得有一次，我哥哥得了什么病，我母亲把他背下山到医院去看，看完了再把他背上来。

**江丕栋：**我下山跟着“赶街子”，也很多时候是她背的。

**访谈人：**母亲那时候多大？

**江丕权：**那是1940年左右，她是1905年生的，不到40岁，30多岁。

**访谈人：**很不简单，一位知识妇女。

**江丕栋：**对。她是北大毕业的，北大第一届女生。

**访谈人：**到了云南以后，她可以做农妇做的一切事情。

**江丕栋：**在山上，有很多年轻的助教经常上我们家来。他们是偶然跟着来，还是有些住在那儿，不太清楚，反正经常上我们家来吃饭，还有数学系的老师。

1942年，江泽涵在瑞士

访谈人：咱们再说说父亲。江泽涵先生是众所周知的著名数学家。你们对他一心扑在教学上，家事根本没时间管，还有什么印象？

江丕权：他逃难离开北平的时候，带了两本拓扑学书。一本是沙爱福的，德文的拓扑学；还有一本是霍普夫的。沙爱福的书，他在昆明用了十年的时间翻译成中文。

还有一个就是我弟弟刚才说的，他经常和一些年轻的教师或者高班的学生来往、交谈，很自然。这是他教学还是他生活的一部分，已经看不出来了。

访谈人：就是他献身于学生，反而跟你们接触不是很多。

江丕栋：也不少。现在数学所的王寿仁，前几天跟我爱人还谈起来，他那时经常上我们家去。我父母跟这些年轻人非常融洽，随时来，随时就在这吃饭。他们经常来。在华亭寺是这样，到城里的时候也是这样。

江丕权：所以，我们跟他们也很熟。

访谈人：父亲跟你们的接触，还记得什么吗？

江丕栋：我记得，他有个书屋——搬到观客堂以后，他有一个小屋子，在那里工作。其他的我就没什么印象了。

江丕权：我母亲有个规定，只要我父亲在书桌边做事，我们就别去吵他。

江丕栋：后来我们就住观客堂。观客堂有个玻璃窗的屋子，远远看去，滇池对面是昆明市的夜景，我的印象非常深。我们是 1941 年 10 月下山的，下山以后就住在北平街 42 号。

**江丕权**：我们还住过昆明师范学院的校内。我弟弟的教室就在我们住房的边上，隔壁。拿一个教室做我们家，等于住在教室里。只要那边开始打铃，他就出家门，打铃结束，他一定能准时进教室。

**访谈人**：那时候弟弟上小学了？

**江丕栋**：对，就是在师院附小的一个教室隔壁。那时候我是三年级。大哥江丕桓是初中，你是高小，我是初小。大概是这样。

**江丕权**：我们开始上学是下山以后，1941 年。我已经 9 岁了，弟弟是 7 岁，哥哥是 11 岁，就去上学去了。

## 访谈手记

在清华园狭小的教师宿舍，我见到了江泽涵的两个儿子，江丕权与江丕栋。他们都上了年岁，兄弟之间的关系，仍如幼年一样，真挚亲切。他们对这次采访极其重视，还与在美国的大哥江丕桓事先约好了时间，打开电脑，进行连线。

在我采访的西南联大师生的子女辈中，江氏兄弟的访谈内容是最精粹也最得体的。也许是出于一个书香门第的家学帅教，他们只谈事实，不做评价。

访谈中，以哥哥丕权为主，弟弟则及时递上准备好的资料，谈的都是父辈的事情以及与自己相关的记忆，描述精当，细节生动。

七七事变后，局势危急，江家人却不动声色地等待着一家之主从海外归来。

当一家人安顿回家乡江村，江泽涵只身奔赴长沙，宣称“奉召而去”。这句话，与他后来居住在昆明西山寺庙中，在一张自己的照片背后题词“卧薪尝胆”，成为一种使命的呼应。

江泽涵的堂姐是大名鼎鼎的胡适夫人江冬秀。江泽涵在17岁时由胡适带出江村，来到北平。后来，江冬秀随胡适到了台湾，却支持来探望的江泽涵返回大陆，见地非凡。这个家族之间的关系，闪耀着一种家国情怀和世纪光辉。

那天采访到一个层次丰厚的故事：

胡适在美国时看见新出的一本拓扑学著作，立即购下，寄往昆明西南联大。他知道，这是江泽涵主攻的专业。胡适嫌寄费太贵，还把这本书的封皮拆下，只寄出了书芯。

在昆明的江泽涵收到这本宝贵的书，由夫人用红色的布贴在硬纸上，重新装了一个封面。这本书拿到数学系去，所有的人都手抄传阅。

这本从美国寄来的拓扑学新著，江氏兄弟一直珍藏着，此时取出来让我们拍摄，进入了《西南联大启示录》纪录片中。它是一件文物。

这不只是亲戚的故事、数学的故事，还饱含着当年被战争封锁的西南联大的教师与学者们对于学术新动态的艰辛追求。

今天还有人认为，西南联大的教育成果是由于艰苦与战争，这是将负面条件当作了积极因素，是错误的理解与判断。封锁与封闭，在任何时候都是对教育与科学发展的窒息。

陈省身先生1992年访问北京大学时，还提及当年手抄教材的这件往事。

过着平淡生活的江氏兄弟，有种内在的自信。也许是当年在昆明寺庙安家的艰苦生活，已经打造了他们的性格。

父亲那种甘于贫寒、报效国家的精神，也可以从兄弟两人的言谈举止中投射出来。他们朴素平凡，落落大方，使人难忘。

这就是西南联大和中国名校的精神啊！

在江丕权逝世后，江丕栋先生还为我提供了不少西南联大的资讯。

## 赵维志

赵维志，赵忠尧之女。

赵忠尧（1902—1998），核物理学家。浙江诸暨人。曾任西南联大物理学系教授。1955年被选聘为中国科学院学部委员（院士）。

访谈时间：2001年4月

访谈地点：北京，赵寓

**访谈人：**您好，赵老师。

**赵维志：**你好，看见你非常高兴。

**访谈人：**大老乡。

**赵维志：**真是，我在昆明住了八年，昆明像我的第二故乡一样。

**访谈人：**看到您特别亲切。回想当年，在抗战时期那个不平凡的岁月、在民族危亡的关头，这么多知识分子、爱国教授离开北平，沉痛地，又怀着誓不投降的心，为国保存实力，辗转到了云南。您跟赵老是怎么来云南的？

**赵维志：**当时我比较小，才六七岁。卢沟桥事变以后，我们就开始往昆明那边走了。我也不知道怎么走的，因为我小，不太懂当时的地理。我的印象就是，山上有七十二弯，公共汽车要绕七十二弯。当时车开过去，还能看到那些车祸翻掉的车，还有被土匪抢的车，都非常惨的。

我记得，有时候跟着爸妈自己走，有时候就搭人家的货车。好

赵维志与张曼菱

像搭过装汽油桶的车，汽油桶放车座后面，车子一颠，那个油桶就往前滚，都要压到我们头上了。我爸妈就在后面推那些油桶。有时候到了一个地方休息，就住在老乡家里面，第二天早晨起来就走，结果鞋丢了，找不着了。鞋在哪儿？掉到老百姓喂猪的草里面了。反正是挺不容易的。因为当时我确实非常小，也记不住很多，就点点滴滴记得一些。

**访谈人：**您还在北平的时候住在清华园，那种安宁的舒适的生活，还有印象吗？

**赵维志：**有印象。在清华园住的时候，我们前面好像就是杨武之——就是杨振宁的爸爸——他们住的。后面就是吴有训，再后面就是熊庆来。

当时我们就住在清华园南苑的平房。那个房子挺好的，外面有个园子，有个门。家里有个阿姨帮忙。爸爸每天去做实验，或者上课、教课。我就在清华园的幼儿园，那时候还学唱什么“小兔子乖乖，把门开开”。

**访谈人：**日本人来的时候，您虽然很小，也能感觉到撤离之前家庭气氛的变化吧？

**赵维志：**当时撤的时候，刚好碰上霍秉权结婚[①]。霍秉权结婚的地方在西直门里面。那天我爸爸好像知道点情况，反正当时已经很乱了，就带了三个随身的小皮箱去参加霍秉权的婚礼。参加完，西直门就关门了，出不去了，日本人就来了，在卢沟桥那边。后来我们再也

① 当时赵忠尧参加的应该是任之恭夫妇的婚礼。

没回去，就带了三个小皮箱，往昆明那边走了。

**访谈人**：您给我们说说，在昆明的时候，家里面帮助父亲制肥皂、卖肥皂的过程，为什么要做？还有很多教授都在做什么？

**赵维志**：开始的时候，我们住在文化巷。文化巷，你们昆明话叫荨麻巷。荨麻，就是拉手的那个荨麻。西南联大内迁以后，改名叫文化巷，就在钱局街那儿，大西门那个地方。

住在文化巷的时候，父亲就出了城墙缺口去教书，还算比较稳定。后来日本人轰炸得特别厉害，就住不下去了。我记得，每天早晨起来都紧张得要命，我妈妈先炒一点米粉，煮几个鸡蛋，放在一个小包里面，然后就赶紧到文化巷巷口去看大西门城楼。大西门城楼一挂上红灯，就完了，预先警报。一会儿警报响了，就要开始逃警报了。爸妈就拎着大包小包，拿着那点干粮，牵着背着抱着我弟弟妹妹，爸爸推着自行车，走大西门的城门洞，到郊区那个坟地去躲警报。

有的时候一整天都得待在外面。而且，像我们学校，我们是联大

赵忠尧

附中、附小，还有西南联大，有时候老师们就在坟地里面给学生就地上课。因为有时候预先警报响了以后，紧急警报不响，日本飞机掉头走了，到别的城区轰炸去了，这个时候就在坟地里上课了。

**访谈人**：在敌机轰炸的时候，都不会干扰到他备课、讲课。

**赵维志**：反正还是坚持上课。后来城里的文化巷实在不能住了。有一次解除警报后，我们回到家发现，我们家那个大门都给炸开了，厨房小板凳上都有个炸弹片。我们就没办法了，就跟着杨先生他们一起搬到龙院村去了。

我们家在惠老师大院——我们叫它惠老师大院，当时我们就知道惠老师是云南的开明士绅，他把他整套房都给西南联大的职工使用。我记得从门口开始是任之恭、赵访熊，然后是杨业治，这边就是吴有训、杨武之，对面是余瑞璜，我们都住在一起。

我们叫它交叉邻居。我们那个时候住在一起根本就不分，哪分你的单元我的单元，就是从楼下上来就穿过吴伯伯家，吴有训家，上了楼以后就穿过杨伯伯家吃饭的那间屋，还穿过他家卧室，就是睡觉的地方，然后就来到我们家。

我们家住的地方后面，又用木板隔了一个小屋子，就是我们的小图书馆。当时父辈们还是很注意孩子的学习的，这种艰苦的条件之下，他们还专门辟了一个地方，对我们来说就像小图书馆似的。书架上面什么书都有，我记得有《爱丽丝漫游奇境记》《鲁滨孙漂流记》《穷儿苦狗记》《流浪无家儿》那些。

平常孩子们都在那儿看书，到了周末，杨大哥——就是杨振宁，我们叫惯了杨大哥——就回来了，他那时候已经在西南联大上学了。

他是大学生，我们是中学生和小学生。他回来就把我们这拨孩子招到一起，给我们讲故事。大家都爱听：哎呀，杨大哥回来讲故事了！

我还有个印象，他穿着黑的棉大衣，两排扣子，很旧很旧，非常朴素。他给我们讲故事，讲《穷儿苦狗记》，那本书好多翻译本，《无家儿》也是它，《苦儿流浪记》也是它，就是讲一个孩子非常艰苦，怎么跟老人和狗在雪地里，怎么摔倒了也要爬起来继续。那时候我们听着都非常受教育，都觉得我们自己长大了也应该能吃苦。我觉得，杨大哥还是很注意这个的。

特有意思的就是，他晚上讲故事，他说我得关灯讲。他就把灯拉了。我们小孩坐一屋子听故事。听到后来讲得很苦的地方，他妹妹杨振玉就哭起来了。他妈妈，就是杨伯母，就跑进来。杨振宁妈妈就

杨振宁（后排右一）与弟弟妹妹们在昆明的龙院村

说，你们怎么搞的，把小妹弄哭了。其实不是，是大哥讲故事讲得太伤心了，小妹就哭了。

另外给我留下比较深的印象的，就是杨伯伯对孩子的教育。他有时候给杨振宁，还有他弟弟杨振平、杨振汉看功课。有一次，大概是题目做不出来，不知道是他弟还是他，杨伯伯就说：到厨房去把菜刀给我拿来——他爸爸很严的，严父。他们就跑厨房去，跟妈妈要菜刀——他妈妈是安徽合肥人，我记得他妈妈口音很重，一早起来就是"洗手，你先洗我后洗，洗脸"（模仿口音）——她说：你爸爸怎么了，发昏了，小孩子拿刀干什么？他们回答：爸爸说，再做不出来就要砍手指头了。这当然是个笑话了。我记得有这么回事。不过，我想，对孩子严格要求可能还是有用的。杨振宁后来获得诺贝尔奖，肯定不是偶然的。

我还有一个印象。我们对面的平房住的是余瑞璜一家。余瑞璜的爱人是个助产士。当时我们那个大院里面，我妹妹那一辈的七个小孩全都是她接生的。大家为了省钱，不上医院去，都是她给接生。大家就感谢她，给她一点小礼品，表达一点心意，她也等于增加一点收入。我记得吴达元的一个儿子、赵访熊的女儿、任之恭的女儿、赵九章的小女儿，还有我的妹妹……一共七个孩子——她接生了六个女儿、一个儿子，吴达元的那个是儿子。他们说，这一船一个男孩带了六个女孩。我现在想起来，实际上，余伯母是为了增加一点收入，就帮助大家接生；大家不到医院去，也可以省钱。当时就是这样过的。

龙院村，我们住在惠老师大院，进门上面就有一个门楼，我记得门楼上还有一个老头看门，底下还养了几只狗。因为住在山村里面，夜里有时候还可以听到狼嚎声，就靠那几只狗来管狼的。

刚才说了，（惠老师大院）一进门就是赵访熊先生家，再进来就是任之恭夫妇家，然后再过来就是杨业治夫妇，再过来是吴达元。再进到这个院子里来就是吴有训家——那就是小二层了，所谓的二层，就是用一个地板隔起来。二层一楼就是吴有训家，通过吴有训家上楼，就到了杨武之家，就是杨振宁父母他们家。他们家再弯过来就到了我们家。

实际上，我们三家等于是交叉邻居，根本分不开。我们出去就得经过吴伯伯家，经过杨伯伯家。住到最后，我们在那个屋子里打了个洞，装了一个木头的梯子，就通到底下的厨房了。从那个梯子爬下去，就不经过吴伯伯家和杨伯伯家了。当时住的就是这样，非常艰苦的。

**访谈人：**您给我们讲讲，您家怎么想起来做肥皂的？怎么做的？孩子们怎么帮忙？

**赵维志：**那个时候我的弟弟妹妹已经出生了。我是 13 岁，我妹妹刚好 3 岁，我弟弟 1 岁。我母亲不工作，靠我爸爸一个人的工资收入，是非常困难的了。后来没办法，爸爸就说：那我们自己做点肥皂去卖吧。

（做肥皂要）用一个大汽油桶。爸爸出去把油和碱买回来，就在那个桶里烧——把油放里面，然后慢慢加碱，烧一点加一点碱，烧一点加一点碱，它就成形了。底下就用柴火，我妈帮忙递柴火，我爸烧。还用一个很粗的棍在那个大汽油桶里搅，那个大汽油桶有我一个人那么高。烧好了以后，我爸爸拿个玻璃片，滴一点在玻璃片上，看一看成形没有，质量达到要求没有。能够用了，颜色什么都对了，就把它倒出来，倒到方的那种桶里面。倒出来以后，让它干。干了以后，再把它耷出来，放在一个木头的桌子上——在工厂里自己弄个木桌子。这些都是爸爸自己设计的。然后，把倒出来的这一大块肥皂塞到桌子的一个框洞里面。这边一根铁丝固定住，那边一根铁丝拉过来，用木头弄两个把，推出来一点，就切下来一点，再推一点，再切下来一点。先切成一片一片的，再切成一条一条的，再横过来切成一小块一小块的，就变成肥皂了。

然后，还得放在一个竹子的架子上——自己用竹子、钉子敲一个架子——把肥皂放到架子上晒干，因为它还是湿的。晒干以后，再放到一个小木头盒子里，底下垫一块东西，把肥皂放中间，再把木头印子放在上面，拿钉锤敲两下，就敲出“中和”两个字。因为肥皂就是中和，碱和酸的中和，所以爸爸就取了个名字叫“中和”肥皂。实际上，也不是商标，什么也不是，就是有个标识。然后，就给化工厂。我记得，当时昆明化工厂就用我们家的肥皂。

**访谈人：**你们做的是工业肥皂？

**赵维志：**就是工厂里面用的肥皂。不是现在这些香皂，是洗衣服的肥皂。

**访谈人：**民间也卖？

**赵维志：**主要是那个厂子。它后来熟悉了我们，觉得质量也比较好，就要了。爸爸自己拿自行车推去，放在自行车架后面，送到厂里去，一盒一盒的。

**访谈人：**都在院子里做吗？

**赵维志**：就在那个院子里，旁边堆个灶。我记得，一放学先不能做功课，妈妈先把弟弟妹妹往我手里一塞，一个 3 岁，一个 1 岁，然后她就帮我爸爸干活。要是明天要交货，明天厂里面要两盒肥皂，今天晚上大家就得帮着装，就得弄好。爸爸第二天骑自行车去送货。

等到我做功课的时候，已经比较晚了，然后爸爸再开始备课。反正我就有个印象，爸爸在备课，我在做功课，累得要命，我妈妈就看着我弟弟妹妹，就是这样。当时也是没办法。

**访谈人**：共担国难。

**赵维志**：真是没办法。爸爸说，就这样稍微能贴补一点收入。

**访谈人**：这个院里，除了你们家，别人家还干什么活来维持家用？

**赵维志**：我就知道，西仓坡闻一多闻伯伯，他是给人家刻图章。当时吴有训夫人吴伯母还有我妈妈，还接一点绣花的活，绣手绢，在一块小手绢上面画一个金鱼样子，绣条小金鱼，绣完了就拿到外面去卖，稍微补贴一点收入。余伯母就靠给人家接生，我真是记得那个大院里这一批孩子都是余伯母接生的。

**访谈人**：她给老百姓接吗？

**赵维志**：因为不出那个院，没那么多条件，她就给西南联大的本院的接生，真是不容易的。

**访谈人**：她们那个手绢是绣给谁？飞虎队，美国人？

**赵维志**：我不知道。我就知道她们绣。

**访谈人**：当时联大的很多学生盖房子，还带你们玩，后来学生走了，你们还唱歌，您把这个稍微讲一讲。

**赵维志：**我那时候才念小学，还没念附中。当时对附中、对西南联大特别向往。附中的校徽是三个圈，三个环，表示南开、清华、北大。我看到中学生戴着那个校徽特别羡慕，对西南联大的学生（也特别羡慕）。

后来在惠老师的房子进门的右边盖了一个二层楼的小房子。大概是土木系做毕业设计，就盖了一栋楼。听说用的是惠老师的地皮，盖好以后就给西南联大用20年。20年之后，连房子带地皮相当于折价再送给惠老师。

现在那个房子还在不在我不知道。当时西南联大的学生就来插标签测量，我们这些孩子就跟在后面，觉得挺有兴趣、挺新鲜的，就看着那个房子盖起来。那些大哥哥、大姐姐对我们也挺好，我估计他们就是西联南大土木系的学生，他们就在我们那儿吃住。

后来他们要走了，那个房子还没刷漆，都是木头的地板。木头有一种清香，没有乱七八糟的油漆味，特别好。大哥哥、大姐姐说他们要走了，就教我们唱歌。我第一次学“长亭外，古道边”这首歌，特别感动。当时我们小，不会唱，他们就教我们唱。我一直记得这首歌。

**访谈人：**您能不能唱一下？

**赵维志：**“长亭外，古道边，芳草碧连天。晚风拂柳笛声残，夕阳山外山。”唱了以后，我们就抱着那些大哥哥、大姐姐哭。后来我一直想，现在这些大哥哥、大姐姐在哪儿？

**访谈人：**这首歌有背井离乡的寓意。

**赵维志：**所以当时特别伤心。当时不太懂，可是觉得特别好听。

**访谈人：**非常符合当时的气氛。

**赵维志：**我们原来住文化巷，后来搬到惠老师大院去了，离大西门大概 12 里地。飞机来轰炸的可能性就比较小了，日本人的飞机主要是炸城市。可是父亲他们就要骑自行车去学校上课，学校还在西郊那个地方。

我记得，李政道先生还讲过一个笑话。那一次是我父亲 90 岁的学术报告会，就在北京。李先生说：我那次到赵老师家去讨教，想问赵老师是搞理论物理还是搞实验物理，结果我就看到赵老师大汗淋漓地推着一自行车的肥皂去送货。后来赵老师就停下来跟我谈了一会儿话。我回去就想，我不搞实验物理了，实验物理怎么还要做肥皂？——他是半开玩笑说的——所以，我就搞了理论物理，没想到我理论物理搞出那么大成绩，所以我还应该感谢赵老师。那一次是李政道在我父亲 90 岁的时候在高能所讲的。他说感谢赵老师当时给我的

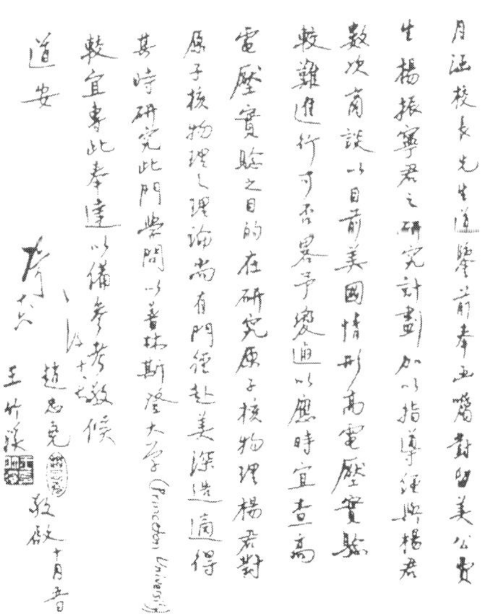
月涵校長先生道鑒：前奉函囑對留美公費生楊振寧君之研究計劃加以指導，經與楊君數次商談，以目前美國情形而電壓實驗較難進行，可否略予變通，以應時宜。查高電壓實驗之目的在研究原子核物理，楊君對原子核物理之理論尚有門徑，赴美深造適得其時，研究此門學問以普林斯登大學(Princeton University)較宜。專此奉達，以備參考。敬候
道安
趙忠堯
王竹溪
敬啟

赵忠尧、王竹溪致梅贻琦的信

帮助，就讲了这个小笑话。

在西南联大的时候，杨振宁好像是在物理系，王竹溪当时可能是助教，我父亲可能是教授，吴有训就是理学院院长。当时好像是推荐杨振宁到国外去留学，我不知道是给谁写了封信，推荐信是王竹溪和我爸爸写的。这个我原来还真不知道，是科技大学那次展示，他们把那个原件拿过来，我才看见有这么件事。

## 访谈手记

在北京一幢普通的单元楼里，赵维志女士亲切地迎接我们。

一进门，我们就发现墙上贴着老电影《祖国的花朵》的海报，上面那个少先队中队长和她长得很像。《让我们荡起双桨》那首流传至今的歌曲，就是这部电影的主题歌。

赵维志说，那是她的妹妹赵维勤。这部电影走红后，她妹妹想当演员，可父亲赵忠尧说："你不是做这个的。"后来她妹妹从事了自然科学方面的工作。赵忠尧告诫孩子，不以一时一事决定前途，而要从长远出发，从自己的性格与才能出发考虑。这个见地，就是一种教育观。

赵维志提到了他们一家人借参加婚礼带着小皮箱逃出北平城的事情，他们参加的是任之恭夫妇的婚礼。任之恭后来回忆："我们把婚礼定在7月27日，完全忽略了卢沟桥事变的意义。"（任之恭《一位华裔物理学家的回忆录》，山西高校联合出版社，1992年）可见，在那个人群里，赵忠尧的见识高出一筹。

赵维志讲了很多联大教授孩子的故事。住在昆明时，父辈们不忘孩子们的教育，专门给他们开辟了一个小图书馆；杨振宁大哥哥还在黑夜里给孩子们讲故事。当年，这些家庭是不分彼此的。

在赵维志的家庭相册里，保存着一张物理大师制造肥皂的照片。在昆明郊区的惠家大院，一排排做好的肥皂正在晾晒中。旁边是赵维志在照顾她的小妹妹。

在贫困的抗战时期，赵忠尧用汽油桶做工具，造“中和”肥皂，以养活家庭。当年李政道来过她家，向赵忠尧讨教是学理论物理还是实验物理，结果看到赵忠尧推着一自行车肥皂去送货。多年后，李政道幽默地说：幸好我决定学理论物理，否则还要做肥皂。

1943 年，杨振宁报考清华大学第六届留美公费生，后榜上有名。他当时报考的专业是“高电压实验”。梅贻琦致函赵忠尧和王竹溪，请他们对杨振宁的留美计划给予指导。赵忠尧与王竹溪跟杨振宁多次商谈后给梅贻琦写了一封信，建议杨振宁改学理论物理学。

1946 年，赵忠尧被政府派赴美国，在太平洋比基尼岛上参观了原子弹实验的全过程。我们在赵维志家中拍摄到当年赵忠尧赴美参观的证件，和比基尼岛上的相关照片。

1950 年 8 月，赵忠尧登上了威尔逊总统号客轮返回祖国。他在美国时节衣缩食，购置器材。1955 年，赵忠尧利用这些器材，主持建造了我国第一台质子静电加速器。

这些内容从赵维志的口中淡定讲出，一如她所居住的寓所朴素、低调。

一代科学先驱们不慕名利，甘于清贫，却满怀着冲击世界前沿的理想。这种平凡而伟大的人格，令我时有追思。

贺美英（1937— ）

贺美英，贺麟之女。

贺麟（1902—1992），哲学家。四川金堂人。曾任西南联大哲学心理学系教授。

访谈时间：2001 年 5 月

访谈地点：北京，清华大学，会议室

**访谈人**：贺老师，西南联大的历史已经过去很长时间了。那个时候的孩子，包括您，现在都已经步入中年。您一定留下了很多童年的回忆，随着以后的成长和成熟，也会悟出其中的一些深意，尤其是您现在从事着教育事业。

**贺美英**：我是七七事变以后，就是抗日战争（全面）爆发以后，才出生的，是 1937 年底出生的。我母亲在北平生我的时候，我父亲已经随着北京大学到西南联大去做教授了。生了我以后，我母亲又带着我，还有我的堂哥，一大家子人逃难。从北平逃到上海，又从上海到河内，从河内再到云南，然后到了西南联大。到的时候我还很小，到 1946 年离开西南联大的时候，我也就是 8 岁。

留下的回忆已经很少了，但是印象比较深刻的，我觉得有几点。

年轻时的贺麟

一个就是抗战期间云南的生活环境很艰苦。当时这些教授的薪金是不够维持生活的，吃的穿的各方面都比较差。我记得，我的衣服都是把爸爸妈妈的衣服剪下来改小了以后做的。吃的经常是那种糙米饭、南瓜，一点青菜什么的。因为长久地吃这种东西，有一次我就吃不下去了，哭起来了，我爸爸妈妈就带我到大西门——云南大西门外有个卖牛下水的摊——吃了一顿牛肝，当时觉得这就是一顿最好的饮食了。

家里生活费不够，父亲一个人的工资不够养活我们一家，所以他还写文章、翻译书等，来补助家用。我母亲就绣花，绣围巾、衬衫这些东西，就是到商店领回布料，绣好了以后还给商店，挣这个手工费来补贴家用。我六七岁的时候学会了绣花，就是因为那时候妈妈要绣花来补助家用，我也就跟着学会了。

当时的生活条件是比较艰苦的，但是我感到人们的精神状态——父亲、母亲，经常来的叔叔、伯伯，还有一些来的学生，都是很刻苦地在那做学问，没有很多抱怨。经常有学生和同事到家里来，他们高谈阔论，我也不懂他们谈什么，当时很小，但是知道谈的都是学问上的事情。而且不同的看法可以争论得很激烈，但是都是在探讨学问、做学问，这种精神到现在还留下了很深的印象。

后来，我看到我父亲的日记，写到那一段他经常和他的学生探讨人生、探讨学问，而且是平等地探讨。像任继愈先生，当时是他的学生，他们就能够平等探讨，而且我父亲把自己各方面的情况都跟他交流，大家来探讨。这种师生关系，是非常平等友好的。当时像汤用彤先生、金岳霖先生等，都是哲学界的前辈，大家一起讨论问题都是非常热烈的。大概有这么样一个印象，所以我觉得他们做学问是很认真的。我父亲在那一段时间写了《文化与人生》，还有一些书，我就记不清楚了。总的来说，当时这种做学问的精神，是印象很深的。

另外，给我留下印象的还有大家对日本侵略的愤恨。当时在云南这样一个很边远的地区，日本飞机还跑来轰炸。我们经常要跑警报。跑警报，就是警报一响，大人带着孩子就跑到城外去躲起来，等警报解除了以后再回家。有一次，我们回来发现，我们住的那个小木楼旁边就落了一颗炸弹，房子整个都歪了，不能住了，又搬家。

当时，还有西南联大的一些小朋友。像我们同院住着的雷海宗教授有一个女儿，张景钺教授有一个儿子。我们一些小朋友，大家都是非常友爱的，留下了很深刻的印象。

我们住在北门街，还有一批西南联大的教师住在西仓坡，还有的住在西南联大附近的宿舍里。张景钺、雷海宗、杨西孟我们四家住在北门街一个院里。隔壁的院就是李公朴先生开的北门书屋，李公朴先生住在隔壁。我们这个圈里人比较少，家属的活动范围也比较小，母亲就是洗衣、做饭、绣花，补助家里，别的那些参加得比较少。

我记得，汤用彤先生有几个儿子，但是就一个女儿，后来她在云南病死了，当时医疗条件比较差。汤伯母在那哭，到我们家里来哭，我母亲就把她弄到我们家里住几天，离开那个环境。那是他们唯一的女儿，他们哭得脑袋碰地。

我还记得我上小学第一篇作文不知道怎么写，爸爸妈妈带我去爬了一趟圆通山，然后回来写：春天到了，圆通山的桃花开了，等等。这么一个事印象还比较深。其他方面的印象就不是很多了。还有就是上小学，当时我上的是南菁小学。因为联大附小离得远，没有人送，所以上南菁小学。但南菁小学也很远，出了北门要下一个坡，然后才能走到。北门外那一片是坟地，有时候回来晚，冬天黑得早，有些男孩子淘气，就从坟地里拿个骷髅出来吓女孩。

**访谈人：**您现在从事教育工作，您觉得，西南联大知识分子所形成的精神，或者说那种学范、学风，对我们今天的教育有哪些意义？

**贺美英：**我觉得，非常重要的就是，西南联大在那个艰苦的环境下有一种精神，它是一种民族的精神。振兴国家、反抗侵略的这样一种民族精神，鼓舞了当时的一代青年。这种精神，对我们今天仍然是有意义的。

我们今天学生的条件、环境已经比那个时候好得多了，确实是不能相比了。现在到我们的学生食堂里去走一走、看一看，西南联大的学生食堂、学生宿舍根本不能相比，当时是住在茅棚里、木板房里。但是，在那种艰苦的环境下，这么一种精神是鼓舞、支撑了一代人后来做出成就的非常重要的一个方面。今天我们仍然面临着振兴中华的责任，我们的青年应该学习这种精神。我们不是刻意地非要艰苦不可，但是经过点艰苦，对青年没有坏处。青年仍然要有艰苦奋斗的精神，这种精神对我们的工作、对我们今后的事业都是非常重要的。

还有一点就是西南联大的教学相长。教师之间各种学术思想自由交流、平等讨论、开展辩论，对促进学术的发展有很好的作用；另外，师生之间教学相长、平等讨论，对我们今天的教育也有很重要的启示。所以，我们今天仍然要有这种教学相长的精神，师生之间应该有更密切的联系和接触，来促进学术的发展，这方面也是非常重要的。

当然，联大在“一二·一”运动这一段时期争取民主、争取自由、争取新中国的建立，青年有那么一种革命精神，这种传统对我们今天也是很有意义的。今天在大学里面，我希望学生有这样一种责任感，不是只为自己学习，而是为我们的国家学习。

## 访谈手记

在清华的一个会议室里，忙忙碌碌的贺美英接受了我的采访。

她讲话简洁得体，不事渲染，显示出一种良好的家教。

她说，自己当时幼小，只看见家里不断地来很多人，有老师有学生，他们都很爱争论。

这就是一种做学问的风气吧。

作为家属，她的回忆，有助于人们了解当年教师们的家庭氛围。

这些名人大家的孩子，当年更多的是在生活上感知自己的父辈，还不可能形成完整的认识。对前辈的学问、交往、人际等，往往也需要后天的“补课”。

这也从另一方面说明，当年这些教师们的生命，最精彩的部分活在教育里，活在课堂上。校墙内外，不是一个世界。

# 第六部分

# 特殊人群

1945年12月1日，昆明爆发了“反对内战，争取民主”的“一二·一”运动。本节采访的这批人在“一二·一”运动中担任了不同的重要角色，因此他们对“一二·一”运动的集体回忆，具有特殊的历史价值。

李曦沐：西南联大1941级历史学系学生。曾用名李晓，《国是宣言》的起草者。

李　凌：西南联大1942级学生。《现实》壁报编辑与作者。

王　刚：西南联大1942级历史学系学生。又名王树勋，四烈士治丧委员会主任。

严宝瑜：西南联大1944级外国语文学系学生。为四烈士创作了《送葬歌》，悲声震动昆明城。

张友仁：西南联大1943级经济学系学生。“一二·一”运动学生纠察队队员。

黎章民：西南联大1942级外国语文学系学生。“一二·一”运动参与者。

张敬风：西南联大1940级生物学系学生。“一二·一”运动参与者。

方　堃：西南联大1944级电机工程学系学生。原名胡积善，“一二·一”运动参与者。

听他们的回顾，慷慨激昂，正气凛然。这批人显示出，“一二·一”运动是一次由地下党领导的爱国民主运动。

李曦沐

李凌

王刚

严宝瑜

张友仁

黎章民

张敬凤

方堃

## “一二·一”运动骨干

访谈时间：2001 年春

访谈地点：北京，北京大学，勺园

**方　堃**（中央音乐学院原教务长）：我当时是比较幼稚的一个学生，也是一个比较典型的青年。当时家在沦陷区，为了追求真理，就转到联大去了。其实在联大，自己在政治上还是比较幼稚的。可以说“一二·一”运动给了我很大的教育，所以像我这样的人，很多都是通过“一二·一”运动走上革命道路的。

“一二·一”运动，外面军警打进来的时候，我正在吃饭。一听说，我们就跑出来了，跑到门口，把桌子、椅子等东西都堆起来，不让他们进来。有的同学看到我的脑袋都开了花了，受了伤了，流了血了。

我讲讲我自己的一些事。最开始的时候，我参加了宣传队。李凌他们都是我的老大哥，我是跟着他们走上宣传队的。这是永远忘不了的。在宣传队里面，有个马万钧，他是专门摇宣传品的，每天晚上他都连夜摇宣传品。我们几个宣传队发出去的资料，都是马万钧一手摇出来的，经常摇一夜。我们就扛个凳子，拿个浆糊桶，上街宣传。一边向老百姓宣传，讲事实经过，一边就贴这些宣传品。

还有一些情况，就是我参加了合唱队，当时是歌咏队，叫“高声唱歌咏队”。这个歌咏队对我政治上的影响也是非常深的。我们的总干事，就是黎章民。这个歌咏队当时起的作用是非常大的，特别是“一二·一”游行的时候。中学生、各地方的大学生都集中到西南联大来，然后出发到近日楼什么的地方都转一下，再回来抬在运动中牺牲的四烈士的棺材。

那时候我们歌咏队到处教歌，首先教的就是严宝瑜写的《送葬歌》。那个时候不允许我们喊口号，只允许我们路祭。路祭可以，唱歌可以。严宝瑜是作者，你唱一下。

**严宝瑜等**（合唱）：

天在哭，地在号，
风唱着摧心的悲歌。
英勇的英雄们，
你们被谁残杀了？
你们被谁残杀了？
那是中国的反动派，
那是中国的法西斯，
是中国人民的仇敌。

“一二·一”烈士出殡游行

今天送你们到那永久的安息地，
明天让我们踏着你们的血迹，
誓把那反动的势力消灭。
今天让我们送你到那安息地，
明天让我们踏着你们的血迹，
誓把那反动的势力消灭。

**方　堃**：这个歌，我们到各个队伍去教，当时起了非常大的作用。这个歌一唱，整个街道都凝结了。大家都在听这个歌，大家都在唱这个歌，流着眼泪唱，流着眼泪走。

**严宝瑜**（北京大学教授）：当时四烈士快要出殡了。我们那个时候写歌的人很多，写追悼的歌曲、哀悼的歌曲的很多，可是那些歌曲都比较沉重，慢。出殡的时候需要进行曲，踏着进行曲的步伐才行，所以那些追悼歌不太合适。于是，我在文林街的茶馆里——我们西南联大学生老在那个地方喝茶、念书——就想要作这么一首歌。我当时一共作了两首歌，刚才唱的是一首，还有一首，两首《送葬歌》。

这首歌里面讲的都是我心里真切的感受，还有看到的情形。四烈士死了以后，在灵堂里面，大家说今天国民党很可能派特务来把他们的尸首抢走，灭迹。我跟三四十个同学，就在四烈士的旁边坐着守卫，不让国民党来抢他们。

**方　堃**：当时我们夜里 12 点到灵堂，四烈士还没有入殓，我们就在那里宣誓。我说，我们要不报这个仇，我就不姓胡——我那时候姓胡（原名胡积善），不姓方。这样的事情当时是非常平常的。

另外还有一个事：我们都是宣传队队员，为了宣传，为了团结中学生，我们就穿了西服，擦了胭脂，穿了旗袍，跑到中学里去联络一些中学生。一般人那时候根本没办法进去。我们假借是家长，到中学里去，专门找他们的学生会主席，找跟我们有一些关系的人——我们也不一定认识——把外面的形势告诉他们。当时国民党对中学生控制得非常严，不准他们出来，也不准他们参加活动。

我们这种劲头，我觉得还是非常有意义的，当时的群众工作做得非常细致。作为一个歌咏队队员，我们主要做这些工作，包括刚才说的教唱歌，包括到外面去宣传。

**李　凌**（中国社会科学出版社原副总编）："一二·一"运动不是突然发生的。它是西南联大的地下党员、民青盟员，还有很多进步同学，长期努力的结果，不是突然一下来的。

我是1942年进的西南联大。大家都知道，皖南事变以后，国民党控制得很紧。原来西南联大刚搬来的时候，有群社的活动，唱歌、演戏、下乡宣传都挺活跃。皖南事变以后，国民党就镇压了。我1942年进去的时候，已经有一点进步爱国的思想了，经常感觉非常苦闷。

联大的进步同学、党员，历史系的比较多，我就是历史系的。李晓同志是老大哥，比我早一年；还有王汉斌同志，我们一个宿舍；还有好多同学。平常组织读书会，组织出壁报——壁报有几十种，大多是进步的学生在做。还有高声唱歌咏队、新诗社、剧艺社，通过各种形式来适应不同的兴趣和需要。

很多人是从沦陷区来的，都有爱国的心理。大家也看到国民党的后方很腐败，特别是拉壮丁。闻一多先生对此感触很深，曾眼含热泪。吴晗老师讲课，张奚若、钱端升他们讲演，还有很多进步同学埋头做服务工作。

特别举一个例子，齐亮办伙食团。当时伙食很差，吃的是“八宝饭”——饭里面有老鼠屎，有石头，这算“八宝饭”——根本吃不到肉，也根本没有油。所以，齐亮他们直接到邻近的乡下，不经过政府，去买粮食，改善伙食。

当时我在民青二支部，地下党二支部。郑伯克同志单线联系的时候跟我说，要坚决发动群众，把（军阀）打回去。这是我记忆很深刻的。

1945 年，地下学联决定 11 月 25 日开时事讲演会。其实原来是在云大至公堂开，李宗黄他们一来，就压迫云大的校长熊庆来，不让在至公堂开。我记得，当时党和学联的人就决定改在西南联大。这里得提一个老师，叫叶企孙，过去一般都提得比较少。叶企孙当时是理学院院长，代理校常委。校常委原来是梅贻琦梅先生，那个时候他到北平去准备清华复员的事，所以由叶企孙代理。叶企孙非常勇敢，他说：就在联大开，没问题。他顶住了压力。

参加晚会的有 6000 多人，很多是校外的，出去都在云大那里堵着路。当时联大的同学都很愤慨，罢课的罢课。我们就记得郑伯克同志的话，要坚决把军阀打回去。所以，我和民青二支部的吴民江——吴民江是学物理的——我们一起在新校舍，土房子，大概有 20 多栋，逐个房间征求签名，赞成罢课的就签名。每一个屋进去一说罢课，都同意。一开始逐个人签，后来说签名不好算，说学号。最后，比如我们房间有 35 个人，有反对没有？都同意，没反对的，就记上。比如说5号房间，35个人全同意。结果所有的房子都跑遍了，最后一共签了500多人，500多人都赞成罢课。新校舍的500多人都赞成以后，我们回来就把这个罢课的要求散播出去。

当时联大没有铃，连上课铃都没有，就弄个铁管敲。有些同学把那个铁管藏起来，第二天“铃”就没有响。同时工学院啊，女同学会啊，也都罢课。这么形成的运动。

请王刚谈谈，他是四烈士治丧委员会的主任，送殡那件事都是他跟着操办的。

**王 刚：**后来我也反思，民主运动的主要力量是什么？民主运动是真正的群众运动。（民主运动的成果）是广大的学生群众义无反顾、不畏强暴、艰苦奋斗、英勇牺牲换来的。

11月25日的晚会，国民党捣乱以后，我们第二天就开始罢课，就开始组织宣传队上街宣传。国民党也很怕，它也有口号，叫“宣传对宣传”“组织对组织”“行动对行动”。你开始上街宣传，我就开始破坏。每天都有特务破坏，但是我们宣传队顶得住，不怕强暴。到11月29日那天，就有24个宣传队被打，有15起学生被捕事件，但是我们的宣传雷打不动，我们一样上街。这个精神是值得佩服的。

到了“一二·一”运动，发生了三场战斗：一是在云南大学门口、至公堂；二是在西南联大门口；三是四人牺牲。[①] 那是真枪实弹的，我们的学生群众真是义无反顾，生命都不要了。四烈士也是这么

① 其中一场战斗发生在联大师范学院，四烈士中的潘琰和李鲁连都是师范学院学生，他们在对暴徒的抵抗中受重伤并牺牲。

牺牲的。这一点，我的印象太深了。人死了，事情闹大了。我们的宣传队由 100 个人增加到 150 个人，罢课的学校由十几个增加到 42 个。全昆明市 44 个学校，大中学校有 42 个罢课。那两个学校为什么不罢课？它是国民党办的。能罢课的都罢课了。

我们的宣传队不断增加，活动内容也丰富了，赶写了《凯旋》等四个活报剧，编了六首歌曲，反战的歌曲。上街的宣传队形式也丰富了，有表演的，有讲演的，有演戏的，有唱歌的，有发传单的，有跟群众谈话的。整个昆明市全是宣传队了，市民都围着，成了一个大海洋，揭发控诉国民党的一个宣传大海洋。这个印象特别深。

**张敬凤：**我是中国民主同盟昆明支部的，我叫张敬凤。我 1944 年已经毕业了，就在云南中学教地理。

我们联大师生，尤其是爱民主、爱革命的这些师生，比如潘光旦老师，他只有一只腿，可是他拄着拐也参加游行；还有吴晗、闻一多、曾昭抡，他们走到队伍的前面，走到队伍前面很危险，但他们就领着头走，而且丝毫不知疲倦，从开始一直到夕阳西下。我们又回到四烈士墓地的时候，闻一多老师还特别激动，说血债要用血来还。我们特别凄惨，可是我们没有忘记，革命的血不是白流的。

一提到这事，我就想到，每一次民主运动，我们的老师们都要参加，尤其是李公朴。他为了参加民主革命，被特务害死了，就在昆明的大兴坡。闻一多老师听说了，就拍桌子，说：今天我出来了，就不应该回去。所以，我们从上午出来一直到下午，也不知渴，也不知饿，心里就是悲悲切切的，怀念我们的革命烈士，为革命贡献生命的烈士。

**黎章民**（人民音乐出版社原社长）："一二·一"运动那年，我们正要毕业，离开学校。我们当时就指挥大家唱歌，高声唱歌咏队的队员就唱《我们反对这个》，"这个"就是违反人性、伤害人民的事情。尽管他们打枪打炮，我们还是冒着险听讲演、唱歌。

**严宝瑜**：后来，那个枪弹越来越低了，我们是趴在地上唱的，趴在地上还唱。

**黎章民**：同学们很愤慨，就开始罢课，宣传队上街什么的。文艺队伍在西南联大是势力很强的，有很多民主的社团，有学生会，有各个班的班会，又有民青——民青就是地下党领导之下的组织，受过地下党教育的。

当时的文艺作品很多，比如严宝瑜的《送葬歌》，还有《告同

"一二·一"烈士出殡，队伍前面有查良钊、李继侗、闻一多等

胞》《告士兵》《凶手你逃不了》，那是我们学生在宣传队里写的。老师其实也写了很多。闻一多先生，我记得他写过“一二·一”运动的经过，好像叫《“一二·一”运动始末记》。冯至，诗人，北大西语系的主任，他就写过《招魂》。

我记得最清楚的是潘琰同志，她是我们联大师范学院的同学。她死的时候，像严宝瑜同志刚才讲的，我们很多同学都守在旁边。古昭筝，潘琰的好朋友，在车里面抱着她，帮她洗脸。

**严宝瑜**：运动中有受伤的、快死的同学，被抬到云大医院，我就跟着去。那个血就从行军床上流下来，所以我那首歌里“踏着他们的血迹”，不是一句修辞的话，是事实。我就送他们，一直送到云大医院，有的人在路上就断气了，好多女同志在那儿哭，这些我都看到

同学们围在“一二·一”运动中惨死的潘琰的身旁

了。还有缪祥烈，他的腿受伤了，后来给他开刀，把腿锯掉了。那些血淋淋的东西，我都是亲眼看见的。他们抬着的人的血就流到地上。最后就弄到联大图书馆去，我们大家就去守着他们。

**张友仁**（北京大学教授）：我叫张友仁，“一二·一”运动以前，在西南联大受到党的革命的教育。我作为一个普通群众参加了“一二·一”运动。入党那是后来的事了，当时还是个群众。

“一二·一”运动当天，我在新校舍大门里面抵抗敌人的进攻。外面军官总队不断往里扔砖头，还扔破的炮弹壳。有的同学就爬着梯子上去，一个女同学说：不要打了，中国人不打中国人！喊着中国人不打中国人，一个砖头打到她脸上，给她打下来了。我们就在里面守着。

“一二·一”运动当天，同学们坚守学校大门

校门是木头的，木头校门挡不住，要打破了的。我们临时就把学校的扶手椅，木头的椅子，壁报架子，黑板什么的，堆在这个门里面。门里面都堆满了，让敌人进不来。结果门还是打破了。这个门大概攻了一个多小时，打破了几块，特务就钻了进来。那个人叫崔俊杰，他一钻进来，我们就拿棒子打，给他打倒了。还俘虏了一个，其他的就抱头鼠窜了。

几个同学抓着崔俊杰的手往里送，送到图书馆前面的教室里。那时候有个护士学校的学生在那里，还宽待俘虏，还给他治伤，给他包扎什么的。一直到晚上，才由校卫队用行军床把他抬回北面的营房里去。那个时候就学共产党的政策，要宽待俘虏。

门口就这样打来打去，斗了一个多小时。听说在门外，于再烈士就是这个时候牺牲的。这是当天上午。斗争大概一直延续到 12 点多，1 点左右，敌人才退走，我才到食堂吃饭，看见饭都快吃完了。

紧接着，下午我们要巩固校门。当时膳团都在图书馆后面的矮土山里面，膳团里面有装米的麻袋，我们把山上的黄土装在麻袋里，拿到新校舍门口堆起来。像战场似的，一个个麻包堆起来。我们这些学生当时组织了纠察队，在门口守卫，一次有好几个人。中间休息的时候，我们回到宿舍。有的人说：我们是准备不要命的，是敢死队，是准备牺牲的，大家在死以前照个相吧。有一个同学，叫王泽明，刚好有照相机，就给我们照了一张照片。上面有六七个人，我们休息时照的照片。

那张照片很珍贵，云南“一二·一”运动纪念馆里有。十多年前，纪念馆刚成立的头天晚上，中央电视台里播过这张照片。不但播过这张照片，还播过这张照片的背面，我当时写的大概是，同学们非常气愤，准备牺牲了，牺牲前照了这张照片。北大的烈士纪念碑上有姜涵的名字，姜涵也在那张照片里。

后来连续几天，都是我们纠察队轮班的。纠察队守门，有证件、可靠的人才可以进来，闲杂人员不让进来。当时有的中学生没戴校徽，也没带学生证，怎么办？只好让周围那几个带了的人证明你是他们同学，才能进来。

**黎章民：**我随手抄了一个我们高声唱歌咏队的挽联，作为例子："喉咙也能扼住，旦夕将唤醒民众；鲜血岂会白流，迟早要淹死你们。"这是我们高声唱歌咏队送的一对挽联，当时的挽联有几百条。反正你进去，像穿街过巷一样，密密麻麻都是挽联。每读一条，我们都感动得下泪。那个灵堂，每天都有成千上万的昆明民众去受教育。

**王　刚：**昆明是30万人，参加吊唁的一共15万人。

**黎章民：**那些士兵进去以后，就跟我们说，我们不会打你们学生，中国人不打中国人。

**张友仁：**"一二·一"的灵堂，我照的有照片，很清楚，挽联上面的每个字都能看得清楚。这张照片后来给"一二·一"运动纪念馆了。现在都用那张照片来展示四烈士灵堂，上面有四烈士的遗像。

**严宝瑜：**我提供几个事实。一个是关麟征曾经要到灵堂去看望、道歉什么的，有个外国人，就是我们的老师罗伯特·温德，美国教授，也是同情"一二·一"运动，同情学生的，当场责问这个关麟征。我们都看到了。这是一件事。

还有一件事，就是那天时事晚会完了之后，大家说要罢课，各个宿舍都酝酿着要罢课，但是南院女同学没有人通气，就委托我一早去南院，就是女生宿舍，去告诉她们新校舍要罢课。当时有个女同学会，然后她们就都知道了，女同学就一起来了。这是第二件事。

第三件事，那时还没发生惨案，我们天天到外面去宣传，跟我们的老大哥刚才讲得一样，喉咙都是哑的。我们作了好多歌，当中有个比较有效的歌，就是《告同胞》，告诉各行各业不要打内战。还有一个，是我写的:《告士兵》。因为打内战的都是兵，这个歌就是专门告诉国民党的兵，你的枪口不要对着自己人。这两个歌相当普遍的。当然，还有《茶馆小调》《五块钱》等，这些是非常流行的。高声唱歌咏队主要的一个队就在近日楼那个地方宣传。那里特务很多,《茶馆小调》里有个角色是老板，茶馆的老板要夺枪，特务看见你夺枪，就要抓你了，所以那个唱歌的就把帽子往底下弄一下，特务就认不出他是什么人了。这是第三件事。

第四件事，我那时候是民青成员，我们开始罢课以后，民青的哪一个同志，我也不知道，叫我到云南乡下找李明，叫我秘密地找那个党员，我根本不知道谁是党员——

**李曦沐**（原国家测绘局局长）：为什么找李明？李明是党员，是第二支部还没毕业的一个主要负责人。他有肺病，在乡下养病。他是从延安抗大回来的。请他回来领导运动。

**严宝瑜**：因为整个的罢课开始了，然后民青有个人叫我去，因为我这个人个儿有点矮，像个小孩，所以人家根本就看不出我是什么人来。我坐着马车，一直到安宁乡下去，把李明请回到西南联大来。共产党在底下对这个运动（非常支持），这是一个证明吧。

**方　堃：**非常支持“一二・一”运动。赵峰同志当时写过一个《送葬歌》，但后来没唱。

**严宝瑜：**赵峰同志谱了冯至写的《招魂》，一个合唱，但没有流行出来。

**方　堃：**还有孙慎同志写的《我们反对这个》，就是反对这个内战。这个时候我们就唱他们的歌。

另外，我感觉要写“一二・一”运动，必须写“一二・一”运动以后对全国的影响。这个影响是非常大的。不说别的，就说我们复员的三个学校，北大、清华、南开，回到北平、天津以后，把北平、天津、唐山等华北一带的学生运动掀起来了。当时这些人带过来的精神，就是“一二・一”的精神。

那个时候就歌咏队来讲，清华有“大家唱”——咱们叫“高声唱”，到清华叫“大家唱”——到了南开叫“南星合唱团”，到了北大叫“北大沙滩合唱团”。这些把北平的师范大学、燕京大学、辅仁大学、中华大学，还有朝阳大学，都掀起来了。后来成立了华北学联，歌咏队就叫“华北歌联”。这些活动是“一二・一”运动影响的结果。其实不仅仅是北平，也不仅仅是华北，对华中、华南都有直接的影响。

# 第七部分

## 特别追忆

“千秋耻，终当雪；中兴业，须人杰。”西南联大校歌中的这句词，也是最强音。

那压迫与威胁着这个民族的奇耻大辱，那随时可能被侵占、被瓜分、被凌辱的遭遇，已经成为历史。

中国有了“两弹一星”，进入世界大国行列。

许鹿希女士的身份不同于前面任何一部分人，她是西南联大一位学子的家属。

邓稼先，这个重如泰山的名字，代表一代学人，完成了报国大业。

我曾见过许鹿希的父亲许德珩先生一面，那是在我们北大 1977、1978 级捐款铸造蔡元培校长铜像落成的日子，这位五四运动的先驱人物回校了。

我想，这大概是许女士愿意让我成为“第一个”采访者的原因之一。

造原子弹是一项机密的工作，正是从邓稼先和他的家庭所经历的那些岁月中，我们可以去理解那一批人，那一代中国最初的国防科技事业的献身者们。

从他们忘我的奋斗中，我们其实是在了解自己，了解这个民族“站起来”的艰辛之路。

许鹿希（1928— ）

许鹿希，邓稼先夫人。

邓稼先（1924—1986），核物理学家。安徽怀宁人。1945 年毕业于西南联大物理学系。1980 年当选为中国科学院学部委员（院士）。

访谈时间：2001 年 5 月

访谈地点：北京，北京大学医学部，邓寓

**许鹿希**：在 1993 年，杨振宁先生给邓稼先写了一篇传。这个传的题目叫《邓稼先》，实际上是一个科学家对另一个科学家的评传。这个传里面有一张相片，这张相片是 1949 年在美国芝加哥大学拍的。那时候杨振宁 27 岁，邓稼先 25 岁。还有杨振宁的弟弟，叫杨振平，20 岁。杨振宁和邓稼先从十几岁在崇德中学时就是同学，之后在西南联大是同学，然后在美国又曾经住同房间。邓稼先 1950 年得到博士学位以后就回到中国来。杨振宁先生留在美国。等到他们再见面的时候，已经是 1971 年。杨振宁先生对邓稼先的了解是比较深的，他自己说："50 年的友谊，亲如兄弟。"这篇文章里有。

我讲一个小故事。（当年中国）造原子弹、氢弹，造核武器的保密程度，上不告父母，下不告妻子、儿女。保密到什么程度呢？杨振宁先生 1971 年第一次回到新中国，那时候中美还没有建交。他很想知道干核武器的有没有一个外国人参加，因为 1964 年我们第一颗原

1949 年，杨振宁、邓稼先、杨振平在美国芝加哥大学

子弹爆炸以后，美国就有一个谣言，说有美国的科学家参加了中国原子弹的设计。杨先生就非常想从邓稼先嘴里知道，是不是有这么回事。因为他 1964 年在美国的报纸上已经看见造原子弹的科学家名单，里面有邓稼先，所以他就一直不问邓稼先做什么工作。邓稼先也不能够告诉人家做什么工作。他只说我在外地工作，可是也不说是什么工作。等到杨先生从北京要走了，到了机场快上飞机的时候，在飞机旋梯旁边，他突然转过来问邓稼先，问了一句非常聪明的话：稼先，我在美国听人说，有一个美国科学家，叫作寒春的，曾经参加中国的原子弹设计，是不是真的？

这句话问得非常聪明。如果邓稼先说是真的或者说不是真的，就表明邓稼先自己是参加原子弹设计的——用这个话就可以知道邓稼先是不是干原子弹的。邓稼先也非常为难，他不能够欺骗老朋友，说我不知道。他也不能如实地告诉杨振宁说没有，都是我们中国人干的，没有一个外国人。所以，邓稼先想了想就说：你先上飞机，这事以后我告诉你。

杨振宁上了飞机以后，邓稼先马上回来向上面汇报。周恩来总理知道以后就告诉邓稼先，说你如实地告诉杨振宁先生，中国的原子弹、氢弹等核武器没有一个外国人参加，全是中国人自己干出来的。那天晚上信使来的时候已经很晚了，差不多是晚上 11 点通知他的，邓稼先非常高兴，激动得不得了，马上就在这儿（指身边的桌子）写了信。

1986 年 6 月 24 日《解放军报》头版头条，把邓稼先跟“两弹”元勋联系起来了。就是说，从 1986 年的 6 月 24 日这一天开始，中央军委决定给邓稼先“解密”——这之前不允许把邓稼先跟原子弹、氢弹联系起来。可以知道，邓稼先以前非常另类。这一天《解放军报》《人民日报》同时登出《“两弹”元勋邓稼先》，表明从这以后，邓稼先可以“解密”。因此，刚刚说的 1971 年杨振宁先生来的时候，是不允许邓稼先“解密”的，不允许他自己跟人家说他是干什么的。

这个事情保密到什么程度呢？保密到谁都不知道。第一颗原子弹爆炸成功的时候，邓稼先正在新疆罗布泊，那个苏联基地，很多科学家在那里判读结果。“判”就是判别的判，“读”就是读书的读。就是看第一颗原子弹爆炸的当量是多少。正在判读的时候，他们党委书记就给邓稼先一张飞机票，说你赶快回北京。那时候就告诉他，他母亲病危。在这以前，我怎么也没有办法把邓稼先叫回来。领导就说他有非常重要的事情，一到他可以走的时候，他马上就到。他母亲已经昏迷很久，非常难以维持地在医院等。那个党委书记非常好，把车也准备好了，加满了油，两个司机轮流开车。罗布泊在新疆的戈壁滩上，从那里开车到乌鲁木齐飞机场。到了乌鲁木齐飞机场以后，直接就飞到北京。那时候北京的机场叫西郊军用机场。到那下飞机以后，我从机场直接把他带到医院。他看了他母亲最后一眼。在他母亲病床旁边，第一颗原子弹爆炸成功的号外才公布出来。那时候他父亲母亲才知道他是干什么的。这是一段。

再说一个故事。你想知道我是什么时候知道的，这个话就得从 1958 年 8 月开始说起。1958 年 8 月，钱三强先生跟邓稼先说，要调动他的工作。1958 年以前，邓稼先是在中国科学院原子能研究所做副研究员。那时候钱三强先生就要给他调动工作，调到当时的二机

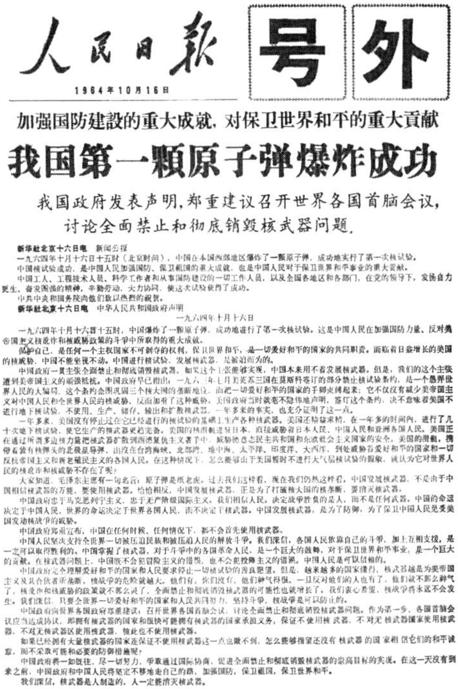
人民日报　号外

1964年10月16日

加强国防建设的重大成就，对保卫世界和平的重大貢献

我国第一颗原子弹爆炸成功

我国政府发表声明，郑重建议召开世界各国首脑会议，讨论全面禁止和彻底销毁核武器问题

**新华社北京十六日电**　新闻公报

一九六四年十月十六日十五时（北京时间），中国在本国西部地区爆炸了一颗原子弹，成功地实行了第一次核试验。

中国核试验成功，是中国人民加强国防、保卫祖国的重大成就，也是中国人民对于保卫世界和平事业的重大贡献。

中国工人、工程技术人员、科学工作者和从事国防建设的一切工作人员，以及全国各地区和各部门，在党的领导下，发扬自力更生、奋发图强的精神，辛勤劳动，大力协同，使这次试验获得了成功。

中共中央和国务院向他们致以热烈的祝贺。

**新华社北京十六日电**　中华人民共和国政府声明

一九六四年十月十六日

一九六四年十月十六日十五时，中国爆炸了一颗原子弹，成功地进行了第一次核试验。这是中国人民在加强国防力量、反对美帝国主义核讹诈和核威胁政策的斗争中所取得的重大成就。

保护自己，是任何一个主权国家不可剥夺的权利。保卫世界和平，是一切爱好和平的国家的共同职责。面临着日益增长的美国的核威胁，中国不能坐视不动。中国进行核试验，发展核武器，是被迫而为的。

中国政府一贯主张全面禁止和彻底销毁核武器。如果这个主张能够实现，中国本来用不着发展核武器。但是，我们的这个主张遭到美帝国主义的顽强抵抗。中国政府早已指出：一九六三年七月美英苏三国在莫斯科签订的部分禁止核试验条约，是一个愚弄世界人民的大骗局。这个条约企图巩固三个核大国的垄断地位，而把一切爱好和平的国家的手脚束缚起来；它不仅没有减少美帝国主义对中国人民和全世界人民的核威胁，反而加重了这种威胁。美国政府当时就毫不隐讳地声明，签订这个条约，决不意味着美国不进行地下核试验，不使用、生产、储存、输出和扩散核武器。一年多来的事实，也充分证明了这一点。

一年多来，美国没有停止过在它已经进行的核试验的基础上生产各种核武器。美国还精益求精，在一年多的时间内，进行了几十次地下核试验，使它生产的核武器更趋完备。美国的核潜艇进驻日本，直接威胁着日本人民、中国人民和亚洲各国人民。美国正在通过所谓多边核力量把核武器扩散到西德复仇主义者手中，威胁德意志民主共和国和东欧社会主义国家的安全。美国的潜艇，携带着装有核弹头的北极星导弹，出没在台湾海峡、北部湾、地中海、太平洋、印度洋、大西洋，到处威胁着爱好和平的国家和一切反抗帝国主义和新老殖民主义的各国人民。在这种情况下，怎么能够由于美国暂时不进行大气层核试验的假象，就认为它对世界人民的核讹诈和核威胁不存在了呢？

大家知道，毛泽东主席有一句名言：原子弹是纸老虎。过去我们这样看，现在我们仍然这样看。中国发展核武器，不是由于中国相信核武器的万能，要使用核武器。恰恰相反，中国发展核武器，正是为了打破核大国的核垄断，要消灭核武器。

中国政府忠于马克思列宁主义，忠于无产阶级国际主义。我们相信人民。决定战争胜负的是人，而不是任何武器。中国的命运决定于中国人民，世界的命运决定于世界各国人民，而不决定于核武器。中国发展核武器，是为了防御，为了保卫中国人民免受美国发动核战争的威胁。

中国政府郑重宣布，中国在任何时候、任何情况下，都不会首先使用核武器。

中国人民坚决支持全世界一切被压迫民族和被压迫人民的解放斗争。我们深信，各国人民依靠自己的斗争，加上互相支援，是一定可以取得胜利的。中国掌握了核武器，对于斗争中的各国革命人民，是一个巨大的鼓舞，对于保卫世界和平事业，是一个巨大的贡献。在核武器问题上，中国既不会犯冒险主义的错误，也不会犯投降主义的错误。中国人民是可以信赖的。

中国政府完全理解爱好和平的国家和人民要求停止一切核试验的善良愿望。但是，越来越多的国家懂得，核武器越是为美帝国主义及其合伙者所垄断，核战争的危险就越大。他们有，你们没有，他们神气得很。一旦反对他们的人也有了，他们就不那么神气了，核讹诈和核威胁的政策就不那么灵了，全面禁止和彻底销毁核武器的可能性也就增长了。我们衷心希望，核战争将永远不会发生。我们深信，只要全世界一切爱好和平的国家和人民共同努力，坚持斗争，核战争是可以防止的。

中国政府向世界各国政府郑重建议：召开世界各国首脑会议，讨论全面禁止和彻底销毁核武器问题。作为第一步，各国首脑会议应当达成协议，即拥有核武器的国家和很快可能拥有核武器的国家承担义务，保证不使用核武器，不对无核武器国家使用核武器，不对无核武器区使用核武器，彼此也不使用核武器。

如果已经拥有大量核武器的国家连保证不使用核武器这一点也做不到，怎么能够指望还没有核武器的国家相信它们的和平诚意，而不采取可能和必要的防御措施呢？

中国政府将一如既往，尽一切努力，争取通过国际协商，促进全面禁止和彻底销毁核武器的崇高目标的实现。在这一天没有到来之前，中国政府和中国人民将坚定不移地走自己的路，加强国防，保卫祖国，保卫世界和平。

我们深信，核武器是人制造的，人一定能消灭核武器。

《人民日报》号外

部——二机部就是核工业部。做什么工作？做理论部主任。调动工作那一天，钱三强先生跟邓稼先这么说：国家要放一个大炮仗，调你去做这个工作，怎么样？邓稼先听了钱先生这句话以后，心里咯噔一下，就知道是调他去做原子弹。他马上就明白，这个大炮仗就是原子弹。他当时就问：我能行吗？钱先生就给他讲了一些道理，他就服从调动了。

那天晚上，我们俩一夜都没睡觉，谈了一夜。他没有告诉我是造什么东西去，他就告诉我他要调动工作。那时候调动工作很普通，就是组织上调哪儿就是哪儿。我说：你调哪儿去？他说：调哪儿去不能说。我说：那你给我个信箱，我们通信吧。他说：也不能通信。我说：你干什么呀？他说：干什么不能说。我说：你在哪儿？他说：也不能说。后来他就跟我说了这样一句话，以后家里的事情他不能管了，都靠我了。

那时候我30岁，邓稼先34岁。那是1958年，我的孩子一个4岁，一个2岁。后来，我们俩谈了很久。他当时也谈了很多，日本人怎么欺负中国人，朝鲜战争咱们怎么受欺负，说了很多。这些事情我也经历过，他说什么，我就听着。最后他突然说了一句话，他说：我今后的生命就交给今后的工作了，我要干好这件事，就是为它死了也值得。他说这句话以后，我就掉眼泪了。我当时就预感到，他要做一件很重要的事情。

我当时也很困难，才30岁，两个孩子太小，我母亲也病了，他的父母也是有病，他父亲有肺病，他母亲有哮喘病。家里也很复杂，担子也很重。可是，我当时看他那么坚决，我就说我支持你。那个时

1958年，邓稼先接受研制原子弹任务后与许鹿希和儿女合影

候，我知道他要干一件非常重要的事情，是国家需要他。可是我没有跟他说明，我也不再问他。从此以后，在他嘴里没有一次跟我说过他是去造原子弹。当然，我是猜出来的。

曾经有一个记者问过我，说第一颗原子弹成功了，满街都是大家高兴的样子，满街人都欢快地拼命跳，抢着买那个号外，抢着买那个《新闻公报》，周恩来总理在人民大会堂宣布消息的时候，3000 多文艺工作者高兴地跳，拍手欢呼，许鹿希，你的感觉是怎么样的？我说，我们没有，我们这么多年都是提心吊胆的，现在是干成了，要是没干成怎么办？我们非常害怕出不来干不成，那没法向国家交代。所以，我们的心都提到了嗓子眼上。

等到第一颗原子弹成功了，号外出来了，《新闻公报》也出来了，我们的心情才是一块石头掉地，好像蜷在嗓子眼的一颗心掉在肚子里面。可是一直等到我在飞机场接邓稼先回来，送他到医院去看他妈妈，我们都是心照不宣。他也明白我知道他干什么事去了，可是从他嘴里没有说出来"我是去造原子弹了"，没说过这句话。

这句话真正挑破的是谁？这是一个小故事。这事完了以后，过了几天吧，严济慈先生——中科院原来的副院长——到我父亲家，因为严济慈先生跟我父亲许德珩、我母亲劳君展是留法勤工俭学时的朋友，所以很熟很熟。我爸爸就问严伯伯：搞出原子弹来真是太好了，是谁有这么大本事，把中国原子弹给搞出来了？严伯伯就笑得要命，哈哈大笑，说你还问我，你去问你女婿去。这一句话才真正把这个事给挑明了。我们全家人都知道，是邓稼先搞原子弹。这次是真正地点破了。

许鹿希与张曼菱

还有一个小故事。杨振宁先生1971年夏天第一次回到新中国。那个时候中国和美国还没有正式建交，1972年中美才正式建交。他一得到美国人可以回中国的信息，马上就飞了回来。他是怎么飞回来的？那天杨先生来我们家的时候跟邓稼先说，这次特别快，他是从纽约飞到巴黎，在中国驻法国的大使馆拿的签证。在美国的时候，有人就告诉杨先生：你要想在巴黎拿到中国大使馆的签证，至少要等俩礼拜。所以，杨先生到了巴黎以后就去饭店订房间，人家问他要住多少时间，他就定了俩礼拜。订好房间以后，他马上就到中国驻法国大使馆去拿签证。

他到大使馆，把他的护照拿过去，大使馆的人非常客气，说杨先生请坐，还倒了一杯茶。他一杯茶还没喝完，签证就拿出来了，签好了。杨先生跟邓稼先说，他的签证快极了，15分钟。所以当时他马上就回旅馆，说那个房间不要那么多天了。他马上又订第二天的飞机票，从巴黎直飞上海。那时候只有法航才能飞中国，美国没有飞机直飞回来。

杨先生到了上海，下了飞机以后，咱们中国就有接待的人。接待的人问他：你要见什么人？杨振宁先生就开名单，在北京要见的第一个人就是邓稼先。杨先生这个名单一开，马上被上报中央。周恩来总理一看，说把邓稼先找来，让邓稼先见客人。这个时候才通知青海二二一那个学习班，那些人就只好把邓稼先放回来，放到北京。你想，被批斗的邓稼先一走，那个学习班也就散了架子，等于救了一大批人，像于敏、陈能宽、胡思得，一批非常棒的科学家全都被救了。

邓稼先一回到北京，我就觉得他满身冒火似的，因为受了那么久的窝囊气，简直就是太岂有此理了。细节就不说了。科学允许试验、失败，找出原因再改正，再失败再找出原因，再成功。没有那么顺利，一次就成功的，不能一点弯路不走。走一丁点弯路，就说你是在搞反革命破坏，就说你是反动学术权威，这不对。那时候不讲理，弄那些完全不懂的年轻的复员军人在管。

就是这个小故事。杨振宁先生在本人完全不知道的情况下救了邓稼先，也救了一大批人。这个故事，一直到很晚我才知道。我还说，杨先生怎么那么快，也那么巧回来？后来才知道，他想回到中国来看他父亲，来探亲。他父亲叫杨武之。杨武之先生给周恩来总理打了一个报告，周恩来总理马上就批了，同意。而且是周总理通知了中国驻法国大使馆，所以法国大使馆才能那么快，15 分钟，就把签证办出来了。

好像有老天爷保佑，要不是周总理批得那么快，要不是杨振宁先生那时候来，也不会这么快就把邓稼先他们这些人救出来。我心里非常感激杨振宁先生。邓稼先回来的时候就跟我说：这一次回来不单是见客人，见老朋友，真是救命，不但救了我邓稼先，还救了我们这一拨。我就觉得，也许真是老天爷保佑，我们中国的核武器事业没有断。

**访谈人**：邓稼先生病去世是否跟他这么长期的这种工作，还有他受迫害的压力有些关系？他对自己的人生、自己的事业有没有留下一些话？

**许鹿希**：这些事，是心里非常害怕碰的。在心里头，总会有一些伤心的事情不愿意去碰。我先说一件事。

1958 年以前，邓稼先是在中国科学院做理论工作，发表一些文章。那时候他生活在完全公开的场合。另外，当时他的薪水很高，因为他从美国回来，是副研究员。我在医学院当教员，我的工资也可以。所以我们两个生活非常舒服。我们有两个孩子：一个儿子，一个女儿。有人曾经问过我：邓稼先搞了核武器以后，你们最大的牺牲是什么？我们最大的牺牲，是我们失去了那个轻松愉快、悠闲舒适的生

1950 年，邓稼先获美国普渡大学博士学位

活环境。

从 1958 年以后，我们一辈子心都提到嗓子眼上。没有一个国家的核武器制造，是一批科学家干完原子弹干氢弹，干完氢弹干中子弹，干完中子弹干二代。没有一个国家的核武器是一批科学家从头干到尾的，别的国家都是换人干。邓稼先他们是从头干到尾，所以他等于是干了一辈子。这一辈子，在他来说，是沉重的负担；在我们家属来说，心总是提到嗓子眼上。干成功一次，心才放进肚子里。邓稼先在 1958 年 8 月接受任务的时候，已经下决心为这个事业不惜一切。我理解他的心情，当然也是因为我们受过日本鬼子的迫害。

对他来说，对他的生命来说，最大的一次伤害是核试验曾经失败过一次。有一次，一颗弹从飞机上掉下来，本来应该是用降落伞让它慢慢掉，它很高，那个高度现在是保密的，不能说，从很高的高度向下扔，扔的时候降落伞打开，掉到一定高度的时候再炸——这是理想的试验过程。可这次失败是降落伞没打开，从那么高的高度一下就掉下来。这个掉就有问题了，就是它距离原来那个爆心很远。有降落伞，一定有一个爆心，要在非常准的地方爆，可是没有降落伞的话，它就成了自由落体，又有风吹，就爆得很远。最后就完全摔碎了，摔碎的弹片大概有半个足球场那么大，在戈壁滩上，摔得那么大一片氢弹的弹片。可一个氢弹必须带一个原子弹，所以等于是一颗氢弹、一颗原子弹全摔碎了。这是“文革”刚刚结束的时候，因为受到“文革”破坏，所以那个降落伞没造好。

这个事情现在可以说了，因为有人已经写出书来了。当时数完十九八七六五四三二一起爆以后，没有蘑菇云，没有响动。到底这个核弹到哪儿去了？这时候，就派了很多防化兵去找。大概知道方位，可是防化兵不认得那些摔碎的弹片。所以，邓稼先就亲自去找。为什么他亲自去找？因为每一次弹要放飞、要爆炸之前，要有一个专家签字，当时邓稼先是九院院长，一般都是他签字。签字的意思就是，他向祖国负责，这个弹已经造成了，可以放响，可以炸响。邓稼先签完字以后，这个弹没响，到底哪儿去了？邓稼先就决定自己去找。

当时，基地的领导叫陈彬，这个人非常实在，他说：老邓，你不能去，你的命比我的值钱。他说了这样恳切的话，让邓稼先不要去。邓稼先当时顾不了这些，马上上了吉普车就走了。跟邓稼先一块上吉普车的，是二机部的副部长，叫赵敬璞，他和赵副部长两个人一块去找。那个吉普车就在戈壁滩上到处跑。大致知道那个方向，因为防化兵已经知道了方向。到了那以后，弹片邓稼先当然认得了，因为是他们自己造的，他一下就看到摔得很碎的一大片。他下车以后就跟赵敬璞副部长说：你们停住，你们进去没用。他把别人呵在外头，他自己进去。这一次对他是很大的伤害。他进去以后，就弯着腰，一步步在地上走，一步步找。最后他一下就找到了，那是他那个摔碎的弹。

那个时候邓稼先什么也不顾了，他就用手把那个弹捧起来。那是有非常强的放射性的，对人的损害是不得了的。他拿起来一看就知道，它没有核爆炸，只是摔碎了。他就退回来跟赵敬璞副部长说：平安无事。意思就是，对中国来说，对人民来说，对老百姓来说，平安无事。可对邓稼先来说就惨了，他回来以后马上就住医院了。

住院的时候发现，他尿里面都是有放射性的，别人就没办法了。我当时知道他肝坏得很厉害，当时我非常害怕他得肝癌，他吃了很多保肝的药。这一次是致命的一次。当然，在这以前，还有很多次。这一次留了一张非常珍贵的照片。这以后，他身体就非常坏，而且在身体非常坏的情况之下，他还是把中子弹的原理试验给搞成了。

中子弹的原理试验，也是去罗布泊做的。原来不敢说咱们有中子弹，不允许说，中子弹在 1984 年的时候就成功了。可是人家老说我们偷他们的。后来我们中国政府就直接说了，说用不着偷你们的，我们自己早就干成了。这指的就是这一次。

邓稼先是在 1985 年得的癌症。发现癌症的时候，已经很晚了。他 1986 年去世，在医院住了 364 天，差一天到一年。他在医院里面做的最重要的一件事，就是在病床上向中央写了一份建议书。他知道自己已经癌症晚期了，就建议在这以后中国核武器应该怎样发展。这

邓稼先（左）与赵敬璞在核试验基地

个建议书非常重要。1986 年他去世以后，接着他干的九院的几位院长、中国核武器研究院的同事，就按照建议书的这个路子发展，因为建议书把方案、路子全都定好了，他们就按照这个继续做下去。

我们中国是在 1996 年 7 月 29 号，邓稼先逝世正好 10 周年的那一天，做了最后一次核试验，就是第 45 次核试验。我们中国一共做了 45 次核试验。挑这一天，就是挑邓稼先逝世 10 周年，纪念他。放完以后第二天，《人民日报》大字标题：中华人民共和国政府声明，从 1996 年 7 月 30 日起，中国暂停核试验。中国也不做了，然后就在联合国协议上签字了。

邓稼先是在病非常重的时候向中央写的建议书，他是 1986 年 4 月份签的字，7 月份去世的。最后，他总算是，45 次核试验，从始到终，给我们中国干了下来。现在我们中国很不错，可以用计算机模拟，在实验室里可以达到像蘑菇云爆炸一样的效果，所以咱们老百姓其实可以很放心。不受人欺负，得要有个武器。

当然，对邓稼先本人来说，这一生负担非常重，而且有些残酷。就是不管病到什么程度，身体在什么程度之下，他最后还是想着把核武器事业干下去，为了我们中国不再受欺负。我想，这一点也许是一个最大的安慰。

## 访谈手记

邓稼先的夫人许鹿希女士，是五四先驱许德珩的女儿。

校友会沈克琦先生给了我一个电话号码，并告诉我：“做好被拒绝的准备。”

果然，电话打过去，许鹿希一口拒绝。她说：“我又没造原子弹。”

这是出自书香名门和英雄遗孀的一种高洁与持重。

她不是不想谈，而是太珍视。她有许多层面的要求，所以不愿意让不懂事的人随意踏入这块圣地。

我必须抓住这一线希望。幸好，许女士没有放电话。我就讲，我能理解，我是一个北大的学生，不会做那种令她生畏的炒作。她所熟悉的一些人都与我合作过，并信任我。总之，拍摄西南联大的这部纪录片，不能没有邓稼先的事迹。

最后我“咄咄逼人”了：“如果您不讲，就没有人知道邓稼先的那些伟大事迹、他的精神与思想，以及他究竟为什么奉献自己。我们这个民族需要的，还不只是在空中爆炸的原子弹，我们更需要邓稼先的这种精神上的原子弹。您说，现在的人们和下一代，是不是太需要知道这些了？”

她说：“有书，我们已经写了一本书了，都在里头呢！”

我能感觉到，她已经有些认同我了。

我说：“许女士，当今社会，我们不能放弃媒体，放弃大多数人接受的这种影视手段。为什么要来拍西南联大？就是为了让更广泛的社会阶层都来了解。邓稼先是属于中国的，人们应该了解他更多的事。”

她说：“让我考虑考虑吧。”

过一天，电话再打过去，她说：“那你们来吧。”

既固执又通情理，她一答应，那种态度之认真，准备之周全，令人钦敬。

当我们敲开门时，她和整个小屋已经在等待。

许鹿希女士是高个子，短发，戴眼镜，像老北京人一样，穿着朴素的夏装。她令我想起“荆钗布裙”这样的传统。

她为我们准备了照片、杂志、文章。她说：“你们拍吧，这个屋子的东西都没有动，还和邓稼先生前一样。”

他们家里毫无装修，只贴了一些朴素的壁纸。

许鹿希告诉我，她就是要保持邓稼先当年的样子。曾经有一个导演，要拍邓稼先住在一个小别墅里，有一排警卫什么的。她很生气。

我想，这也是她长期拒绝媒体的原因之一。

为了怀念邓稼先的清白人格和他们共度的那段纯洁无私的岁月，这套小单元刻意保持了原样。她在用自己的余生来守候邓稼先生活过的小屋。

她说，我准备给你们讲几个小故事。她讲述的正是她回忆中最难以让时光洗刷的故事。作为邓稼先最贴近的人，她告诉了我们，邓稼先每一步所承负的分量与苦心。

那些故事，发生在我们这些人以及大多数中国人都还懵懵懂懂的年月里。原子弹试爆成功，我们只知道欢庆、高兴，却从来不知道，造原子弹的人也和社会上的普通人一样，是一面承受着那个时代的冲击与压迫、批斗与刁难，一面忘我地工作、无私地奉献的。

他们中的一个人，有时就代表着科学进程中的一个台阶，失去他们中的一位，中国原子弹的诞生就会迟缓很多日子。当郭永怀在空难中牺牲时，邓稼先就沉痛地说过这样的话。

我们一直想象：他们应该是一些与动乱的社会相隔绝的特殊人

群，在另一个有安全、有保障、有特殊待遇的环境中来精密地制造原子弹，因为他们是国家选中的，还有谁敢来为难他们呢？

谁料想，他们曾与国人同处水深火热中，不一样的是，他们仍然在承担着。

许鹿希的故事，打破了那些幼稚的谜团。她所讲述的，是属于整个中华民族的故事。

采访结束时，许鹿希非常激动地说："我们中国人民再也不用害怕生活在敌国的弹雨下了。我们人民安全了。"

我想，对于付出了一生幸福的人们，除此，谁能填补她们痛失亲人的恒久悲伤？

淡泊名利，跟许德珩这个家庭的文化底蕴，和邓稼先这种博大的胸怀，是一致的。

许家与邓家原来是世交。

许鹿希回忆说，她小的时候随父亲看望邓以蛰教授，曾遇邓稼先爬到院子的门头上，站在高处迎客。

早在新中国成立前，邓稼先就给在北京医学院读书的许鹿希上过物理课。后来邓稼先学成回国，二人结婚。许鹿希下班时，邓稼先常常骑着车子到车站接她，有时二人也一起在路上漫步。邓稼先给她讲了自己的许多抱负，包括当年在联大时的生活，以及昆明如何古朴……

在两个高知家庭之间，诞生了一个轻松富裕的小家庭，那是他们一生中最幸福、单纯、静谧的日子。老人也健在，安享含饴弄孙之福。

我找到了邓稼先的"定位"：以自己的血止住民族的血，以自己的不幸结束民族的不幸。这就是伟人的命运啊！

而站在这种对换的天平上衡量出自己血肉之躯的分量的人，是历史所选择的人，是民族所指靠的人。

在西方，有心怀悲悯走上十字架的基督，被视为神明。在今天的中国，有以苦难励志的仁人义士、爱国英雄，邓稼先就是这样的英雄。

一路寻访，我也曾经想过，以什么样的姿态去接近西南联大，去面对它，才是一种真正的继承呢？

可以确认，像我这样风尘仆仆，来往奔波，心里有创伤，带着自己家庭的历史，同时也承负着社会上的某些矛盾，包括资金断绝、盛气凌人、无理阻挠之类，在这种姿态下，闯入、触摸西南联大，这种道程就是最真实的。只有真诚，才不会玷污西南联大。而不是在一个寺庙里，闭门读经，听暮鼓晨钟来忆想它。

因为西南联大本身就是入世的，它给我的感悟，在人生行路的点滴之间。

我感觉到，我接近了邓稼先，接近了梅贻琦，接近了“厚德以载物”的这些先贤。他们是在前面走着的人，用这种匆匆的人生脚步，和这种沉重与劳苦。

我渐渐觉得，他们就在我们身边，在我们这个民族的中心，永远不会离开。

任之恭教授曾说过：“我常常为没有获得直接的成功而沮丧，然而，由于看到昆明经历了战争的青年科学家的力量和潜能，我觉得有一种难以用语言表达的丰富经验和深深的极大满足。”

正是这些“青年科学家”，后来成了侵略者的天敌。“留得子胥豪气在，三年归报楚王仇。”在日本人狂轰滥炸昆明的20多年后，新中国爆炸了第一颗原子弹。而在爆炸原子弹的命令书上签字的，就是当时在昆明躲过警报的邓稼先。

杨振宁最后一次见到邓稼先，是在邓稼先逝世前的一个月，在医院的病房走廊上，他们合影留念。那时邓稼先已是癌症晚期，全身大出血。

许鹿希指给我们看，在照片上，邓稼先的嘴角隐约还有血痕，但他仍然微笑着，有一种壮志已酬、得其所哉的欣慰。

他最后的留言是：“我死而无憾。”世上有几人可以如此走？

我想起另一张照片，那是邓稼先有一次出差杭州时站在“尽忠报国”的古墙前面拍的。许女士说，邓稼先一向不喜欢拍照，可这张照片却是他主动拉着同事去拍的。

是的，他的青春与智慧、理想与生命都融入了这四个字——“尽忠报国”。

# 第八部分

## 相关学者（及家属）

季羡林，是西南联大甚至整个抗战的局外人。

但他以特有的身份与这个团体中若干人物有重要的联系和深刻的感情。

他是清华学子，后被清华选派留学，受陈寅恪影响选学梵文等专业。留德十年后，被陈寅恪推荐入北大任教。曾经为导师陈寅恪卖书换冬天取暖费的事找过胡适。

他的态度，倾注崇敬与深思。尤其对陈寅恪家世的回溯，是对战时文人和学界信仰的时代旁证。

赵元任，语言学家、音乐家，抗战全面爆发前已从清华转入中研院史语所工作，后又与亲友、同事等从长沙迁到昆明。

湘黔滇旅行团抵达昆明时，赵元任夫人杨步伟、蒋梦麟夫人陶曾榖、黄钰生夫人梅美德携各自的女儿参加欢迎活动。赵元任的两个女儿参与了敬献花篮。

1938 年 8 月，赵元任一家离开昆明赴美。他的长女赵如兰、次女赵新那后来皆与西南联大的学子联姻。

清华校庆期间，她们在甲所聚首，其访谈提供了战时昆明生活的记忆。

季羡林（1911—2009）

东方学家、语言学家、文学家。山东临清人。1955 年被选聘为中国科学院学部委员。

访谈时间：2001 年 5 月

访谈地点：北京，北京大学朗润园，季寓

**访谈人：**陈寅恪是著名的国学大师。他们一家三代人的爱国传统，是我们中国知识分子的骄傲，尤其在日本铁骑践踏北平的时候。父子二人的气节为整个国学界以及整个社会所钦佩，但是多年以来由于各种原因不能广为人知，而且现在能够回忆陈寅恪先生和他们家这三代事迹的人已经非常少了。我们请季先生以弟子的身份谈谈所见所感所想。

**季羡林：**我1930年到1934年在清华，我念的系叫西洋文学系。当时陈寅恪先生是历史系和国文系的客聘教授，应该说我们没什么关系。但是我兴趣很广，偷听了他一门课，叫佛典翻译文学。

我在清华大学四年，念了四年西洋文学，对我最有影响的，一个就是陈寅恪先生，另外一个是朱光潜先生，都不是西洋文学系的。

佛典翻译文学就讲佛经，讲梵文的研究。我到德国去以后，为什么走上现在这个研究道路？主要就是陈先生的影响。我在那里毕业以后回不来，当时陈先生在伦敦治眼睛，我就给他写了封信，我说我现

年轻时的季羡林

在学业完成了——我把我这几年的学习情况给他做了汇报。当然，他不能写信，眼睛看不见，谁帮他写的信我不知道，他就说：你的学习情况我知道了，你愿意回国我给你介绍。我当然愿意回国了——当年我们留学生不像现在，想出国不回来的绝无仅有。

我说愿意回国，他说我给你介绍到北大来吧。介绍给谁呢？当时的校长是胡适，代理校长是傅斯年，文学院院长是汤用彤，他就介绍给这三位，这三位都是大家。1946 年，我就回国到北大来了。

回国以后，那时候陈先生住在清华园，我住在北大。有时候我到清华去看他，当时也没什么人跟他谈话，他愿意让几个老学生去看他。1949 年以前，教授生活困难极了，朝不保夕，又是冬天，没有钱买煤，就卖书。我就把这个消息告诉了胡适胡先生，北大校长。他说：陈先生的事情我不能不管，陈先生要多少钱？我说：陈先生要的很少，就是 2000 美元——一大堆书，现在一部书就值 2000 美元。当时北平的小汽车非常少，胡先生让我坐上他的小汽车，带上 2000 美

陈寅恪

元到清华去取书，把这2000美元交给陈先生买煤，过这个冬天。从那以后一直到1949年，他离开北京到广州。当时有人怂恿他，说你不要留在广州，到台湾去吧。他不去。为什么不去咱不管它，我后来几次到广州见过他，没时间长谈。

作为一个学者，陈先生在近代学术史上有很高的地位，这没人否认，事实俱在。他给我印象最深的，是他家三世爱国。第一代就是湖南巡抚陈宝箴。陈宝箴不是进士出身，是给曾国藩当幕僚出身，一直当到封疆大吏。他（陈宝箴）在湖南推行新政——中国不改变的话，国家就存在不下去了——办了个书院，让梁启超到那做总教习，梁启超也是主张新政的。1860年，八国联军（英法联军）烧圆明园，那时候陈宝箴在北京城里面。在酒楼上，别人请客，他看到西边圆明园大火弥天，正是被烧的时候。当时有人讲，陈宝箴痛哭流涕。后来慈禧太后将光绪给囚起来了，陈宝箴巡抚也干不成了。她始终不放过陈宝箴，最后还是赐死，赐他自尽。这是祖父爱国。

陈宝箴的儿子陈三立，就是陈寅恪先生的父亲，当时是“四公子”之一。他的地位不在于“四公子”的名号，而在于他是诗人。当时诗坛上第一个就是陈三立。陈三立也是得他父亲的遗传，非常爱国。后来陈寅恪先生把他父亲迎到北平，让他颐养天年。1937年卢沟桥事变，陈三立拒绝吃饭（忧愤而死）。

中国的知识分子跟欧洲、美国的不一样。当然，有一样的地方，都有知识，都靠知识来吃饭。但是爱国主义传统，欧洲没有，美国也没有。爱国主义传统，不是空口说白话。我们讲，存在决定意识。中国这个国家自从先秦的时候，周边就有些敌人，匈奴、鲜卑这一批，

陈宝箴

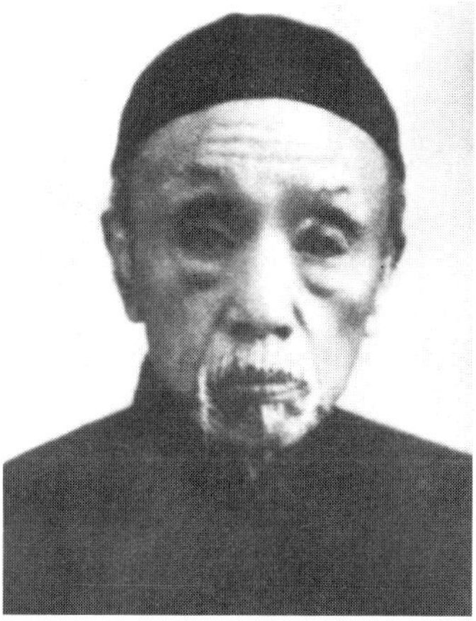

陈三立

中国始终没有脱离敌人。因为有了敌人，才能爱国。如果世界只有一个国家，怎么爱国？“爱国”这个词就不会出现，也不会有这个行动。

当然，“爱国”这个词一听是好的，但也不一定。日本人侵略中国的时候，德国法西斯侵略别的国家的时候，都高喊爱国主义，但那是假的。爱国主义应该有两种：一种是真的，被压迫、被杀害的民族的爱国，是真的；而压迫别人、杀害别人的爱国主义，是假的。

中国是真的爱国主义。我们历史上有好多，像汉朝的开国之君刘邦，就让匈奴给围起来过。所以我刚才讲，存在决定意识。中国知识分子从古到今都是社会上的一部分精英，因为他们有知识，他们懂得诗书，他们代表一般老百姓表现出爱国主义，像中国历史上的岳飞、文天祥，汉朝的苏武，后来多极了。在别的国家是找不到的，像欧洲，我也懂点欧洲史，在欧洲找一个爱国主义者找不着。中国的爱国主义是根深蒂固的，中国知识分子爱国是有来源的。

陈三立（右四）一家（左一为陈寅恪）

陈先生一家对中国文化起着一个承上启下的作用。另外，在气节方面，他把中国这几千年来的精华继承了下来，而且一生身体力行。陈三立老先生把自己的性命赔上，也得爱国。陈先生（陈寅恪）也是这样的。

我最近写了一篇文章，叫《站在胡适之先生墓前》。去年我到台湾去了一趟，到了胡适之先生墓前，给他扫墓。我就想，1949 年 12 月——北大的校庆是在 12 月，不是 5 月 4 日，5 月 4 日是后来改的——那时候，解放军把北平包围了，好像是在崇文门里面搞了一个临时的飞机场。胡适之先生从南京到北平来，想邀请一部分人走。当时有个名单，当然我没有资格了，我那时候是 30 多岁的小伙子。被邀请的人，比方汤用彤先生、冯友兰先生，都在名单之内，都得走。陈先生走了，到了南京，然后从南京到广州，到广州以后就再也不动了。

季羡林在胡适先生墓前

刚才我们谈了一个问题，就是到了台湾，你都不能说他不爱国，到台湾并没有出中国。可是毕竟有点区别。后来台湾有几位学者就讲，陈先生准备到台湾去。有一本书叫《陈寅恪的最后二十年》，就有这么种说法。实际上，他没有打算——打算不打算到台湾去，这个我们不知道，不管它，研究这个没什么意义。

**访谈人：**我看到一个资料，陈先生在自己的一封信中说，我们所研究的文化和大陆的本土是不能分割的。他有这样一句话。

**季羡林：**这就是根本原因。台湾这个人，我不必说他的名字，他的父亲是北大原来的训导长。他的想法就是强词夺理，因为陈先生对蒋介石并不那么尊重。有一次，在重庆，中央研究院院士开会，蒋介石为了表示对知识分子的尊重，去参加了。那是陈先生第一次也是最后一次见蒋介石。他回来写了一首诗“看花愁近最高楼”，看花，发愁，接近最高的楼，指的就是蒋介石。

《吴宓日记》里面讲，那天晚上，陈先生参加了院士会，回来就讲，这个诗就是指的蒋介石。他评价蒋介石有一句话，“其人不足有为”。陈先生对蒋介石不是那么尊重，他对他有看法，瞧不起他。

他之所以留下，刚刚你讲的那个完全是正确的。王静安为什么死？各种说法都有，陈先生的说法就是文化，中国文化。王静安认为，他自己是中国文化的保持者，中国文化到了危险的时候，他要以身殉职。“五十之年，只欠一死，经此世变，义无再辱”，这几个字是他写的。陈先生写的就是王静安之死是为了保护及传承中国文化。

陈先生本身也是这样的，他到了广州不想往前走，刚刚你说的这个解释最正确。刚才我们说了，到台湾跟不到台湾都是爱国。可问题是，毕竟还有区别。

陈先生留给我的第一个印象，就是他是国学大师，这个没人否定。他三世爱国，这在中国近代史上是不容易的，所以他鼓舞我们、他的弟子们一定要爱我们的国家。

别人也讲，你对陈先生真尊重。我是真尊重，无论他的学问、人品还是道德，没有一个地方不让人尊重的。我是不由自主地敬服。我说：我是陈先生弟子。人家说：用不着。我说：为什么用不着？作为陈先生的弟子，是值得骄傲的，是光荣的。

陈先生这个人是这样的，他看起来对政治不关心，对时事不关心，是个书呆子，其实完全不是，陈先生对政治非常关心。不但对中国政治，对世界政治也非常关心。他有他的看法。他不是书呆子。他非常清楚。

**访谈人：**我看了《吴宓日记》，陈先生在为人处世上也是非常宽宏的、宽阔的。他劝导吴宓怎么做人、怎么宽容，足见他的胸怀。

**季羡林：**过去大学教授社会地位很高，工资高得不得了，因此就有种“教授架子”。他必然有架子，因为他地位很高。当时教授架子表现在什么地方？对学生他一般都是瞧不起的，学生不在他眼中。

过去中国文学界、文化界，只有两个人我最佩服：一个是鲁迅。鲁迅那个人脾气那么大，谁要一批评他，他就火冒三丈，可他从来不批评年轻人。只有一个例外，就是高长虹，那是另外一码事。（一个是）陈先生。我跟他那么多年，他对年轻人一句坏话也不说，全讲好的、鼓励的话。当然，如果有第三个的话，就是郑振铎。我也算郑振铎的学生，上过他的课。他对年轻人一视同仁，这是非常难得的。在那个教授架子满天下的时候，能够这样看待年轻人，非常难得。陈先生就是这样，他从来不讲年轻人文章写得不好，或是哪个地方有错，都是鼓励，非常难得。

**访谈人：**可能就应着那个说法，“有容乃大”。

**季羡林：**他真是有容乃大。这对年轻人的成长有好处。另外一些人，自己成名了，有地位了，就摆架子，老子天下第一，谁也不能碰。刚才我说的这三位，鲁迅、郑振铎、陈寅恪，完全不是这样的，他们跟学生从来没有什么隔阂。

**访谈人：**这才是真正的导师风范，一代导师。季老，您留德十年，抗战时期就在德国焦急地关注着祖国的形势，关注着世界的形势。您早年求学于清华，后来又就职清华、北大，清华、北大本身就是和西南联大一体的，所以您和联大的精神和其他方面

季羡林、李玉洁、
张曼菱

也有密切关系。您研究东方文化，而且关注民族命运，一直在思索中国社会、中国文化、中国历史。我想请您从这个角度谈谈西南联大的意义，我们今天应该从它那里得到什么启示？

**季羡林：**我从1935年离开中国，一直到1946年才回来。在德国10年，在瑞士待了一段，一共11年。因此，西南联大那一段，我没赶上。没赶上不等于没有感触、没有想法。

我第一感触，就是西南联大那一段应该说是中国的大学、中国的高级知识分子最困难的时期，颠沛流离，辗转千里。可是，西南联大有几个特点很值得研究。

第一个特点，平常我们讲，要念书得安静，不安静怎么念书？当时西南联大最不安静，日本鬼子经常轰炸。可是从现在看，从学术上来看，西南联大那一段应该说成就是最高的，像李政道、杨振宁这样的学者，都是那时候出来的。闻一多，在美国是学美术的，后来搞古典文学研究。据别人讲，闻一多先生的基础就是在昆明打下的。人家

年轻时的季羡林

跟他开玩笑，说他总是在楼上念书，不下楼，就给这个楼起了个名，叫“何妨一下楼”。这就证明他当时全心贯注地在研究学问。

因此，我觉得，政治动荡或者国家的军事动荡，并不会影响学术的发展。中国历史上也是这样的，春秋战国的政治斗争最厉害了，但它是中国思想史上最高的高峰，现在我们还没赶上。这个现象非常值得研究。到了四平八稳、安安稳稳生活的时候，倒是不出成果。但是我并不鼓励、并不赞成瞎折腾。我反对瞎折腾。外面来的那些，像日本侵略者，那不是瞎折腾，那就是新的形势造成的。这是一个。

另外一个，西南联大当时三个学校合并。三个学校有三种作风，三种作风很不一样，合在一起，校长轮流当，梅贻琦、张伯苓、蒋梦麟轮流当。据说，当时三校的教员和校领导亲密无间，非常合作。说起联大这一段，现在研究的，我看很不够，应该深入研究。为什么会出现这个现象？像现在国内有成绩的一些学者，都是那时候在那里待过。

陈先生也在那里待过，那时候住在靛花巷。当时有中央研究院史语所的宿舍，还有西南联大的，陈先生、邓广铭、傅斯年都住在一起。好多这三个大学的、中央研究院的住在一起，亲密无间，所以有造就。现在没人从这个角度来看西南联大。别的我说不出来，因为没有感性认识。

我第一次到昆明是 1955 年。1955 年，我到印度去参加亚洲国家会议。我们团长是郭沫若，团里面一大批艺术界、学术界的名人。当时召开万隆会议，克什米尔公主号被特务放了炸弹，然后就爆炸了。后来印度政府说：你们不要再回香港了，我们派飞机从印度一直把你们送到昆明——印度政府派的飞机。我第一次到昆明，就是那个时候。那时候我到联大，特别是闻一多先生殉难的地方去看过，当时一些很简陋的房子还没拆掉。

联大的民主运动也是非常之红红火火，并没有因为漂流、动荡而意志消沉。正相反，越困难越有劲。这是值得研究的。我是没这个力量了。

东方文化当然跟这个有关系。东方文化，中国、印度、日本的文化，广大的东方的文化都算东方文化。我这个人对哲学没有本领，不善于抽象思维。最近几年有点不安分。我最不善于哲学思维，而且最不喜欢哲学，没办法。为什么？因为哲学摸不着看不着，一千个哲学家有一千个学说。我具体去想一个问题，想来想去也还是没理可证的。东方文化，应该属于哲学范畴。我最近就发现，东西方文化实际上是有差距的，从大到小都有差距。

我去年看了李政道的一本书，叫《李政道文录》，浙江文艺出版社出的。李政道本来是研究物理的，不过他书里面有几个地方讲到思想。他讲，20 世纪是一个分析的世纪，从汤普森以后，原子能就是分析，一分二,一分三。他的意思就是，是不是物质可以永远分析下去。“一尺之棰，日取其半，万世不竭”，这是数学概念，绝对没错。物理不能这样讲。是不是可以永远分析下去？有一派主张永远可以分，有一派主张还有底。后来李政道就讲，原子到了夸克这一段是封闭的，夸克分不下去了，叫“夸克禁闭”。

他的意思跟我想的有点不谋而合。我说，西方思维模式是分析的，东方是综合的。李政道就讲，20 世纪是分析的、微观的，直观分析不是永远分下去，有头。怎么办？ 21 世纪应该微观与宏观相结合。我们这个综合思维方式就属于宏观的。究竟怎么结合，他没讲。我也想不出办法来。

我觉得，西方文化应该说给人类造就了极大的福利，这个不能否定，可是也给人类引来了极大的弊端。现在报纸上天天讲这个污染那个污染，大气污染，臭氧出洞。有人讲，21 世纪的战争是争水的战争，因为水源缺少。中国是最缺水的，昆明倒不存在这个问题，北京水缺得不得了。

这些东西都是跟西方的科技发展分不开的，它带来了极大的好处，也带来了极大的弊端。怎么解决？不解决的话，人类的前途，就有危险。光是水，如果你没水喝了，怎么办？

## 访谈手记

我在校读书时就认识季羡林先生，兹后几十年交往不断，但这次对他采访，并非我的主意，而是来自清华。

清华园徐葆耕老师是我的合作者，有关清华方面的事务，多去问他。

我拟将陈寅恪父子放进纪录片第一集“被迫南迁”中，以表达京城文人、学者对七七事变的抗争与不屈。

陈家旧址姚家胡同，我已拍摄完毕。同样是在7月的炎夏里，蝉鸣四起，可以模拟那个古都沦陷的时节。在胡同的一处高门深院里，诗坛元老陈三立毅然绝食身亡。

我以为，必须要有人在片中来解说发生在姚家胡同的殉国之举。徐葆耕老师说：“季羡林。”徐老师送给我的那本《吴宓与陈寅恪》，由清华大学出版社出版，封面题词是“弟子季羡林敬署”。徐老师说：这个题词是吴宓的女儿吴学昭女士点名的。

一开始，听说要采访，季羡林是拒绝的，一个理由是：“我不是西南联大的。”

但这次采访季羡林并非私谊，而是按照清华那边的脉络来的。将这个由头去对季先生说明，约定“只谈陈寅恪”，他松口了。

那时，他还住在北大朗润园，在镜头中神情自若，克制而严正。每一句话，都发自他的内心。虽然有“口误”，把焚烧圆明园的“英法联军”说成“八国联军”，那更证明：事先没有草稿，完全是即兴而谈。

他还谈到一个新鲜的说法：爱国也有遗传。这是对于“世家”的一个深刻理解和赞美吧。这样轻松而庄敬的采访，对于后来的季羡林，已弥足珍贵。

那天，他讲出来一件鲜为人知的故事：陈寅恪因冬天无钱御寒，决定卖书。季羡林就去找胡适。胡适当即派车取书，并让季羡林送去钱，让陈先生买煤过冬。

这件事因为无从插入西南联大的本事里去，我在片子中没有用上。倘若日后不将它披露，岂不埋没了先人行事之大雅?

季羡林还谈到胡适与鲁迅都非常爱护青年，后来人把胡适、鲁迅划为“对立”的状况，并不符合当时的情况。

之所以季羡林一开始拒绝采访，李玉洁对我说，抗战的时候先生在德国，很忌讳来说国内的事情。

这里面有一种“大愧”的深心。我是从先生的一生来感知的。

我和季羡林、任继愈先生都走得很近，他们也喜欢与我探讨，作为聊天。二位先生的个性、阅历、学术是各美其美的，差别很大，但共同的是他们都经常谈到中国文化乃至中国命运的一些终极问题。如任先生谈到气节、统一、民气、现代化等，而季先生谈爱国主义，谈“为文化而死”的王国维、陈三立，谈胡适、鲁迅，还有青年。对任继愈、季羡林的访谈，具有一种思想史的含量。

赵如兰（右）、赵新那（中）、赵来思（左）

赵如兰（1922—2013），赵元任长女。

赵新那（1923—2020），赵元任次女。

赵来思（1929—　），赵元任三女。

黄培云（1917—　），赵元任二女婿。福建福州人。1938 年毕业于西南联大化学系。

赵元任（1892—1982），语言学家。江苏武进人。1937、1938 年，随中研院史语所与亲友、同事等迁至长沙、昆明等地。

访谈时间：2001 年 4 月

访谈地点：北京，清华大学，甲所

**赵新那**：我记得当时步行团到昆明之前，我父亲把一首歌的词改了一下。这首歌是一支英国曲子，是第一次世界大战时英国兵回来唱的歌。我父亲就把它改编成《他们来了》。

我只记得一段：遥遥长路，在昆明大学；遥遥长路，徒步；遥遥长路，到联合大学……再见，圣经学院；再见，韭菜 Square……

词我不记得了。韭菜园是在长沙，他们是从长沙走到昆明的，一共走了两个多月。我们是先到昆明的。我们听到他们快来的时候，就跑出去欢迎去了。

那时候，我母亲，还有带队的黄子坚，黄子坚是南开大学在步行团里的一位教授，他们扎了个大花篮——那时候也不像现在，可以让花店去扎一个，都是自己掐的花。

**访谈人**：做的纸花还是鲜花？

**赵新那**：鲜花。他们就拿个大篮子，自己扎了一个大花篮。那花倒不少，我们四个人抬的。

四个女孩抬着花篮欢迎湘黔滇旅行团抵达昆明

**访谈人**：哪四个？

**赵新那**：大姐一个，我一个，还有章元善的两个女儿，一个叫章延，一个叫章斐，我们四个人。我跟章斐在前面，姐姐跟章延在后面。我们抬过去的。他们就来拍照，他们队里从正面给我们照的，我父亲从背后给我们照的。

**赵来思**：那张照片家里还有。

**赵新那**：我们穿的都是云南的土布的衣服，蜡染的。我们觉着那个最有中国味。

**访谈人**：当时你们很小，知道步行团是怎么回事吗？

**赵新那**：知道。我父亲写了一个大的横幅，挂在那个门口，欢迎步行团。我们还撒那个颜色纸。他们步行团的人还说：我们也不是新娘子，也不是结婚的。我们就觉着挺喜气的，就撒颜色纸，还唱歌，

中央研究院挂出横幅：欢迎联大同学徒步到滇

接他们。

步行团正面的那张照片，是我老伴（黄培云）的哥哥照的。他在步行团里，我老伴也在步行团里，是1938级的，就是西南联大第一届毕业生。那个时候我们当然不认识了，我15岁，他是大学四年级。这样说那是我们第一次见面，但是他不认识我，我也不认识他。

**访谈人：**您是一个小孩去送花，他是步行到达的。我发现，你们三姊妹有两位嫁给了西南联大的学生。大姐夫我见过。

**赵新那：**对。大姐夫你见了，他也是西南联大的。我老伴是清华读了三年，西南联大读了一年，是第一届西南联大的学生。

**访谈人：**您当时看见那些步行团的学生，还记得他们是什么样的精神风貌吗？

**赵新那：**雄赳赳，气昂昂。他们是赶着清华校庆到的。他们在郊区休息了一下，然后就排了队走进来。我们那时候是非常激动的，因为我们也知道他们走了那么长时间终于到达了。

**访谈人：**你们平常也看大人们盼望，可能也听大人们说他们到哪了。

**赵新那：**我们也盼望。

1937年8月，那时候是八一三，日本侵略上海。我父亲病了，姐姐就陪我父亲先走了。他们坐船走的，到武汉。我母亲就带我们三个小的，我那时候14岁，你（赵来思）小我6岁，那时候是8岁，还有一个小妹，比她小两岁，6岁。

我母亲带着我们走，那真是逃难。从南京坐船，那根本船位都没有的，就挤上船逃难到武汉。沿途都是轰炸，南京轰炸，九江轰炸，武汉轰炸。然后，从武汉坐火车到长沙。那时候，我们在长沙上了一个学期的学。

赵来思：在湖南，第一次吃辣。

访谈人：你们是从哪边过来的？

赵新那：我父亲，还有他的一些朋友，都是属于机关的，不是大学的了，中央研究院的，他们有些人，还带着仪器设备。我们大概二十七八个人，大人、小孩、行李一起走的。从长沙出发，那个时候坐的是煤炭汽车，没汽油。

赵来思：我记得，一开窗户，一脸的灰。

赵新那：另外，要到一个地方去装煤，不是装汽油，而是装一篓一篓的煤炭。

访谈人：怎么认识您丈夫的？以后才发现还欢迎过他的？

赵新那：他是清华第五届公费留美学生，1941 年去的，在麻省理工学院念书。我父亲在哈佛大学教书。我们那时候也算是哈佛大学，Radcliffe（拉德克利夫学院），是哈佛大学的女校部分。

赵来思：总是有很多中国学生到我家里来。清华有时候开清华同学会，就在我们家里面，不过有些学生就是来吃饭的。

赵新那：我第一次见到他（黄培云），就是在清华同学会。

赵来思：还记得第一次？

赵新那：Yeah. 他洗碗，我就跟他说你可别把碗砸了。

回国后说起来，当年他们兄弟两个都在这个旅行团的。他哥哥就跟我说：我还给你照过相，从正面给你照的——就是我们抬着花篮。他（黄培云）是第五分队的一个分队长。他哥哥也在那个分队，他又是整个旅行团管照相的。我们到达昆明后，送过花，他们就跑出来照相。那时候他没想到我会是他的弟媳妇。

**访谈人**：实际上，他们兄弟俩都知道你，他们是大人，你是小孩。可那时候你不知道他们在。这可以说是西南联大的一段姻缘了。当时你们在昆明待的时间不长，而且年纪比较小，在附小？附中？

**赵新那**：没有，在昆明没念书。

**访谈人**：在流亡的过程中，你们好像也唱一些歌。其中跟流亡有关系的，能唱唱吗？

**赵新那**：还记得唱《看醒狮怒吼》：看醒狮怒吼，震撼千秋，地无分南北，人不分老幼，我们背着枪拿着刀……

**赵来思**：还有“起来”我们（会唱）。

**赵新那**：“起来”那是国歌了，不过那个时候不是国歌，那时候它是非常振奋人的、让人起来抗战的。

**访谈人**：您还是小孩的时候会唱吗？

**赵新那**：那时候已经唱了。

**赵新那、赵来思**（齐唱）：起来，不愿做奴隶的人们，把我们的血肉筑成我们新的长城。中华民族到了最危险的时候，每个人被迫着发出最后的吼声，起来，起来，起来！我们万众一心，冒着敌人的炮火，前进，冒着敌人的炮火，前进！前进！前进进！

**赵新那**：那个时候是鼓舞我们进行抗战的。

**访谈人**：是学校里面教的，还是家长教的？

**赵新那**：都在唱，到处都唱。日本轰炸长沙的时候，你（赵来思）们那时候还背着棉衣、棉袄去慰劳军人。

**赵来思：**有一次还没送到，忽然轰炸，我们得跑，结果我带的那个包不知道丢到哪儿了。

**赵新那：**她（赵来思）跟小妹，她们两个人还小，我那时候在中学。她（赵来思）在小学。我们那时候很小，就织手套给战士。有时候甚至还得缝棉被、棉背心，有时候把手扎破了，我还说：我这是为抗战流血。

**访谈人：**一方面确实是全民抗战，一方面可能跟知识分子家庭的爱国教育有关。

**赵新那：**那个时候大家对于抗战的那个心、热血，那真是的。

**访谈人：**孩子也奉献力量。

**赵新那：**那是，不论中学的、小学的，都是那样的。我父亲那些年编的歌，都是关于抗战的、抵抗的。

**访谈人：**唱一个您父亲的歌。

**赵新那：**刚才唱的《看醒狮怒吼》就是我父亲编的。别人编的词，他编的曲。像《义勇军进行曲》，我父亲还给它配了两声部唱。还有好多歌，都是为了抗战、抵抗，都是那时候唱的。我们在家里，我父亲就编些歌，专门给我们孩子唱。

**访谈人：**来一段。

**赵新那：**我们唱一段怎么样？“我先唱，你后唱”。这是一个追唱的歌，专门给我们孩子唱的。

**赵新那、赵来思（双声部唱）：**唱唱唱　我先唱　你后唱　咱们调儿是一样　就是你总跟不上　再来起头　唱唱唱　我先唱　你后唱

好好学会　一定不会忘　不要慌　不要忙　这个歌儿并不长　并不长　并不长　并不长

**赵新那**：实际上这个歌有三段，第二段就是“这个歌儿有点儿长”，第三段就是“这个歌儿真是长”。刚才唱的是第一段。都是我父亲专门给我们孩子们编的。

**赵来思**：那时候因为抗战，我们逃难没带钢琴，所以都得唱，完全是唱的。

**赵新那**：平常在家里，我们有钢琴什么的。到了昆明，那时候没电，晚上天一黑，我们一家就唱四部合唱。什么歌我父亲都给它编成四部，包括在学校里唱的那些歌、学的那些东西，他都给我们编成四部。两个妹妹唱女高音，我唱女低音，父亲当然唱男低音，姐姐就相当于男高音，因为我们家没儿子，四个女的。

**访谈人**：你们一家人乐感相当好。就是说在抗战的那些日子里，还是保持着一种乐观的精神。

**赵新那**：天一黑就听见我们唱。

**赵来思**：其实小孩觉得停电倒是挺好玩的，并不是一个（不好的事情）。

**访谈人**：那也是因为有这样的父母，让你们在抗战的时候也不失落一种勇气。

**赵新那**：那个时候都是逃难到那里，但是大家还很想继续工作。我们住的楼下是他们办公的，楼上一间房子是我们住的，放饭桌的就是饭厅，放床的就算是睡房。

**赵来思**：不过，我父亲一直到后来在美国，也是拿饭桌当书桌。

**赵新那**：另外，好多木头箱子都变成了现代化家具。我母亲很有办法，两个木头箱子搭的板子做床，所谓沙发就是搭的木头箱子。那些汽油箱子都拿出来，搭成家具。

**访谈人**：那时候那些教授夫人很了不起，共赴国难。

**赵新那**：那时候我父亲做方言调查，带着他们在楼下办公，楼上就是我们生活的。原来在南京的时候，家里还是一栋大楼。到了那儿……但是并不觉得很苦。不苦，我觉得很快活。

**赵来思**：我们倒是觉得很好玩。

**访谈人**：可能跟家长的精神状态有关系，家长没有埋怨，心态都很好。

**赵新那**：没有怨言。比如我母亲，过去她买家具要沙发又要什么，这会儿拿了一大些洋油桶做家具，可有意思了。

赵元任一家在昆明城郊拓东路 663 号住宅合影

**赵新那**（问黄培云）：那次你们到昆明的时候，大姐跟我我们四个人献花篮，那时候你认识不认识我？你什么时候知道那里面有我？

**黄培云**：那还是后来。

**访谈人**：记得有小孩送花篮吗？记得不记得这件事？

**黄培云**：这个事，当然记得。

**赵新那**：你看见献花篮的那四个人，印象是什么？

**黄培云**：非常漂亮。

**访谈人**：没想到以后成为您的老伴？

**黄培云**：那个时候还没估计到。

**访谈人**：您是小队长？

**黄培云**：我是小队长。

**访谈人**：也很辛苦。

**黄培云**：不辛苦，很有意思。

**访谈人**：讲讲有意思的事给我们听。

**黄培云**：林从敏跟刘维勤（音）他们值班弄伙食，在贵州很边远的一个小地方。他们发现小铺子里还有一大罐头的海参，因为海参罐头卖不出去，他们就买来，买来之后就弄伙食。所以，我们在穷乡闭邑里还吃过一餐海参宴，大家都十分记得这件事情。

**赵新那**：当时人家问她（赵来思），你们逃难是什么感受？她说觉得好玩极了。

**访谈人**：可能是因为当时步行团也充满了抗战必胜的信心。

**黄培云**：那倒还没有。我们300人，有一辆汽车运行李。一辆汽车怎么运？因为每天人走的距离都很短，平均就是三四十公里，所以

步行团途中合影（前排左一为黄培云）

每天吃完早饭之后，就把伙食、厨房、打前战的，还有行李什么的，都用车运去。三四十公里，尽管是山路，汽车大概个把小时就到了。它到了那里，把那些打前战的东西放下，就往回走。这个车就来回地跑，比如有的人腿坏了，或者摔伤了……就坐在车上给运过去。有的实在有点什么比较重的病，就送医院去，送到县城的医院里去治。所以，没出过什么大的事情。

**访谈人**：还是很周密的，组织得很好。那时候您这个小队长也很有功劳。

**黄培云**：北大是曾昭抡教授带队，清华是闻一多还有袁复礼好几位教授带队。袁复礼是地质系的。闻一多教授后来很进步了，他那个时候是个有名的诗人，又是画家。他带着一个画画的东西，一走到风景好的地方，就坐下来素描，后来到了昆明还举行过展览。

**访谈人**：刚才你们唱的那首“我先唱，你后唱”特别好，能否完整地唱一下？

**赵如兰、赵新那、赵来思**（合唱）：唱唱唱 我先唱 你后唱 咱们调儿是一样 就是你总跟不上 再来起头 唱唱唱 我先唱 你后唱 好好学会 一定不会忘 不要慌 不要忙 这个歌儿并不长 并不长 并不长 来快跟我转 转个调儿 转个调儿 转来转去 转不完 转不完 转不完 转个大圆圈 拍子不要变 一 二 一 二 三 声音不要乱 慢慢一字一字

唱唱唱 我先唱 你后唱 咱们调儿是一样 就是你总跟不上 再来起头 唱唱唱 我先唱 你后唱 好好学会 一定不会忘 不要慌 不要忙 这个歌儿有点长 有点长 有点长 改慢调拍 跟新鲜曲儿唱着 脚步跟着来 这新鲜舞儿跟我这样 跟着 左右左右 慢

步行团途中休息，左二为闻一多，右一为李继侗（袁复礼摄）

慢跳　来顺着前后前后　慢慢跳　再来还来个新鲜曲儿唱着　脚步跟着来　跟新鲜舞儿这样跳　来快跟我转　转个调儿　转来转去　转不完　转不完　转不完　转个大圆圈　拍子不要变　一　二　一　二　三　声音不要完　慢慢一字一字

唱唱唱　我先唱　你后唱　咱们调儿是一样　就是你总跟不上　再来起头　唱唱唱　我先唱　你后唱　好好学会　一定不会忘　不要慌　不要忙　这个歌儿真是长　真是长　真是长　真是长

## 访谈手记

2001年4月，清华大学隆重纪念90周年校庆。学子来自四海。

甲所里住的都是资深校友。优雅考究的环境，使得年迈的学长们更显雍容大方。

夜深时，赵元任的三位女儿结束了她们的聚会，回到甲所，集于一屋，接受我们的采访。

抗战时期，赵元任一家曾在昆明小住，当日本飞机来袭，年幼的孩子们用唱歌来战胜那灯火尽灭的黑夜与恐惧。如今她们重新欢聚，再次唱起了父亲教的歌，分声部演唱，显示出音乐之家的禀赋。长女如兰是从事音乐的，就由她来指挥。

这段歌唱富于女声的柔和细腻，我本来用在《西南联大启示录》一片中，播出时因为长度原因剪去，可惜。其实，这样的音乐，往往胜过画面与故事。它表现了战争期间人们需要发泄与慰藉的一种诉求。当人们陷于漫长的不可知的命运浩劫时，诗歌、音乐、温情与浪漫所起到的作用，是理性与理念很难达到的。

那天的访谈中，最健谈的是在武汉大学教书的二女儿赵新那。

她说，当年非常喜欢昆明，喜欢那里的大学氛围，有很多熟悉的人们，“仿佛是另外一个北平”。这个比喻，带着童真，却生动表达出南迁的人们的感受。

他们把北平的文化灵魂带到昆明，进行重构。经历了战火中的文化整合，这“另外一个北平”蕴含着更加浓厚与刚健的气质，意味着知识界在战争洗礼后的重生，值得研究。

赵元任很快就举家出国了。而赵新那牵挂着抗战中的祖国，觉得“当时就不应该走，很多熟悉的人也还在国内”，所以她和先生就回国了。

赵元任的长女与次女都嫁给了西南联大学子。而赵新那与夫君黄培云尤为传奇。他们是在美国留学相识、结合的，一直到重回昆明才发现，二人之间早有一根月老牵引的红线。

在留存下来的西南联大图片中，有一张照片带着喜庆的色彩和青春的期盼：教授夫人与她们的女儿精心准备了花篮，在等待步行团的师生进入昆明市。

赵新那兴奋地指着那四个身穿花旗袍翘首而望的少女中的一个喊道：“这是我！”

而黄培云当年是步行团的小队长。

当年过半百的夫人问他：“你看见献花篮的那四个人，印象是什么？”

先生回答：“非常漂亮。”

战火跋涉，才子佳人，花篮传“佳话”。

赵元任擅长语言，在音乐中融入了语言修养，使歌曲如同吟诵。一首《教我如何不想她》，令我母亲那一代人痴迷。母亲曾对我说："这个'她'，也可以是'他'或'它'；可以是一个人，也可以是一件事、一个地方。"这样的多义性，恐怕是西洋诗歌里少见的。

我想，假如赵元任当时不离开，他一定会有更多优秀的音乐作品问世。他错过了一个激情的时代。对一个艺术家而言，离开自己的土地与人民，损失重大。

在我将毕业的那一年，赵元任与王光美一同来到北大，学校安排我去临湖轩作陪。可是我正在操场打篮球，之后匆匆赶去，他们已经离开了。

历史常常很近，擦肩而过。

# 后记　环环相扣，不可再生

“十年磨一剑”，正可形容眼前这部《聆听：西南联大访谈录》。

自1998年起，我先后采访海峡两岸的200余名联大人物。此次以西南联大这所战时大学诞生和坚守的历史路径为叙述中心，遴选联大师生约30人、教员家属8组、特殊人群1组、特别追忆1人、相关学者（及家属）2组，整理推出。

他们组成了一个个历史之环。自1937年三校南迁开始，一直到1946年联大结束北归，这个特征与完整性在生活·读书·新知三联书店出版的《西南联大行思录》中已经脉理清晰。但这批采访资料的全貌，一直没有和盘托出。

曾经有人想要购买这批影像史料，也有出版社许诺过巨额稿酬，我始终不愿放手。

任继愈先生叮嘱我：“这批资料不能分散，只有集中才能显出价值。”

北大、清华、南开三校处于中国学术和教育的巅峰，这些学人多为具有重大学科贡献的时代顶尖人物，他们的口述，即使是私人史部分，也呈现出一种不同于常人的价值，甚至可以说是高校史、教育史、抗战史与国史的一部分。

“孤证不立”，是史学原则，这个群体的存在对这段历史形成了高度的互证。

以史为鉴，是我们这个民族最重要的认知观和思想传统。而健在者的口述，带着体温，有代入感，完成了一种令人热血沸腾的体验，是最深刻的教育。

2018年春，中华书局古联公司将这些珍贵的视频悉心整理，推出《西南联大专题数据库》线上产品。现在，文字版历经多人的辛苦劳作，由商务印书馆出版，可以告慰先人了。

我曾经问过任继愈先生："为何自己不著书，而全力投入编撰'大典'中？"

先生的回答发人深省："中华文化的高峰期还没有到来。现在这个时期，要做好准备，把长期以来被战乱、内乱毁坏的文化修复起来，所以，资料的搜集和整理工作非常重要。"

先生深爱着这个民族，令我想起了父母和几代先贤，但愿我也能尽绵薄之力。

整理这些口述资料，字幕是最重的活，这些人物有的还带着浓重的口音。古联公司李宏书小姐不惮辛苦，以整理典籍的严谨态度，反复与我对证、确认口语中的许多人名、地名、时间等。我俩一天通话数次，再各自查询，寝食难安地度过了四个多月，赶上了北大120周年庆典的献礼。

口述版要出书，还有很烦琐的工作要做。北大中文系高远东教授让他的博士生丁程辉帮忙将字幕的口语转化成文本，为商务印书馆成书提供可行的基础。

商务印书馆的蔡长虹主任对小丁的整理稿进行了认真细致的编辑

加工，她逐一对证《西南联大专题数据库》视频，对史实、引文也多番查证，并经常与我复核，对一些篇章的行文也提出了很好的建议。这是一项把关的工作。

感谢上述三位的贡献，从口述到文本，确保了它的信史价值。

《聆听》此书具有口述史的原生性和不可再生的品质。

在人物排序方面，涉及学生的，从西南联大毕（肄）业的学生基本按本科毕（肄）业顺序排列，学校北归时尚未毕业的学生按照本科入学顺序排列；涉及教员家属的，遵照北大校史馆原馆长马建钧提议，按照教员们的“齿序”来排，这样可避免职务与名气、资历等纠缠不清。

在人物简介方面，蔡主任做了烦冗的工作。她说“不忍将这些学人的光辉略去”，尽其所能地搜索了他们的著述、贡献、奖项、荣誉等文字。

后来发现此事难以应付，一是学科广泛，二是年代较远、资料阙如，要在统一的体例下确证多位学人的经历并非易事，况且一些学人的价值远不是词条可以概括的。

向清华校史馆金富军君要来一份“著名校友榜”简介，此书访谈对象有 23 人在榜，简介做得漂亮、大气。大道至简。依照这个格式，长虹女士完成全部学人的简介。

简介中还有一些未竟事宜，但目前各档案馆已经对外封闭，仅凭子女记忆可能不确。宁缺毋滥吧。再者，也不是所有学人最后都进入了学院体制。

为了便于读者阅读，长虹在基本遵从被访谈者口头表述的前提下，必要时对行文略作处理；并在访谈中加入了括注的内容，有对被访谈者口述内容的补充、修正，也有根据现行规范进行的修改。对于当前读者不太熟悉的一些内容，她也补充了必要的页下注释。

疫情中忽有邂逅，辗转采访到了刘文典之子刘平章先生，由他口述当年的历史，并从他处获赠相关资料。刘文典是我父亲时常萦怀的一位有风骨的学人，此次得以补入，也是因缘际会。

2022年秋，我在“阳”中挣扎，打开电脑，完成余稿，邮件发出。当时唯恐自己“停摆”，而影响这部书发稿。它委实比我的个人写作更重要。

本书图片，除作者自备外，很多来自北大校史馆与清华校史馆的慨然相助。

上海交通大学李政道图书馆也为本书提供了相关图片。

任继愈先生的公子任重提供了先生一批私人图片。

旧友王兰珍，特意发来其父王玉哲与任继愈学生时代的照片及任先生作品手迹。

董树屏先生的女儿董新菊女士提供了先生年轻时的新婚合影等。

令人叹惋的是，闻黎明先生为我提供闻一多的珍贵图片之后不到一月，猝然而逝。他发来的信件写着“这些图片仅供曼菱成书所用”。

刘平章先生提供了刘文典的相关图片。

截稿日期已到，宗璞先生又赐予珍贵照片。

赵宝煦、许渊冲、张友仁等先生的后人，也提供了相关图片。

在此，敬谢三联书店原总编辑李昕，他把我的初稿带到商务印书馆。

敬谢商务印书馆执行董事顾青，他从中华书局来，知道这一批不可再生资源的价值，一上任就亲自过问此书并实际策划，现在这个“史论分家”的规格就是他定的。

敬谢商务印书馆副总编辑郑勇，他在三联书店时曾与我合作，能总览全局，提出将《聆听》《回望》与《西南联大行思录》形成系列读本的构想。这对于作者和读者都将是一件益事。也因此，这三本书有着同样的卷首语。

三联书店出版《西南联大行思录》距今已12年，又是一个兔年。

2023年9月